高职高专文秘专业工学结合规划教材

秘书办公自动化实用教程

Office Automation for Secretaries

（第二版）

主　编　韩玉芬
副主编　李　柯　王亦飞　郑迪松
主　审　时志明

ZHEJIANG UNIVERSITY PRESS
浙江大学出版社

高职高专文秘专业工学结合规划教材

总　　序

2007年12月，浙江大学出版社邀请省内外数十所开设文秘专业的高职高专院校的教学负责人召开了高职高专文秘专业教学及教材建设研讨会。会议重点研讨了当前高职高专文秘专业建设、课程设置、招生就业、教材使用、工学结合课程改革等情况。大家一致认为，教材建设是文秘专业建设发展的重要环节，配合教学改革进行教材改革已迫在眉睫。会议决定开发一套"高职高专文秘专业工学结合规划教材"。

针对高职高专文秘专业的实际情况，结合目前秘书职业岗位需求和工作特点，浙江大学出版社确定了新编高职高专文秘专业工学结合系列教材的基本原则。即：思想性、科学性和方法论相统一；先进性和基础性相统一；理论知识和实践知识相统一；综合性和针对性相统一；教材内容与秘书职业岗位无缝接轨。同时根据高职秘书人才培养计划，遵循"以够用为度，以适用为则，以实用为标"方针，以职业活动为导向，以职业技能为核心，突出项目化、任务驱动的教学特点，体现实用性、技能性、职业性、融趣味性和可读性于一体的高职教育教学特色。

本系列教材主编和编写人员都是经过精选的，主要选择富有教学和教学改革实践经验的高职高专院校秘书专业的教师或秘书专业研究人员来担任。教材内容组合新知识、新技术、新内容、新案例、新材料，体现最新发展动态，具有前瞻性。编写体例新颖，主次分明；概念明确、案例丰富，同时安排了大量的便于教学过程中操作的实训方案，并有配套的习题和教学课件。

为了确保教材的编写质量，浙江大学出版社邀请了当前国内一流的文秘专业教学与研究方面的权威专家、学者对本套文秘专业工学结合改革教材进行了认真的审稿。专家们普遍给予了高度的肯定，同时也提出了很多宝贵的意见和建议，使得这套教材能更加完善。相信这是一套学生便于学习训练、教师便于教学指导的好教材。

教育部高职高专文秘专业教学指导委员会委员、教授

杨群欢

2009年6月18日

修订版前言

本教材第一版于 2009 年 8 月出版，问世后得到了广大读者的认可与支持。

教材的修订是必需的，而办公自动化类教材由于日新月异的软硬件发展结合紧密，修订的迫切性更强。

文秘人员常用的办公软硬件虽然不断更新，但其核心功能相对还是比较稳定的，比如 Office 系列、通信软件、打印机、复印机、传真机、扫描仪等，结合考虑各地各校教学的实际情况，本次修订没有采用最新版的办公软件，Office 系列仍然基于 2003 版，硬件部分也是如此。

本次修订的基本情况如下：

软件部分，Word、ppt、Excel 三个模块在初版基础上作了部分增删，以“知识链接”、“小提示”等方式增补了一些秘书人员实用的小技巧；删去了“局域网的设置和使用”模块，将其中的“OA 系统”相关知识作为“知识链接”并入“信息和通信管理软件”模块；在“信息和通信管理软件”模块中，重写了“搜索引擎”部分，增加了百度搜索提供的新类型，精简了和“认识和使用下载工具”“认识和使用压缩工具”两个项目，增加了“浏览器相关知识”以及“有效使用即时通信工具帮助日常办公”等内容；“秘书人员其他常用软件”模块也进行了较大幅度的修改，首先是将项目一和项目二合并为“系统维护及杀毒软件的使用”一个项目，并以当前使用相对普遍的 360 安全卫士为例，简单介绍了使用该软件进行系统维护和杀毒的方法，该模块还精简了项目四“桌面日历软件的使用”部分内容，以“知识链接”的形式介绍了多媒体编辑软件会声会影。

硬件部分，打印机、复印机、传真机、扫描仪四个模块在原来框架的基础上进行了改写，力争达到理论部分更加简明准确，实践操作部分更加实用可靠的目的；初版中的“数码相机的使用”和“投影机的使用”两个模块经删减改写并入“秘书人员其他常用办公硬件”中，修改后整个模块的内容更为简练实用，紧密结合秘书人员工作的实际情况，介绍了这些硬件的基本使用方法和注意事项等内容。

本次修订还调整替换了部分示意图。在一些图中特别圈注出了相关的操作命令，以帮助读者理解操作步骤。

各模块的实训项目设计也作了较大调整，以便于教学指导和学生训练。

除了上述内容的增补和删减之外，本书初版在使用过程中发现的各种错误本次修订过程中也已一并修改，特此说明。

由于初版其他各位编者工作繁忙，本次修订由韩玉芬独立完成。感谢何屹等老师对本书初版提出的意见和建议，感谢钱冬先生在修订过程中给予的技术支持。感谢本书责任编辑葛娟女士的耐心以及为本书修订所做的细致工作。

由于本人的疏忽，本书初版未能列出参考文献。现将两次编写所用的参考文献统一列在书后。和初版编写时一样，本次修订过程中仍然参考了大量网络资源，尤其是百度百科、百度文库等网站提供的内容，特此致谢。

欢迎广大读者尤其是文秘专业办公自动化课程的专任教师继续关注本书，并对本版内容进一步提出宝贵意见，以便今后再次修订。具体意见可以直接发邮件至 hanyufen2000@yahoo.com.cn，不胜感谢之致。

韩玉芬

2012 年 7 月

目　　录

绪　论

§1　信息时代与办公自动化

一、办公自动化的定义

传统的办公方式需要人们耗费大量时间与精力用于手工处理各类繁杂、重复的工作。办公自动化是对传统办公方式的变革，顺应了技术发展的潮流，也适应了人们的普遍需求。

办公自动化(Office Automation，简称 OA)是将现代化办公设备和计算机网络功能结合起来的一种新型办公方式。它综合运用了计算机技术、通信技术以及现代办公设备，是信息技术的重要应用领域。随着信息技术的不断发展，它和最新的信息产业融合得越来越紧密。

简单地说，办公自动化是利用计算机、打印机、复印机、扫描仪、绘图仪、电话、传真、互联网等数字仪器和设备以及各类办公软件代替传统手工业务处理的办公方式。它能够为用户在工作过程中提供更好的选择机会以及更丰富的信息处理功能，例如方案分析、优化选择等。办公自动化不仅能兼顾个人办公效率的提高，而且可以实现群体协同工作。

办公自动化可以和一个企业或机关的业务结合得非常紧密，甚至可以是定制的。因而可以将诸如信息采集、查询、统计等功能与具体业务密切关联。此外，办公自动化技术还可以建立起企业和世界联系的渠道。

二、办公自动化的特点

办公自动化技术主要体现在对信息的接收、存储、管理、处理、发送与传递等环节。例如，通过图形终端接收器可以接受、处理图形信息；通过打印机或传真机可以输出图像、数字和文字；通过语言接收识别系统可以接受自然语言，并通过发音系统输出语音；通过磁盘、微缩胶卷等可以储存大量办公文件、资料等信息。计算机的文件管理系统和数据库还可以对大量的文件数据信息进行管理，便于查询和修改等操作，并能为储存在数据库中的信息提供故障性恢复等支持，确保数据信息的安全性和完整性。

OA系统可以代替人工做大量的重复性工作而“从不疲劳”；它的大容量、高密度的信息储存设备，可以安全保存海量信息，并在短时间内获得查询或打印结果；而网络间信息的传递速度也非常快。此外，它的信息决策支持功能还可以为领导的决策性工作提供依据。

如今的办公自动化已经远远超出了文件起草、打印和传递文件等传统范围。利用办公自动化，人们不仅能够提高组织的运行效率，增强各部门之间的联系，而且可以理顺工作流程，提高管理效率，使领导者及时了解信息，解决重点问题，从而提高组织自身的竞争力。

办公自动化技术不是深奥的理论，它的实践性很强。我们通过边学边练就能很快掌握，并能够在实践中通过对各种软硬件的融会贯通，不断提高应用水平，达到综合运用的效果。

三、办公自动化的范围

办公自动化主要涉及的范围有以下几个方面：

1. 文档处理：是指利用计算机完成文字的输入、处理及输出工作。如通知、文件、通报、报告、规章制度的录入、排版、编辑、校对、打印等工作。

2. 数据处理：是通过数据软件、电子报表软件以及应用数据库等各种软件建立的各类管理信息系统来实现数据处理工作。例如对办公中各类数据信息的存储、计算、查询、汇总、制表及编排等。

3. 语音处理技术：召开会议、发布消息都是语音信息传递的过程。利用信息技术可将语音转换成数字信息并进行传递和传播。例如电视电话会议、会议现场录音笔的录音等。

4. 图形图像处理技术：是指根据需要，利用各种图形图像处理软件绘制图形和图像。也可以利用扫描仪直接将需要的图像扫描至计算机，并进一步进行编辑和修改。

5. 文档资料以及工作日程的管理：这是指利用计算机管理各种电子文档和工作日志信息。除了可以用计算机操作系统本身的管理、查询功能之外，还可利用一些办公文档管理系统辅助管理资料和工作日程，如文档管理器、桌面日历等。

6. 通信功能：是指传真、网络搜索、电子邮件及其他的网络通信功能，例如通过网络传递文件、聊天、视频通话等。

7. 辅助决策技术：是指利用计算机以及网络强大信息处理功能，应用决策科学和其他相关理论和方法辅助领导者决策。它可以在方案及工程决策中辅助领导，帮助选择和决策。

四、办公自动化对于文秘工作的意义

办公自动化就是利用信息技术把办公过程电子化、数字化，也就是要创造一个集成的办公环境。通过实现办公自动化，或者说实现数字化办公，可以优化现有的管理组织结构，在提高效率的基础上，增加协同办公能力，强化决策的一致性，最终实现提高决策效能的目的。具体来说，主要实现下面七个方面的功能：

1. 建立内部的通信平台。建立组织内部的局域网系统和邮件系统，可使组织内部的通信和信息交流方便、快捷、通畅。

2. 建立信息发布的平台。在组织内部建立一个有效的信息发布和交流的场所，通过电子公告、论坛、电子刊物等形式，使内部的规章制度、新闻简报、公告事项等能够在企业或机关内部员工之间得到广泛的传播，方便员工及时了解单位的发展动态。

3. 实现工作流程的自动化。企业或机关内部的局域网办公系统可以实现实时监控、跟踪，能解决多岗位、多部门之间的协同工作问题，实现高效率的协作。各个单位都存在着大量流程化的工作，例如公文的处理、收发文件、各种审批、请示、汇报等，通过实现工作流程的自动化，可以规范各项工作，提高单位协同工作的效率。

4. 实现文档管理等事务处理的自动化。这个功能可使各类文档（包括各种文件、信息）能够按权限进行保存、共享和使用，并提供方便的查找手段。每个单位都会有大量的文档，在手工办公的情况下这些文档都保存在相应的文件柜里。因此，文档的保存、共享、使用和再利用是十分困难的。另外，传统手工办公的情况下，文档的检索也存在很大难度，非常不方便。办公自动化使各种文档实现电子化，通过电子文件柜的形式实现文档的保管，按权限进行使用和共享。

5. 辅助办公。是指利用管理信息系统对各种办公信息如会议、车辆、物品、图书等进行有效管理。日常事务性的办公工作都可充分利用办公自动化技术辅助办公。

6. 信息集成。每一个单位都存在购销存、ERP 等各种业务系统，企业的信息源往往都在这些业务系统里。办公自动化系统可以跟这些业务系统实现很好的集成，使相关的人员能够有效地获得整体的信息，提高整体的反应速度和决策能力。

7. 实现分布式办公。是指办公自动化技术支持多分支机构、跨地域的办公模式以及移动办公。现代企业和公司，内部组织的地域分布越来越广，移动办公和跨地域办公已成为一种现实需要。

8. 节省企业的办公费用支出。就是利用各种办公自动化技术达到节约长途电话、传真、复印、打印等费用的效果。这是企业实现管理现代化的重要标志。

总之，办公自动化可以提高办公效率，改进办公效果，增加办公可靠性，灵活处理办公业务，最终实现提高决策效能的目的。秘书人员在工作过程中如能充分利用办公自动化技术和辅助设备，就可以有效实现上述各种功能，从而达到理想效果。

§2 办公自动化设备及软件

一、办公自动化设备

根据功能不同,办公自动化设备可分为信息处理和复制设备、信息传输设备、视频音频处理设备以及办公辅助设备等。

1.信息处理和复制设备:这是办公自动化系统的核心设备。主要实现对文字、数据、图形、图像、声音等信息的加工处理、保存和复制等功能。这些设备包括计算机、扫描仪、打印机、复印机、光盘刻录机、优盘、移动硬盘等。

2.信息传输设备:主要承担通信系统的传输、控制、交换、处理、监控等多项重要工作,具体包括通信设备,如电话机、传真机;通信控制设备,如服务器;通信传输设备,如路由器、局域网线路等。它们直接构成用户的通信网络系统,负责各计算机用户之间的信息交流。

3.视频音频信息采集设备:主要有数码相机、数码摄像机、数码录音笔等。这些设备正朝着高性能、智能化及低成本的方向发展,在办公环境中已经得到越来越广泛的应用。

4.办公辅助设备:包括投影仪、幻灯机、速印机、碎纸机、装订机及其他办公自动化设备。

二、办公软件

硬件只是实现办公自动化的环境保障。OA系统的灵魂是软件。

按与硬件相关的密切程度,通常将计算机软件分为系统软件和应用软件。

系统软件是负责管理、控制、维护、开发计算机的软硬件资源,提供给用户一个便利的操作界面,也提供编制应用软件的资源环境。系统软件主要包括操作系统、程序设计语言和数据库管理系统等。操作系统在软件系统中居于核心地位,负责对所有的软、硬件资源进行统一管理、调度及分配。它是用户和计算机之间的一个接口。

应用软件是指为解决某一领域的具体问题而编制的软件产品,是为满足人们完成特定任务的要求而开发的。这些软件通常以特定的操作系统作为其运行基础(称应用平台)。最常用的应用软件有文字处理、电子表格、数据库应用系统、图形图像处理软件等。近几年,用得最为广泛的办公应用软件为微软公司的Office系列软件。此外,还有金山WPS系列、永中Office系列、红旗RedOffice系列等。除了各种Office系列外,常用的办公应用软件还有搜索引擎、压缩软件、图形图像处理软件、影音播放软件、下载工具等。

目前办公软件正朝着操作简单化、功能细化等方向发展。讲究大而全的

Office 系列和专注于某些功能深化的小软件并驾齐驱。另外，网络化的协同办公也是办公软件发展的趋势。

§3　办公自动化的发展历程

一、办公自动化的历史

随着数字技术的日臻完善，OA 系统也在几十年中得到了快速的发展，逐渐由"个体型"向"集约型"发展，其发展历程大致经过以下三个阶段：

第一个阶段：电子化阶段（20 世纪 60 年代至 70 年代中）：在此阶段，办公人员能够运用一些常用的办公软件对日常的文字、表格进行处理，例如文字的录入、编辑、排版，报表及数据的计算和处理，使日常事务的处理由手工型走向电子化。在先进国家里，可利用单机或集中多终端电脑系统和外围设备，完成单项办公自动化业务。这个阶段的特点是：利用单机或多用户系统，单项地、局部地实现自动化，达到提高办公效率的目的。

第二个阶段：协作处理阶段（20 世纪 70 年代中到 80 年代中）。在这个阶段里，文字处理技术已经得到了充分的发展，针对电子化的文档信息，结合文档数据库技术、电子邮件技术等群体技术，对办公自动化的研究重点逐步地转化为办公处理流程的建设与控制，按照一定的办公处理流程，控制着文件从起草、审批、办理到归档的全过程，最终形成多人协作的办公自动化模型。其特点是：利用计算机和局域网，初步实现对办公信息的综合分析、集中管理，不仅提高了办事效率，还提高了群体的办事质量。数据库中的信息资源已在局域网内得到共享。

第三个阶段：（20 世纪 80 年代中期至今）。交互处理阶段，通过前面两个阶段的功能建设，办公自动化基本上满足了日常行政的办公需求。只是随着软硬件技术的不断发展，在可靠性、安全性不断增加的同时，自动化程度更高、信息处理速度更快。随着企业综合应用的发展和企业知识管理上的需求，对办公自动化技术提出了更高要求。现代办公系统具有交互处理事务的能力，能够在综合信息管理系统基础上，建立办公决策服务系统，以便进行快速信息采集与传输，实现了事务处理的高度自动化和智能化。

二、办公自动化技术的展望

回顾 20 世纪，信息技术的迅猛发展，推动了世界信息化的过程，也推动了办公自动化技术的发展和应用。展望未来，办公自动化技术将朝以下几个方面继续发展。

(1)集成化。集成电路技术、软件技术、计算机技术、通信和广播电视技术等多项专业技术彼此联系、相互结合、互为支撑的趋势日益明显。其中，网络技术的发展在促进办公自动化技术集成方面的作用尤为明显。

(2)多功能化。办公设备的多功能化是信息化、数字化和电子化高度发展的必然产物。它是指将数字化技术、集成化技术和办公设备技术高度融合,形成一种具备多种功能的设备。例如,具备打印、复印、扫描、传真功能于一体的多功能一体机。

(3)智能化。智能化是OA的必然趋势。未来的OA将尽可能地为人们收集、整理各种信息,并在此基础上取得各种管理中所需要的数据和信息,为管理者提供决策依据。从广义上说,办公自动化系统的智能化包括基于自然语言的人机界面、多语种互译、智能化设备等。

(4)数字化。数字化是办公自动化发展的又一个必然趋势。一方面,由于数字化设备便于大规模生产,可以大大降低生产成本。另一方面,数字化有利于综合。网络普及以后,设备要上网,其必要条件就是数字化。近年来,许多电子设备都朝着数字化方向发展。数码复印机、数码相机、数码摄像机、数字式投影仪等办公设备已经越来越普及。

(5)设备可移动化。设备的小型化及可移动化也是办公设备的一个发展趋势。这是为了适应人们移动办公的需求。除了笔记本电脑、PDA、WAP等移动计算机设备之外,便携式打印机、便携式投影仪以及移动刻录机等设备已经越来越普及。此外,手机也越来越多地具备了计算机的功能,成为一种办公自动化设备。轻薄、便携是移动办公设备的主要特点。

总之,办公自动化是一门不断发展的技术。随着信息技术的发展,各种新型的办公自动化设备和软件会不断出现,从而进一步提高办事效率和管理质量,使人们的生活和工作方式产生质的飞跃。

模块一　文字处理软件 Word

文字处理是办公活动中最基本的工作。随着计算机系统及相关技术的发展，文字处理软件也有了很大进展。Word 2003 是 Microsoft Office 2003 系列的中文字处理软件，普遍应用于办公过程中文字、表格、图片等内容的处理，是目前最受欢迎的文字处理软件之一。本模块将从实例入手，介绍 Word 2003 的使用。

◎ 学习目标

1. 熟悉 Word 文字处理软件的界面操作环境。
2. 了解 Word 文字处理软件的主要功能和基本知识。
3. 熟练掌握 Word 文字处理软件中文字编辑的基本操作、文字排版操作、表格操作、图文混排操作。

项目一　利用 Word 制作会议备忘录

◎ 知识目标

1. 了解 Word 文字处理软件的主要功能和基本知识。
2. 掌握文字编辑的基本操作。
3. 掌握文字排版操作。

◎ 能力目标

1. 能够利用模板创建新文档。
2. 能够对文档进行保存、录入和编辑操作。
3. 能够熟练设置字体、段落等格式。

◎ 项目背景

2008 年 3 月，教育部文秘专业教育指导委员会第四次会议在湖州召开。本次会议的相关文案工作由王秘书负责。

◎ 项目任务

根据本次会议内容，制作一份规范的会议备忘录。

任务一　创建新文档

利用 Word 制作会议备忘录非常方便的。以下是具体操作方法。

一、新建空白文档

Word 2003 应用程序中，有以下几种创建新文档的方法：

1. 启动 Word 时，如果没有指定将要打开的文档，启动后将自动出现一个空白文档。

2. 如果在操作过程中要新建文档，单击工具栏上的新建按钮（快捷键 Ctrl+N），此时将出现默认类型的空文档。

3. 选择“文件”→“新建”，在 Word 窗口的右边会弹出一个“新建文档”任务窗，如图 1-1 所示。在“新建文档”任务窗格中的“新建”选项组下单击“空白文档”选项，将新建一个新文档。

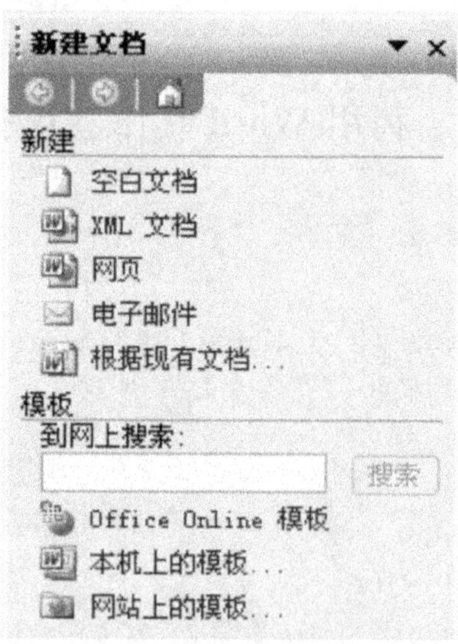

图 1-1 “新建文档”任务窗口

二、使用模板创建新文档

秘书人员日常办公中，经常要处理一些具有规律性和重复性的文档，如会议通知、企业公文、客户信函、传真等。这种情况下，如能熟练使用 Word 提供的模板工具，可以起到事半功倍的效果。

Word 中的每一个文档都是以模板为基础的。模板决定了文档的基本结构和格式设置。所谓“模板”，是“模板文件”的简称。它是一种特殊的文件，是一个包含事先定义好格式的文件。一个 Word 文档中字体、字号、页面和段落设置以及其他一些高级样式的信息都包含在模板中。Word 启动时，默认出现的空白文档也是 Word 使用 Normal 模板来创建的。

我们制作专业文档时，利用现成的模板制作文档，不但效率高而且质量好。

下面以制作 2008 年教育部文秘专业教指委第四次大会的会议备忘录为例：

1. 启动 Word 2003，依次执行“文件”→“新建”菜单命令，打开“新建文档”任务窗格。在该任务窗格中的“模板”区域中单击“本机上的模板”超链接，如图 1-1 所示。

2. 打开“模板”对话框，在“备忘录”选项卡中找到并选中“备忘录向导”选项，然后确认“新建”区域中“文档”复选框为当前选中状态。单击“确定”按钮新建文档，如图 1-2 所示。

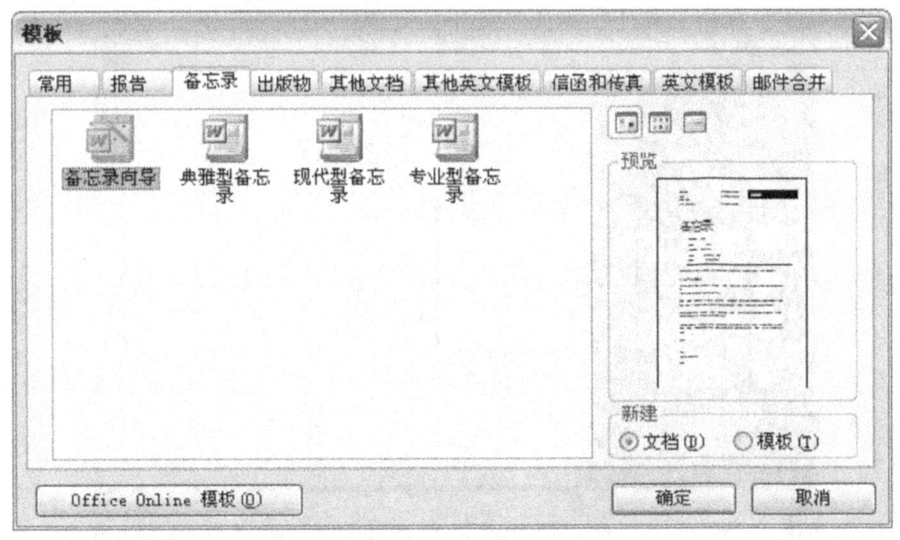

图 1-2　借助模板新建文档

3. 单击“确定”按钮后，系统会弹出“备忘录向导”对话框。如图 1-3 所示。我们可以从对话框左边了解该向导的流程。接下来再根据向导的提示，一步一步完成备忘录的初步定制。

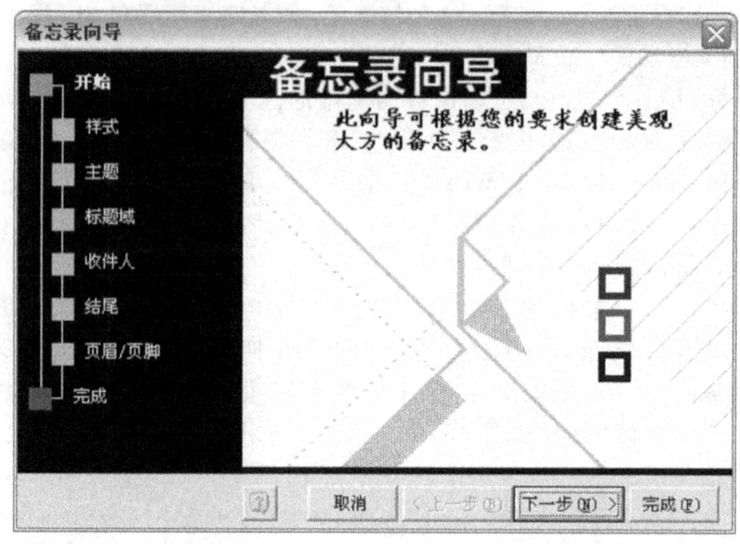

图 1-3 备忘录向导 1

4.单击“下一步”按钮，进入“样式”页面。选择“专业型”。如图 1-4 所示。

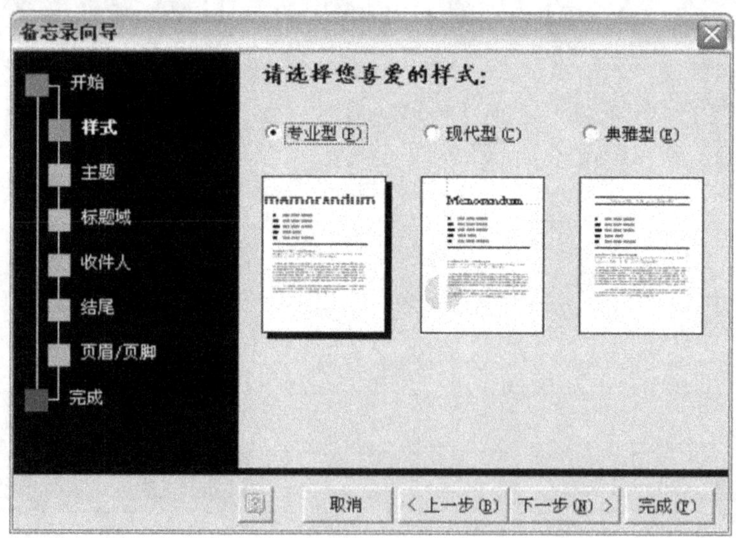

图 1-4 备忘录向导 2

5.单击“下一步”按钮，进入“主题”页面，输入“2008 年教育部文秘专业教指委第四次会议备忘录”。如图 1-5 所示。

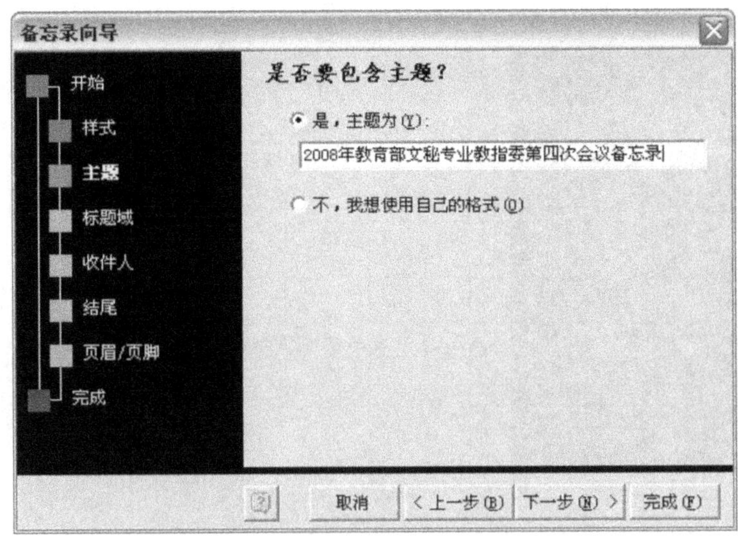

图 1-5　输入主题名称

6. 单击“下一步”按钮，进入“标题域”页面，如图 1-6 所示。我们可以根据需要选择备忘录中是否包含主题。

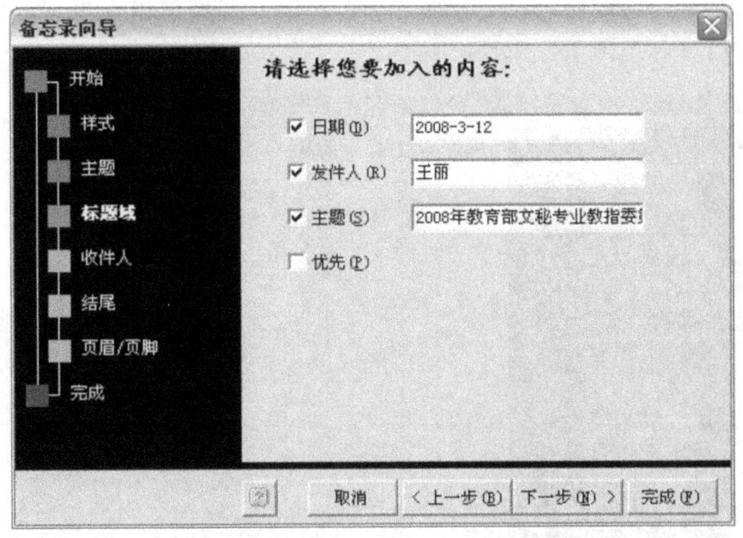

图 1-6　标题域

7. 单击“下一步”按钮，进入“收件人”页面，选择备忘录文档中收件人的名称。如图 1-7 所示。

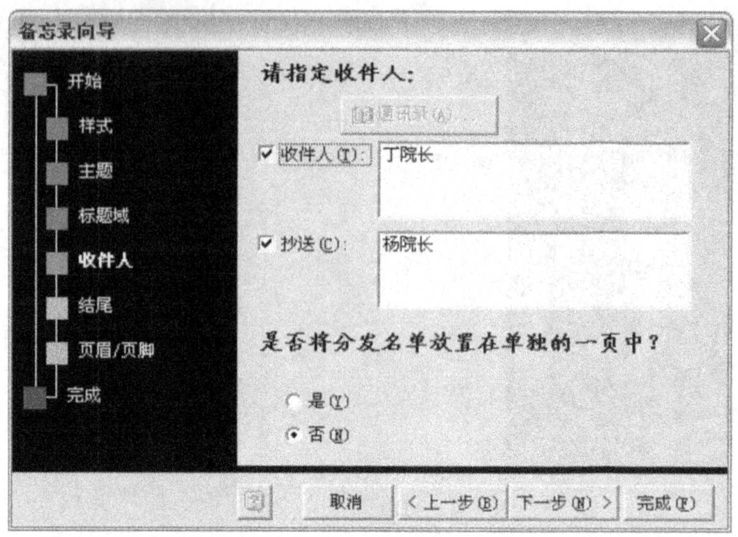

图 1-7 指定收件人

8. 单击"下一步"按钮,进入"结尾"页面。在这里,我们可以添加结尾部分需要包含的内容。如图 1-8 所示。

9. 单击"下一步"按钮,进入"页眉/页脚"页面。我们可以在页眉、页脚中设置需要显示的内容。如图 1-9 所示。

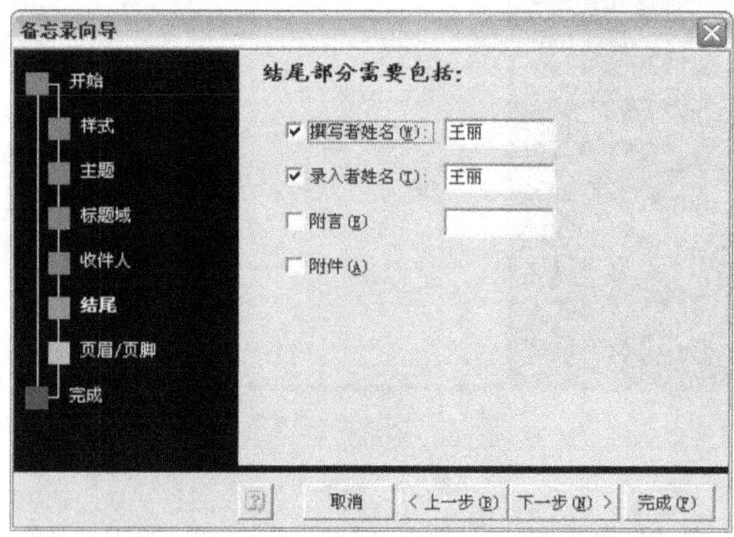

图 1-8 结尾

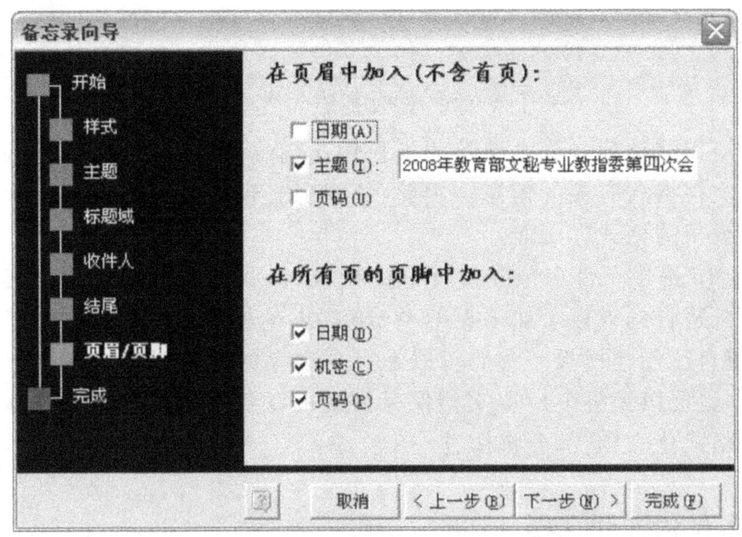

图 1-9　设置页眉页脚

10. 单击“完成”按钮，就完成了备忘录文档的初步定制。返回 Word 编辑窗口后，我们可以看到备忘录文档的标题框架已基本成型。如图 1-10 所示。

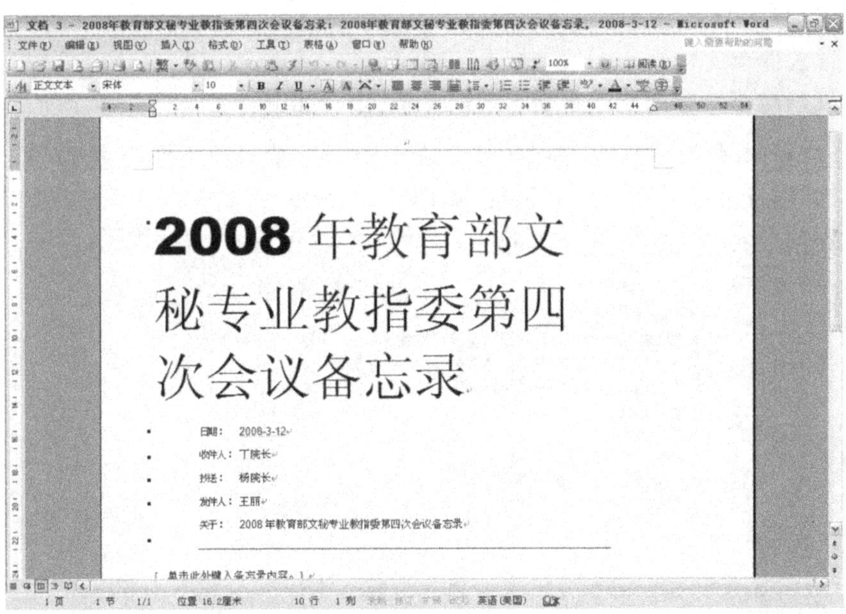

图 1-10　用备忘录向导制作的会议备忘录

◎ 知识链接

关于 Word 模板的进一步说明

我们之所以能够通过事先保存的模板快速创建文档，是因为模板中已预先存储了一些与文档格式有关的信息。因此，使用现有模板创建文件的一个前提条件是了解现有模板的格式和功能。

虽然 Word 提供了许多预先设计好的模板，但我们在实际使用过程中仍有可能找不到完全适合的模板。如果觉得 Word 提供的模板格式不能完全满足自己的需要，也可以自己创建模板。我们可以在一个现存的模板或文档基础上建立一个全新的模板，也可以把一个样本文档保存为模板以备需要时使用。具体操作办法在“任务四：格式化文档”部分将作进一步介绍。

任务二　保存和管理文档

完成备忘录向导后，Word 就自动生成了一个备忘录文档。为了方便下一步操作和今后的使用，我们要对文档进行保存和管理。

一、保存文档

1. 首次保存文档

如果当前要保存的文档是命名的新文档，步骤如下：

(1)选择“文件”→“保存”命令(快捷键 Ctrl+S)，或者单击保存按钮。

(2)此时将出现“另存为”对话框，如图 1-11 所示。在“文件名”后的空格内输

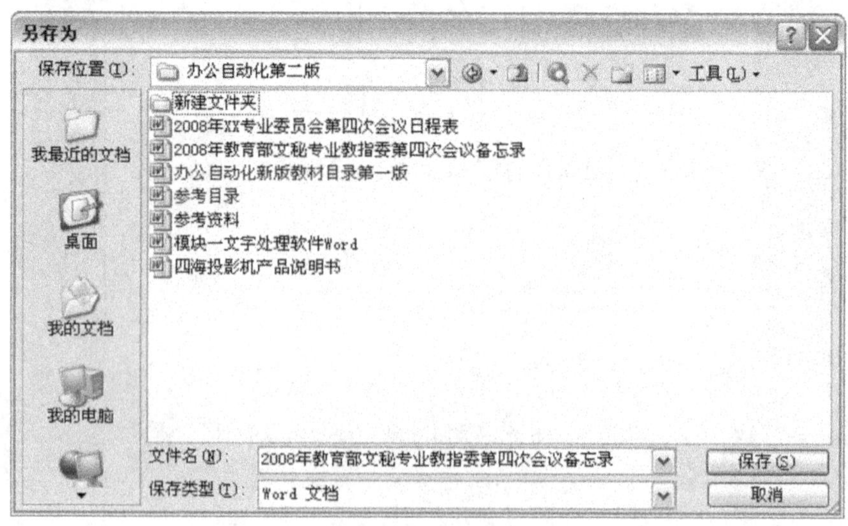

图 1-11　“另存为”对话框

入需要的文件名，如“2008 年教育部文秘专业教指委第四次会议备忘录”。

(3)这时系统通常显示默认的保存文件的文件夹“My Document”。如果要将文档保存在其他地方，需单击“保存位置”列表框的下拉按钮，从出现的列表中选择文档要保存的驱动器。为了更好地管理文档，一般不建议用默认路径保存文档。

(4)选定保存文件的位置后，单击“保存”按钮，关闭“另存为”对话框并保存文档。Word 文档的扩展名为. doc。

2. 保存已经命名的文档

如果当前文档不是未命名的新文档，选择“文件”→“保存”命令或单击保存按钮，执行一次磁盘保存的工作。此时系统不出现“另存为”对话框。

3. 将当前文档换名保存

Word 文档还可以进行改名保存，步骤如下：

(1)选择“文件”→“另存为”命令。

(2)此后的步骤与前面首次保存文档的相同。但要注意，如果要以另一种类型保存文档，则需从“保存类型”列表框中选择需要的类型。

4. 在编辑时自动保存文件

为防止计算机意外故障造成文档丢失，我们可以对文档进行自动保存设置。

(1)在“工具”菜单上，单击“选项”，然后单击“保存”选项卡。

(2)选中“自动保存时间间隔”复选框。

(3)在“分钟”框中，输入要保存文件的时间间隔。保存文件越频繁，则文件处于打开状态时，在发生断电或文档意外关闭等情况下，文件可恢复的信息越多。

◎ 知识链接

Word 文档的安全和保护功能

Word 提供了若干安全和保护功能。用户可对文档的安全属性进行定制，确保文档免受不欢迎的人访问和修改。Word 提供了若干方法来限制对文档的访问及修改：

(1)指定打开文档的密码，可防止未授权用户打开该文档。

(2)指定修改文档的密码，可允许他人打开文档但不输入正确密码即不能保存对该文档的修改。

(3)建议他人以只读方式打开文档。

(4)指定传送供审阅的文档的密码，可防止除批注或修订标志外的任何修改。

Word 文档密码的保护设置在“工具”→“选项”→“安全性”对话框中进行操作。

【特别提醒】如果用户为文档设置密码保护后，若忘记了密码，该文档将无法打开、解除保护或从中恢复数据。因此，我们在设置文档密码后，一定要记住密码信息，最好在安全的地方保留相应文档的密码列表。

二、管理文档

1. 打开文档

打开文档就是调出电脑中已有的文档，并在窗口中显示它，操作方法如下：

(1)选择“文件”→“打开”命令(快捷键 Ctrl＋O)，调出“打开”对话框，如图 1-12所示。

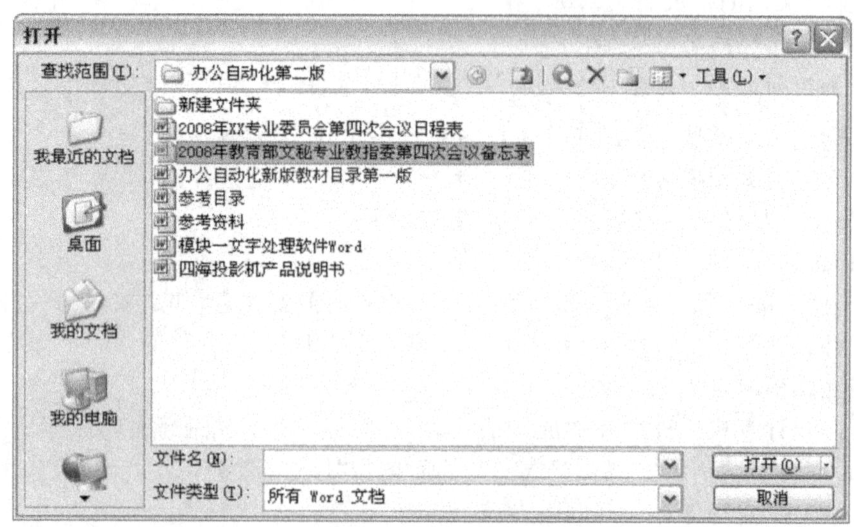

图 1-12 “打开”文档对话框

(2)在该对话框“查找范围”下拉列表框中选择要打开文档的路径，或者直接输入文档路径，再单击文档列表中要打开的文档，最后单击“打开”按钮。

另外，也可以单击工具栏上的打开按钮，调出“打开”对话框，之后的操作同上。

2. 关闭文档

关闭文档的方法如下：

(1)单击文档窗口的关闭按钮，此时关闭打开的文档，但不关闭 Office 程序。

(2)关闭应用程序窗口，系统将同时关闭所有打开的文档文件。

(3)在菜单栏中依次单击“文件”→“关闭”命令，也可以关闭文档。

【小提示】

Word 文档创建后，我们可以根据需要通过调整工具栏中的“显示比例”数值来设定恰当的显示比例，以便于编辑和操作。

例如，通常的文档正文文字一般是小四和五号字，在默认比例(100%)下看起来比较吃力。这时，我们可以将显示比例调整至 150%甚至更大。这并不影响打印等实际效果，但显示字号明显放大，看起来就轻松多了，眼睛也不易疲劳。

如果我们想看整页的文档排版效果，或者查看该页面中插入的图表大小是否合适，可以缩小显示比例，选择 50%～70%，这样就能较好地看到整个页面的排版效果。

任务三　录入与编辑文档

在制作会议备忘录的时候我们使用了模板向导。使用模板固然方便，但是很多时候现成的模板跟实际需要总有一些差别。这时候，我们可以根据自己的需要对模板和文档进行编辑。

一、录入文字

打开备忘录文档，录入会议备忘录的标题及项目标题。项目标题主要包括“会议名称”、“会议时间”、“会议地点”、“出席人”、“缺席人”、“会议主要议题”和“会议决议”等内容。如图 1-13 所示。

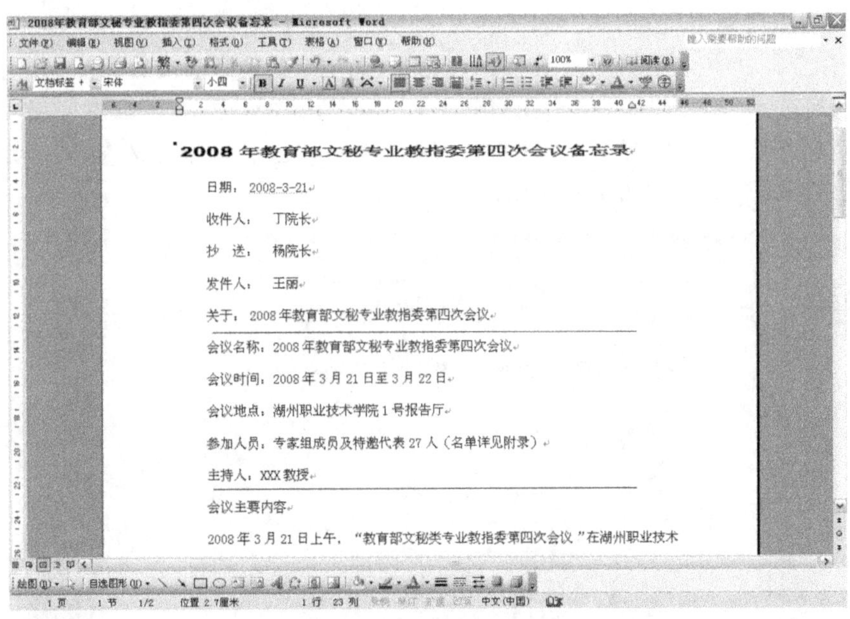

图 1-13　备忘录文字录入

【小提示】

在 Word 文档输入文字和图形的过程中，可以灵活使用“自动图文集”功能来提高工作效率。

“自动图文集”用来存储需重复使用的文字或图形，例如存储标准合同条款或较长的通讯组列表等等。每个所选文字或图形可录制为一个“自动图文集”词条并为其指定唯一的名称。对于经常需要重复输入的词条、图形的办公人员来说，这是个很方便的功能。

如果有需要重复输入的词条等内容，可选择“插入”菜单→自动图文集(A)→自动图文集(X)→在“请在此键入‘自动图文’集词条(U)”对话框中输入设定的内容，创建自动图文集词条。

词条创建以后，在文档中只需键入自动图文集词条名称的前几个字符，在未输入完的文字上方会出现一个黄色方框，其中显示了完整的自动图文集词条，此时按下 Enter 键或 F3 键即可接受该词条。而要拒绝该词条，只需继续键入其他文字即可。

二、文本编辑

在编辑文本时，通常要用到文本的选择与移动、复制与删除、查找与替换、撤销与恢复等操作。只有熟练掌握了这些功能，才能灵活自如地处理各种文档。

1. 文本的选择

选择文本的方法通常有两种：一是鼠标选择；二是键盘选择。

(1)鼠标选择

鼠标选择文本常用的方法是将鼠标指针指向需要选择的文本，通过鼠标的拖曳进行操作。具体操作步骤是：在需要选取文本的起始位置按下鼠标左键不放开并拖动，到需要选择文本的结束处释放鼠标，就可以选中相应的文本，选择后的文本以反白形式显示。如图 1-14 所示。

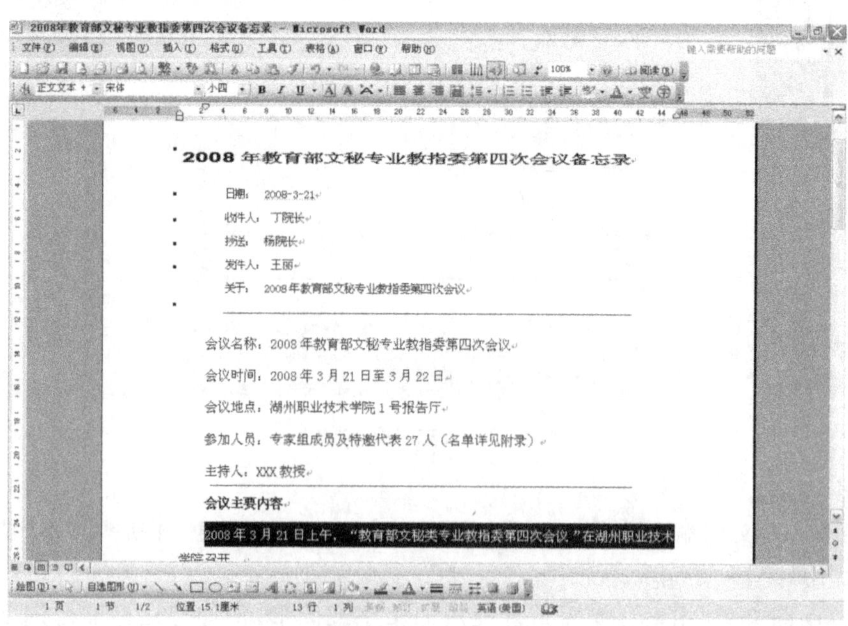

图 1-14　文本的选择

使用鼠标可以选中一个字、一行、一段文本或者整篇文档。

(2)键盘选择

虽然鼠标选择文本很方便,但是在重复性较多的编辑操作中,键盘选择显得更为便捷。Word 2003 为我们提供了一系列利用键盘选择文本的方法,如表 1-1 所示。

表 1-1　使用键盘选择文本的操作键

选择文本的范围	操作键	选择文本的范围	操作键
插入点右边一个字符	Shift+→	插入点至本行首	Shift+Home
插入点左边一个字符	Shift+←	插入点至本行末	Shift+End
插入点至段落首部	Ctrl+Shift+↑	插入点至上一行同列处	Shift+↑
插入点至段落末尾	Ctrl+Shift+↓	插入点至下一行同列处	Shift+↓

2.复制和删除文本

复制和删除文本也是编辑文档时经常用到的操作。

(1)复制文本

具体操作步骤如下:

首先选定需要复制的文本,被选中的文字将会反白显示。如图 1-15 所示。然后单击"编辑→复制"命令,或者单击工具栏中的"复制"按钮,或者按快捷键"Ctrl+C",用鼠标或者键盘将定位光标移至复制文本的目标位置。

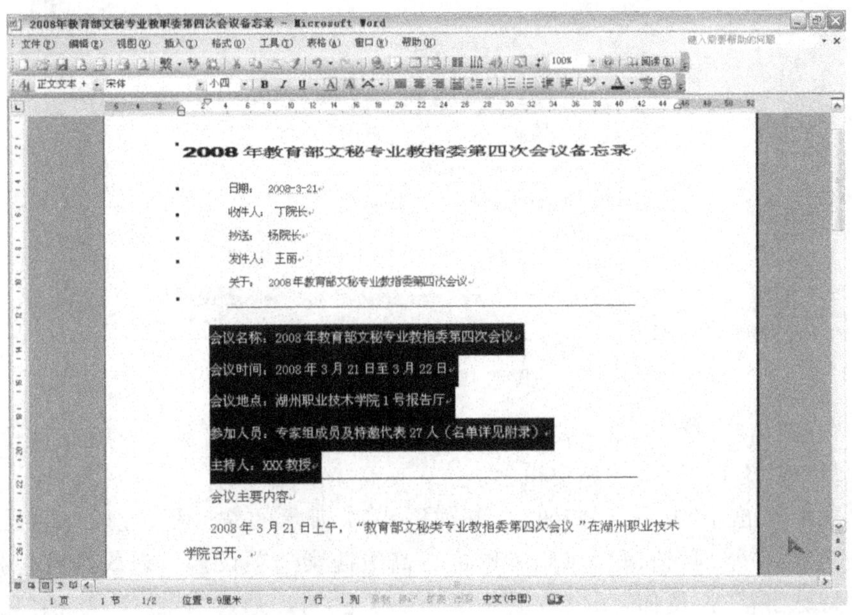

图 1-15　选定文本

单击“编辑→粘贴”命令，或者单击工具栏中的“粘贴”按钮，或者按快捷键“Ctrl+V”，即可完成复制任务。

(2)删除文本

删除文本时，需首先将光标移到要删除文字的位置。如要删除光标前的文字，按键盘上的“Backspace”键；若删除光标后的文字，则需按键盘上的“Delete”键。

如要删除大段文本，可用鼠标选中需删除的段落或文本区域，然后按“Delete”键即可。

3.查找和替换文本

利用 Word 2003 的查找和替换功能可以实现查找和替换文本或指定格式等操作。该功能让我们在整个文档范围内进行的修改工作变得轻松简便。

(1)查找文本

查找文本可以快速定位到文档中所需文本的位置，按“Ctrl+F”快捷键，或者单击“编辑”菜单中的“查找”命令，即可打开“查找”对话框。如图 1-16 所示。

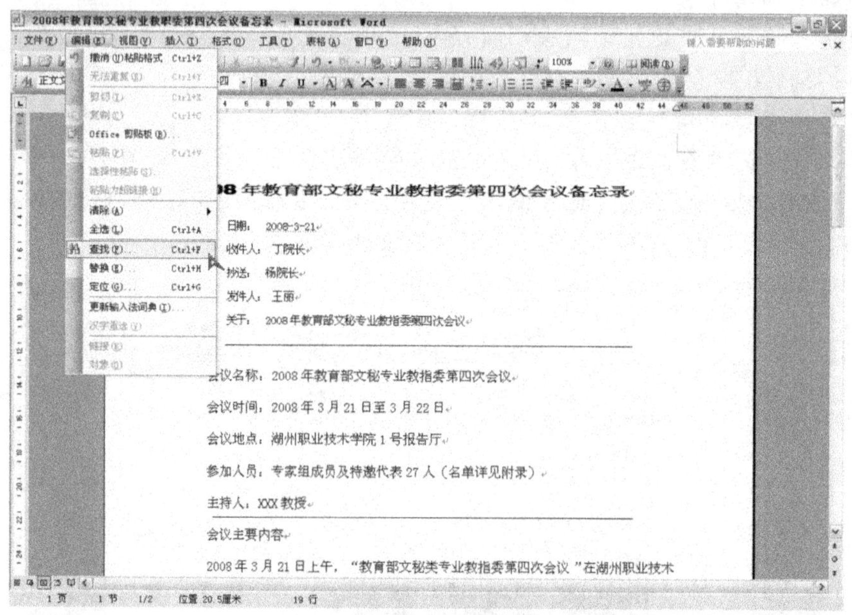

图 1-16 查找文本

在“查找内容”框中，输入要查找的文本，然后单击“突出显示所有在该范围找到的项目”或“查找下一处”等按钮。

单击中间的“高级>>”按钮，打开如图 1-17 所示的对话框(此时“高级>>”按钮变为“<<常规”按钮)，在此可以进行高级搜索选项设置。查找内容包括“格式”和“特殊字符”。例如，用户希望查找分段标记，可以通过“特殊字符”的“段落标记”查找到文档中的段落标记，然后进行操作。

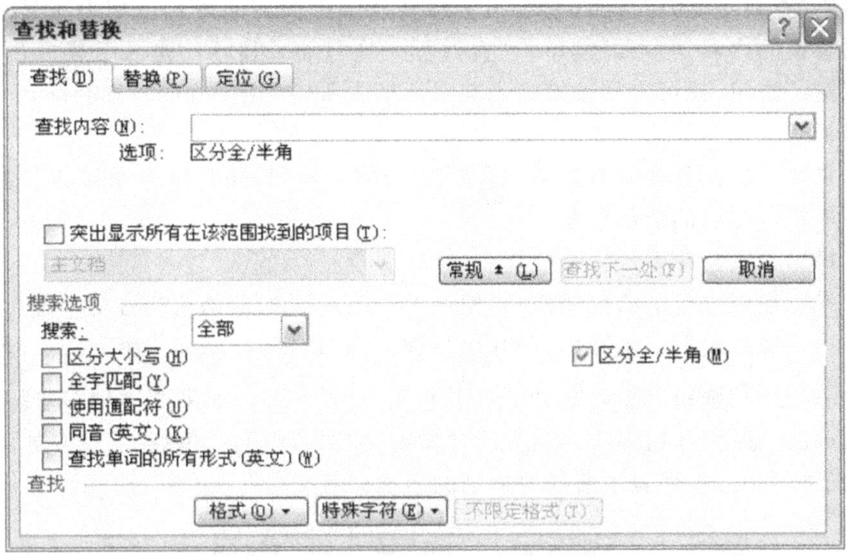

图 1-17　查找和替换文本对话框

(2)替换文本

利用 Word 2003 的替换功能可以自动替换文档中的指定文本。替换文本的具体操作步骤如下：

单击“编辑→替换”命令或者按快捷键“Ctrl+H”，弹出“查找和替换”对话框。然后在“查找内容”里面输入需要替换的文字，如“中文”。接着在“替换为”对话框中输入替换内容，如“英文”，如图 1-18 所示。

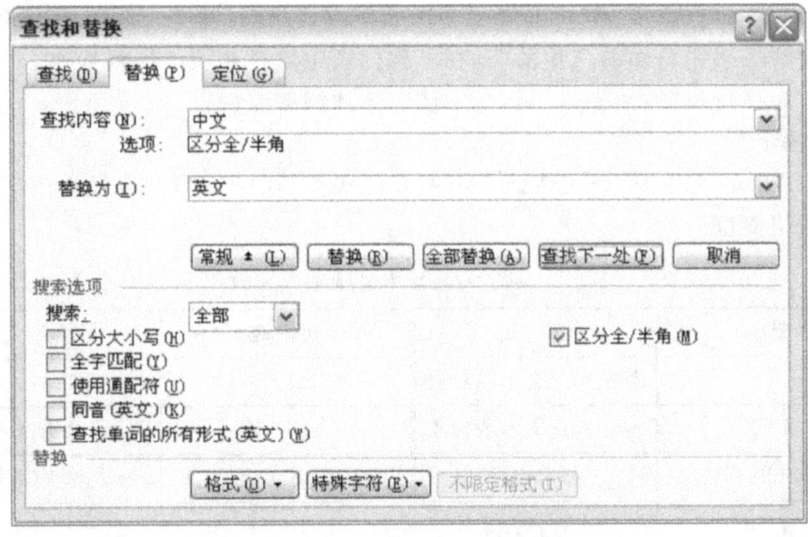

图 1-18　输入替换的内容

单击“查找下一处”按钮，系统将会高亮显示查找到的内容。如果所显示的不是需要替换的内容，则可继续单击“查找下一处”；如果显示的是要替换的内容，则单击“替换”按钮，就可将其替换为之前对话框中所输入的内容，并将继续高亮显示下一目标。

如果要一次性替换所有对象，可单击“全部替换”按钮。这样系统将替换掉当前文档中符合要求的全部对象。

4. 撤销和恢复文本

如果不小心执行了错误操作，可使用 Word 2003 的撤销功能方便地进行恢复。如果用户只撤销最后一步操作，可利用“编辑”→“撤销(U)键入”命令，或者单击工具栏中的“撤销”按钮，也可以按快捷键“Ctrl＋Z”。如果要撤销多步操作，可以连续单击“撤销”按钮多次，或者下拉“撤销”按钮后面的三角箭头，打开如图 1-19 所示的下拉列表，在列表中选择要撤销的步骤即可。

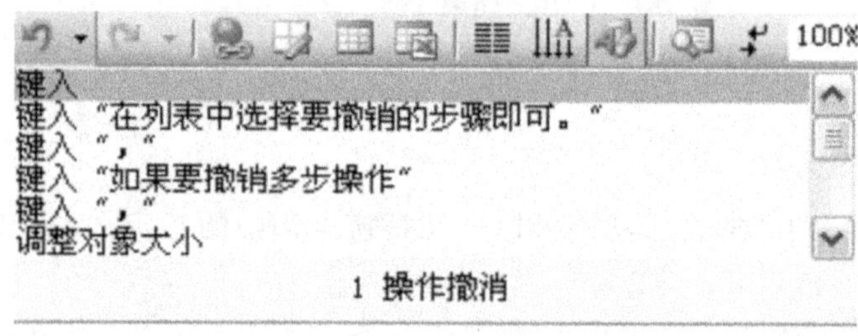

图 1-19　撤销操作列表

如果执行完“撤销操作”命令后，用户又想恢复“撤销”前的操作，可单击工具栏上的“恢复”按钮。如果要恢复多次操作，可以连续单击“恢复”按钮多次，或者下拉“恢复”按钮后面的三角箭头，在下拉列表中选择相应的恢复操作。

只有在执行过“撤销操作”后，“恢复”命令才能够生效。

【小提示】

编辑 Word 文档时，使用快捷键不但方便快捷，还能提高准确性。表 1-2 是常用的几个快捷键。

表 1-2　常用快捷键

快捷键	含　义	快捷键	含　义
Ctrl＋C	复制所选文本或对象	Ctrl＋V	粘贴文本或对象
Ctrl＋X	剪切所选文本或对象	Ctrl＋Z	撤销键入
Ctrl＋Shift＋＜	缩小字号	Ctrl＋Shift＋＞	增大字号
Ctrl＋B	使字符变为粗体	Ctrl＋I	使字符变为斜体

除了表 1-2 中所示之外，Word 中还有很多其他的快捷键，我们可以通过网络等各种方式查找到，并根据需要选择和使用。

在 Word 文档中复制并粘贴指定的内容时，在粘贴的对象后会出现图案，点击图案中的倒三角形，会出现“保留源格式”(默认选项)、“匹配目标格式”、“仅保留文本”等选项，我们可以根据实际需要进行选择。

任务四　格式化文档

通过对文档格式的进一步设置，不但可以满足用户的具体要求，还能起到美化文档的作用。Word 提供了多种文档设置格式，如给字符加下划线、对文章标题或重点内容加以突出显示、设置段落格式和对齐方式以及对文档页面的格式进行加工和处理等。

我们仍然以会议备忘录为例，通过对它的进一步设置，介绍 Word 各种文档格式的设置方法。

一、设置字符格式

Word 2003 中，默认输入的中文文本格式是宋体五号字，颜色为黑色，我们可以根据自己的需要改变格式。

1. 设置字体、字号及颜色

设置字体、字号与颜色的具体操作步骤如下：

(1)首先要选定需要修改的文本，如图 1-20 所示。

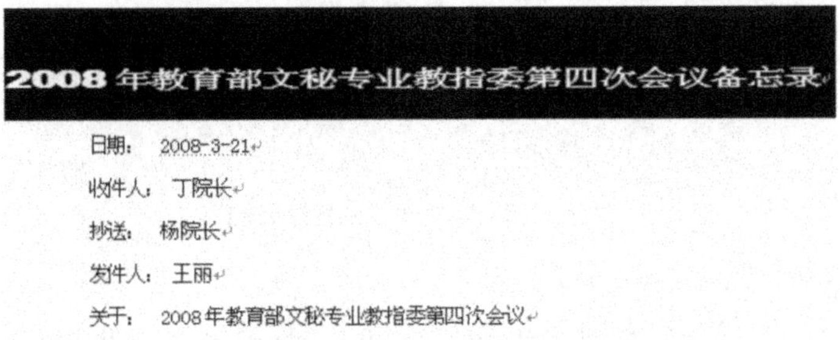

2008 年教育部文秘专业教指委第四次会议备忘录

日期：　2008-3-21

收件人：丁院长

抄送：　杨院长

发件人：王丽

关于：　2008 年教育部文秘专业教指委第四次会议

图 1-20　选定文字

(2)单击“格式”→“字体”命令，弹出“字体”对话框，在“中文字体”下拉列表中选择需要的字体选项。在“字形”列表框中选择需要的字形类别；在“字号”列表框中选择需要的字号大小；在“字体颜色”下拉列表框中选择合适的字体颜色。如图 1-21 所示。

(3)上述设置完毕后，单击“确定”按钮，即可完成字体、字号和颜色的设置。

另外，我们还可以直接利用工具栏上的快捷按钮进行相关的设置，如图 1-22

所示。

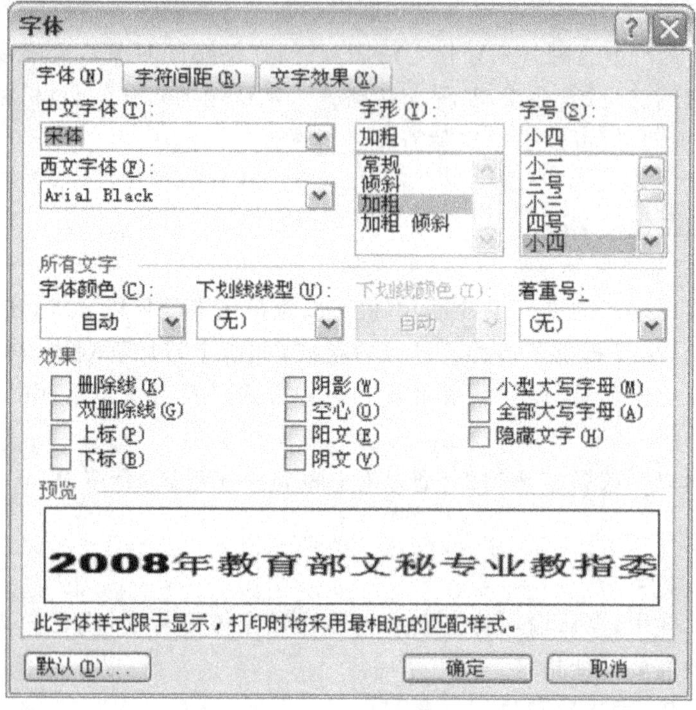

图 1-21 “字体”对话框

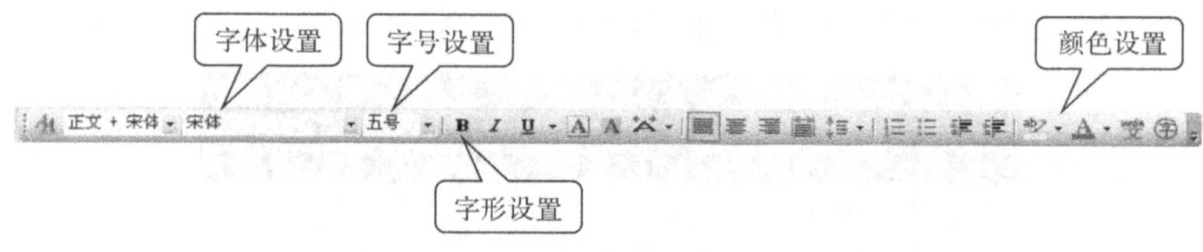

图 1-22 字体、字号和颜色的设置

2. 设置字符间距

在默认状态下，Word 中的字符都是标准型的，字符间的间距也是标准格式。有时，为了达到某种特定效果，可以对字符的间距进行自定义设置。

设置字符间距的操作步骤如下：

(1)在文档中选定需要修改的文字。如图 1-23 所示。

2008 年教育部文秘专业教指委第四次会议备忘录

图 1-23 选定文本

（2）单击“格式”→“字体”命令，弹出“字体”对话框。单击“字符间距”选项，在“缩放”下拉菜单中选择合适的比例；在“间距”下拉列表框中选择“标准/加宽/紧缩”三项中的一项；在右边的“磅值”列表中可以根据需要选择或者输入适当的数字；在“位置”下拉列表框中选择“标准/提升/降低”选项中的一项；右侧的“磅值”一栏中可以输入需要的数值，同时勾选“为字体调整字间距”复选框，如图 1-24 所示。

图 1-24　“字符间距”选项卡

（3）单击“确定”按钮，即完成字符间距的设置。修改设置后的效果如图 1-25 所示。

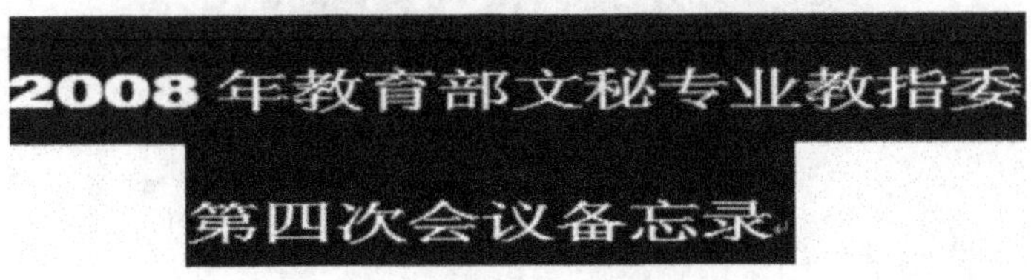

图 1-25　字体间距设置效果图

3. 设置文字效果

使用 Word 2003 的设置文字效果功能可以使选定的文字具有特定的动态效果，具体操作步骤如下：

（1）选定文档中需要设置文字效果的文本。

(2)单击“格式”→“字体”命令,弹出“字体”对话框,然后再单击“文字效果”选项,在“动态效果”列表中选择其中一种动态效果,如“礼花绽放”,在下方的预览区即可看到文字效果。如图 1-26 所示。

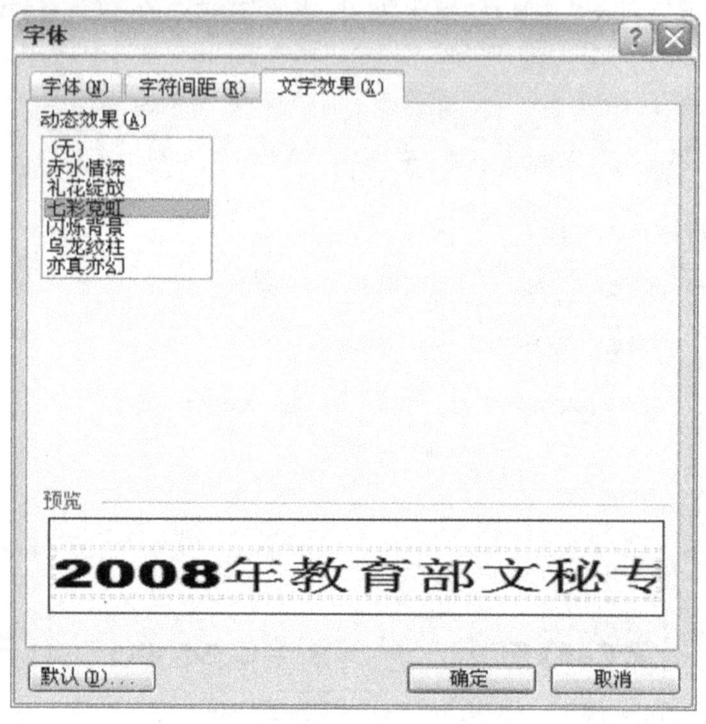

图 1-26 “文字效果”选项卡

(3)单击“确定”按钮,效果如图 1-27 所示。

图 1-27 文本添加效果图

二、设置段落格式

Word 2003 中,可以直接利用标尺、“格式”工具栏和“样式和格式”任务窗格对段落进行设置。通过“格式”→“段落”命令,可对段落进行更进一步的精确设置。如图 1-28 所示。

1. 设置段落缩进

设置段落缩进可以使文档显得脉络清晰,便于将一个段落与另一个段落区分开来，方便读者进行阅读。段落缩进可分为首行缩进、左右缩进和悬挂缩进三种类型。

首行缩进：将某个段落的第一行向右进行段落缩进，其余行不进行段落缩进。

左右缩进：将某个段落整体向左或者向右进行缩进。

悬挂缩进：某个段落首行不缩进，其余各行缩进。

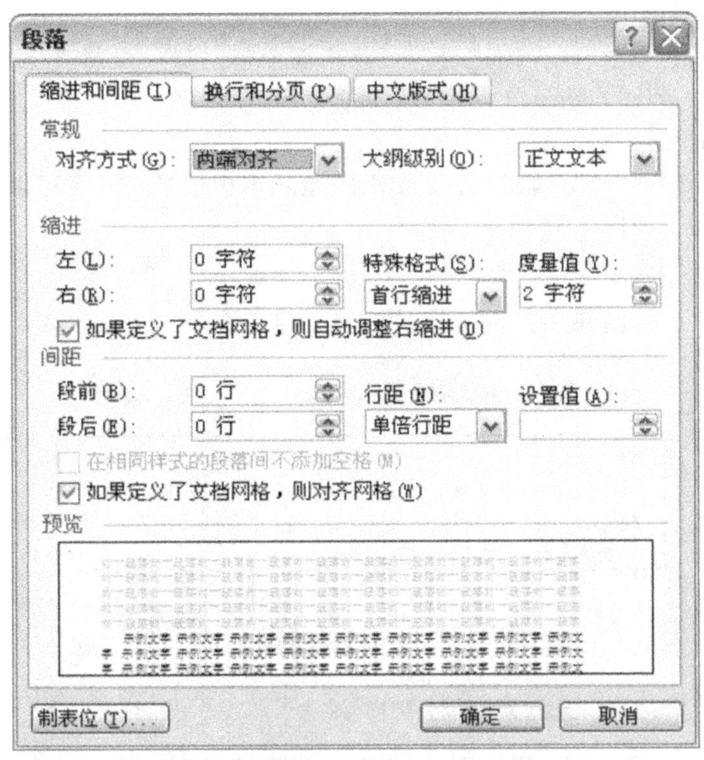

图 1-28　“段落”对话框

这些段落缩进的实现有多种方法，常用的有以下三种。

(1)利用水平标尺进行设置

在水平标尺上，有四个段落缩进滑块：首行缩进、悬挂缩进、左缩进及右缩进。按住鼠标左键拖动它们即可完成相应的缩进。如果要精确缩进，可在拖动的同时按住 Alt 键，此时标尺上会出现刻度。如图 1-29 所示。

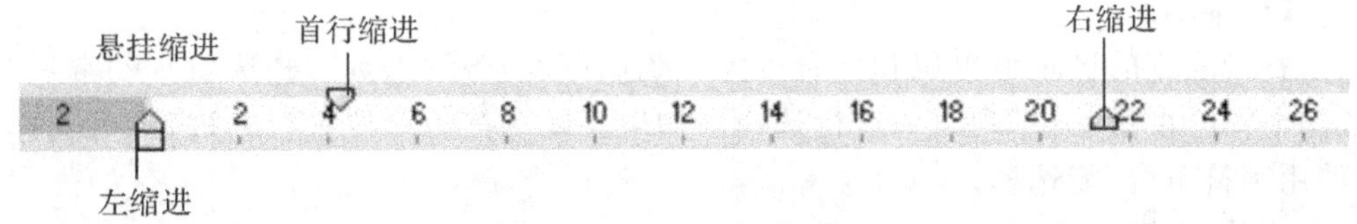

图 1-29　水平标尺

(2)利用“格式”工具栏

“格式”工具栏上有两个用于段落缩进的按钮:“减少缩进量”、“增加缩进量”。

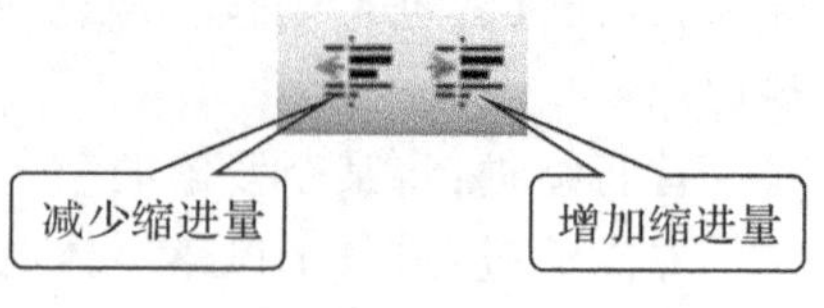

图 1-30 “格式”工具栏中的缩进设置

如图 1-30 所示。利用这两个按钮,可以对段落的左边界缩进到默认或自定义的制表位位置。

单击工具栏中的“减少缩进量”,可将当前段落左移一个制表位的距离;单击“增加缩进量”,可将当前段落右移一个制表位的距离。

(3)利用“段落”对话框

执行“格式”→“段落”,在“缩进和间距”选项卡中的“缩进”区可以设置段落的各种缩进类型。如图 1-31 所示。

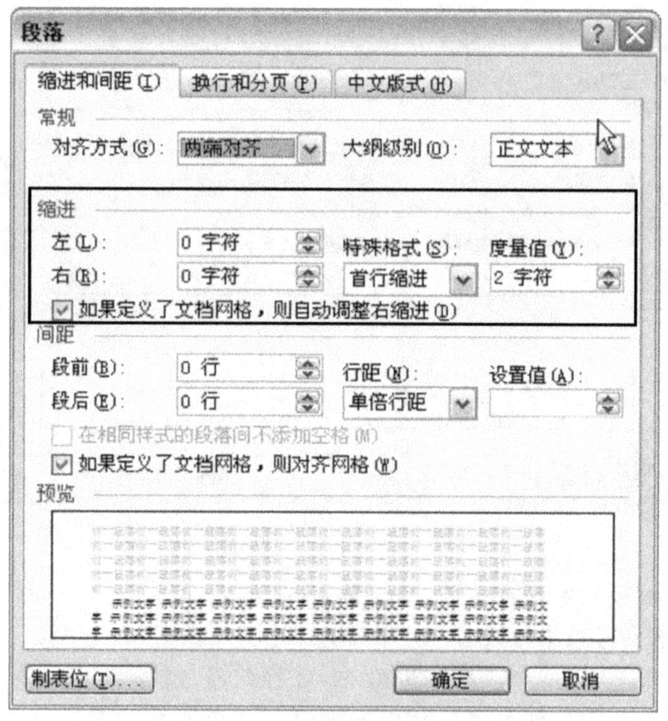

图 1-31 “段落”对话框

【小提示】

各种缩进的度量值单位和设置有关。我们可以打开“工具”→“选项”→“常规”选项卡,在“度量单位”列表中进行选择。如果要以字符为单位进行缩进,则可选择“使用字符单位”复选框。

此外,使用 Tab 键也可对段落进行首行缩进及左缩进。操作方法是:首先打开“工具”→“自动更正选项”→“键入时自动套用格式”选项卡,在“键入时自动实现”窗口中选中“使用 Tab 和 Backspace 设置左缩进和首行缩进”复选框。若要缩进段落的首行，先将插入点置于首行开始处按一次 Tab 键，继续按 Tab 键，则整个段落左缩进；若要直接缩进整个段落，可先将插入点置于首行以外的其他行开始处再按 Tab 键。

2. 设置段落间距和行间距

段落间距指的是相邻两段之间的间距；行间距指的是段落中行与行之间的距离。在 Word 2003 中，设置段落间距和行间距的具体步骤如下：

(1)选择需要设置的段落间距或者行间距的文本，如图 1-32 所示。

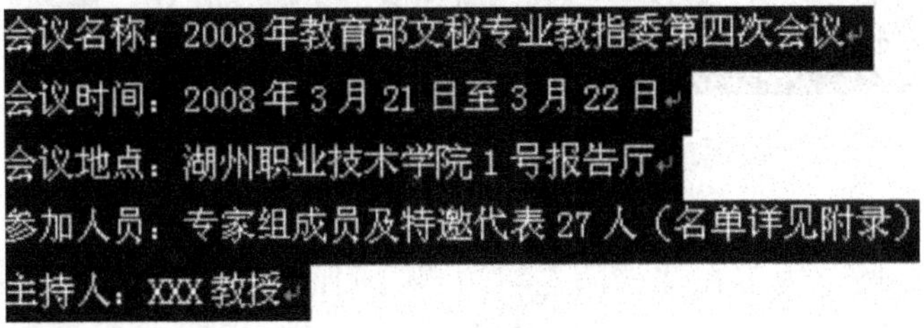

会议名称：2008 年教育部文秘专业教指委第四次会议

会议时间：2008 年 3 月 21 日至 3 月 22 日

会议地点：湖州职业技术学院 1 号报告厅

参加人员：专家组成员及特邀代表 27 人（名单详见附录）

主持人：XXX 教授

图 1-32　选择文本

(2)单击“格式”→“段落”命令，弹出“段落”对话框，单击“缩进和间距”选项卡，在“间距”后面的选择区中分别设置“段前”和“段后”数值，比如“0.5 行”，在“行距”下拉框选择“1.5 倍行距”选项，如图 1-33 所示。行间距及段前、段后的距离除可在下拉框中选择单倍行距的指定倍数外，还可根据需要在“设置值”对话框中输入确定的磅值。

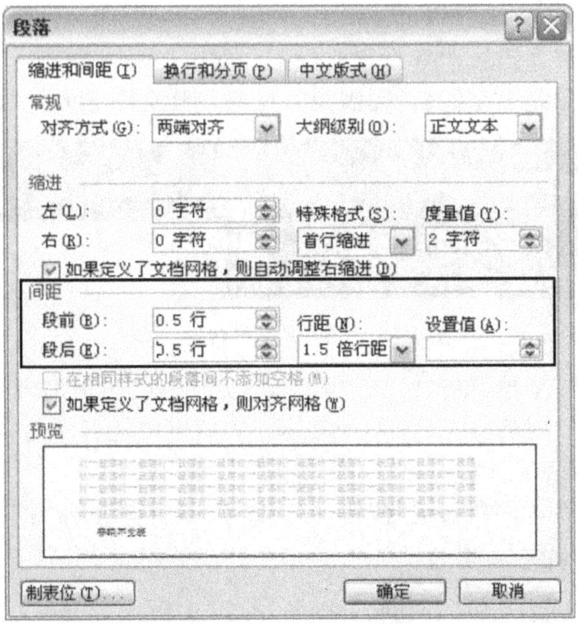

图 1-33　间距设置对话框

(3)设置完成后，单击“确定”按钮完成间距设置。文本效果如图 1-34 所示。

会议名称：2008 年教育部文秘专业教指委第四次会议

会议时间：2008 年 3 月 21 日至 3 月 22 日

会议地点：湖州职业技术学院 1 号报告厅

参加人员：专家组成员及特邀代表 27 人（名单详见附录）

主持人：XXX 教授

图 1-34 文本设置效果

3.设置段落对齐方式

对齐方式是段落内容在文档的左右边界之间的横向排列方式。在 Word 2003 中，段落对齐方式一共有以下五种：左对齐、右对齐、居中对齐、两端对齐和分散对齐。

设置段落对齐方式最快捷的方法是使用“格式”工具栏上的按钮。默认情况下，“左对齐”按钮并不显示，但可以通过执行“工具”→“自定义”→“格式”，找到此按钮并将其拖动到工具栏中。实际上，文档若设置为左对齐，最右边是不整齐的，会出现一些不规则的空格。而两端对齐的段落则没有这个问题。因此，在日常文档处理中，通常采用两端对齐的格式。

设置段落对齐还可采用以下方法：

(1)首先选择需要进行对齐设置的段落。如果是一个段落，将鼠标光标放到这个段落中即可；如果是多个段落，则需要将这些段落全部选中。如图 1-35 所示。

2008 年教育部文秘专业教指委

第四次会议备忘录

图 1-35 选定多个段落的文本

(2)打开“格式”菜单，单击“段落”命令，打开“段落”对话框，在“缩进和间距”一栏中单击“常规”中“对齐方式”下拉列表框，从列表中选择一种对齐方式，如选择“居中”选项，如图 1-36 所示。

(3)设置完毕后，单击“确定”按钮，完成设置，文字效果如图 1-37 所示。

三、设置项目符号和编号

我们可以为文档添加项目符号和编号，以达到条目排列清楚、引人注目的效果。

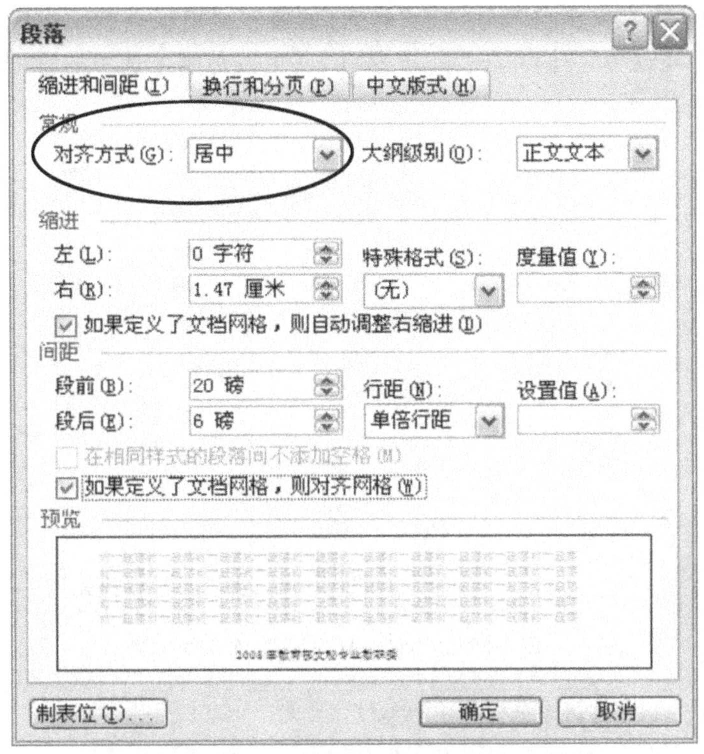

图 1-36　“段落”设置对话框

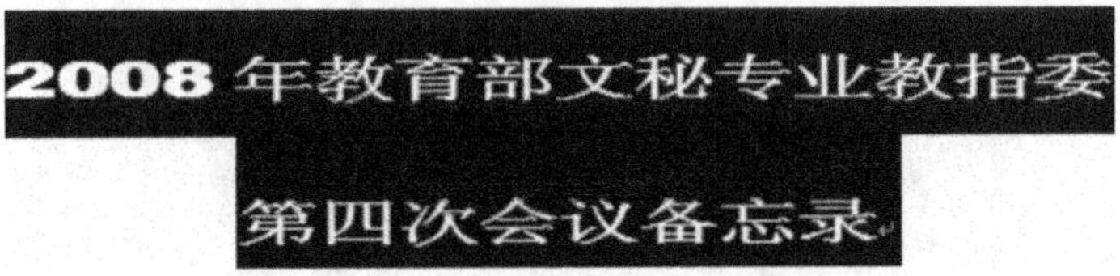

2008 年教育部文秘专业教指委

第四次会议备忘录

图 1-37　居中段落设置效果

1. 项目符号设置

Word 的编号功能很强大，可以轻松地设置多种格式的编号以及多级编号。一般在文档列举条目的地方，需要使用项目符号。具体做法是：选中段落，单击“格式”工具栏上的“项目符号”按钮，所选段落前就会出现系统默认的项目符号。

如果要改变项目符号的式样，只需打开“格式”菜单，单击“项目符号和编号”命令，打开“项目符号和编号”对话框，单击“项目符号”选项卡，选择需要的项目符号式样，然后单击“确定”按钮，就可以给选定的段落设置一个自选的项目编号了。如图 1-38 所示。

如果所列出的符号里面没有我们中意的样式，可以进行自定义设置。操作方法是：打开“项目符号和编号”对话框，先选择一个项目符号的样式，再单击“自定义”按钮，打开“自定义项目符号列表”对话框，根据需要在列表中选择一种合适的字符并根据需要设置字体，单击“确定”按钮，就可以把刚才选中的符号作为项目符号了。如图 1-39 所示。

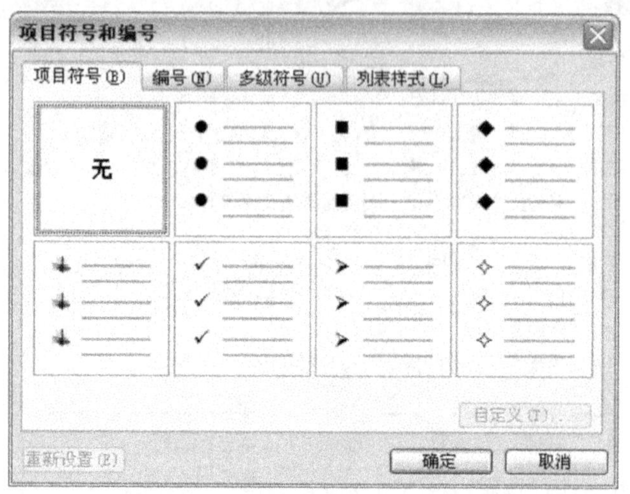

图 1-38 “项目符号和编号”对话框

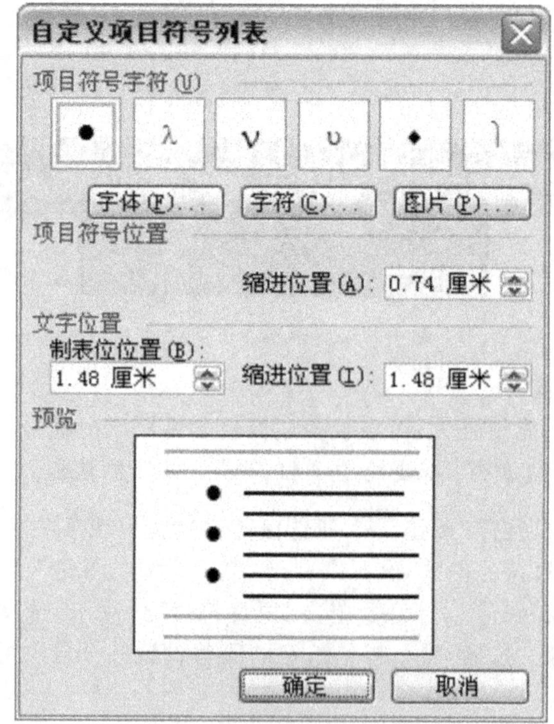

图 1-39 自定义项目符号列表对话框

2.编号设置

编号设置和项目符号类似，具体操作如下：打开“格式”菜单，单击“项目符号和编号”命令，再打开“项目符号和编号”对话框，单击“编号”选项卡，就会出现多种可供选择的编号类型。我们可以根据自己的需要选择合适的编号方式。如图 1-40 所示。

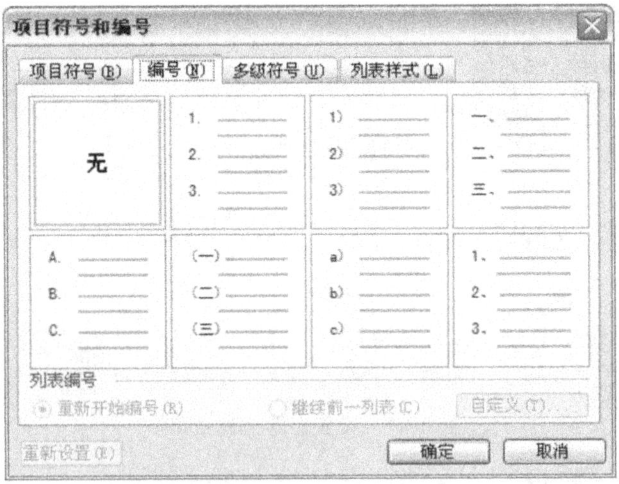

图 1-40　“编号”选项卡

四、设置边框和底纹

为了使文档中的一些内容变得更加醒目，我们可以为文字设置底纹效果。以刚才的备忘录为例，我们选中文字“会议主要内容”，依次执行“格式”→“边框和底纹”命令。打开“边框和底纹”对话框并切换至“底纹”选项卡，在“图案”区域的“样式”下拉列表框中选择“灰度 15％”。其他选项保持系统默认设置，单击“确定”按钮返回文档，如图 1-41 所示。

为了区分项目标题和备忘录正文，还可以为项目标题的文字设置底纹或不同的颜色。我们分别选中“会议名称”、“会议时间”、“会议地点”等项目标题(可在按住 Ctrl 键的同时选取多段文字)，然后再单击“格式”工具栏上的“字符底纹”按钮，如图 1-42 所示。

五、页面设置

现在我们要进行最后一项文档编辑工作，就是页面设置。

单击“文件”→“页面设置”命令，打开“页面设置”对话框，在“页边距”选项卡中将上、下边距设置为“2 厘米”，左、右边距设置为“2.5 厘米”。这样就完成了各种格式设置后的会议备忘录框架，如图 1-43 所示。

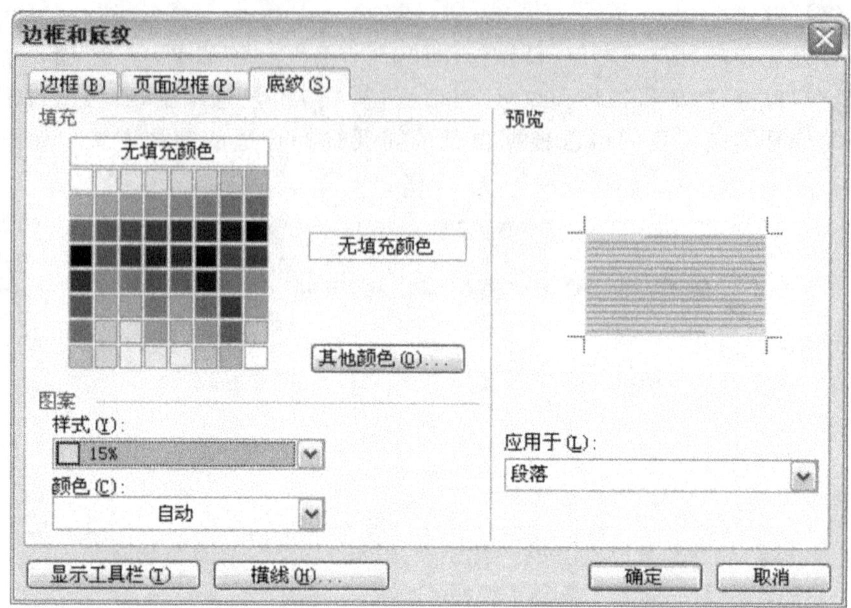

图 1-41　设置段落底纹效果

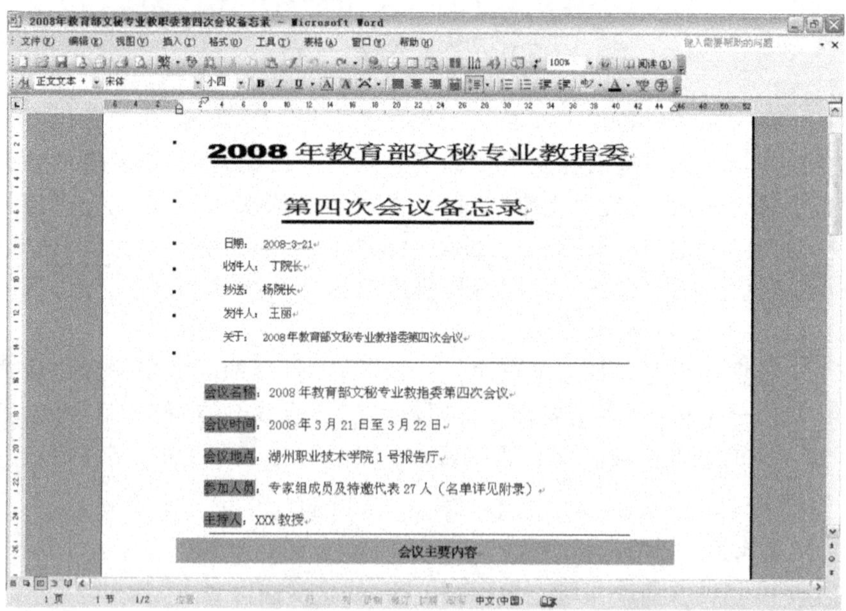

图 1-42　设置文字底纹效果

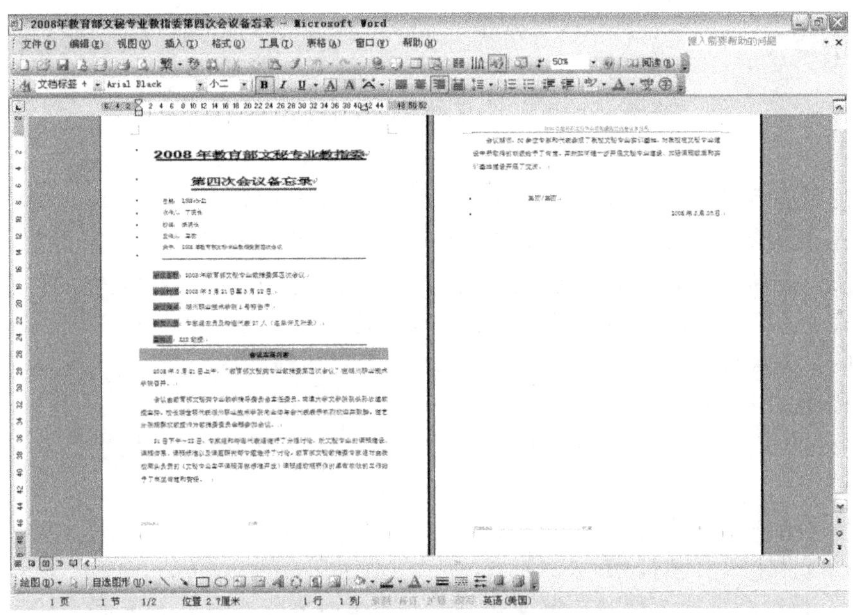

图 1-43　完成后的会议备忘录框架

前面我们已经完成了会议备忘录的制作。如果将该文档保存为模板文件，在以后制作会议备忘录时就可以直接使用这个模板了。

在“会议备忘录”文档中依次执行“文件”→“另存为”菜单命令，打开“另存为”对话框。在“保存类型”下拉列表中选择“文档模板”选项，当前路径将自动定位到模板目录下。输入文件名为“会议备忘录模板”，最后单击“保存”按钮将其作为模板保存，如图 1-44 所示。

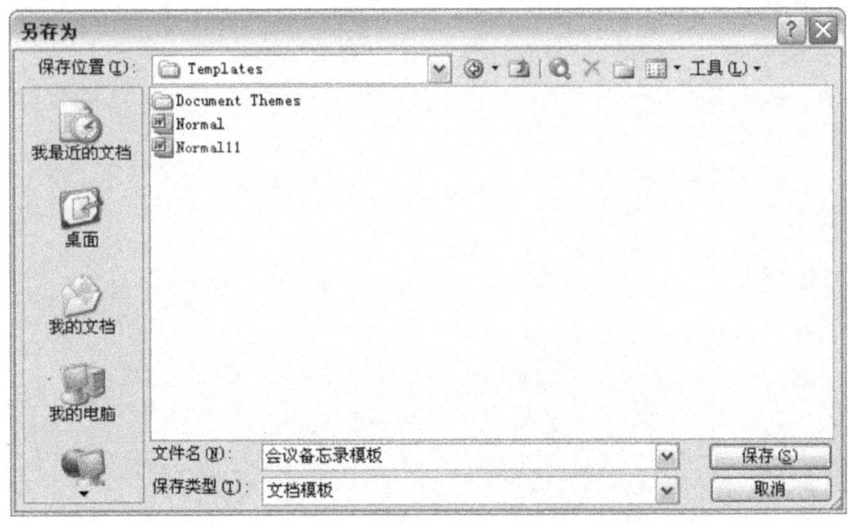

图 1-44　保存为模板文件

◎ 知识链接

关于 Word 中长文档制作的技巧和方法

秘书人员日常办公时，常常要创建或处理一些长文档，例如重要活动方案、年度总结、宣传手册等等。由于长文档的纲目结构通常比较复杂，内容也比较多，如不注意使用正确的方法，整个过程将既费时又费力，质量还往往不尽如人意。

因此，在 Word 中创建和处理长文档，要特别注意使用 Word 提供的各种有效技巧，从而达到事半功倍的效果。主要有以下几种：

(1)在大纲视图中建立纲目结构，合理使用文档结构图，以便对文档内容及格式进行结构性调整。

(2)巧妙使用 Word 提供的项目符号和编号功能自动为文档进行多级标题编号。

(3)灵活使用样式进行格式设置。

(4)自动生成文档目录。

以上介绍的这些方法操作起来并不难，有些内容在本教材的相应部分也有介绍，重要的是我们要有心并有意识地主动使用 Word 中提供的这些便利功能，以达到提高工作效率的目标。

项目二　利用 Word 设计制作产品说明书

◎ 知识目标

1. 了解 Word 文字处理软件的主要功能和基本知识。
2. 掌握插入艺术字的方法。
3. 掌握插入图片和自选图形的方法。
4. 掌握图片编辑的基本操作。
5. 掌握文本框的使用方法。

◎ 能力目标

1. 能够利用艺术字和图片美化文档。
2. 能够对插入的图片进行编辑操作。
3. 能够利用自选图形和文本框对文档进行排版操作。

◎ 项目背景

随着市场逐步扩大，四海投影机销售公司的产品面临着更大的市场空间。几款新型的投影机已投放市场。编制这几款投影机说明书的任务就落在了秘书小王身上。

◎ 项目任务

根据企业需求，制作一份投影机产品说明书。

◎ 项目导入

Word 2003 具有强大的图文编辑功能。利用 Word 2003，可以非常方便地制作出一份简单大方的产品说明书，满足一般场合的使用。下面我们以制作一份投影机的产品说明书为例，介绍使用 Word 2003 制作产品说明书的一般方法。

首先利用项目一里介绍过的方法，创建一个新文档，命名为“四海投影机产品说明书”并保存到计算机上合适的位置。如图 1-45 所示。

下面我们通过五项任务完成本产品说明书的制作。

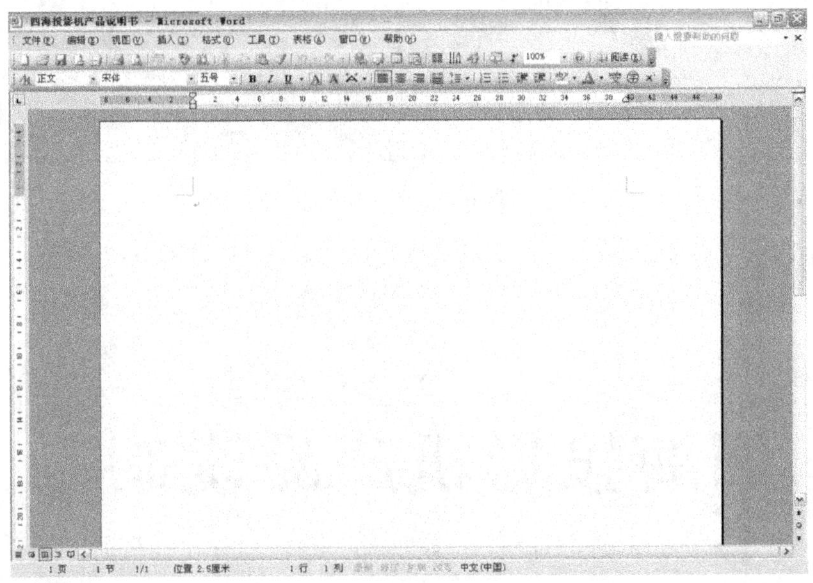

图 1-45 新建产品说明书文档

任务一 插入艺术字

Word 2003 中，可以方便地插入艺术字，美化文档。具体操作方法如下：

打开“四海投影机产品说明书”文档，为其插入一个用艺术字表现的标题。

1. 单击“插入”→“图片”→“艺术字”，选择一种艺术字格式后点击“确定”。如图 1-46 所示。

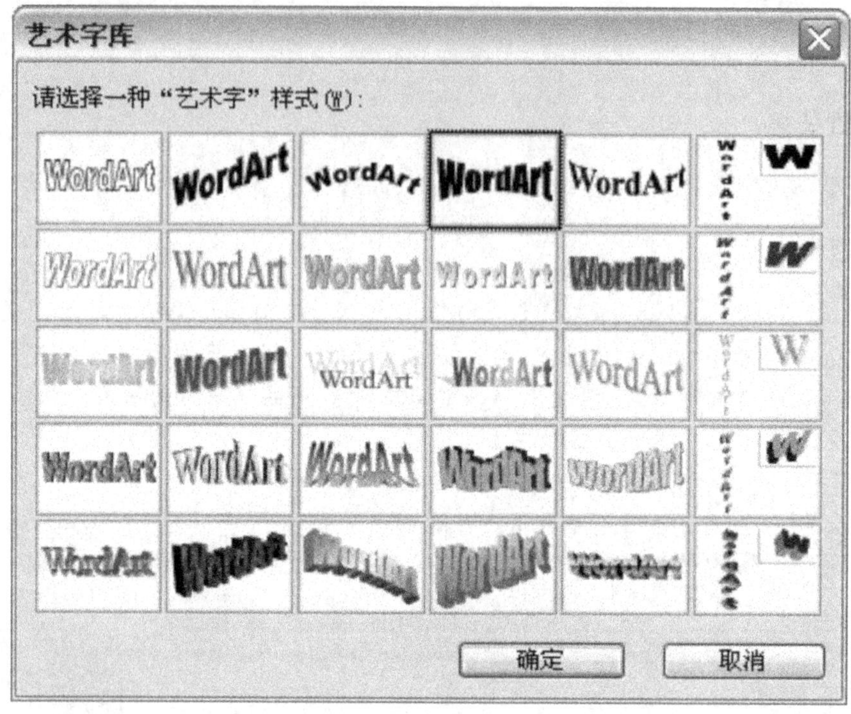

图 1-46　艺术字库

2. 输入文字并根据需要进行编辑，然后点击“确定”。如图 1-47 所示。

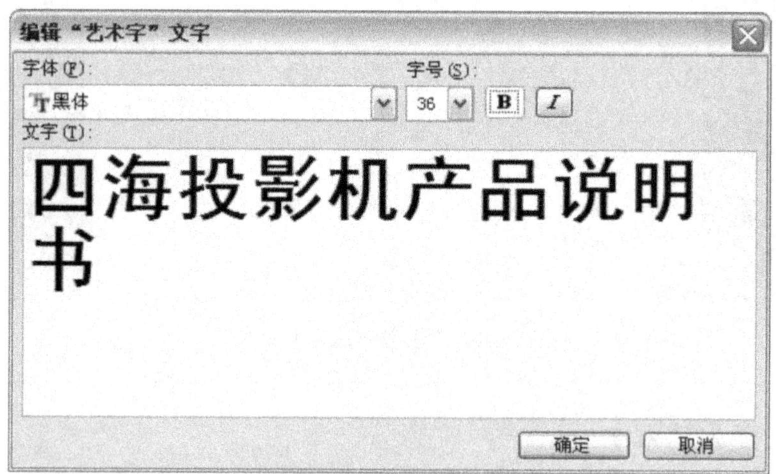

图 1-47　编辑“艺术字”文字

3. 右键单击插入的艺术字，左键单击“设置艺术字格式”，在“设置艺术字格式”对话框中选择“版式”选项卡，在“环绕方式”项中选择“紧密型”，点击“确定”退出。如图 1-48 所示。

图 1-48　设置艺术字格式

4. 拖动艺术字上方出现的“自由旋转控制点”就可自由旋转文字了。这样，结合艺术字的格式，还能制作出更多的文字旋转效果。如图 1-49 所示。

接着，我们可以输入相关的说明性文字，如图 1-50 所示。

四海投影机产品说明书

图 1-49　艺术字设置效果示例

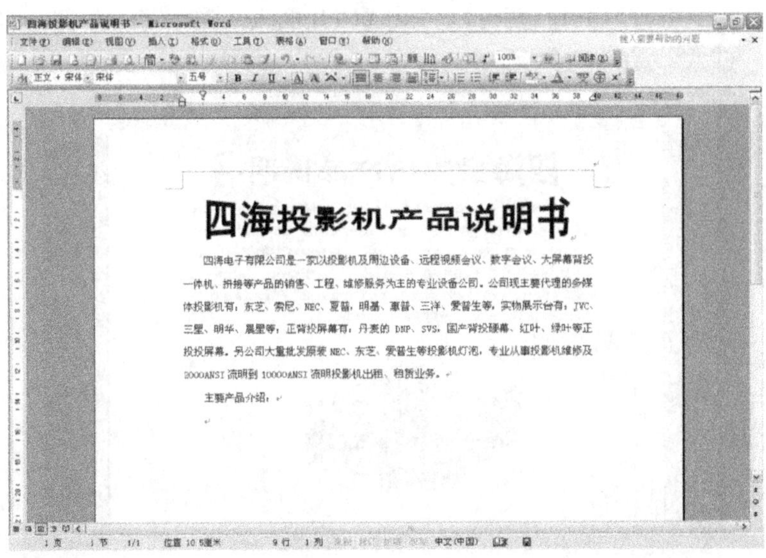

图 1-50　产品说明书

任务二 插入图片

Word 2003 可以方便地插入各种不同形式的图片。具体方法如下：

1. 将光标置于要插入图片的位置。

2. 单击“插入”→“图片”→“来自文件”菜单命令，打开“插入图片”对话框，如图 1-51所示。

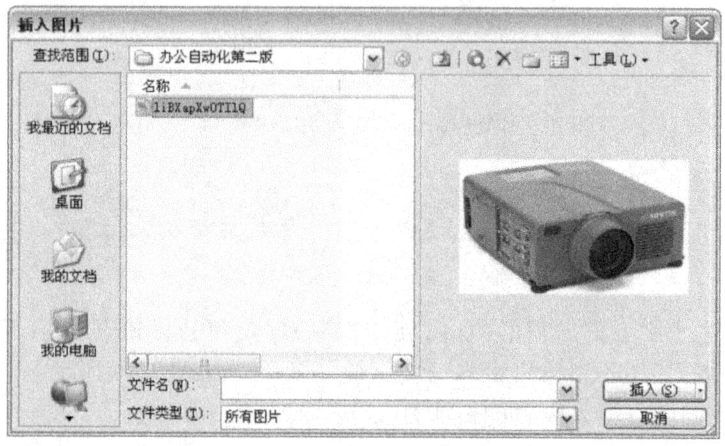

图 1-51 “插入图片”对话框

3. 定位到要插入的图片，单击右上角的“视图”按钮，选择“预览”，可以在右边显示出已选中图片的预览结果，便于用户选择。

4. 双击需要插入的图片，便可以将所选图片插入文档中了。如图 1-52 所示。

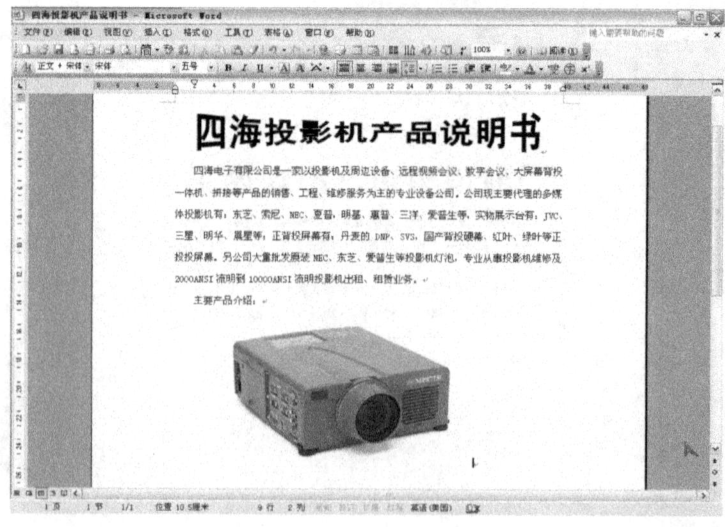

图 1-52 插入图片

◎ 知识链接

关于 Word 插入图片的进一步介绍

Word 2003 可以满足用户方便地在文档中插入各种不同类型图片的需要。用鼠标定位插入点后，点击“插入”→“图片”，即出现如图 1-53 所示对话框。共有八种选项：

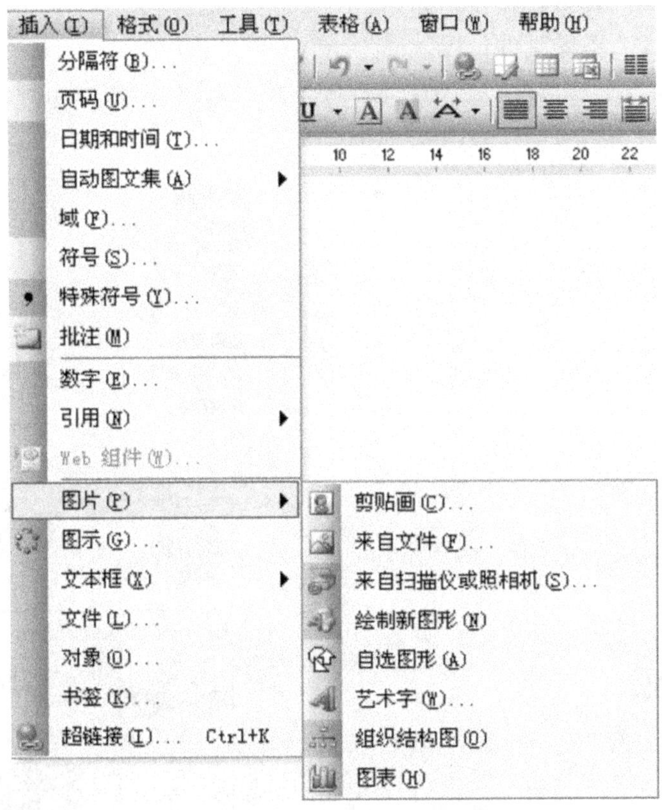

图 1-53　插入“图片”选项

1. 剪贴画：指 Office 提供的“剪辑库”内的所有对象。
2. 来自文件：泛指外来的各种图形文件。
3. 来自扫描仪或照相机：指来自外接的扫描仪或者数码照相机中的图形文件。
4. 绘制新图形：指手动绘制的各种图形。
5. 自选图形：指来自“绘图”工具栏中的各类自选图形。
6. 艺术字：指 Word 提供的艺术文字造型。
7. 组织结构图：可以插入用户绘制的组织结构图。
8. 图表：Word 提供的简易电子表格。

下面进一步介绍其中两种比较常用的图片格式——“剪贴画”、“组织结构图”的插入方法。

一、插入剪贴画

Word 2003 提供了很多剪贴画素材。在“剪辑管理器”的帮助下，可以轻松管理剪贴画和其他媒体。除此之外，还可以从网络上搜索其他剪贴画并直接插入文档中。

插入剪贴画的具体操作步骤如下：

1. 单击要插入剪贴画的位置。

2. 单击“插入”→“图片”→“剪贴画”命令菜单，文档右边会出现“剪贴画”任务窗格。如图 1-54 所示。

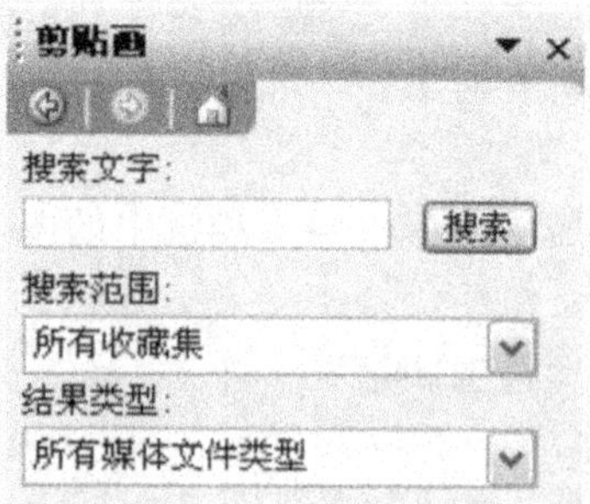

图 1-54 “剪贴画”任务窗格

图 1-55 搜索结果示意图

我们可在“搜索文字”对话框中输入想要查询的关键字，在“搜索范围”内输入合适的收藏集。如输入“sports”，在“结果类型”中就会出现相关的搜索结果。如图 1-55 所示。如果没有找到相匹配的文件，则会显示“未找到搜索项”。

3. 鼠标左键双击选中的图片，即可将该图片插入指定的位置。

二、插入组织结构图

Word 2003 除了提供基本的绘图工具外，还专门提供了组织结构图的绘制功能。点击“插入”→“图片”→“组织结构图”，即可建一个组织结构图以说明层次关系。如图 1-56 所示。

在利用 Word 编辑文件时，有时需要插入如图 1-57 所示的组织结构图。插入组织结构图的方法如下：

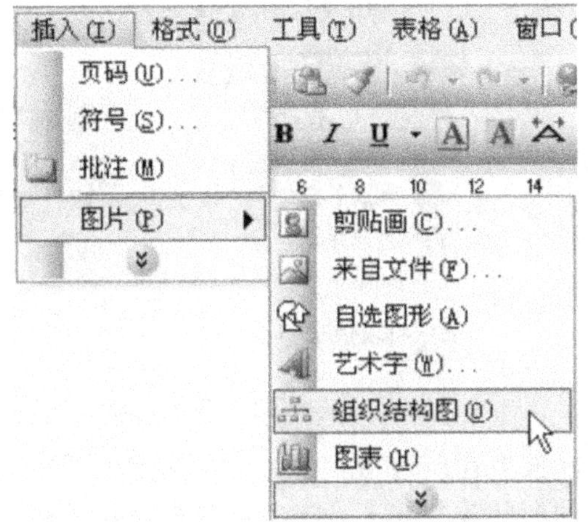

图 1-56　插入“组织结构图”

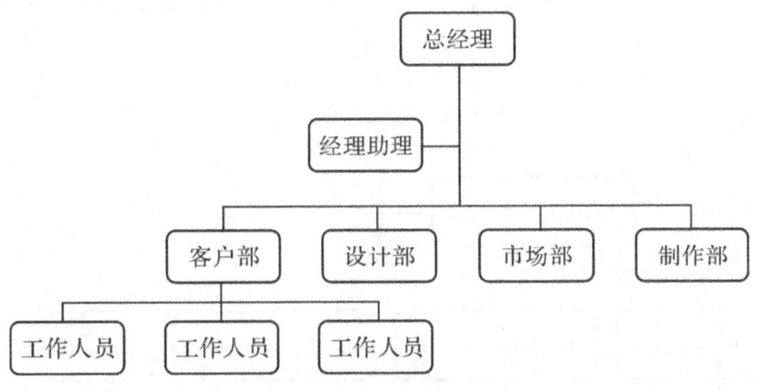

图 1-57　某公司组织结构图(局部)

1. 定位插入点，执行“插入”→“图片”→“组织结构图”命令，先在文件中插入一个如图 1-58 所示的基本结构图，并展开“组织结构图”工具条。

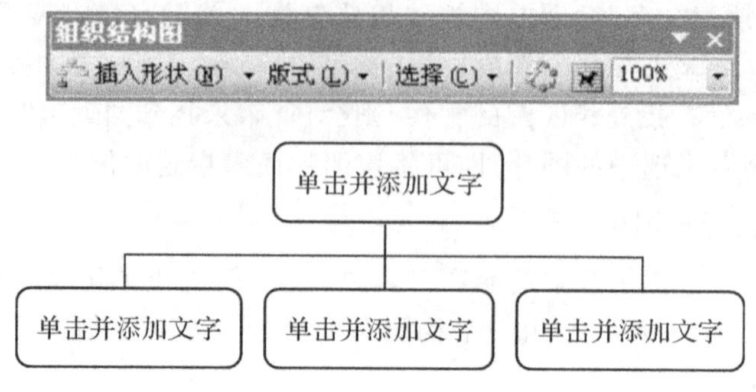

图 1-58　新建一个组织结构图

2.利用“组织结构图工具栏”对插入的基本组织结构图进行编辑。如图 1-59 所示。“组织结构图工具栏”中所显示的各名称含义如下：

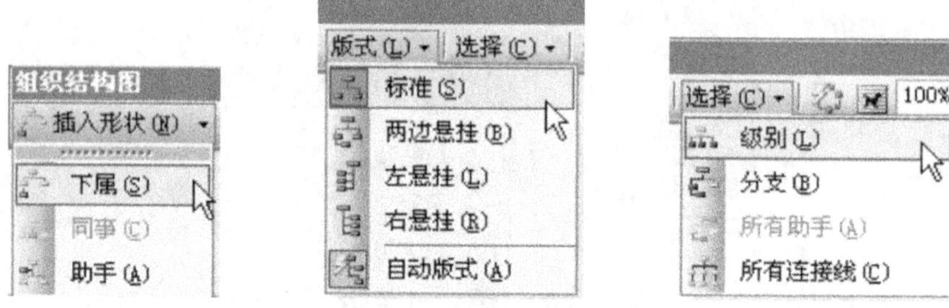

图 1-59　组织结构图工具栏选项

“同事”——将形状放置在所选形状的旁边并连接到同一个上级形状上。

“下属”——将新的形状放置在下一层并将其连接到所选形状上。

“助手”——使用肘形连接符将新的形状放置在所选形状之下。

为选定对象选择了“同事”、“下属”和“助手”后，形成如图 1-60 所示的组织结构图。

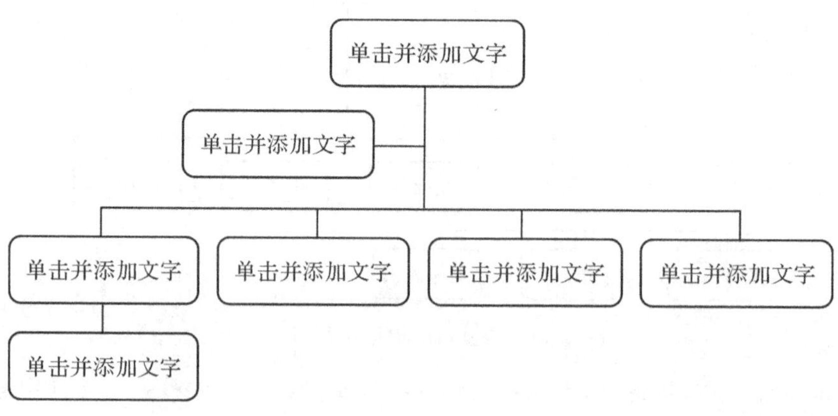

图 1-60　为对象选择同事、下属、助手后的组织结构图

3. 在组织结构图的方框内输入文字。单击方框，就可以在里面输入文本了。如图 1-61 所示。

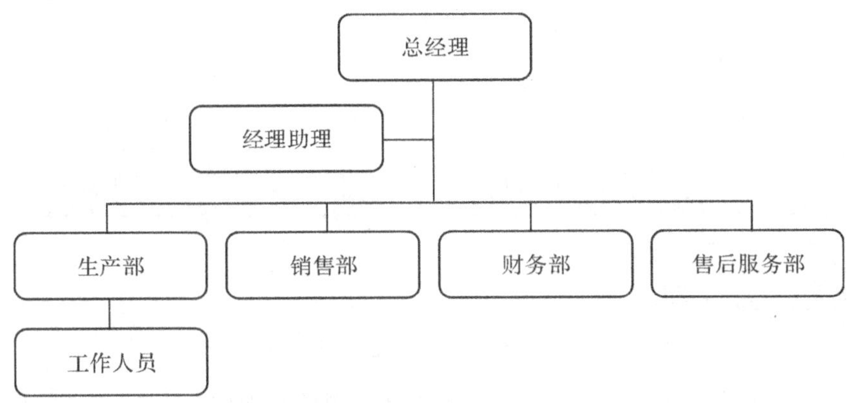

图 1-61 输入文字后的组织结构

4. 我们还可以对组织结构图进行修改和美化。单击“组织结构图”工具栏中的“自动套用格式”按钮，弹出如图 1-62 所示的“组织结构图样式库”对话框，用户可从左侧显示的样式库里选择满意的组织结构图样式。

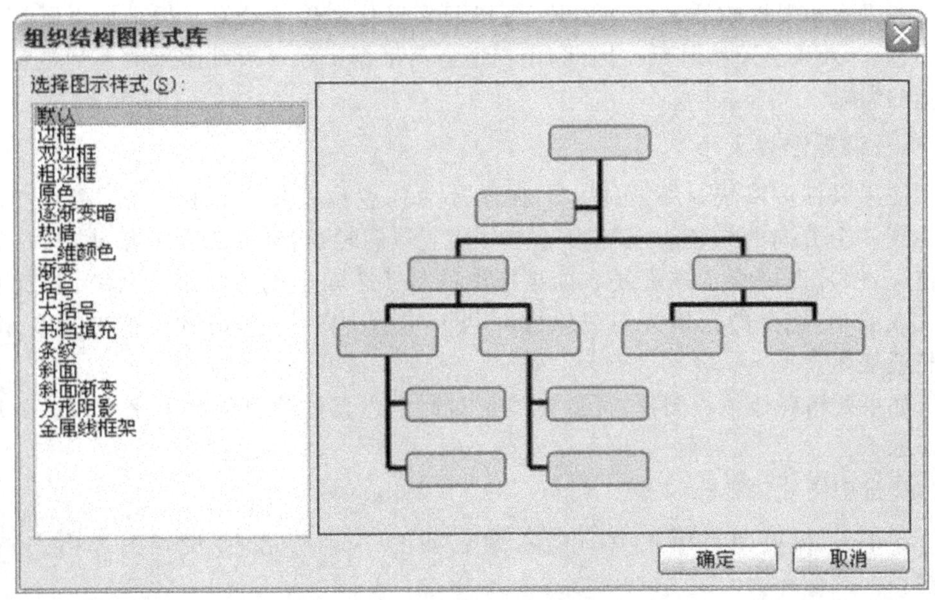

图 1-62 “组织结构图样式库”对话框

5. 选择其中一个类型（如“热情”），单击“确定”按钮。完成设置后，效果图如图 1-63 所示。

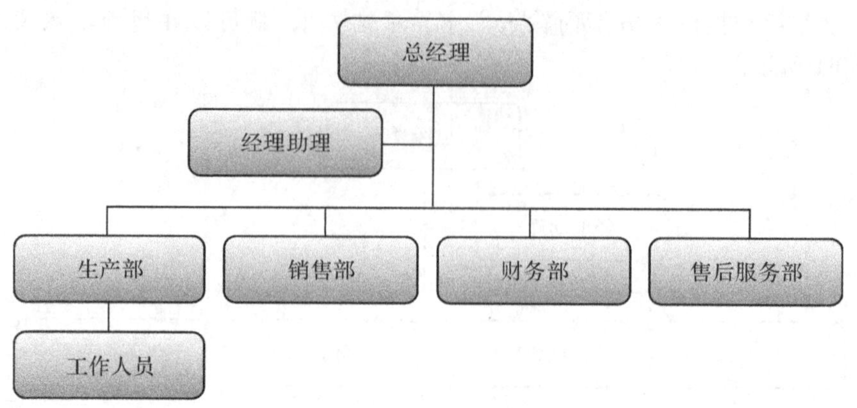

图 1-63 选择“热情”样式后的组织结构图效果

6. 如对上述效果还不满意，可以对组织结构图的其他内容进行修改，如更改文字格式、方框填充颜色等。

任务三 编辑图片

在 Word 文档中插入一些图片，可以起到美化文档的效果。但是如果图片设置不合理，效果会适得其反。因此，用户通常会根据实际要求对插入的图片进行进一步的编辑。

一、调整图片大小

使用鼠标可以快速缩放图片。在图片的任意位置单击鼠标按钮，图片四周会出现 8 个方向的句柄。鼠标指针指向某个句柄时，指针变为双向箭头，按住鼠标拖曳，图片四周会出现虚线。如果拖曳的是 4 个角上的句柄之一，图片按比例放大或缩小；拖曳的是横方向或纵方向两个句柄中的一个，图片会变宽或变窄、变长或变短。

如果要精确地缩放图片，可通过设置对话框内具体项目的数值来实现。具体操作如下：

1. 选中图片。

2. 单击“设置图片格式”按钮，显示如图 1-64 所示的“设置图片格式”对话框。

3. 单击“大小”标签。

4. 在“缩放”栏内的“高度”、“宽度”文本框内，输入百分比数值，如 60%，单击“确定”。如图 1-65 所示。

设置图片格式

颜色与线条　大小　版式　图片　文本框　网站

尺寸和旋转

高度(E): 3.5 厘米　宽度(D): 6.35 厘米

旋转(T): 0°

缩放

高度(H): 60 %　宽度(W): 60 %

☑ 锁定纵横比(A)

☑ 相对原始图片大小(R)

原始尺寸

高度: 5.85 厘米　宽度: 10.58 厘米

重新设置(S)

确定　取消

图 1-64　“设置图片格式”对话框

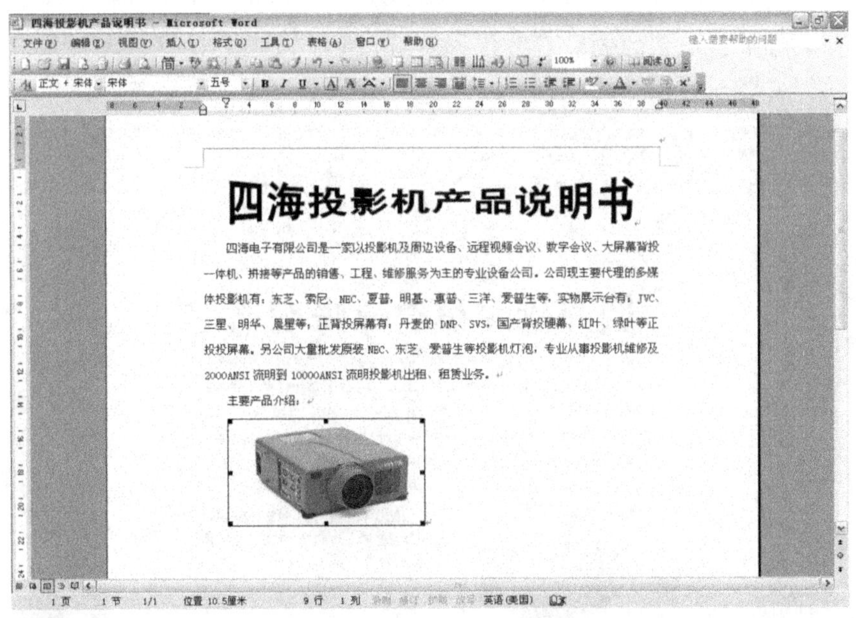

图 1-65　缩放图片

二、裁剪图片

如果希望只显示所插入图片的一部分，则可通过“裁剪”功能将图片中不需要的部分裁剪掉。具体步骤如下：

1. 指针指向图形任意位置，单击左键，图形周围出现 8 个句柄，并显示“图片”工具栏按钮，如图 1-66 所示。

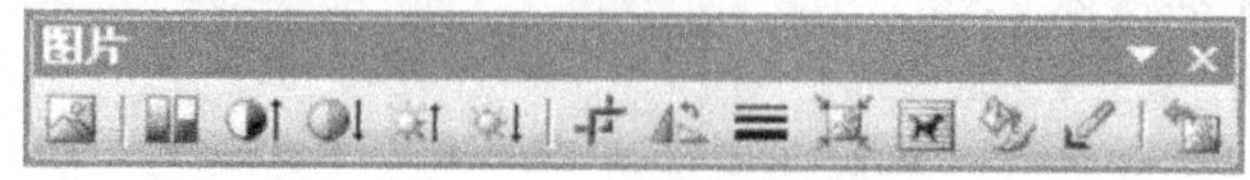

图 1-66 “图片”工具栏

2. 单击“图片”工具栏上的按钮，鼠标指针即呈状。

3. 按住鼠标左键，会出现一个虚线框，该虚线框随着指针向图形内部移动而缩小。虚线外部的图形部分就会被剪裁掉。如图 1-67 所示。

如果我们要精确地剪裁图片，也可以通过设置对话框的选项来实现。操作步骤如下：

1. 单击图片。

2. 单击“图片”工具栏的按钮，显示对话框如图 1-68 所示。

3. 单击“图片”标签。

4. 在“裁剪”栏内的“左、右、上、下”4 个文本框内，输入以“厘米”为单位的数值，这就是图形在相应的 4 个方向将要被裁剪部分的数值。单击“确定”按钮。

如果对缩放或剪裁的效果不满意，先单击“常用”工具栏的按钮，再单击“设置图片格式”对话框中的“重新设置”按钮，即可恢复系统默认状态。

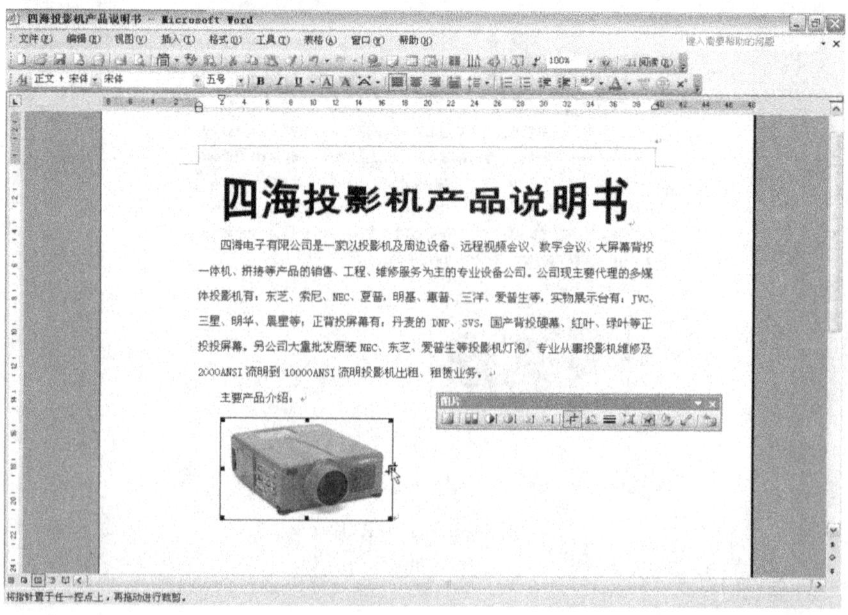

图 1-67 裁剪图片

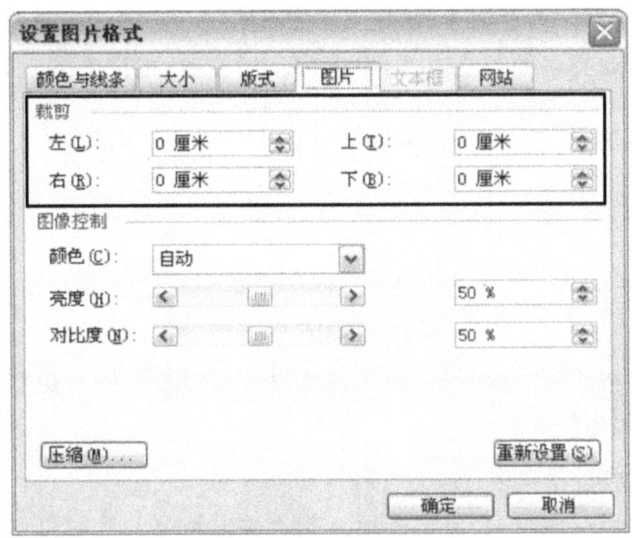

图 1-68　“设置图片格式”对话框

三、设置图片版式

在 Word 2003 中插入的图片和剪贴画的默认版式均为嵌入式，也就是说不可以随意移动位置，也不能在其周围环绕文字。有时候我们需要设置图片的不同版式，以达到满意的排版效果。若要设置图片周围的环绕方式，可按如下步骤操作：

1. 单击图片。

2. 在“图片”工具栏中单击按钮，在下拉菜单中选择环绕方式，如图 1-69 所示。

图 1-69　文字环绕方式

也可以使用“设置图片格式”对话框进行设置：

1. 右击图片，在弹出的快捷菜单中选择“设置图片格式”命令，弹出“设置图片格式”对话框。

2. 单击“版式”标签，如图 1-70 所示。选择环绕方式，单击“确定”按钮。

3. 如果还需要更多的环绕方式，单击“高级”按钮，根据需要进行设置后，单击“确定”按钮。

按照同样的方法，还可以在“四海投影机产品说明书”中插入另外的图片。如图 1-71 所示。

◎ 知识链接

图片的叠放与组合

除了对图片格式进行设置外，我们还可以根据需要对图片进行叠放与组合等设置，以达到更理想的效果。

一、设置图形的叠放次序

当插入的图形过多时，会出现图形互相重叠的情况。这时可以在文档中调整图形之间或者图像与周围文字的叠放次序，制作出更为美观的文档。操作步骤如下：

图 1-70 “设置图片格式”对话框

1. 选中要改变叠放次序的图形，如果图形对象的版式为嵌入型，需先将其改为其他的浮动型版式。

2. 单击“绘图”工具栏上的“绘图”按钮(或单击右键，显示快捷菜单)，指向“叠放次序”，在出现的 6 种选项中选择其中一种。如选择“置于顶层”，该对象将处于绘图层的最顶层。但如果对其他对象同样也执行了此命令，那么最后一个进行此操作的对象将处于最顶层。“置于底层”的含义及操作方法与此类似。如图 1-72、图 1-73 所示。

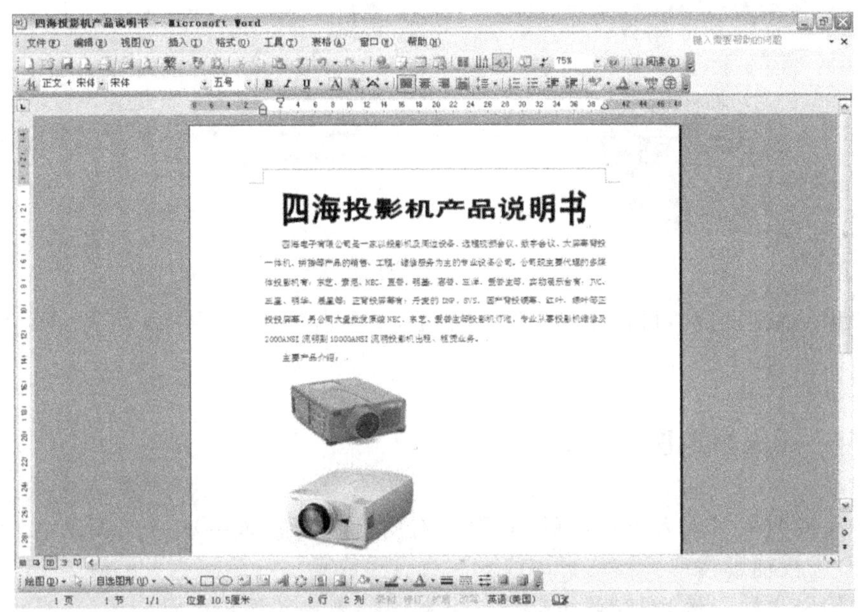

图 1-71　插入其他图片

图 1-72　重叠的图形

图 1-73　改变叠放次序后的图形

二、组合图形

有时，我们会在文档的一个区域内插入多个图形。为了方便编辑，可以将这些图形组合起来作为一个整体进行操作。具体步骤如下：

单击“绘图”工具栏中的“选择对象”按钮，在文档中画一个虚线框将整个图形包括起来，松开左键，就可以选中整个图形，单击“绘图”按钮，单击“组合”命令，就把整个图组合成了一个图形。现在移动它们，可以看到移动的是整个图形。如图 1-74所示。

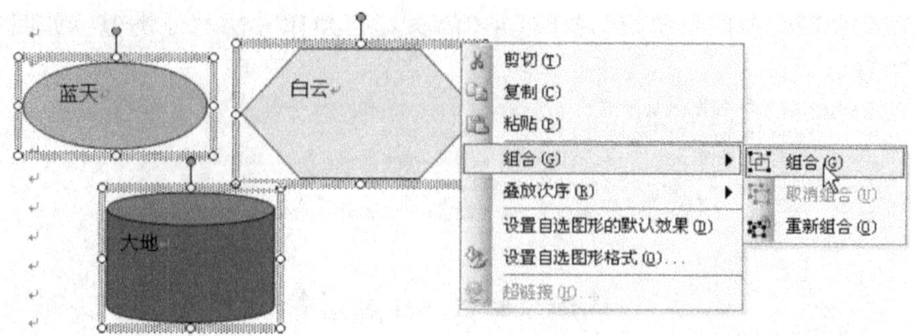

图 1-74　组合图形

如果要取消组合，可以单击“绘图”按钮，再单击“取消组合”命令。这样就可取消当前的组合。

任务四　插入自选图形

产品说明书里插入了所需的图片后，有时还需要插入一些自选图形(如箭线、标注等)进行辅助说明。

在编辑文档时候，有时候也需要在文档中插入一些简单的示意图。Word 2003 为用户提供了基本的绘图功能。

图 1-75 所示就是 Word 2003 提供的“绘图”工具栏。

图 1-75　“绘图”工具栏

利用“绘图”工具栏，可以绘制简单的直线、箭线、矩形、椭圆等图像。另外，“自选图形”里也提供了许多现成的可用图案。只要点击任何一个图案，就可以用鼠标在文档中拉出该图案。如图 1-76 所示。

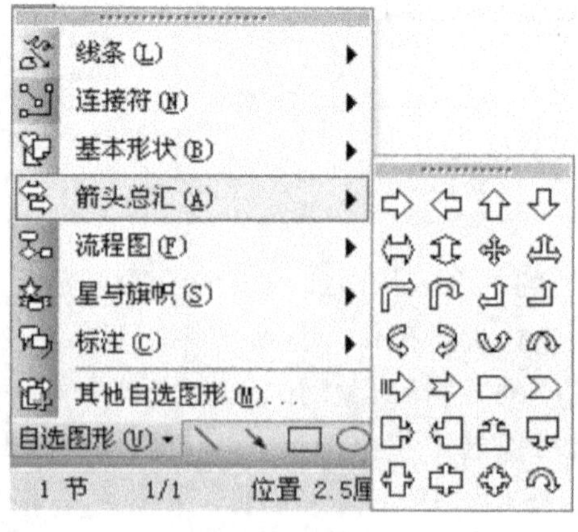

图 1-76　自选图形

选择了合适的指示箭头后，就可以在产品说明书中进行指示。如图 1-77 所示。

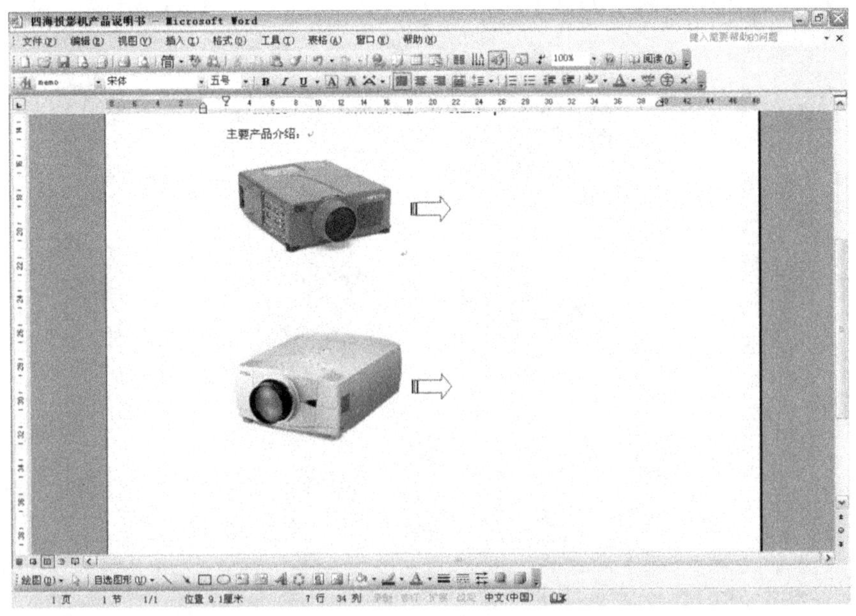

图 1-77　插入自选图形

任务五　使用文本框

为了更好地对投影机产品进行详细说明，我们需要在图片旁边辅以文字说明。这时可以用“文本框”功能。在 Word 2003 中，利用文本框功能可在页面中将文字和图形等内容独立于正文放置。

一、插入文本框

文本框有两种形式，一种是横排文本框，一种是竖排文本框。它们没有什么本质上的区别，只是文本方向不一样而已。

下面以插入横向文本框为例介绍插入文本框的方法：

1. 单击“绘图”工具栏中的“文本框”按钮。
2. 在文档中像绘制图形一样绘制文本框，选择适当大小后松开鼠标。
3. 根据需要在文本框中输入文字或插入图片。如图 1-78 所示。

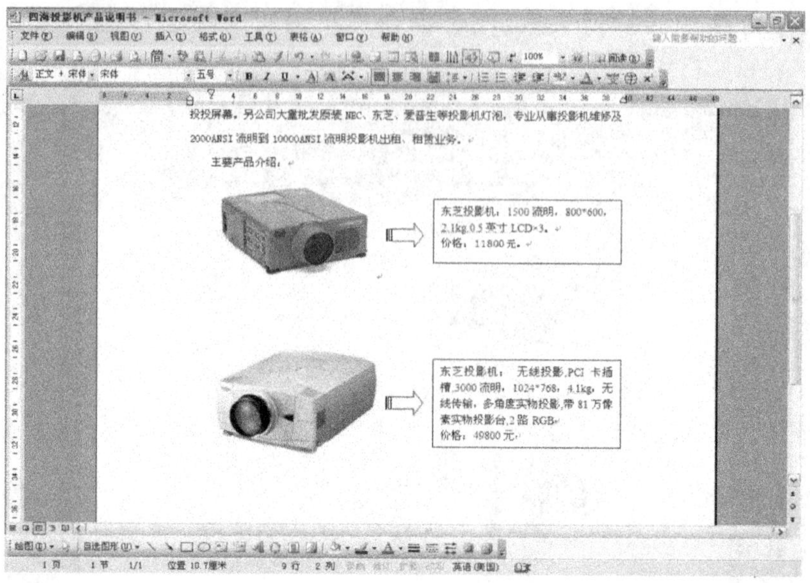

图 1-78　插入“文本框”

◎ 知识链接

在文本框中更改文字方向

我们还可以在文本框中更改文字的方向。当然，如果只是要竖排文字，只需插入竖排文本框即可。但如果要在横排和竖排文本框中改变文字的方向，可以按如下方法进行：

1. 选中要更改文字方向的文本框。

2. 单击“格式”菜单中的“文字方向”菜单项。

3. 在弹出的如图 1-79 所示的“文字方向—主文档”对话框中选择所需的文字方向。

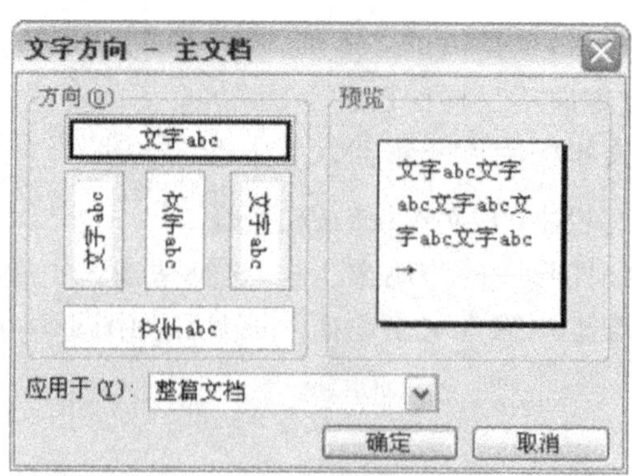

图 1-79　文字方向对话框

4. 单击“确定”按钮。

二、设置文本框格式

在文本框中处理文字就像在一般页面中处理文字一样。我们还可以对文本框设置页边距，同时也可以设置文本框的文字环绕方式、大小等内容。

在产品说明书里，可设置文本框格式。例如去掉文本框外面的线条，以使得文档更加美观简洁。具体方法如下：

1. 选中需要设置格式的文本框。

2. 单击鼠标右键，在弹出的快捷菜单中选择“设置文本框格式”菜单项。

3. 根据需要，在弹出的“设置文本框格式”对话框中选择相应的选项卡并进行具体的设置。本例中，我们将“线条”选项中“颜色”设置为“无线条颜色”，如图 1-80 所示。设置后效果如图 1-81 所示。

至此，“四海投影机产品说明书”基本制作完毕，整体效果如图 1-82 所示。

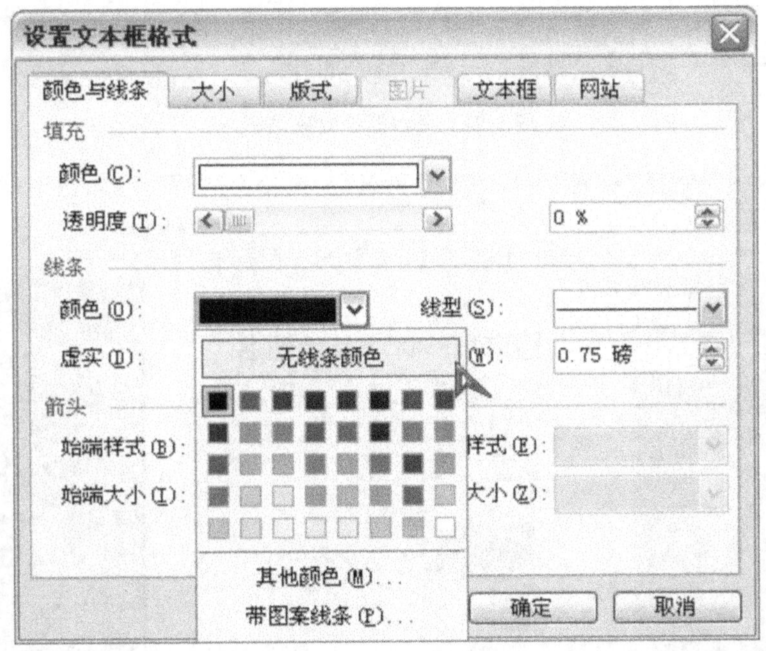

图 1-80　设置文本框格式

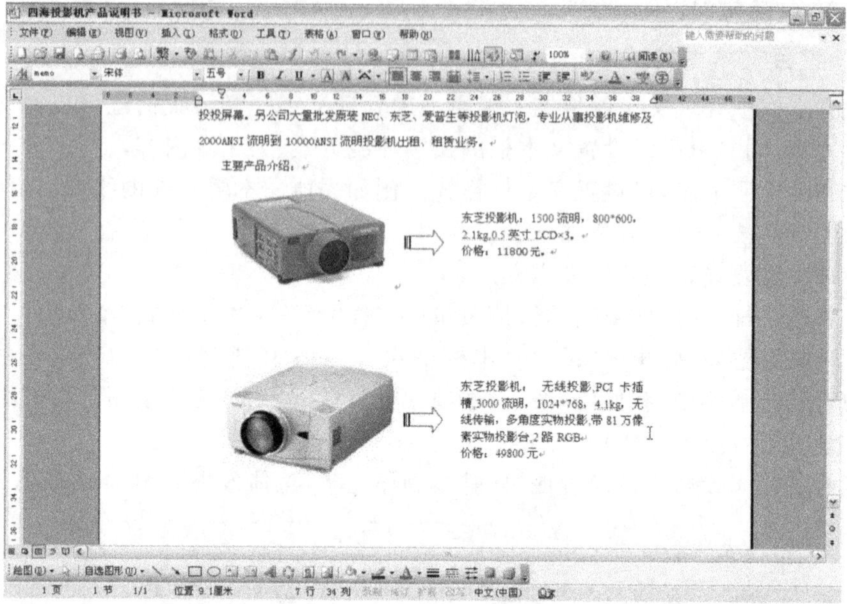

图 1-81　文本框设置效果图

图 1-82　四海投影机产品说明书

项目三 利用 Word 制作会议日程安排表

◎ 知识目标

1. 了解 Word 表格处理的主要功能和基本知识。
2. 掌握表格的制作方法。
3. 掌握表格的编辑和排版操作。

◎ 能力目标

1. 能够根据需要熟练创建表格。
2. 能够对表格进行保存、录入和编辑操作。
3. 能够熟练设置单元格格式。

◎ 项目背景

2008 年 9 月，教育部某专业教指委第四次会议在苏州召开。张敏女士是这次会议的秘书，制定会议日程安排表等事项均由张秘书负责。

◎ 项目任务

根据会议内容安排，制作一份会议日程安排表。

◎ 项目导入

表格是编辑文档时常见的一种文字组织形式。在文档中插入表格，可以使文档显得严谨、简洁、整齐。秘书人员在日常工作中，经常需要利用 Word 的表格功能制作会议日程安排表、工作日志等内容。Word 2003 提供了强大的表格制作和编辑功能，用户可以方便地在文档中插入表格，在表格中输入文字、数据、图形等。下面以会议日程安排表的制作为例，介绍在文档中创建表格和编辑表格的方法。

任务一 创建表格

启动 Word 2003，首先输入标题“2008 年××专业委员会第四次会议日程表”。选定标题文字，在“格式”工具栏中将标题设置为“黑体”、“二号”、“加粗”和“居中”的格式，如图 1-83 所示。

接下来，需要在文档编辑页面中，创建会议日程安排表格并输入相关的日程信息。

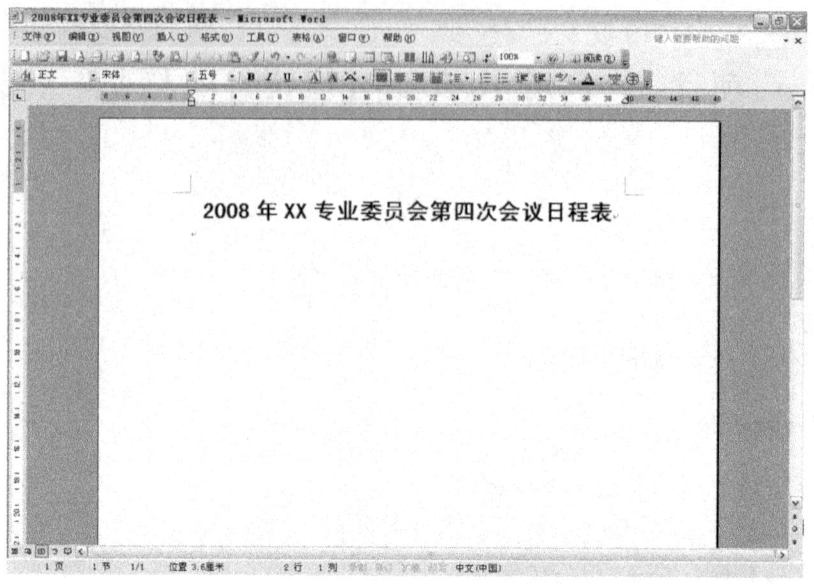

图 1-83　设置标题格式

1. 依次执行"表格"→"插入"→"表格"菜单命令(或者单击"常用"工具栏上的"插入表格"按钮),打开"插入表格"对话框。在"表格尺寸"区域对话框设置"列数"为"5"、"行数"为"28"。最后单击"确定"按钮,完成基本设置。如图 1-84 所示。目前表格列宽选择的是系统设定的"自动"选项。我们也可以根据需要选择系统的其他选项。

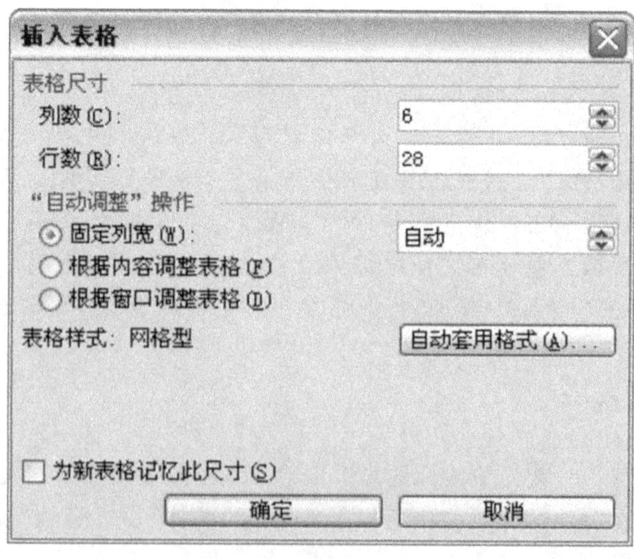

图 1-84　设置表格的列数和行数

2. 这时可以看到在 Word 文档中已经插入了一张表格。在第一行单元格中依次输入“日期”、“时间”、“活动内容”、“地点”、“位置”，然后在其他单元格中分别输入会议的具体安排内容，如图 1-85 所示。

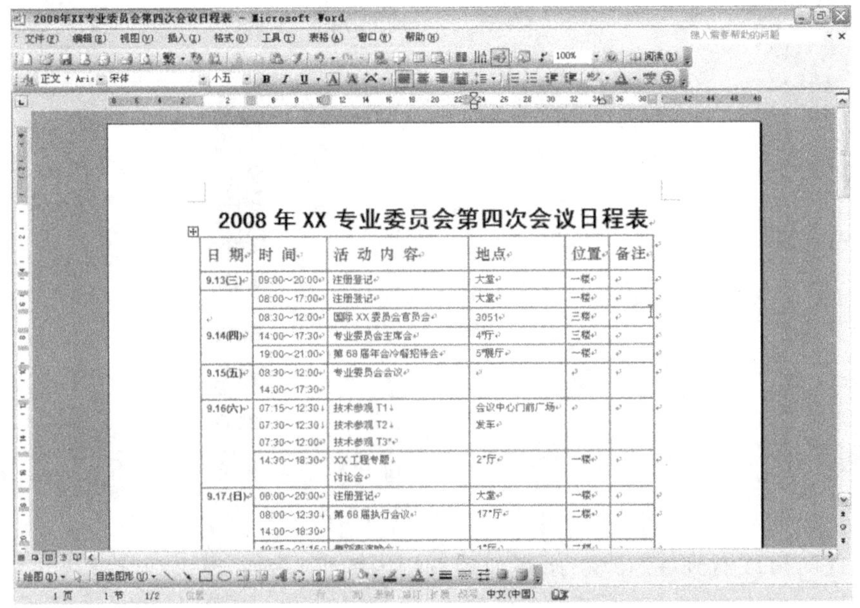

2008 年 XX 专业委员会第四次会议日程表

日　期	时　间	活　动　内　容	地点	位置	备注
9.13(三)	09:00～20:00	注册登记	大堂	一楼	
9.14(四)	08:00～17:00	注册登记	大堂	一楼	
	08:30～12:00	国际 XX 委员会官员会	3051	三楼	
	14:00～17:30	专业委员会主席会	4#厅	三楼	
	19:00～21:00	第 68 届年会冷餐招待会	5#展厅	一楼	
9.15(五)	08:30～12:00 14:00～17:30	专业委员会会议			
9.16(六)	07:15～12:30 07:30～12:30 07:30～12:00	技术参观 T1 技术参观 T2 技术参观 T3*	会议中心门前广场发车		
	14:30～18:30	XX 工程专题 讨论会	2#厅	一楼	
9.17(日)	08:00～20:00	注册登记	大堂	一楼	
	08:00～12:30 14:00～18:30	第 68 届执行会议	17#厅	二楼	

图 1-85　输入表格内容

【小提示】

如果在 Word 文档中表格的行数较多，出现跨页的情况时，可借助 Word 提供的“标题行重复”功能来为自动跨页的多行表格加上重复标题。且这个标题会与第一页中的表格标题行保持同步。操作方法是，首先将光标置于表格的标题行中，然后依次执行“表格”→“标题行重复”菜单命令，这时第二页的表格顶端便会出现与第一页中标题完全一致的标题。

任务二　编辑表格

一、插入/删除行或列

在实际操作过程中，我们经常会遇到由于创建表格时考虑不够充分，中途需要在表格中插入/删除行或列的情况。譬如在本例中，我们还需要在表格最右边一列（即“位置”所在列）的右侧插入一列作为“备注”列。具体操作方法如下：

1. 将鼠标指针移至“位置”所在列的顶端，当指针变为黑色粗箭头时单击鼠标左键选中该列。然后依次执行“表格”→“插入”→“列（在右侧）”菜单命令，如图 1-86所示。

图 1-86　执行“列(在右侧)”命令

2.此时可以看到在“位置”所在列的右侧增加了一列。在该列第一行内中输入“备注”。

除了上述插入列的方法外,我们还可以通过以下两种方式向表格中插入列:

(1)用鼠标右键单击选中的列,在弹出的快捷菜单中执行“插入列”命令(或者单击“常用”工具栏上的“插入列”按钮)。需要注意的是,这种方式默认只能在选定列的左侧插入列。

(2)如果这种一次插入一列的方法不能满足需要,可以采取“复制/粘贴”的方式大量插入列。可先选中多个列并执行“复制”命令,然后再执行“粘贴”命令,粘贴到当前表格中。

3.对于多余的空列,可以将其删除。首先选中准备删除的列,然后依次执行“表格”→“删除”→“列”命令即可。

二、调整行高和列宽

由于创建表格时系统默认选择的是“固定列宽”选项(即每列的宽度都是一样的),因此,完成表格项目的输入后,通常还要根据实际需要对列宽重新进行调整。具体操作步骤如下:将鼠标指针指向需要调整宽度的列边框上,当鼠标指针变成双箭头形状时单击并拖动鼠标即可调整列宽。拖动的同时如果按下 Alt 键,则可微调表格宽度。如果要调整表格的行高,操作方法与调整列宽类似,如图 1-87 所示。

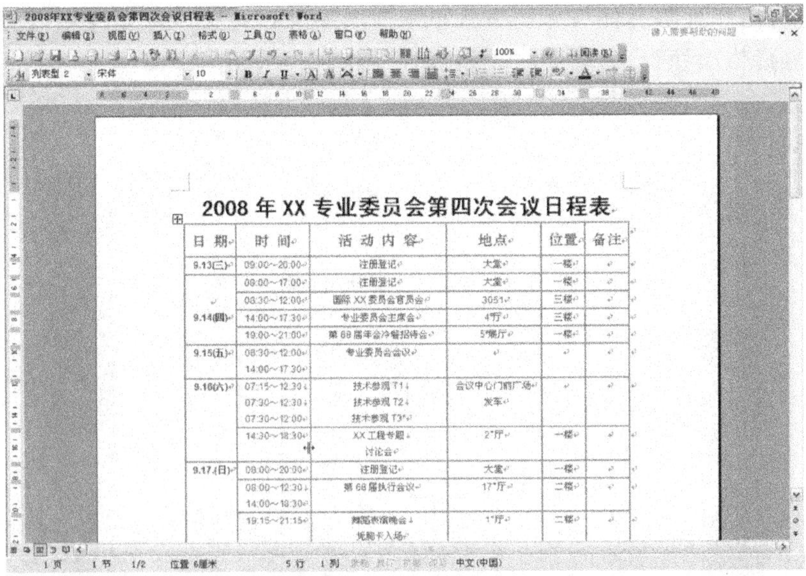

图 1-87　手动调整列宽

手动调整行列尺寸的操作有时会显得比较麻烦。其实 Word 中提供的自动调整行列功能可以帮我们省去很多麻烦。譬如在本例的表格中，若准备让列宽根据表格中的内容自动调整，可以依次执行“表格”→“自动调整”→“根据内容调整表格”菜单命令使所有列的宽度自动调整，如图 1-88 所示。

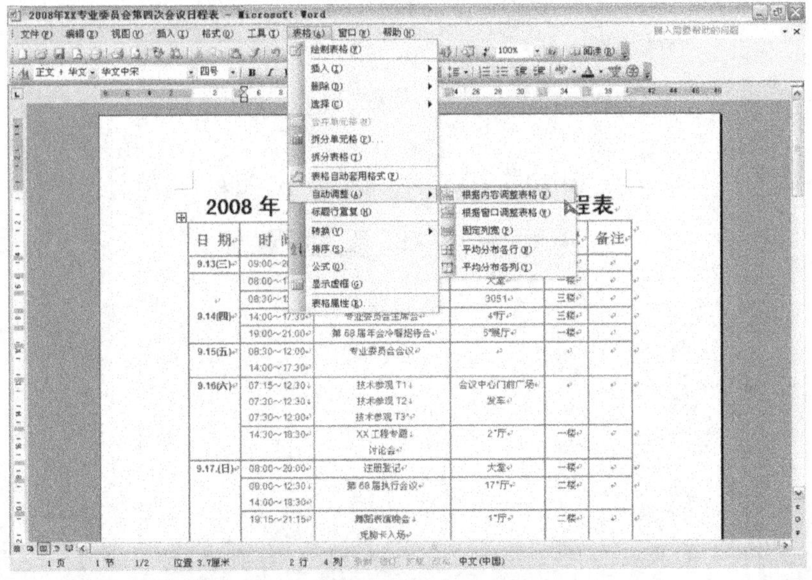

图 1-88　根据内容调整表格

除了可以通过手动拖动和自动调整的方式调整表格的行高和列宽以外，通过设定固定行高和列宽具体尺寸的方式也不失为一种好方法。首先选中需要设定列宽的列，然后依次执行“表格”→“表格属性”菜单命令，如图 1-89 所示。

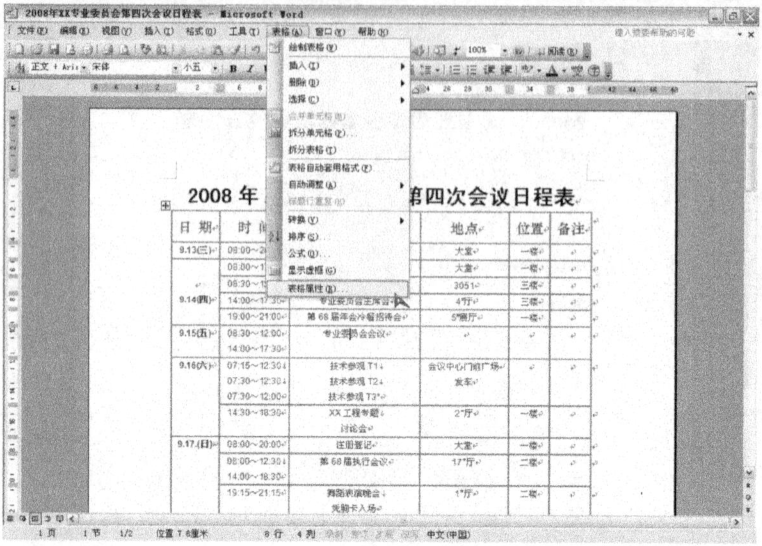

图 1-89　执行“表格属性”命令

打开“表格属性”对话框，切换至“列”选项卡。在“列宽单位”下拉列表中选中“厘米”选项，并在“指定宽度”微调框中调整列宽为指定的尺寸。设置完毕后单击“确定”按钮，设置即可生效。如图 1-90 所示。

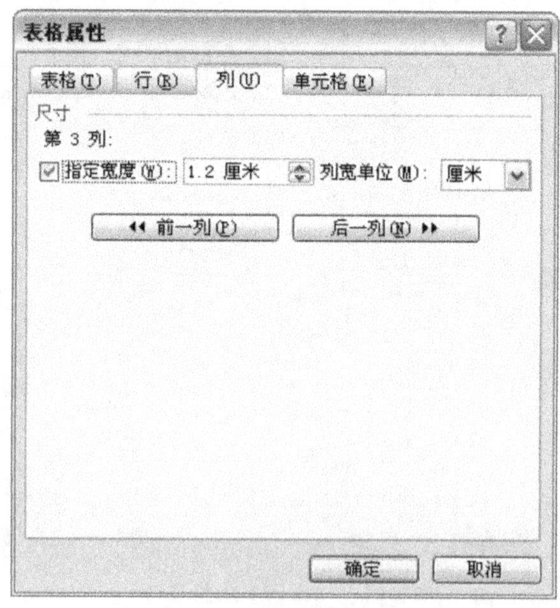

图 1-90　精确设定行列宽度

三、设置表格数据对齐方式

在默认情况下，系统设置表格中的内容以及表格本身为左对齐的方式。这种对齐方式在大多数情况下显得不够美观。我们可将表格和表格内容的对齐方式设置为“居中”。

将鼠标指针指向表格的左上角，当出现带矩形框的十字箭头时单击该十字箭头选中整张表格，然后单击“格式”工具栏上的“居中”按钮，表格将相对于页面居中。在表格中拖动鼠标选中表格中的内容，单击“居中”按钮则可将表格内容设置为居中状态，如图 1-91 所示。

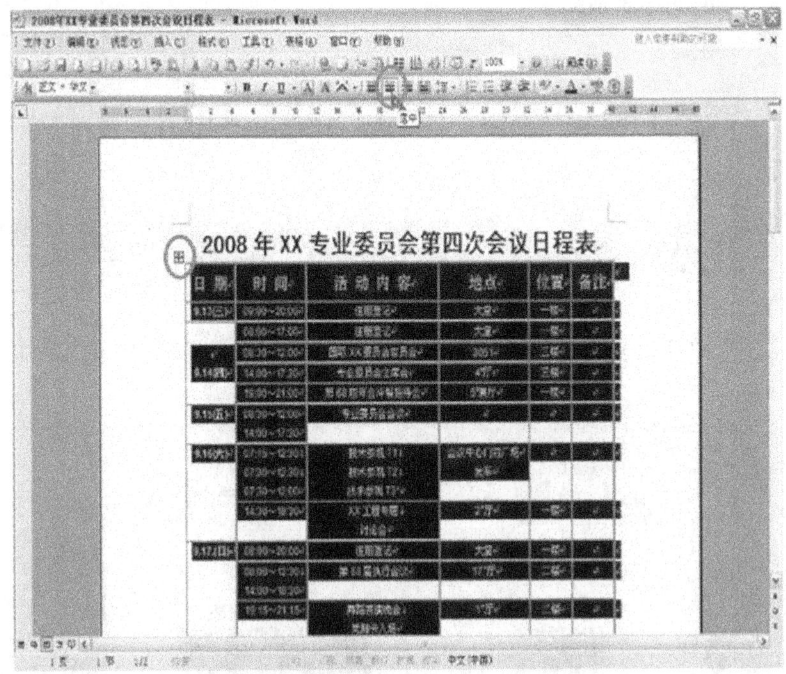

图 1-91　设置“居中”状态

四、设置表格边框和底纹

为了方便查看或者突出重点，可以给表格增加底纹。譬如当表格中的一行内容过长时，有时难免会看错行，给该行加上底纹可避免这类错误的出现。

表格底纹的设置方法如下：

首先选定需设置底纹的行，依次执行“格式”→“边框和底纹”菜单命令，打开“边框和底纹”对话框。切换至“底纹”选项卡，在“填充”区域选中一种底纹（如“灰—15％”），单击“确定”按钮。设置即生效，如图 1-92 所示。

如觉得用手动方式一一设置 Word 表格中的字体、颜色、底纹等格式的过程太过繁琐。可使用表格的“自动套用格式”功能，快速将表格设置为较为专业的格式。

譬如可以将会议日程安排表通过“自动套用格式”功能来设置表格的边框及填充效果，具体操作方法如下：

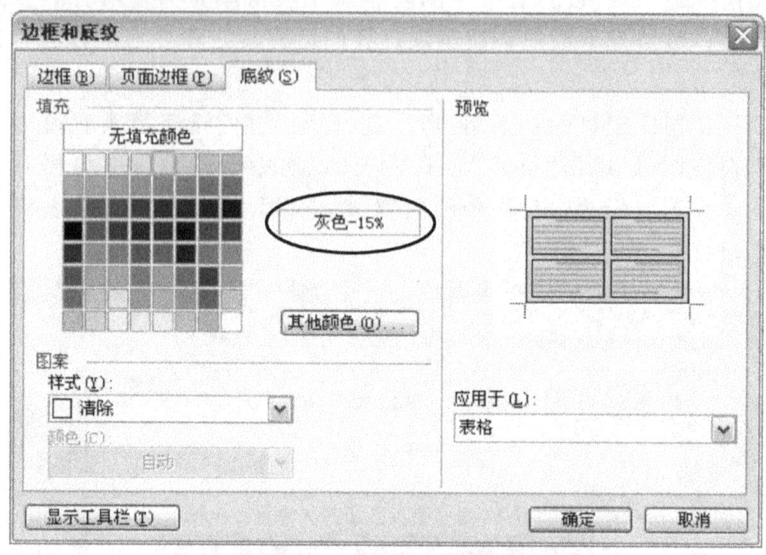

图 1-92　选择填充颜色

首先，选中整个表格，依次执行“表格”→“表格自动套用格式”菜单命令，如图 1-93所示。

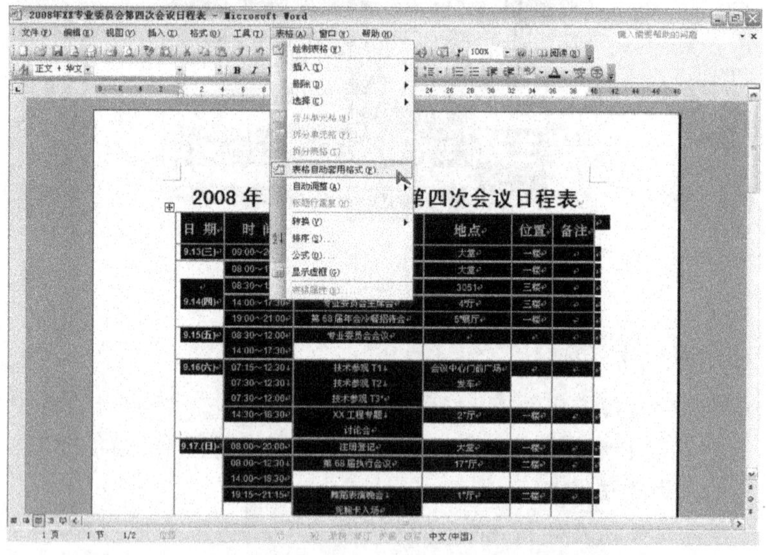

图 1-93　执行“表格自动套用格式”命令

接着，打开“表格自动套用格式”对话框，在“类别”下拉列表中选择“所有表格样式”选项。这时，会在“表格样式”列表中看到系统提供的多种专业格式。我们可以从“表格样式”列表中单击选中需要的格式(如“列表型 2”)，在“预览”区域中将显示该格式的预览效果。如图 1-94 所示。

最后,单击“应用”按钮返回表格中,出现的就是应用“列表型 2”格式后的效果,如图 1-95 所示。

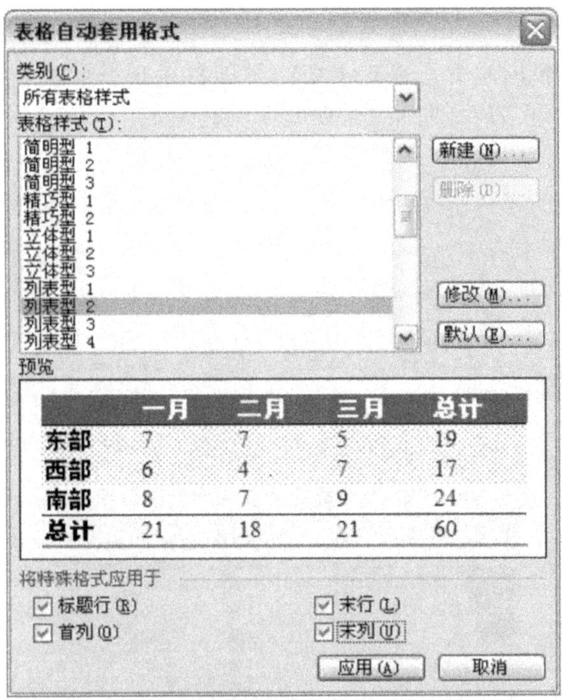

图 1-94　选择自动套用格式类型

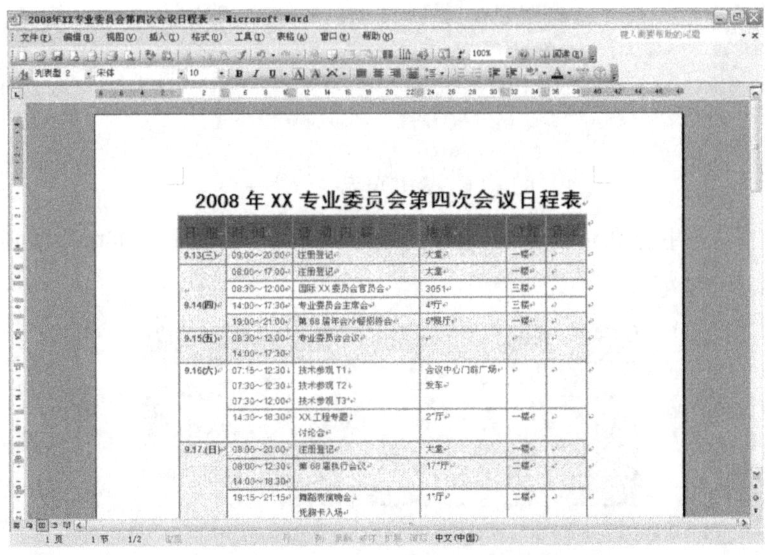

图 1-95　应用自动套用格式后的效果

任务三　设置单元格

一、合并单元格

在实际操作中我们经常会遇到需要将单元格进行合并的情况，譬如在本例中需要将第二行第一列(即“日期 9.14”所在单元格)的 4 个单元格进行合并，具体方法有两种：

1. 选中待合并的单元格区域，单击右键，选择快捷菜单中的“合并单元格命令”。如图 1-96 所示。

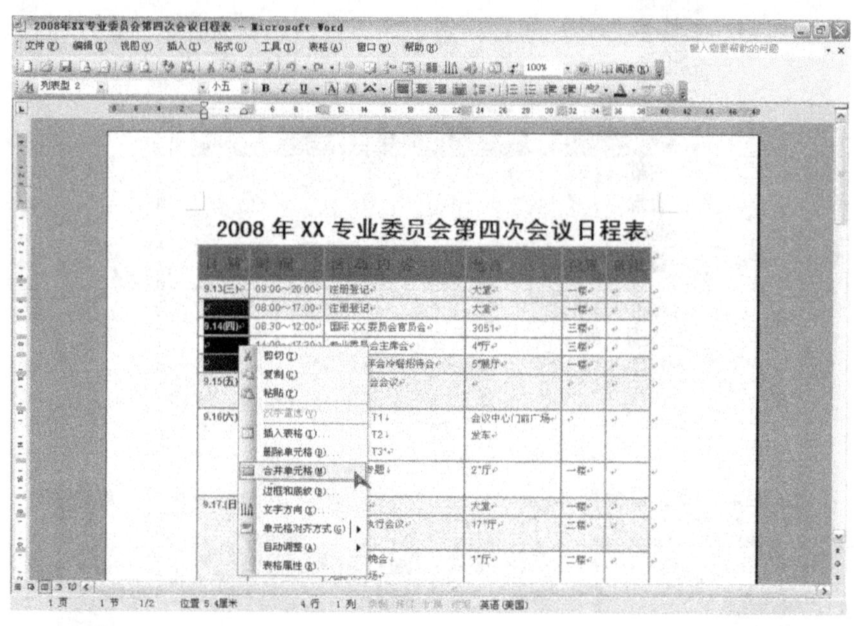

图 1-96　合并单元格方法一

2. 选中待合并的单元格区域，单击“表格与边框”工具栏上的“合并单元格”按钮。如图 1-97 所示。

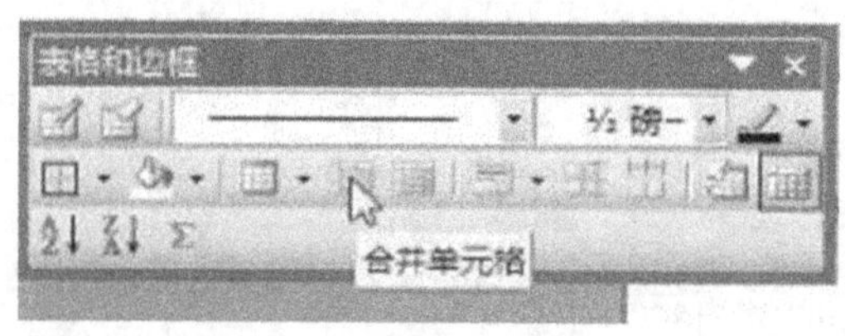

图 1-97　合并单元格方法二

注意：如果选中区域不止一个单元格内有数据，那么单元格合并后数据也将合并，并且分行显示在这个合并单元格内。

合并后如需对单元格内的数据进行格式设置，可以选定该单元格，单击右键，选择快捷菜单中的“表格属性”命令，在弹出的“表格属性”对话框中选定“单元格”选项卡，即可对单元格内数据进行格式设定。如图 1-98 所示。

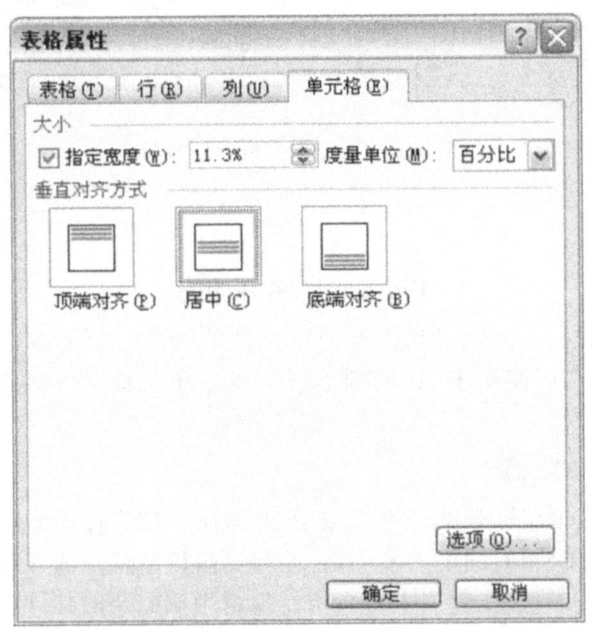

图 1-98　单元格设置

二、拆分单元格

同样，在实际操作中，我们也会遇到需要将单元格进行拆分的情况。在本例中，我们需要将 9 月 14 日的日程安排中的“时间”等单元格拆分成 4 个单元格。具体方法有两种。使用“表格和边框”工具栏中的“绘制表格”按钮在单元格中画出边线是拆分单元格最简单的方法。

如果情况较为复杂，则可以采用“拆分单元格”命令进行设置，具体操作步骤如下：选取单元格，打开“表格”菜单，单击“拆分单元格”命令，弹出“拆分单元格”对话框，选择拆分成的行和列的数目，单击“确定”按钮，如图 1-99 所示。

我们也可以在单元格中单击鼠标右键，在打开的快捷菜单中选择“拆分单元格”，或者单击“表格和边框”工具栏上的“拆分单元格”按钮，打开“拆分单元格”对话框进行设置。

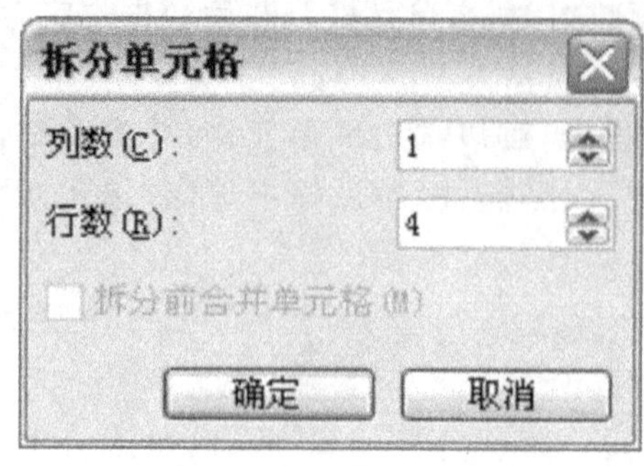

08:00～17:00	注册登记
08:30～12:00	国际XX委员会官员会
14:00～17:30	专业委员会主席会
19:00～21:00	第68届年会冷餐招待会

图 1-99　拆分单元格及效果图

◎ 知识链接

Word 邮件合并功能

文秘人员工作中有时会遇到批量处理文件的情况。例如会议通知、邀请函的发送等。这时候，可以使用 Word 邮件合并功能。不但能大大提高效率，还能确保准确性。

一、邮件合并的概念

“邮件合并”这个名称最初是在批量处理“邮件文档”时提出的。具体地说，就是在邮件文档（主文档）的固定内容中，合并与发送信息相关的一组通信资料（数据源可来自 Excel 表、Access 数据表等），从而批量生成需要的邮件文档，因此大大提高工作的效率。

“邮件合并”功能除了可以批量处理信函、信封等与邮件相关的文档外，还可以轻松地批量制作标签、工资条、成绩单等。

二、“邮件合并”的适用范围

需要制作的数量比较大且文档内容可分为固定不变的部分和变化的部分（比如打印信封，寄信人信息是固定不变的，而收信人信息是变化的部分），变化的内容来自数据表中含有标题行的数据记录表。

三、基本的合并过程

邮件合并的基本过程包括三个步骤，只要理解了这些过程，就可以得心应手地利用邮件合并来完成批量作业。

1. 建立主文档

主文档是指邮件合并内容的固定不变的部分，如信函中的通用部分、信封上的落款等。建立主文档的过程就和平时新建一个 Word 文档一样，在进行邮件合并之前它只是一个普通的文档。唯一不同的是，如果正在为邮件合并创建一个主文档，可能需要考虑一下，这份文档要如何写才能与数据源更完美地结合（最基本的一点，就是在合适的位置留下数据填充的空间）；另一方面，写主文档的时候也可以反过来提醒文档编辑者，例如是否需要对数据源的信息进行必要的修改，以符合书信写作的习惯。

2. 准备数据源

数据源就是数据记录表，其中包含着相关的字段和记录内容。一般情况下，我们考虑使用邮件合并来提高效率正是因为我们手上已经有了相关的数据源，如 Excel 表格、Outlook 联系人或 Access 数据库。如果没有现成的，我们也可以重新建立一个数据源。

需要特别提醒的是，在实际工作中，我们可能会在 Excel 表格中加一行标题。如果要用为数据源，应该先将其删除，得到以标题行（字段名）开始的一张 Excel 表格，因为我们将使用这些字段名来引用数据表中的记录。

3. 将数据源合并到主文档中

利用"工具栏"→"可见图"中的"邮件合并"功能，我们可以将数据源合并到主文档中，得到我们的目标文档。合并完成的文档的份数取决于数据表中记录的条数。

项目四　打印会议日程安排表

◎ 知识目标

1. 掌握页面设置的基本方法。
2. 熟练掌握打印操作技巧。

◎ 能力目标

1. 能够根据需要对文档进行页面设置。
2. 能够利用打印预览功能检查打印效果。
3. 能够正确打印文档。

◎ 项目背景

2008 年 3 月，教育部文秘专业教指委第四次会议在湖州召开。王丽女士是本次会议的秘书，会议日程安排表的打印工作由王秘书负责。

◎ 项目任务

根据会议主办方要求，编辑打印会议日程安排表。

任务一　页面设置

在正式打印文件之前，需要对页面进行设置。这些设置主要包括纸型和方向、页边框、页面分栏和页眉、页脚等属性。在进行页面设置后一般还要根据实际情况微调文档内容，以使文档内容适合新的页面属性。

如果我们在编辑文档伊始即先设置好页面属性的相关内容，会使工作事半功倍。譬如我们准备将要编辑文档的纸型设置为“A4”，页边距全部设置为“2 厘米”。具体设置方法如下：

在“2008 年××专业委员会第四次会议日程表”文档中依次执行“文件”→“页面设置”菜单命令，打开“页面设置”对话框。在“页边距”选项卡中调整“页边距”区域的微调框，将上、下、左、右边距全部调整为 2 厘米。由于 A4 纸是新建 Word 文档时的默认纸型，因此无需再切换至“纸张”选项卡去修改纸张类型。单击“确定”按钮使设置生效，如图 1-100 所示。

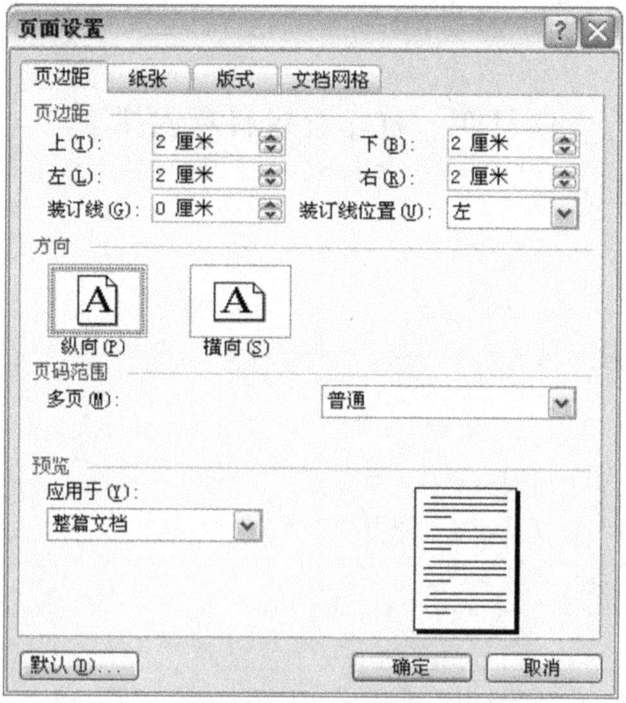

图 1-100　设置纸张边距

有时由于内容需要，我们要对文档中部分页面进行横向设置。这时可以先选中需要横向设置的内容，然后在页面设置对话框中进行相应的设置。如图 1-101 所示。

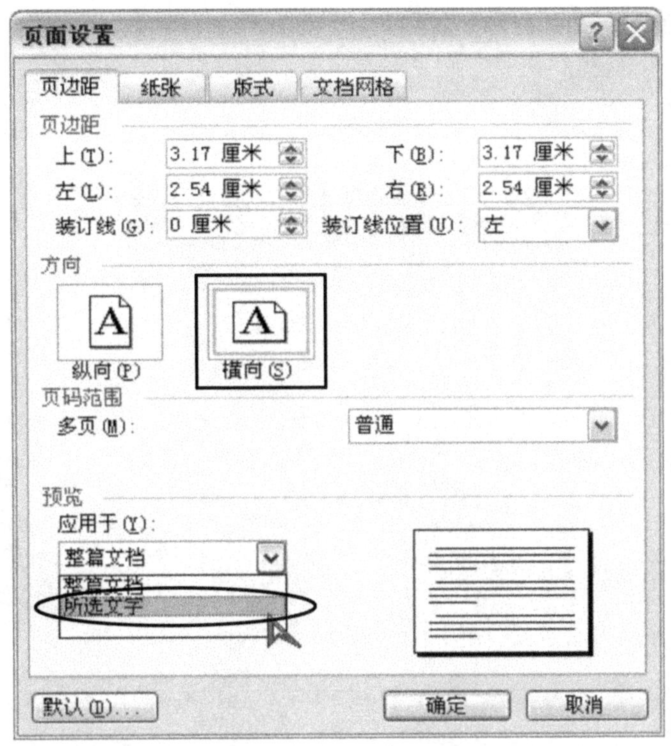

图 1-101　页面横向设置

任务二　打印预览

在打印文档之前，最好先通过 Word 提供的“打印预览”功能查看一下文档的整体效果。具体方法是，依次执行“文件”→“打印预览”菜单命令(或者单击“常用”工具栏上的“打印预览”按钮)，打开“打印预览”窗口。在该窗口中可以通过单页、双页或多页的显示方式来查看文档的设置效果。这时如果发现有不合适的地方，可以单击“关闭”按钮返回文档编辑页面进行修改，如图 1-102 所示。

任务三　文档打印

在“打印预览”窗口中预览文档，如果确定已不需要对文档再进行修改，就可以进行打印了。在文档编辑视图中依次执行“文件”→“打印”菜单命令，打开“打印”对话框。在该对话框中的“页面范围”区域点选“全部”单选框确定打印全部文档，然后调整“份数”微调框的数值，这里我们设置为 6 份. 其他设置采用默认参数，单击“确定”按钮即开始打印，如图 1-103 所示。

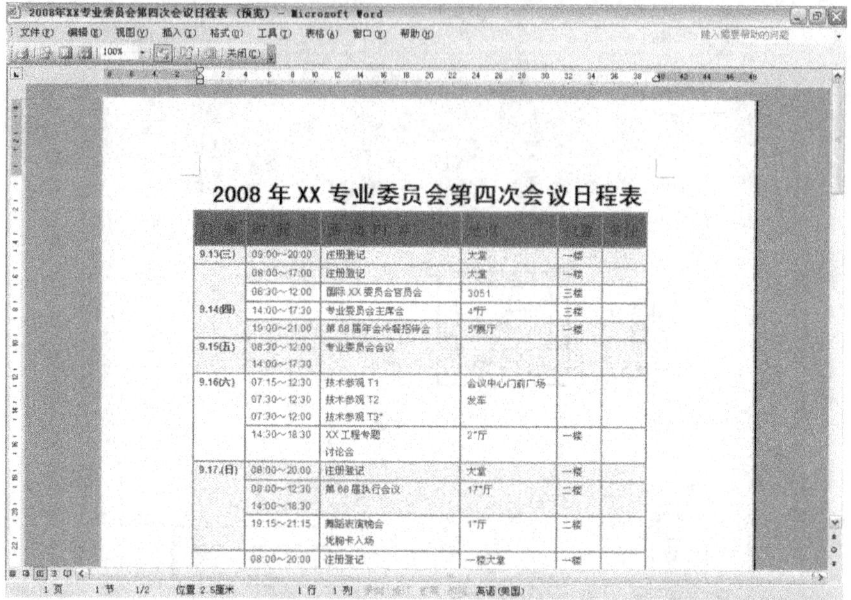

图 1-102 “打印预览”窗口

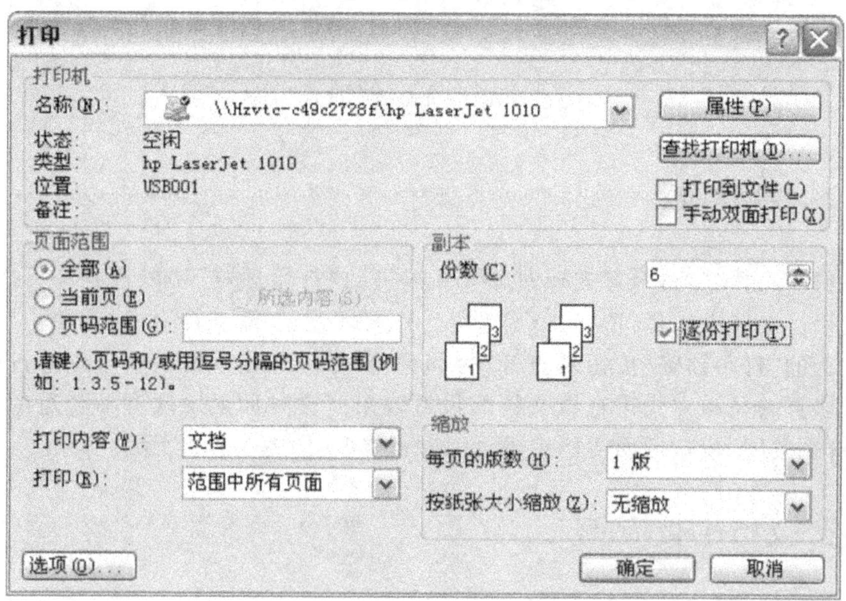

图 1-103 设置打印参数

实训一　Word 操作训练

◎ 实训目的

1. 熟练掌握 Word 中文档的建立与编辑方法。
2. 熟练掌握 Word 中文档格式化的操作方法。
3. 熟练掌握 Word 中保存和管理方法。
4. 熟练掌握插入图片和自选图形的方法。
5. 熟练掌握图片编辑的基本操作。
6. 熟练掌握文本框的使用方法。
7. 熟练掌握表格的编辑和排版操作。

◎ 实训内容

以小组为单位，利用 Word 制作一份企业宣传册。

◎ 实训要求

1. 参考老师上课所讲的 Word 功能以及往届学生优秀作品，以小组为单位，选定一家合适的企业，为其制作一份宣传册。

2. 围绕本组选定的企业背景以及相关信息，制作一份完整的的企业宣传册。作品应美观大方，符合一般产品宣传册的样式和规范，文档要求综合使用本模块所学的 Word 知识对文档进行编辑、排版与设计，体现所有课堂上所介绍的功能，必须包括图片、自选图形、文本框、表格等项目；鼓励自己探索 Word 其他新功能。宣传册要设计封面和目录。

3. 小组分工合作，要求以电子版本的形式上交。在作业的最后一页应写清楚本次作品所使用的 Word 功能以及分工情况。

4. 其他实训要求：

(1)作品完成后每个小组由组员上台演示并介绍作品，演示过程中的介绍应以作品中使用到的功能及相关设计考虑为主。

(2)每位同学应认真观摩各小组演示的内容。在上交的实训报告中除总结本小组实训情况外,还必须至少点评两个小组的作品。

◎ 实训时间

6课时。

模块二　演示文稿制作软件 PowerPoint

PowerPoint2003 与 Word 2003 一样，是 MicrosoftOffice2003 的一部分，是 Windows 环境下的优秀演示文稿（幻灯片）设计制作软件。利用设计制作的演示文稿，可以形象地传递文字、图片、图表，甚至音乐、影像等信息。PowerPoint 广泛应用于各种学术会议、产品演示、工作汇报、学校教学等场合。本章将从实例入手，介绍如何使用 PowerPoint2003 制作设计、放映以及打印幻灯片。

◎ 学习目标

1. 熟悉 PowerPoint 演示文稿制作软件的界面操作环境。
2. 了解 PowerPoint 主要功能和基本知识。
3. 熟练掌握 PowerPoint 演示文稿制作软件中各类对象的操作，学会创建、设计、放映、打包、打印演示文稿。

项目一　利用 PowerPoint 制作一份打印机使用说明书

◎ 知识目标

1. 了解 PowerPoint 演示文稿制作软件的主要功能和基本知识。
2. 掌握演示文稿的编辑方法。
3. 掌握演示文稿的美化技巧。

◎ 能力目标

1. 能够利用模板创建新演示文稿。
2. 能够对演示文稿进行保存、录入和编辑操作。
3. 能够熟练应用演示文稿设计模板、配色方案、版式和母版。

◎ 项目背景

为了让新近招聘进入公司的秘书人员顺利开展工作，公司拟对他们进行岗前培训。为此，领导要求王秘书设计制作一份简明扼要的《打印机使用说明书》。王秘书考虑用演示文稿制作软件 PowerPoint 来制作该报告。

◎ 项目任务

使用 PowerPoint 制作一份《打印机使用说明书》。

任务一 创建演示文稿

我们通过《打印机使用说明书》演示文稿的创建来介绍 PowerPoint 的基本操作方法。演示文稿的创建可以有以下几种方法。

一、新建空白演示文稿

1. 启动 PowerPoint 时，如果没有指定将要打开的演示文稿，系统将自动出现一个空白演示文稿。

2. 如果在操作过程中要新建演示文稿，单击工具栏上的新建按钮（快捷键 Ctrl+N），此时将出现默认类型的空演示文稿。

3. 选择"文件"→"新建"，在 PowerPoint 窗口的右边会弹出一个"新建演示文稿"任务窗格，如图 2-1 所示。在"新建演示文稿"任务窗格中的"新建"选项组下单击"空演示文稿"选项，将新建一个演示文稿。

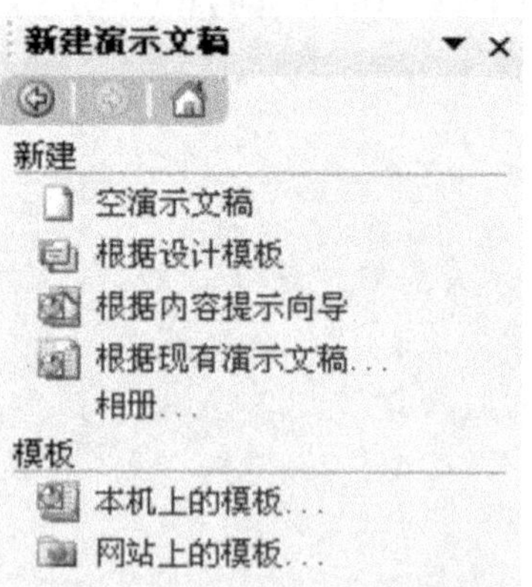

图 2-1 "新建演示文稿"任务窗格

二、使用模板创建新演示文稿

除了新建空白演示文稿外，还可以使用 PowerPoint 自身提供的各类模板，创建演示文稿。模板包含背景图形、字体方案、配色方案等演示文稿的要素。PowerPoint 模板分为设计模板和内容模板。其中，设计模板包含预定的配色方案及格式。应用设计模板可以直接为演示文稿提供特定的外观。下面介绍利用 PowerPoint 的"设计模板"。创建演示文稿"打印机使用说明书"的过程。

1. 启动 PowerPoint2003，依次执行"文件"→"新建"菜单命令，打开"新建演示文稿"任务窗格。在该任务窗格中的"模板"区域中单击"本机上的模板"超链接，如图 2-1 所示。

2. 打开"新建演示文稿"对话框，选择"设计模板"选项卡，在"设计模板"选项卡中找到并选中模板"Blends"，单击"确定"按钮新建演示文稿，如图 2-2 所示。

图 2-2　借助模板新建演示文稿

新建的演示文稿如图 2-3 所示。

在图 2-3 中我们可以发现，PowerPoint 窗口主要分为四个部分，分别是幻灯片窗格、缩略图、备注窗格及任务窗格。窗口中间为幻灯片窗格，带虚线框的方框称为"占位符"，可直接在幻灯片的"占位符"内键入文本。窗口左侧是幻灯片的缩略图版本，此区域是"幻灯片"选项卡，可以单击此处的"幻灯片缩略图"在幻灯片之间导航，同时可以单击"大纲"选项卡，查看演示文稿的大纲。窗口下方为备注窗格，该区域用于键入在演示时要使用的备注，可以拖动该窗格的边框以扩大备注区域。窗口右侧为任务窗格，利用这个窗口，可以完成诸如"版式设计"、"自定义动画"等工作任务。

3. 单击图 2-3 中占位符"单击此处添加标题"，该占位符变为空白区域，键入文字"打印机使用说明书"，鼠标单击占位符以外的区域，即生成了一张标题幻灯片，效果如图 2-4 所示。另外，还可以根据需要，为演示文稿添加副标题。

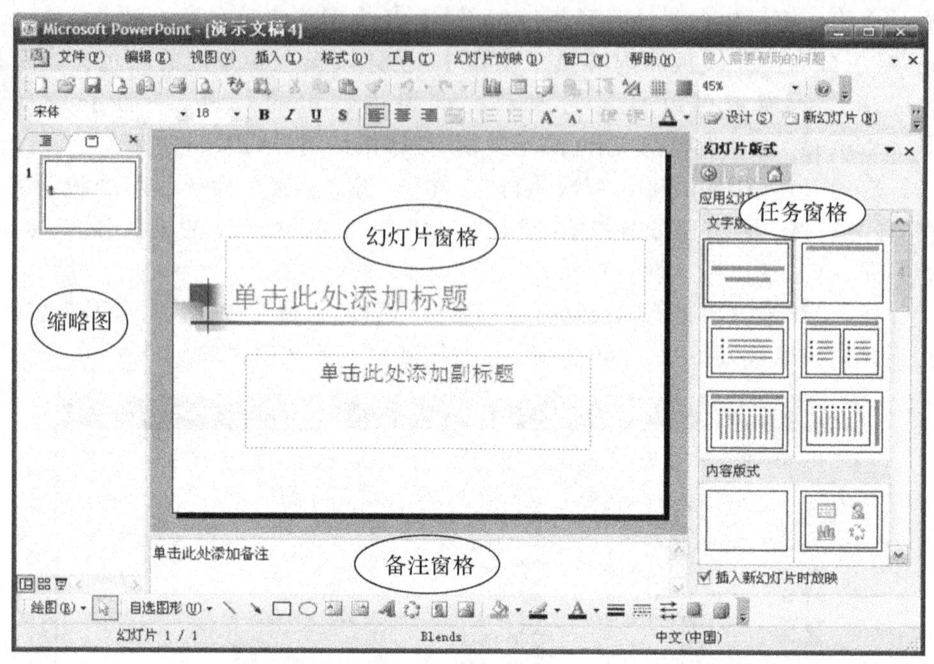

图 2-3　新建的演示文稿窗口

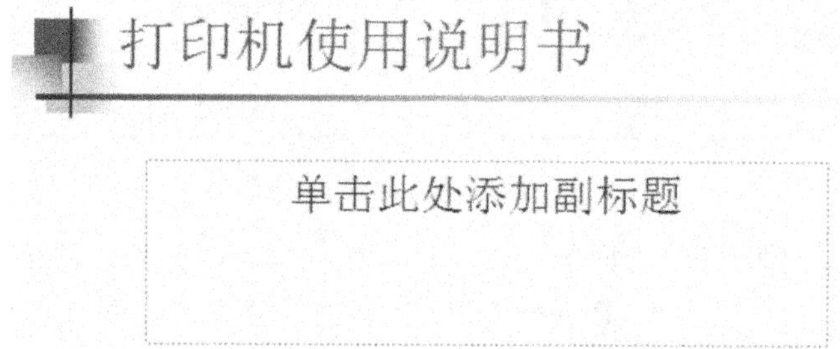

图 2-4　在占位符中输入文字后的效果

除了设计模板之外，还可以根据内容提示向导，创建基本模板的演示文稿，具体操作步骤如下：

1. 在图 2-1 所示的对话框中，单击“本机上的模板”超链接，在弹出的对话框中选择“常用”选项卡，找到“内容提示向导”选项，单击“确定”，出现“内容提示向导”对话框，如图 2-5 所示。

2. 单击“下一步”，出现如图 2-6 所示对话框，选择将要使用的演示文稿类型，如“企业”，在列表中选择项目如“公司会议”，单击“下一步”，结果如图 2-7 所示。

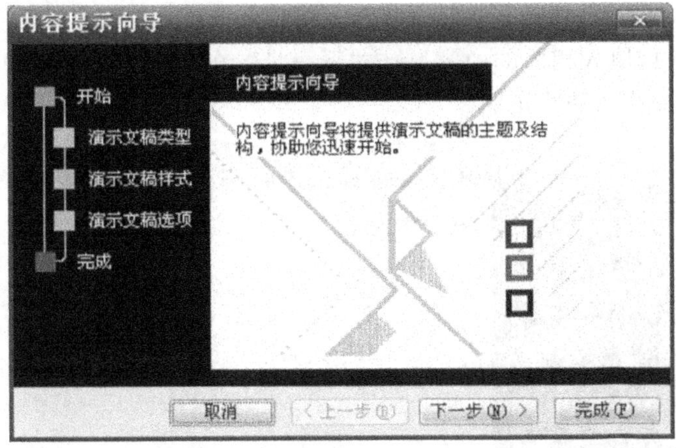

图 2-5　内容提示向导对话框

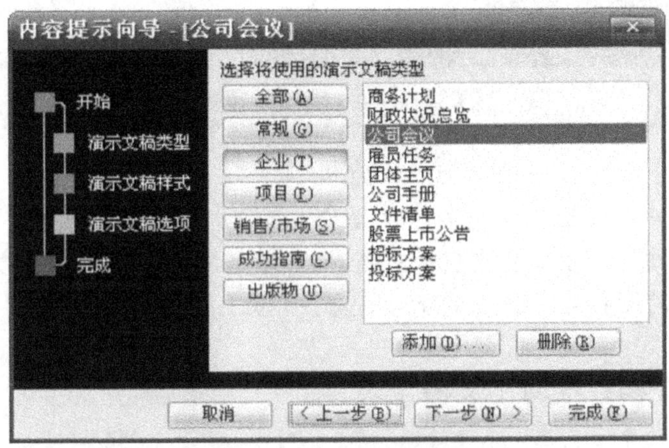

图 2-6　演示文稿类型选择

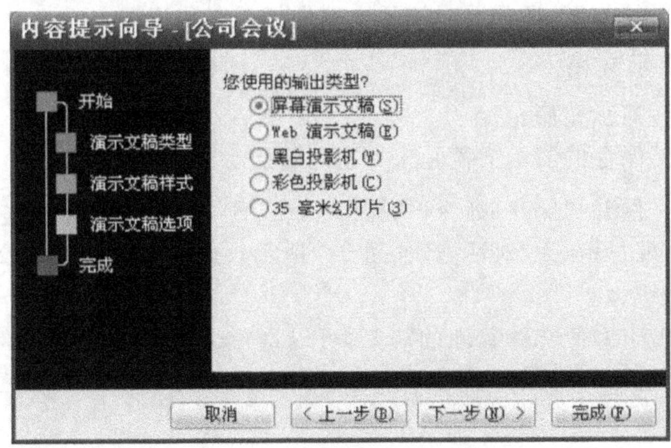

图 2-7　演示文稿样式选择

3. 选择一种样式如“屏幕演示文稿”，单击“下一步”，在如图 2-8 所示的演示文稿选项对话框中，填入相关的内容，单击“下一步”，在弹出的对话框中单击“完成”，即完成了演示文稿的初步定制。

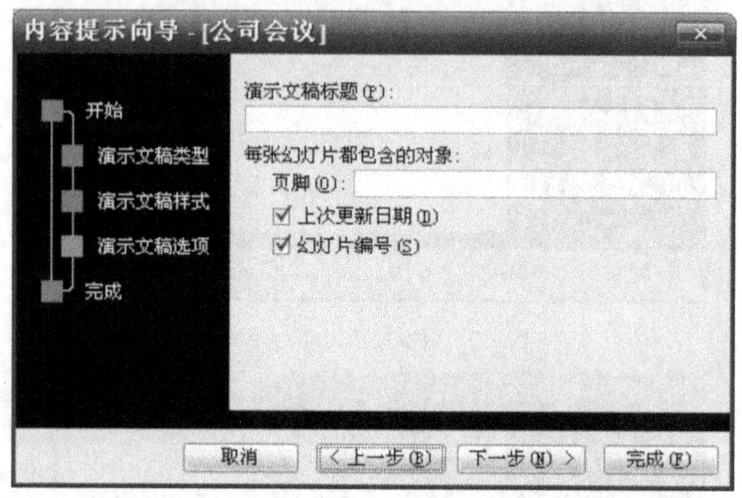

图 2-8　演示文稿选项

除了应用 PowerPoint 自身提供的设计模板和内容提示向导之外，还可以应用微软 Office 网站上的模板创建演示文稿，也可以到网络上下载各种模板创建演示文稿。有兴趣的读者可以进一步查阅相关书籍或上网搜索相关资料。

任务二　保存和管理演示文稿

完成内容提示向导后，PowerPoint 就自动生成了一个演示文稿，为了方便下一步操作和今后的使用，还需要对演示文稿进行保存和管理。

一、保存演示文稿

1. 首次保存演示文稿。

如果当前要保存的演示文稿是未命名的新演示文稿，步骤如下：

(1)选择“文件”→“保存”命令(快捷键 Ctrl+S)，或者保存按钮。

(2)系统出现“另存为”对话框，如图 2-9 所示。此时输入需要的文件名，如“打印机使用说明书”。

(3)注意，出于方便文件管理的需要，可以自行选择将文件保存在合适的目录下，而不是系统默认的路径。选定保存文件的位置后，单击“保存”按钮，关闭“另存为”对话框并保存文件。

图 2-9　“另存为”对话框

2. 保存已经命名的演示文稿。

如果当前演示文稿不是未命名的新文件，选择“文件”→“保存”命令或单击保存按钮，执行一次磁盘保存的工作。此时系统不出现“另存为”对话框。

3. 将当前演示文稿换名保存。

文件还可以改名保存，步骤如下：

(1)选择“文件”→“另存为”命令。

(2)此后的步骤与前面首次保存文件的相同。但要注意，如果要以另一种类型保存文档，则需从图 2-9 中“保存类型”列表框中选择需要的类型。

4. 在编辑时自动保存文件为防止计算机意外故障造成文稿内容丢失，可以对文件进行自动保存设置，具体操作方法和 Word 文档一样。

二、管理演示文稿

和 Word 文档一样，演示文稿的管理主要包括打开和关闭两项内容。二者的操作步骤也基本相同，具体可参看模块一相应内容。

任务三　编辑演示文稿

一、PowerPoint 的视图方式

PowerPoint 有三种主要视图：普通视图、幻灯片浏览视图和幻灯片放映视图。

1. 普通视图普通视图是默认的编辑视图，可用于撰写或设计演示文稿大纲、幻灯片和备注页。在该视图中，有三个工作区域，左侧为可在幻灯片文本大纲（“大纲”选项卡）和幻灯片缩略图（“幻灯片”选项卡）之间切换的选项卡，“大纲选项卡”下可显示幻灯片文本，“幻灯片选项卡”以缩略图大小的形式在演示文稿中观看幻灯片；右侧为幻灯片窗格，直接显示当前幻灯片内容；下部为备注窗格。如图 2-3 所示。

2. 幻灯片浏览视图幻灯片浏览视图是以缩略图形式显示幻灯片的视图，适合于编辑或修改演示文稿的整体效果。幻灯片按顺序在该视图下显示，有助于进行重新排列、添加或删除幻灯片以及预览切换和动画效果等。如图 2-10 所示。

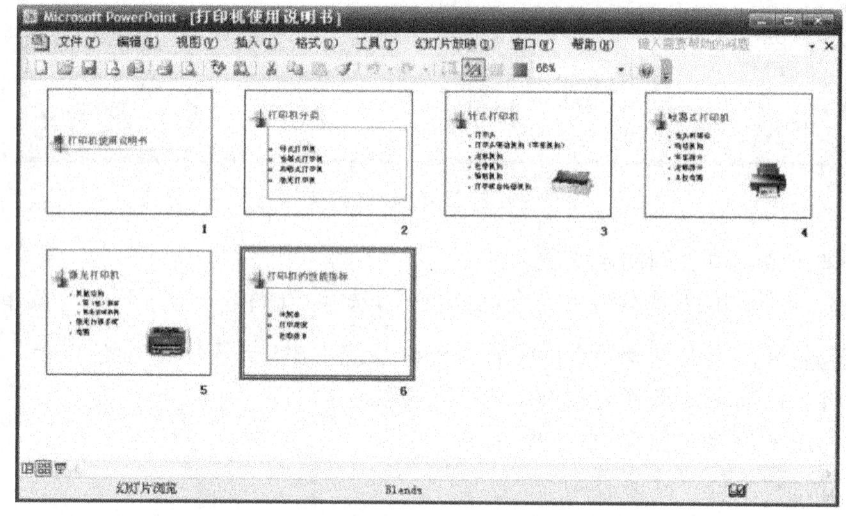

图 2-10 幻灯片浏览视图

3. 幻灯片放映视图幻灯片放映视图占据整个计算机屏幕，就像对演示文稿在进行真正的幻灯片放映。事实上，所有切换效果和动画效果需要在此视图下才能完全显示。在该视图下，左键单击鼠标可以让幻灯片一个对象一个对象地演示，直到演示结束。关于幻灯片的放映，在后面会有更详细的介绍。

二、占位符

在空白幻灯片中出现的“单击此处添加标题”或者“单击此处添加文本”虚线框，就是 PowerPoint 占位符，如图 2-11 所示。其中，“单击此处添加标题”虚线框所示的占位符被称为文本占位符，“双击添加图示或组织结构图”虚线框所示的占位符为图形对象占位符。

1. 文本占位符

单击文本占位符，输入相应的文本，文本会显示在幻灯片大纲视图中；在幻灯片大纲视图中输入的文本，也会出现在幻灯片的文本占位符中。如果文本大小超出了占位符的大小，PowerPoint 会逐渐减小键入的字号和行间距以使文本大小合

图 2-11 文本占位符与图形对象占位符

适。为了有效管理幻灯片中的文字内容，一般不要轻易删除幻灯片版式中的占位符。

2. 图形对象占位符

在有些幻灯片版式中，提供了图形对象占位符。在图形对象占位符中，可以方便地插入表格、图表、剪贴画、来自文件的图片、图示、声音式文件等。

三、输入文字

PowerPoint 中，可以在占位符中输入文字，也可以在自建的"文本框"或者自选图形等对象中输入文字。

1. 在文本占位符中输入文字

如果应用了内容模板，还可以根据自己的需要对模板和文稿内容进行编辑。

如果是应用设计模板或者是新建的空白演示文稿，需要把具体的内容填入演示文稿的占位符中。PowerPoint 的幻灯片视图和大纲视图下都可以输入文字。

(1)幻灯片视图下输入文字在幻灯片视图下，鼠标单击占位符，即可输入文字。若完成输入，鼠标可单击占位符外任意位置，占位符外部的虚线就会消失，只显示输入的文字内容，如图 2-12 所示。这是大多数用户喜欢的输入文字方式。

(2)大纲视图下输入文字在该视图下，还可以通过单击"视图"→"工具栏"→"大纲"，调出大纲工具栏，如图 2-13 中最左侧的那一列所示。熟练使用大纲工具栏编辑段落，可以有效地提高工作效率、美化演示文稿。大纲工具栏上的主要按钮及其功能、快捷操作如表 2-1 所示。

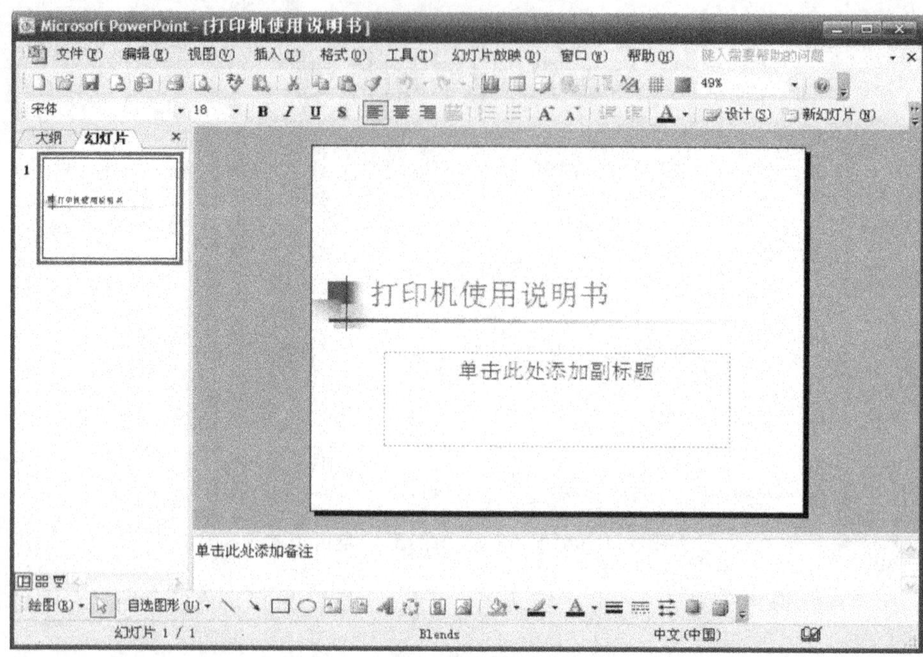

图 2-12　幻灯片视图下的文字录入

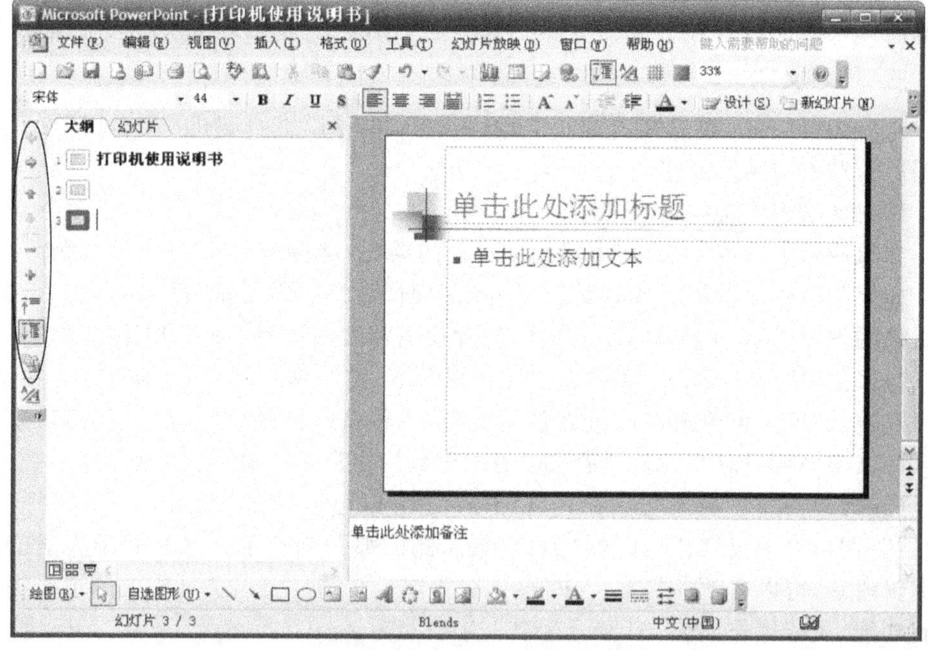

图 2-13　大纲视图下的文字录入

表 2-1　大纲工具栏各按钮的主要功能及快捷键列表

按钮名称	功　能	快捷键
升级	将选定段落升至较高一级标题级	Alt+Shift+向左键
降级	将选定段落降至较低一级标题级	Alt+Shift+向右键
上移	将选定段落上移到前面已显示的段落之上	Alt+Shift+向上键
下移	将选定段落下移到后面已显示的段落之下	Alt+Shift+向下键
折叠	隐藏选定幻灯片除标题外的所有正文内容	Alt+Shift+减号
展开	显示选定幻灯片的标题和所有折叠文本	Alt+Shift+加号
全部折叠	只显示每张幻灯片的标题,正文部分全部被隐藏	Alt+Shift+1 或 Alt+Shift+A
全部展开	显示所有幻灯片的标题和正文	Alt+Shift+1 或 Alt+Shift+A

对大纲中的文字进行操作,其基本方法与 Word 中文本操作类似,此处不再赘述。

2. 向文本框中添加文本

在“绘图”工具栏上,单击“文本框”(若界面上没有显示“绘图”工具栏,可依次点击“视图”→“工具栏”→“绘图”,调出“绘图”工具)。鼠标单击新建的文本框,可嵌入或者粘贴文本。与占位符中添加的文本不同,文本框中添加的文本不会显示在大纲中。对手动添加的文本框,可以随意调整其大小和位置,删除、翻转并进行更改边框和填充颜色等操作。

四、编辑、设置文本格式

1. 文本格式设置

和 Word 一样,PowerPoint 可以对占位符或文本框中的文本设置格式。可在格式工具栏中,单击相应的按钮,对字体、字体大小、属性、颜色等进行快捷设定。也可单击“格式”→“字体”,在弹出的字体对话框中,对中文字体、西文字体、字形、字号、颜色及字体效果进行设置。本例中,我们将标题幻灯片的标题设置为 44 号宋体。

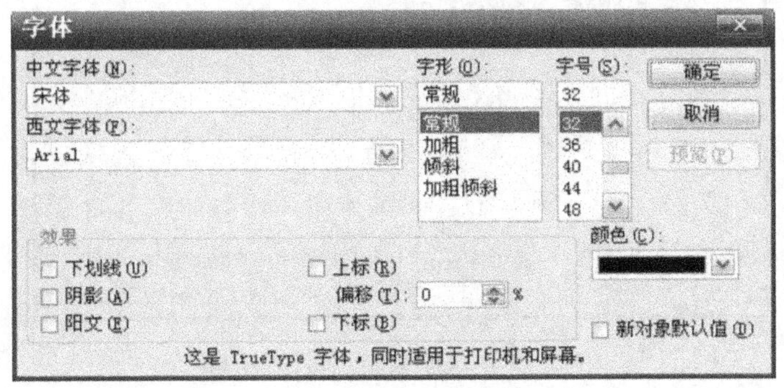

图 2-14　“字体”对话框

此外，PowerPoint 还提供了“替换字体”功能，可以迅速将整个演示文稿中的以某一种字体设置的文本替换为另外一种字体。其方法是单击“格式”→“替换字体”，在下拉列表中选择需要被置换以及置换的字体即可。这个功能可以批量修改字体格式，非常便于更改字体。

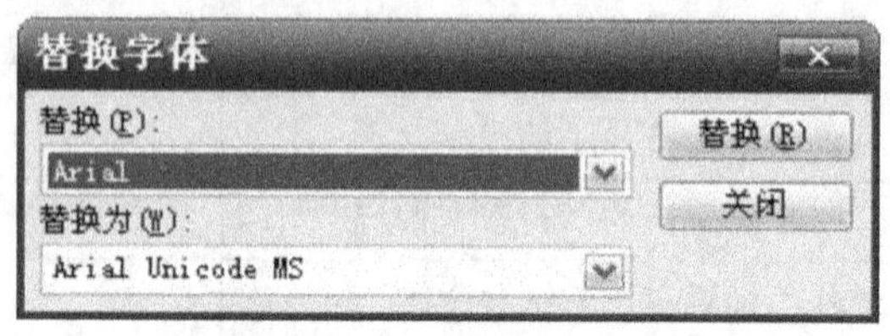

图 2-15 “替换字体”对话框

2. 文本对齐方式

PowerPoint 中可以设置每个段落的水平对齐方式，如左对齐、居中、右对齐、两端对齐、分散对齐等。文本对齐方式可以在“格式”工具栏上直接操作，也可以选择“格式”→“对齐方式”，选择所需子菜单。

除了设置水平对齐方式外，还可以设置垂直对齐方式。以占位符中文本为例，方法是右键单击占位符边框，选择“设置占位符格式”命令，在弹出对话框中选择“文本框”选项卡，如图 2-16 所示，在“文本锁定点”右侧下拉项选择所需的锁定点位置即可。

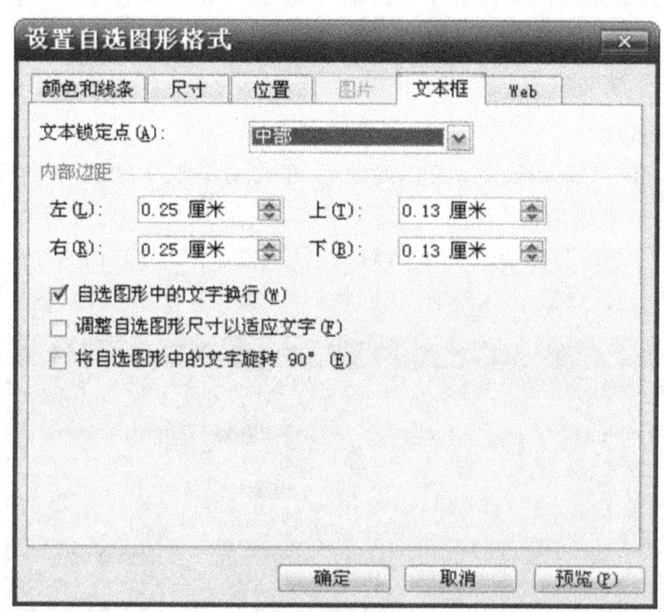

图 2-16 “文本锁定点”设置示意

设置文本水平方向左对齐、垂直方向居中的效果，如图 2-17 所示。

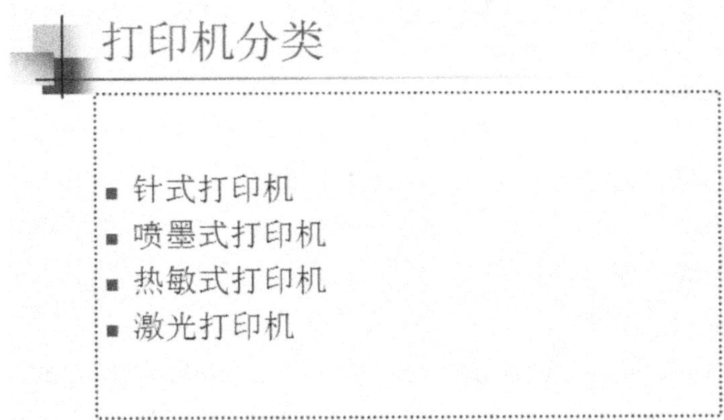

图 2-17　文本水平方向左对齐、垂直方向居中的显示效果

3. 行距

单击"格式"→"行距"，可对段落行距进行设置。在 PowerPoint 中，可设置三类行间距，分别是"行距"、"段前"、"段后"。

其中，"行距"表示一个段落中间的行距；"段前"表示段落首行前面的空间；"段后"表示段落首行后面的空间。通过设置段落文本的行距，可以调整文稿演示者想要的文字间距显示效果，以获得最佳的观看效果。

图 2-18　"行距"对话框

五、文本选定、移动等常用操作

在编辑文本时，通常会用到文本的选定与移动、复制与删除、查找与替换、撤销与恢复等操作。

1. 文本的选定与移动

PowerPoint 中，可以选定文本框或者文本框中的部分文本。

(1)选定与移动占位符(文本框)。

鼠标单击所需选定占位符或文本框的边框线，当四周出现八个控点(空心圆点)的时候，表明整个文本框已经被选中，文本框中的文本被全部选中，可以对其进行进一步的操作,如移动文本框。移动文本框的同时,也会移动文本框中的文本。

(2)选定与移动文本。

将鼠标放入欲选定文本的开始处,其他操作和 Word 中选定文本的操作相同。

2. 文本的复制与删除、查找与替换、撤销与恢复

PowerPoint 文本的此类操作,与 Word 中文本的操作相似,可以参阅本教材 Word 模块中的相关内容,这里不再细述。

六、项目符号和编号

使用项目符号和编号,能使输入的文本有一个清晰的关系,有助于演示文稿的读者了解文本之间的关系。在 PowerPoint 中,单击"格式"→"项目符号和编号",即可弹出"项目符号和编号"对话框,如图 2-19 所示。

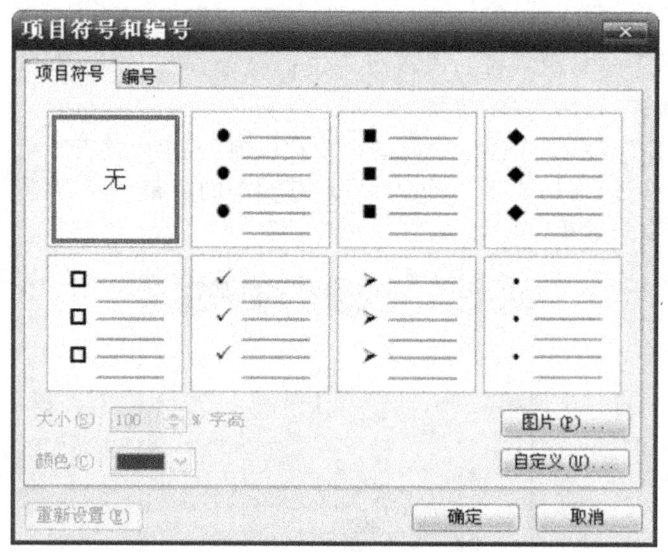

图 2-19 "项目符号和编号"对话框

1. 项目符号

图 2-17 中的内容文本段落,即为添加了项目符号的效果。要更改项目符号,可进行如下操作。

(1)选定需要修改项目符号的段落。

(2)在"项目符号和编号"对话框中选择其他符号。也可以单击"图片"按钮,在弹出的"图片项目符号"对话框中进行进一步选择。可以在图 2-20 显示的图片中,选择所需要的一种图片作为项目符号,单击"确定"即可。

(3)另外,还可以"项目符号和编号"对话框单击"自定义",在弹出的界面中选择任意一种符号,作为段落的项目符号,如图 2-21。

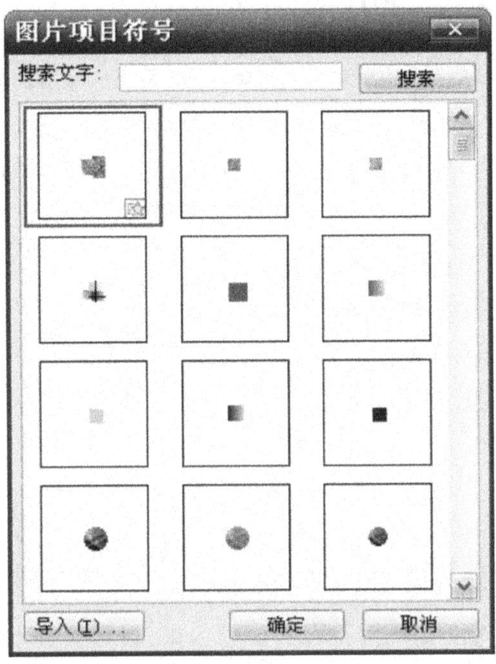

图 2-20 “图片项目符号”对话框

(4)此外,在“项目符号和编号”对话框中,我们还可以对选定符号的“大小”、“颜色”等属性进行设置。

图 2-21 “符号”对话框

例如我们可以将图 2-17 中的实心小方框项目符号，更改为符号“√”，更改后的效果如图 2-22 所示。

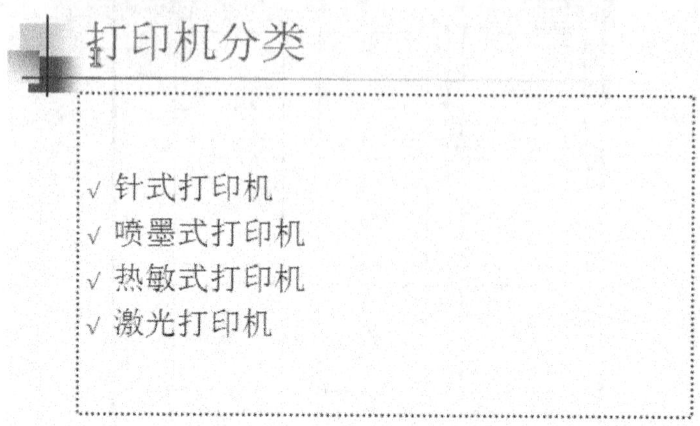

图 2-22　更改项目符号后的效果

2. 编号设置

段落编号的方式与设置项目符号的步骤一样，设置界面如图 2-23 所示。

(1)选定需要修改项目符号的段落。

(2)在“项目符号和编号”对话框中，选择“编号”选项卡，在打开的对话框中选择其中的一种编号方式，单击“确定”即可。

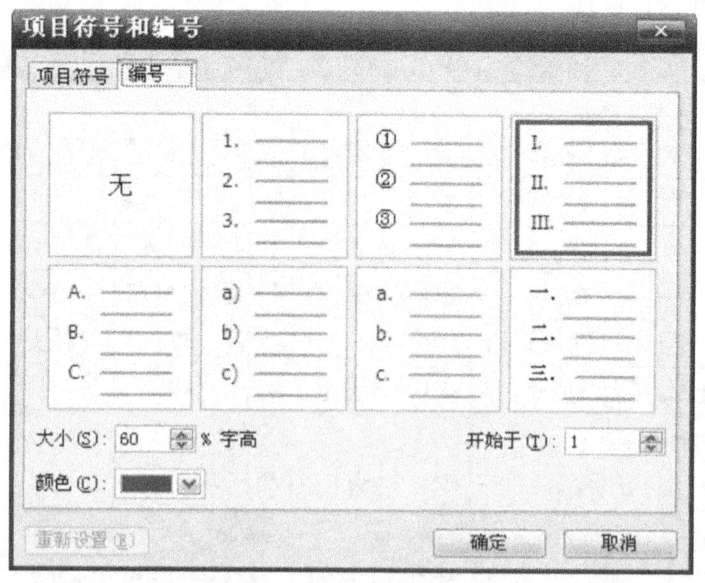

图 2-23　编号设置对话框

(3)可以在“开始于”右侧的方框中填入需编号的起始号码，这点与设置项目符号的操作略有不同。这里，我们选择“开始于 1”，即默认的数字。

(4)此外，在“编号”对话框中，还可以对选定的编号的“大小”、“颜色”等属性进行设置，直至满意为止。

例如，对上述幻灯片中的段落应用编号样式“①”，效果如图 2-24 所示。

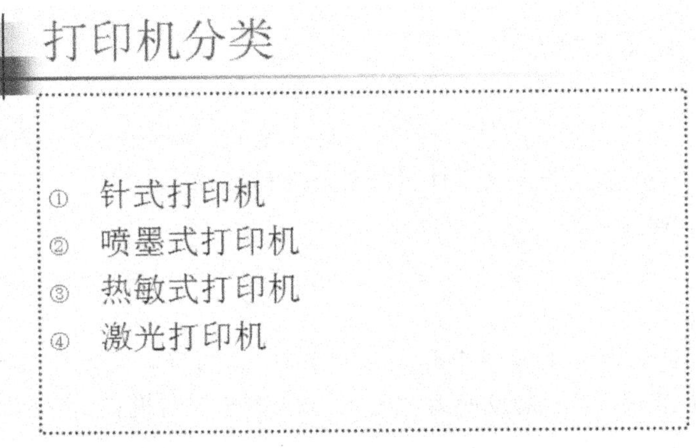

图 2-24　对段落应用“编号”后的效果

七、幻灯片的新建、选择、移动、复制和删除

新建的空白演示文稿仅有一张标题幻灯片。因此，需要插入新的幻灯片，并在此基础上，进行幻灯片的选择、移动、复制和删除等操作。

1. 新建幻灯片

可以单击菜单“插入”→“幻灯片”，也可以鼠标右键单击缩略图窗格的空白处，选择“新幻灯片”，来新建幻灯片。此外，还可以在鼠标位于缩略图窗格时，直接按 Enter 键新建幻灯片。

2. 选择幻灯片

在缩略图窗格中，单击一张幻灯片的缩略图即可选中该幻灯片。若要选择连续的幻灯片，可以鼠标单击第一张幻灯片缩略图，按住 Shift 键，再单击最后一张幻灯片缩略图。若要选择不连续的幻灯片，可以在按住 Ctrl 键的同时，依次选择幻灯片缩略图，直至选中所有需要选择的幻灯片即可。

3. 移动幻灯片

在缩略图窗格中，按上述方法选中需要移动的幻灯片，然后按住鼠标左键进行拖动，拖动时会出现一条水平的线条，该线条表示幻灯片将要拖动到的位置，拖动光标移动到目标位置后，释放鼠标左键即可。

4. 复制幻灯片

可以在选中幻灯片之后，利用常用的“复制”、“粘贴”等命令完成幻灯片的复制，也可以在移动幻灯片的同时按住 Ctrl 键，这样，当同时松开鼠标和 Ctrl 键的时候，就在目的位置复制了选中的幻灯片。

5. 删除幻灯片

在选中幻灯片之后，单击“编辑”→“删除幻灯片”，或者直接按 Delete 键，即可删除选中的幻灯片。

任务四　美化演示文稿

PowerPoint 作为演示文稿设计软件，除了可以承载内容之外，还可以通过对版式、配色方案、背景等的美化设计，创建风格各异的演示文稿。

一、设计模板

在“任务一”中，我们通过设计模板“Blends”创建了一份设计模板。这里，将详细介绍设计模板及其应用。

模板控制着演示文稿的整个外观及相关项目，包括占位符的大小与位置、背景、颜色、字体、段落间距、对象所置位置等。应用已有的模板，可以快速设置以上这些项目，如图 2-25 所示。

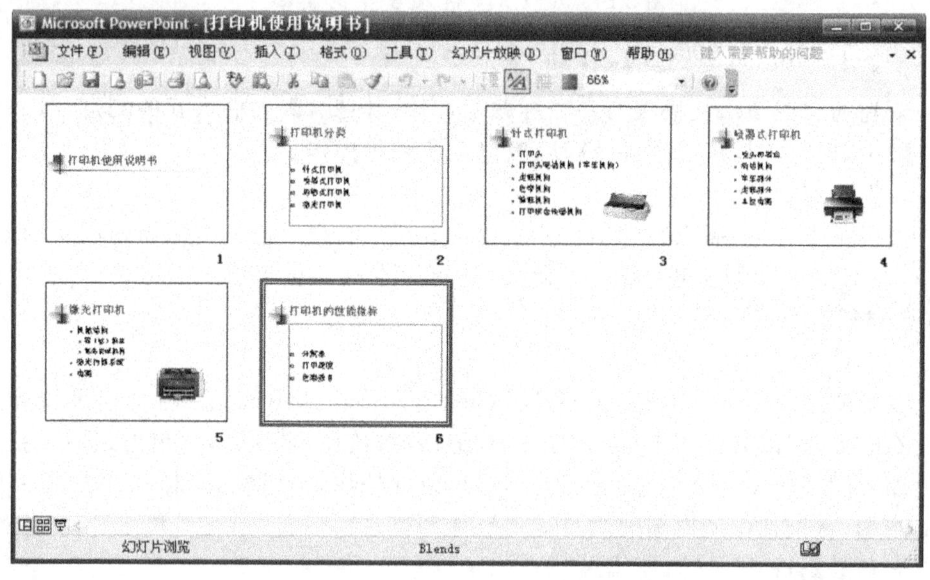

图 2-25　演示文稿应用模板后的整体效果

除了可在创建演示文稿时应用一种模板之外，也可以在现有演示文稿上选择新的模板。可以单击“格式”→“幻灯片设计”，或者单击“视图”→“任务窗格”，在右侧的任务窗格区域下拉，选择“幻灯片设计”项目即可，如图 2-26 所示。PowerPoint 2003 应用模板有以下两种模式：所有幻灯片应用同一套模板，或者不同的幻灯片应用不同的模板，操作方法各有不同。

若要对所有幻灯片(和幻灯片母版)应用设计模板,可以单击所需模板,演示文稿即应用了该模板;若要将模板应用于单个幻灯片可以选择"幻灯片"选项卡上的缩略图,并在任务窗格中,指向模板并单击箭头,再单击"应用于选定幻灯片",如图2-27所示。

同理,若要将模板应用于多个选中的幻灯片,可以在"幻灯片"选项卡上选择缩略图,并在任务窗格中单击模板;若要将新模板应用于当前使用其他模板的一组幻灯片,可以在"幻灯片"选项卡上选择一个幻灯片,并在任务窗格中,指向模板并单击箭头,再单击"应用于母版"。

将图2-25所示演示文稿的第一页和最后一页应用其他类型的模板,效果如图2-28所示。在图2-28中可以看到,演示文稿"打印机使用说明书"的首页、中间四页、最后一页分别应用了不同的模板。

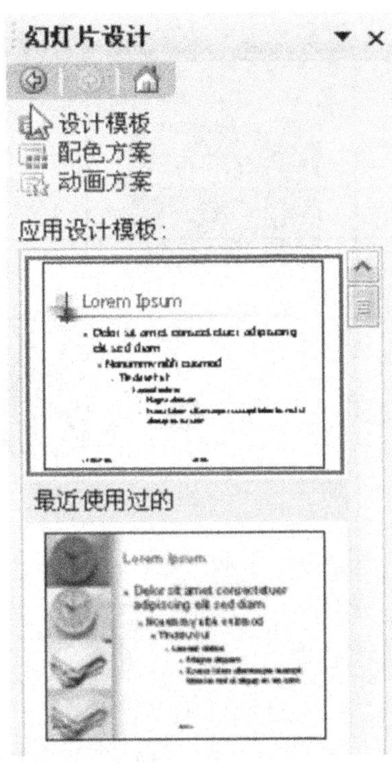

图 2-26　"幻灯片设计"任务窗格

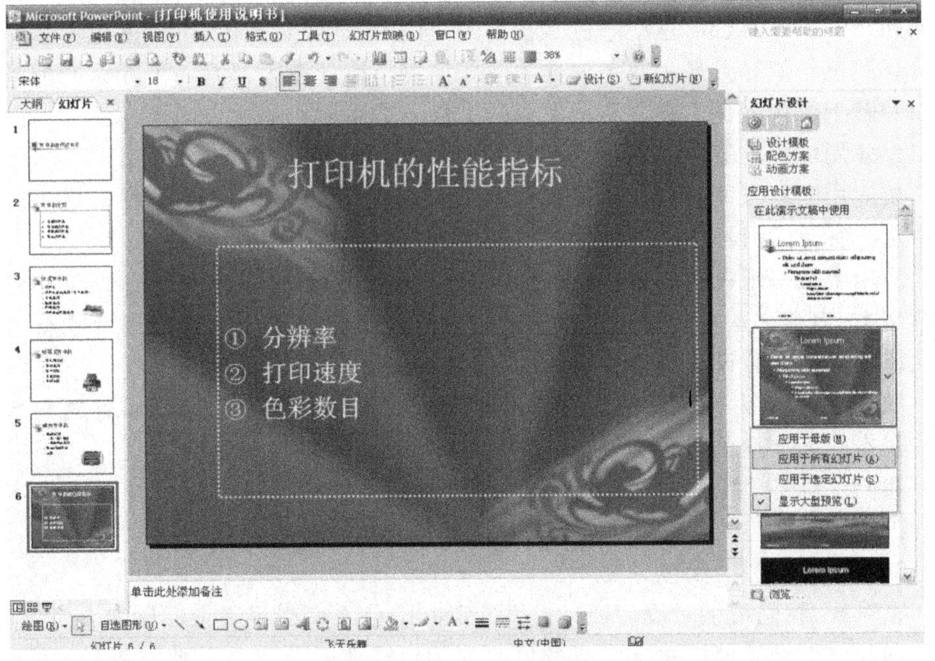

图 2-27　为单个幻灯片应用设计模板

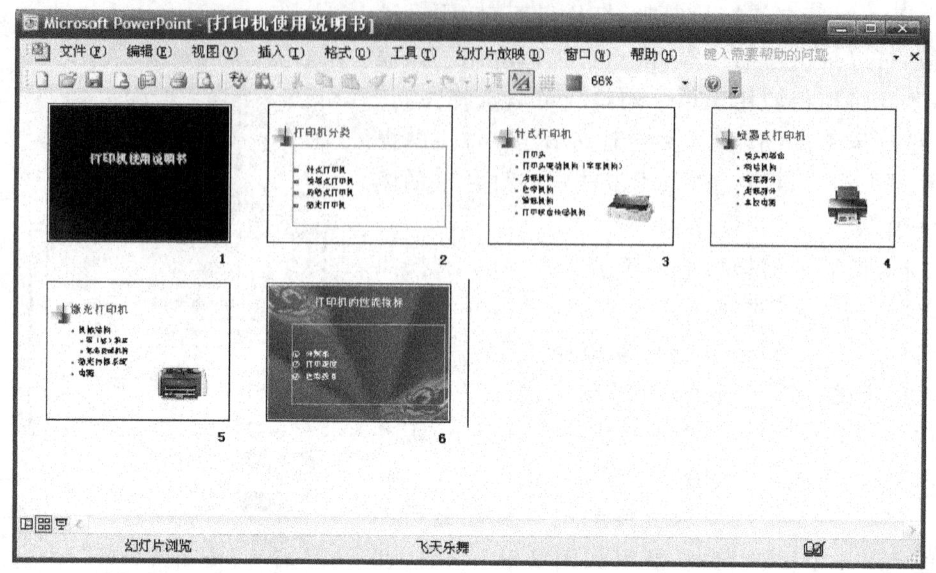

图 2-28　应用了多种类型模板的演示文稿示意

二、配色方案

为了使文稿达到更好的显示效果，有时候需要设计不同的颜色搭配。配色方案由幻灯片设计中使用的八种颜色（用于背景、文本、线条、阴影、标题文本、填充、强调和超链接等）组成，这些颜色互相搭配，且有合适的对比度，可以避免文字颜色和背景颜色相似导致显示效果欠佳的问题。每个设计模板都有一个默认的配色方案以及若干可选配色方案。演示文稿的配色方案由应用的模板确定。

1. 应用配色方案

要应用配色方案，可单击“视图”→“任务窗格”，在右侧的任务窗格区域下拉菜单中选择“幻灯片设计一配色方案”项目。

应用了某一配色方案之后，颜色能用于演示文稿中的每个对象，如幻灯片中的标题文本、内容文本等。我们可以挑选一种配色方案应用于个别幻灯片或整个演示文稿中，方法同“设计模板应用”中应用模板的操作。

图 2-29 所示为应用了一套配色方案后的效果。从图中可以看到，标题文本和内容文本的字体颜色、大小等是一致的。

我们可以将应用了该配色方案的效果与图 2-25 进行比较，看看两者的不同之处。

2. 修改（自定义）配色方案

有时候，我们可能对设计模板提供的所有配色方案都不满意。比如有时候，经常使用同一个设计模板并且要通过更改强调色或背景色以使其略有不同；或者有时候可能希望将设计的演示文稿颜色与事件（如年度会议）的主题颜色相匹配。此

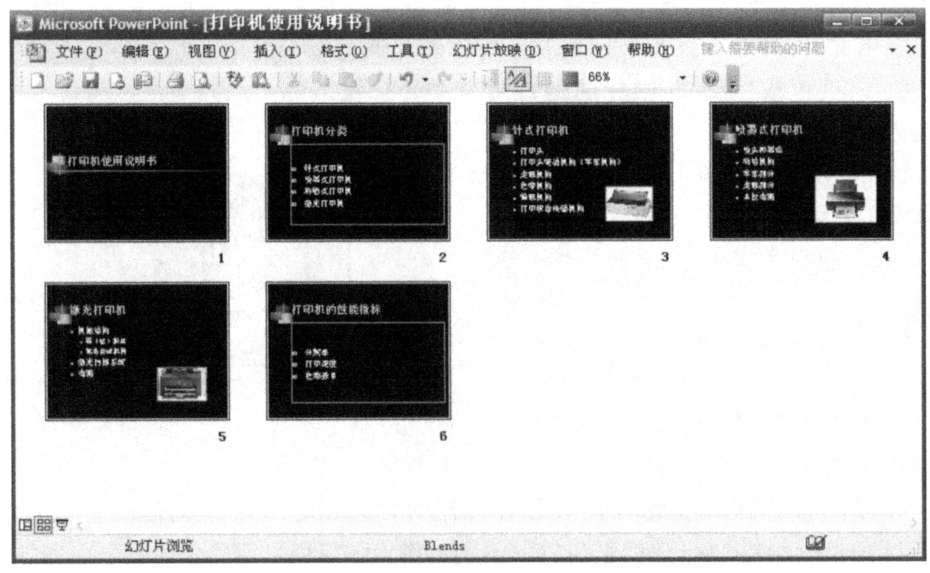

图 2-29　应用了不同配色方案后的效果

时，可以修改配色方案。具体操作方法是，单击任务窗格底部的“编辑颜色方案”按钮，打开“编辑配色方案”对话框，如图 2-30 所示。

在图 2-30 所示的界面中，单击“更改颜色”按钮，可以更改某一项目，比如“背景”的默认颜色。更改颜色时，可以从颜色选项的整个范围内选择。修改配色方案后，修改结果会成为一个新方案，以便以后再应用。

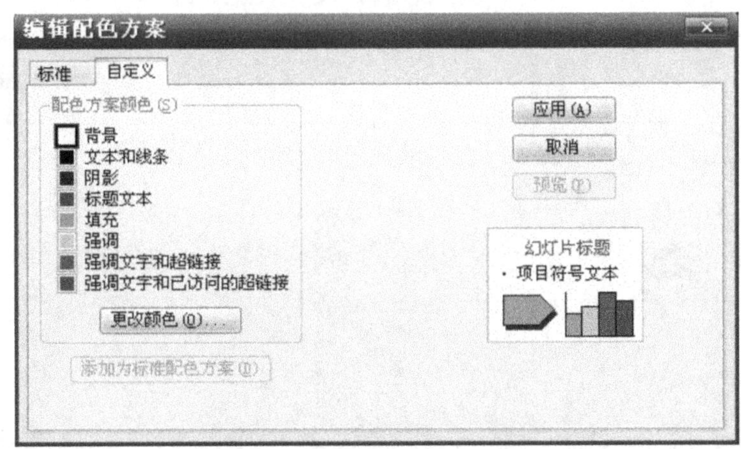

图 2-30　“编辑配色方案”对话框

3. 背景

我们可以为 PowerPoint 演示文稿设计背景。背景可以是填充效果，也可以是渐变、图案、图片及纹理等。一张幻灯片只能应用一个背景。与设计模板和配色方案的应用方式一样，可以为个别或者所有幻灯片调整背景。

比如，要更改图 2-29 中标题幻灯片背景，可以执行如下操作：

(1)鼠标单击“格式”菜单，选择“背景”，跳出背景设置对话框，如图 2-31 所示。

(2)下拉背景颜色填充框列表，选择所需的颜色。

(3)可以使用 PowerPoint 内置的八种颜色之一，也可以自定义选择具体的颜色。

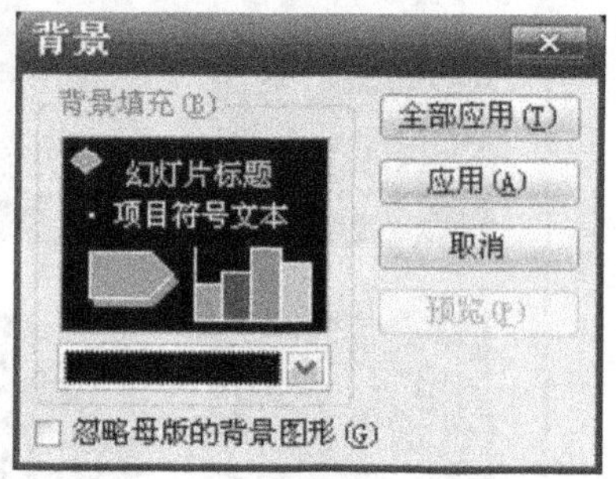

图 2-31 “背景”设置对话框

(4)选择好颜色之后，可以在图 2-31 所示的“全部应用”和“应用”之间进行选，前者会将背景色应用到所有的幻灯片，而后者只会将选择的背景颜色应用到选定的幻灯片中。图 2-29 中所有幻灯片的背景更改后的示例如图 2-32 所示。

需要注意的是，更改背景颜色后，还需考虑与幻灯片中原有的文本颜色、填充色、阴影等是否相配。比如，应尽量避免文本与背景颜色过于相近，否则，显示效果会比较差。图 2-32 中的颜色设置就是一个没有遵循该原则的例子。在该图中，背景设置的颜色为浅黄色，文本颜色为白色，文本的内容基本看不清楚。

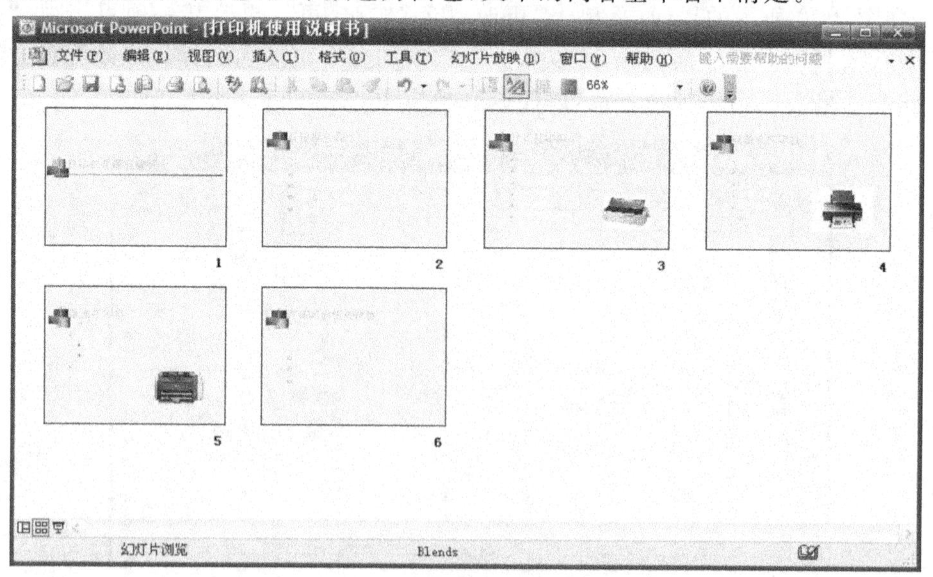

图 2-32 将更改背景应用到全部幻灯片后的效果

除了更改幻灯片背景颜色之外，还可以选择一种填充效果作为幻灯片背景。如图 2-31 所示的对话框中，在下拉列表中选择“填充效果”，系统会弹出“填充效果”对话框，如图 2-33 所示。我们可以在渐变、纹理、图案、图片中进行选择。选择“纹理”选项卡，选择“水滴”，单击确定，单击“全部应用”，填充效果如图 2-34 所示。

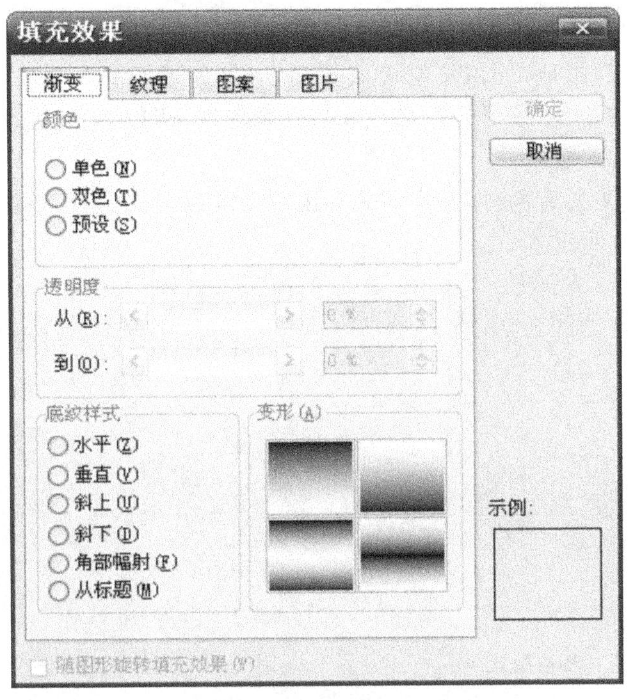

图 2-33　“填充效果”对话框

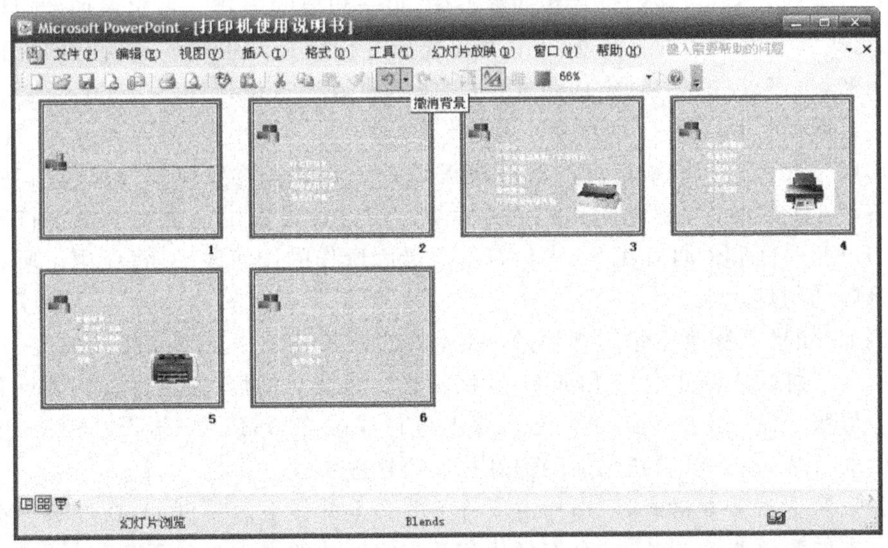

图 2-34　将“水滴”纹理应用到全部幻灯片后的效果

三、版式和母版

1.版式

版式是指幻灯片内容在幻灯片上的排列方式。幻灯片版式用来确定幻灯片布局。版式由占位符组成，而占位符可放置文字(例如标题和项目符号列表等)和幻灯片内容(例如表格、图表、图片、形状和剪贴画等)。所以，版式是文本和图形占位符的组织与安排方式。

常见的版式主要有两种，基本版式和由三个或以上占位符组成的版式，分别如图 2-35和图 2-36 所示。

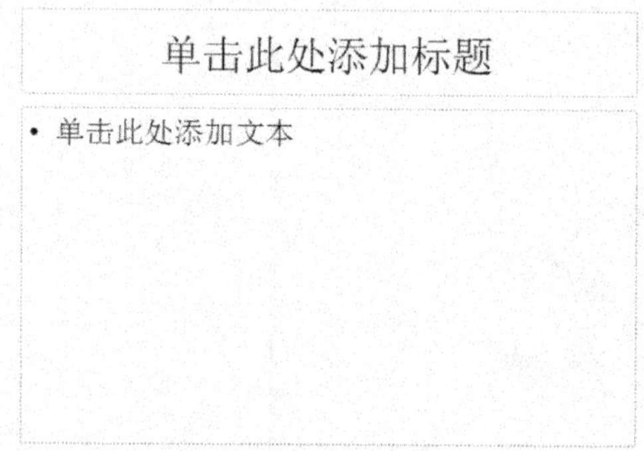

图 2-35　基本版式

图 2-36　由三个或以上占位符组成的版式

如果要更改幻灯片版式，可以先选中该幻灯片，选择“格式”→“幻灯片版式”，打开幻灯片版式窗格，在幻灯片版式窗格中，单击想要的版式。每次添加新幻灯片时，都可以在幻灯片版式任务窗格中为其选择一种版式。版式涉及所有的配置内容。当然，也可以选择一种空白版式，自己根据喜好进行设计。

2.母版幻灯片

母版是存储关于模板信息的设计模板的一个元素。这些模板信息包括字形、占位符大小和位置、背景设计和配色方案等。幻灯片母版中包含文本占位符和页脚(如日期、时间和幻灯片编号)占位符。对母版所作的任何改动，将应用于所有使用此母版的幻灯片上。

例如，如果要修改多张幻灯片的外观，如在所有幻灯片上添加相同的文字，或者在所有幻灯片中添加公司 LOGO，我们不必一张张对幻灯片进行修改，而只需在幻灯片母版上做一次修改即可。在母版上进行修改之后，PowerPoint 将自动更新已有的幻灯片，并对以后新添加的幻灯片应用这些更改。

如果要更改文本格式，可选择占位符中的文本并做更改。例如，在母版中将占位符文本的颜色改为蓝色，已有幻灯片和新添幻灯片的文本自动变为蓝色。

PowerPoint 母版分为标题母版、幻灯片母版、备注母版和讲义母版。

(1)标题母版

标题母版控制着使用“标题幻灯片”版式的幻灯片，一般为第一张幻灯片。选中标题幻灯片，选择“视图”→“母版”→“幻灯片母版”，即可进入标题母版的设置，如图 2-37 所示。

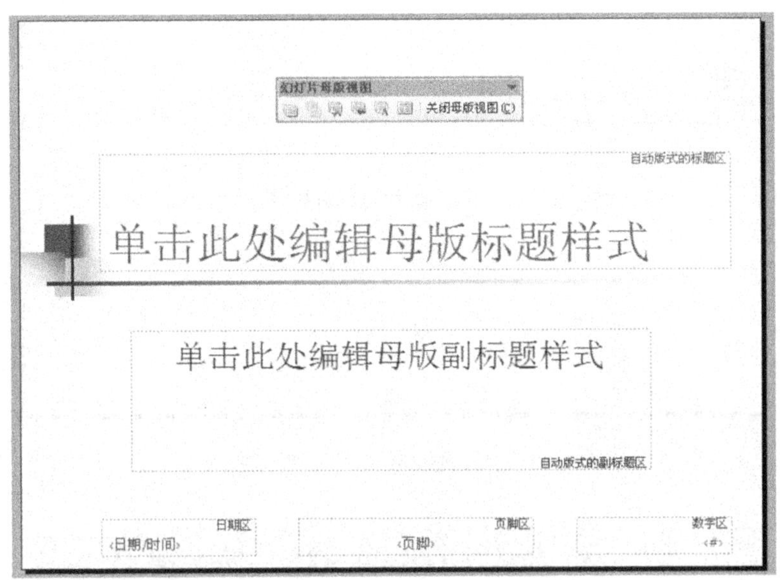

图 2-37　标题母版

由图 2-37 可见，标题母版一般有标题区、副标题区、日期区、数字区和页脚区 5 个占位符。在标题母版中，可以对占位符中文本字体的大小等属性进行修改，也可以更改页眉页脚、添加图片、改变背景等。修改这些占位符的格式只影响标题幻灯片，而其他幻灯片不受影响。

例如，对图 2-37 所示的标题母版应用填充纹理“羊皮纸”，效果如图 2-38 所示。在幻灯片母版视图工具栏单击“关闭母版视图”，可关闭母版的编辑，切换到幻灯片的编辑界面。其他母版操作退出方式与此相同。

可以在母版的页脚区设置幻灯片页脚。当然，更好的设置幻灯片中页眉页脚的方法，是选择“视图”→“页眉和页脚”，在打开的页眉和页脚对话框中进行设置，如图 2-39 所示。

在该对话框，可以为幻灯片添加固定的或者自动更新的日期和时间，编写页脚内文本，勾选是否包含“幻灯片编号”和“标题幻灯片中不显示”选项。如果勾选了“标题幻灯片中不显示”，则标题幻灯片中不会显示页脚内容，而在其他幻灯片中会显示页脚内容。

(2)幻灯片母版

幻灯片母版控制着标题幻灯片以外的所有版式的幻灯片。设计模板的幻灯片

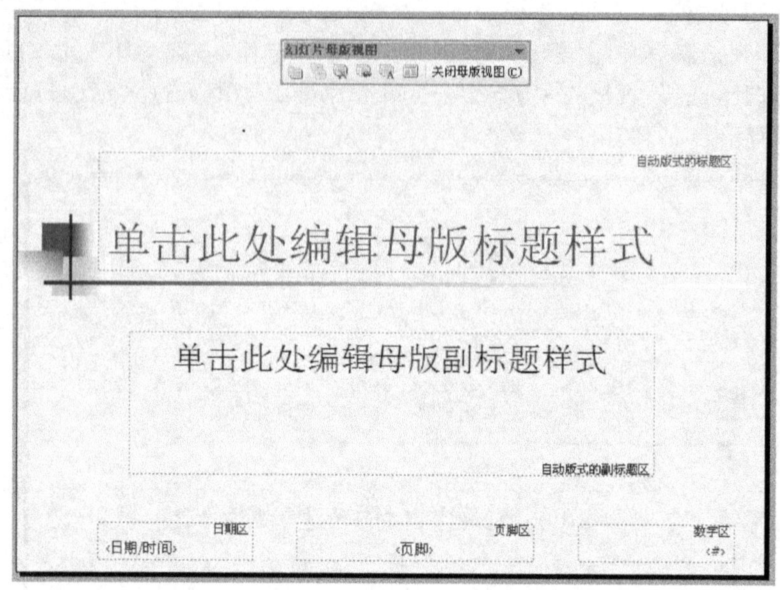

图 2-38 对标题母版应用纹理“羊皮纸”

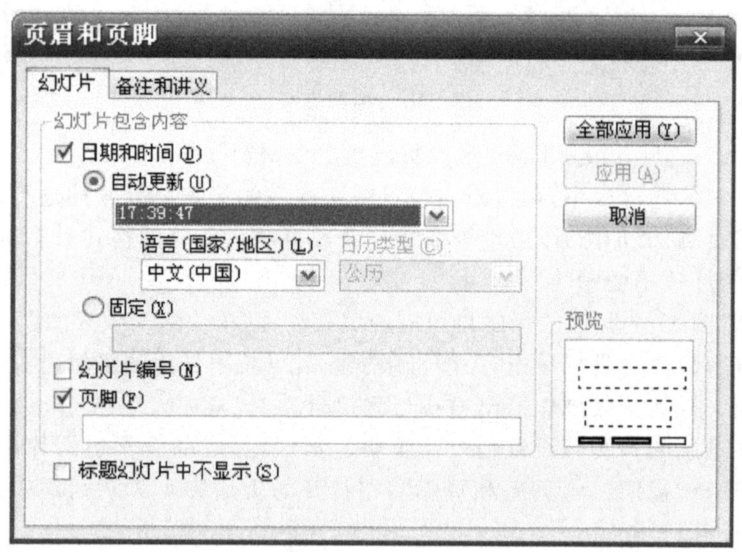

图 2-39 页眉和页脚设置对话框

母版和标题母版一同显示在母版视图上。我们可以选择一个或另一个母版缩略图对其进行更改。

与标题母版不同，幻灯片母版中，包括了标题样式、正文样式、日期区、页脚区和数字区 5 个占位符，如图 2-40 所示。同样的，我们可以修改这些占位符的格式和属性，或者添加图片、更改背景等，对幻灯片母版进行设置。

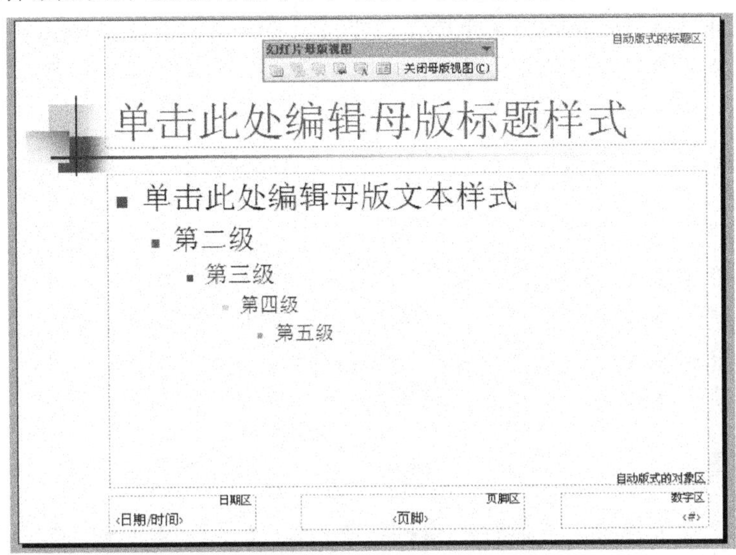

图 2-40　幻灯片母版

(3)备注母版

备注母版控制着备注页视图的版式。选择“视图”→“母版”→“备注母版”，即可进入备注母版的设置。

备注母版包括页眉区、日期区、幻灯片缩图、备注文本区、页脚区和数字区 6 个占位符。可以根据需要，对占位符的大小和位置、文本框的位置和大小进行调整，也可以添加背景，删除或移动页眉页脚占位符等。

(4)讲义母版

讲义母版控制着 PowerPoint 打印输出的讲义的版式。选择“视图”→“母版”→“讲义母版”，即可进入讲义母版的设置。

讲义母版包括页眉区、页脚区、日期区和页码区 4 个占位符。同样的，也可以在讲义母版对讲义进行格式设置，如更改字体、删除或移动占位符、更改讲义的背景等。

项目二　利用 PowerPoint 制作一份产品市场调查报告

◎ 知识目标

1. 了解 PowerPoint 演示文稿制作软件的主要功能和基本知识。
2. 掌握插入表格、图片和图表的方法。

3.掌握插入自选图形的方法。

4.掌握插入音频、视频、Flash 文件的方法。

5.掌握插入超链接和动作按钮的方法。

6.掌握幻灯片切换和动画效果操作方法。

7.掌握放映演示文稿的方法。

◎ 能力目标

1.能够插入表格、图形、图表、自选图形并进行相应设置。

2.能够插入音频、视频、Flash 文件并进行相应设置。

3.能够对超链接和动作按钮进行设置和操作。

4.能够使用不同的方法放映演示文稿。

◎ 项目背景

单位领导想了解近期中国打印机市场的行情,要求王秘书查找相关资料,并于近期向他报告。

◎ 项目任务

王秘书通过查找相关资料,找到了文章《2008 年 3 月中国打印机市场调查报告》(资料来源:中关村在线,22008-04-08)。他打算以此为主要素材,制作演示文稿《2008 年 3 月中国打印机市场调查报告》并向领导汇报。

任务一　插入表格、图片和图表

一份制作良好的市场调查报告演示文稿,最好用图文并茂的图表和数据说话。事实上,包含了数据的表格、图表等对象的演示文稿,要比大量的文字更具说服力,更容易让读者理解演示者要表达的意思。

一、表格

1.创建表格

PowerPoint 提供了多种方法创建表格。首先来看使用版式占位符创建表格的方法。表格是多类型占位符中的一种。

创建新幻灯片的时候,任务窗格会出现“幻灯片版式”。鼠标单击一种包含了表格占位符的版式,如“标题和表格”版式,结果如图 2-41 所示。

鼠标双击表格占位符,即“双击此处添加表格”,系统就会弹出“插入表格”对话框,如图 2-42 所示。

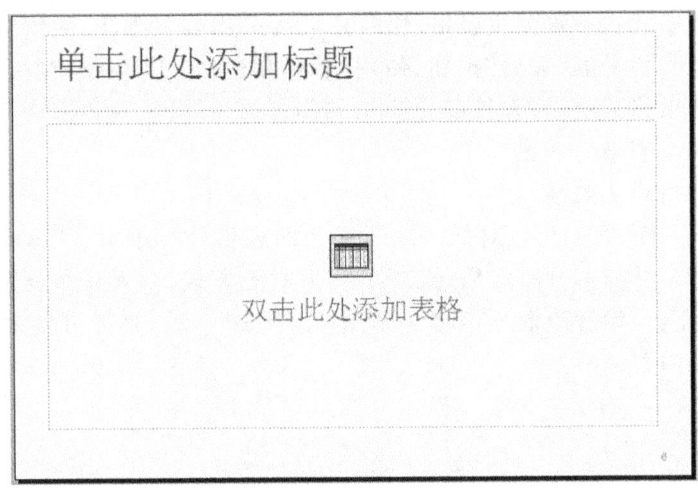

图 2-41　“标题和表格”版式

在图 2-42 所示插入表格对话框中，设定好需要插入表格的列数和行数，点击“确定”，即完成了表格的插入。注意，在占位符中，插入的表格会自动调整大小以适应占位符的大小。

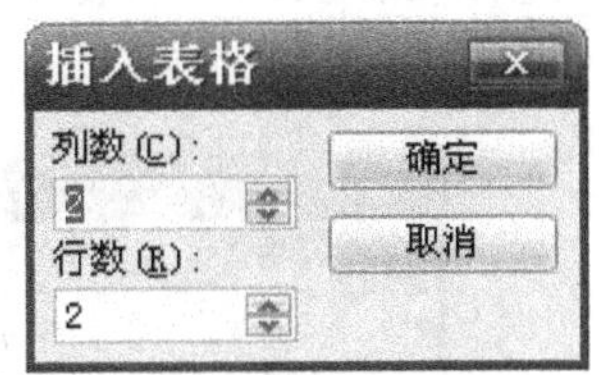

图 2-42　“插入表格”对话框

在图 2-41 中的标题占位符中输入“七大区域市场品牌关注度排名”，在图 2-42 中的列数下方输入“8”，在行数下方输入“11”，单击“确定”，在表格中输入相关文字内容，并进行适当调整，即完成了一张“七大区域市场品牌关注度排名”表，结果如图 2-43 所示。

七大区域市场品牌关注度排名

排名	华北	华东	西南	华中	华南	东北	西北
1	惠普	惠普	惠普	惠普	惠普	惠普	惠普
2	佳能	爱普生	佳能	爱普生	佳能	佳能	佳能
3	爱普生	佳能	爱普生	佳能	爱普生	爱普生	爱普生
4	联想	联想	联想	联想	联想	联想	联想
5	三星	三星	富士施乐	三星	三星	三星	富士施乐
6	OKI	OKI	三星	OKI	OKI	柯尼卡美能达	三星
7	兄弟	兄弟	柯尼卡美能达	兄弟	富士施乐	兄弟	兄弟
8	富士施乐	富士施乐	OKI	利盟	兄弟	OKI	柯尼卡美能达
9	柯尼卡美能达	柯尼卡美能达	兄弟	富士施乐	利盟	利盟	star
10	利盟	star	利盟	柯尼卡美能达	柯尼卡美能达	富士施乐	OKI

图 2-43　“标题和表格”版式中插入表格、输入文字后的效果

除了使用版式占位符创建表格之外，还可以采用如下方法：使用“插入”菜单；使用“常用”工具栏上的“表格”按钮；使用“表格和边框”工具栏绘制表格等。使用前面两种创建表格的时候，系统都会弹出如图 2-42 所示插入表格对话框，输入相关数值即可完成表格的创建。

2. 编辑和格式化表格

和 Word 一样，我们可以对插入或者绘制的表格进行编辑。PowerPoint 中的表格编辑包括合并与拆分单元格、设置单元格对齐方式、行列分布设置、更改文字方向、设置填充色、设置边框等，其操作基本与 Word 一致，具体可参考 Word 中表格部分的相关内容。

二、图片

1. 插入图片

要在 PowerPoint 中插入图片，可以选择“插入”→“图片”→“来自文件”，系统会出现如图 2-44 所示“插入图片”对话框。在相关路径中选择需要插入的图片，单击“插入”按钮即可。

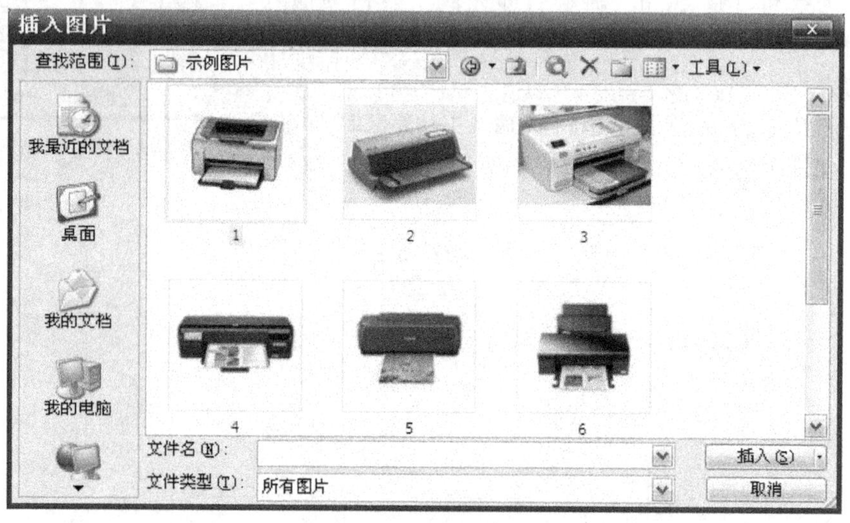

图 2-44 “插入图片”对话框

对插入幻灯片中的图片，可以进行大小调整、裁剪、调节对比度和亮度、设置透明色、压缩图片等操作，方法与 Word 中图片的操作一样，具体可参见 Word 中关于图片部分的操作。

2. 插入艺术字

PowerPoint 中也可以方便地插入艺术字与剪贴画。下面以插入艺术字为，将标题幻灯片中的标题文字设置为艺术字。选择标题幻灯片中标题占位符边框(或者选中标题占位符文本)，选择“插入”→“图片”→“艺术字”，打开“艺术字库”对话框，如图 2-45 所示。选择需要的艺术字样式，单击“确定”；在编辑“艺术字”文字对话框中，设置文字的字体、字号，选择是否加粗、倾斜等，单击“确定”，即可完成艺术字的设置，结果如图 2-46 所示。

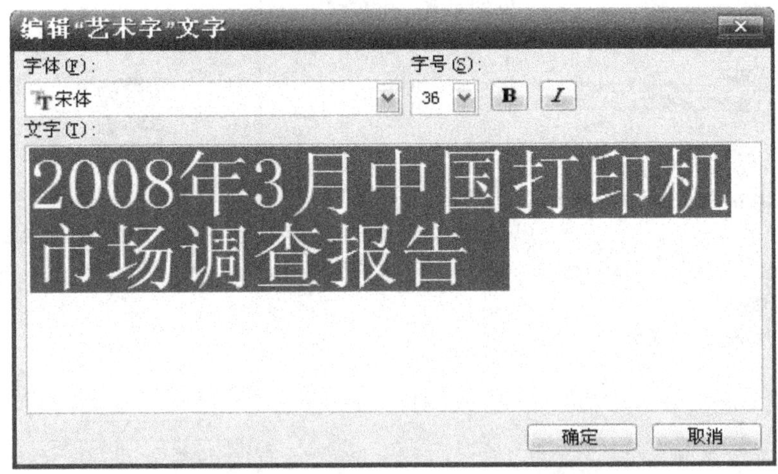

图 2-45 编辑“艺术字”文字对话框

图 2-46 字体为华文行楷，字号为 44 号，加粗的艺术字

3. 制作相册

除此之外，PowerPoint 还提供了相册功能，用以创建一个完全基于图片的演示文稿。相册在创建含有大量图片且文字较少的演示文稿时较为有用。如为了演示打印机新产品为主的演示文稿，可以考虑使用相册功能。

选择“插入”→“图片”→“新建相册”，打开“相册”对话框，单击“文件/磁盘”按钮，找到需要插入图片的路径，选择一个或多个图片后单击“插入”，选中的图片会显示在“相册”对话框中，如图 2-47 所示。

重复上述步骤，直至插入所有需要放入相册的图片。每张图片都可以利用“预览”下方的按钮进行调节。同时，可以在“图片版式”右侧的下拉列表中选中相册版式。调节和设置后，按“创建”按钮，其结果（幻灯片浏览视图下）如图 2-48 所示。

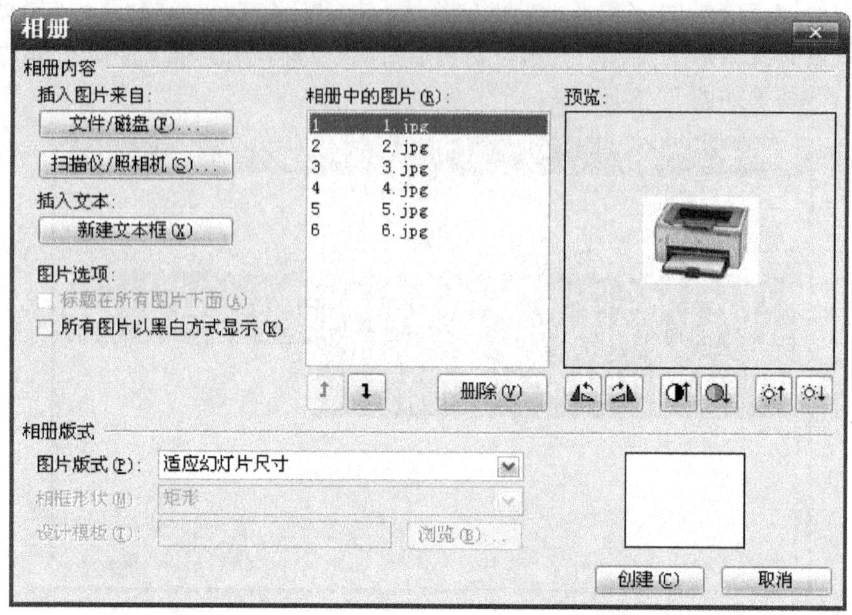

图 2-47 “相册”对话框

图 2-48 相册演示文稿

三、图表

我们可以利用版式占位符来创建图表。

图表是多类型占位符中的一种。创建新幻灯片的时候,任务窗格会出现“幻灯片版式”。选择一种包含了表格占位符的版式,如“标题和图表”版式,如图 2-49 所示。

图 2-49 “标题和图表”版式

双击文本占位符“双击此处添加图表”，在弹出的“数据表”对话框中输入或者修改相应的数据后，鼠标单击演示文稿其他位置，即可回到 PowerPoint 编辑窗口中。添加图表后的效果如图 2-50 所示。

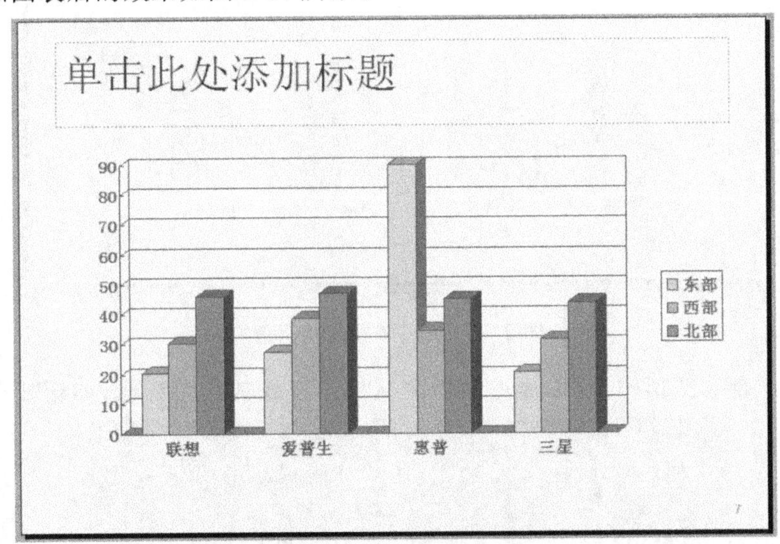

图 2-50 图表幻灯片

若对制作完成的图表不满意，可以用鼠标双击图表进入图表设计状态，对图表进行格式设置、更改图表类型等，其操作方法与 Excel 基本一致，可参考 Excel 中相关部分内容。

除了使用版式占位符创建图表之外，还可通过单击“插入”菜单上的“图表”命令或者单击“常用”工具栏上的“插入图表”按钮创建图表。

任务二　插入自选图形

一、自选图形的创建

利用自选图形，可以在 PowerPoint 中添加简单的线条和图形。事实上，文本框就是常用的一种自选图形。与 Word 和 Excel 一样，选择“视图”→“工具栏”→“绘图”，可以调出绘图工具栏。

我们可以利用自选图形中比如线条和文本框，用来重点指示某一项目，如图 2-51所示。在图 2-51，文本“数据异常?”是设置了边框线条颜色为无色的文本框，并且用一根线条将它指向某一数据列。

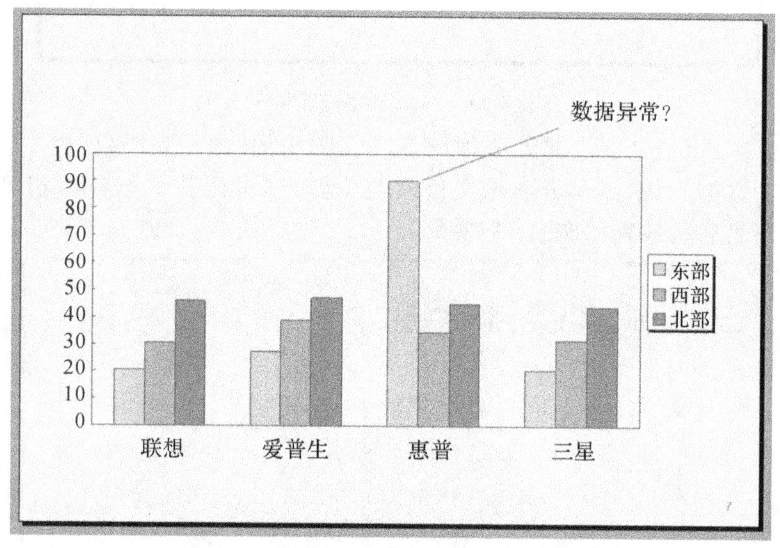

图 2-51　自选图形使用示例

在一个自选图形中，可以通过利用调整控点改变其几何形状，如图 2-52 所示。

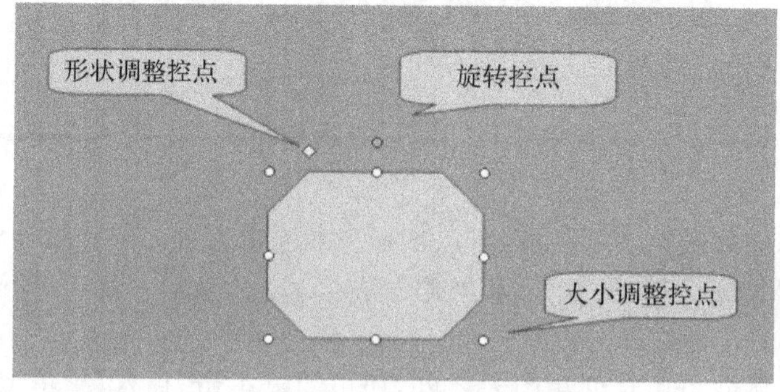

图 2-52　自选图形各类控点示意

各个调整控点的使用说明如下：

(1)大小调整控点：白色圆圈，共 8 个，鼠标拖动即可改变尺寸。

(2)形状调整控点：黄色菱形，鼠标拖动可改变图形的形状特征。

(3)旋转控点：绿色圆圈，鼠标拖动可改变自选图形的角度。

PowerPoint 中，对自选图形的格式设置以及叠放次序、组合、对齐等操作与 Word 中的操作基本相同，可参阅 Word 中相关部分，这里不再细述。

二、自选图形的格式设置

双击图形对象边框，打开"设置自选图形格式"对话框，如图 2-53 所示，在此可以进行各种格式的设置，包括自选图形的颜色和线条等。

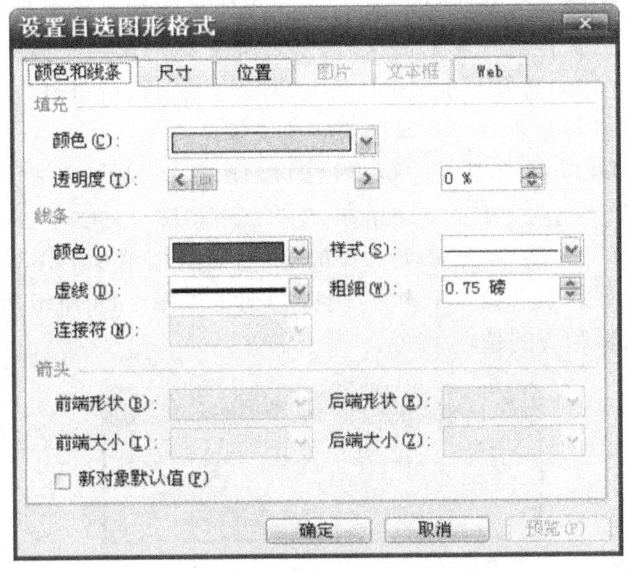

图 2-53　"设置自选图形格式"对话框

此外，利用自选图形添加文本，并对相关图形进行格式设置，可以创建简单的流程图或者组图。具体步骤如下：

(1)在"绘图"工具栏上，单击"自选图形"，指向"流程图"，再单击所需的形状。

(2)单击要绘制流程图的位置。

(3)若要向流程图中添加其他形状，重复步骤 1 和 2，再按所需的顺序对其进行排列。

(4)在各形状间添加连接符。

(5)为形状添加文字。

(6)为连接符更改线型或添加颜色。

(7)为形状添加颜色或填充效果。

任务三　插入音频、视频、Flash 文件

在制作 PowerPoint 演示文稿的过程中，除了可以插入表格、图表、图片等对象来丰富内容和表现形式之外，还可以插入音频、视频等文件，以增强演示效果。比如，可以在演示文稿《2008 年 3 月中国打印机市场调查报告》中，插入一段关于本次调查报告说明的音频。这可以在演示文稿文字之外，作为补充。

一、插入音频

1. 插入音频的方法

要在幻灯片中插入声音效果或者音乐，最基本的方法是将剪辑好的声音文件，像一个对象一样放置在幻灯片上。这时，幻灯片上会出现一个声音图标。一般情况下，在放映幻灯片的时候单击该图标即可播放音乐。也可以设定为自动播放，即打开这个声音图表所在的幻灯片就自动播放音乐。

若要插入音频，可以将鼠标定位到该幻灯片，选择“插入”→“影片和声音”→“剪辑管理器中的声音”或者“文件中的声音”，余下步骤分述如下。

(1)剪辑管理器中的声音：如果选择的是“剪辑管理器中的声音”命令，在任务窗格的声音文件列表中选择一个声音文件，会弹出如图 2-54 所示对话框。我们可根据实际需要选择相应的选项。

图 2-54　播放声音提示框

(2)文件中的声音：如果选择的是“文件中的声音”命令，系统会打开“插入声音”对话框，在相关的路径选择需要插入的声音文件即可，如图 2-55 所示。

选中需要插入的音频文件，单击“确定”，即可插入音频文件。

插入音频文件之后，系统会在幻灯片中出现一个声音图标。我们可以适当调整该图标的位置与大小。如果要在普通视图中预览声音，可双击声音图标。如果要隐藏该图标，可以将它拖出幻灯片并将声音设置为自动播放。

需要说明的是，演示文稿链接声音文件后，要在另一台计算机上放映此演示文稿时正常播放声音，必须在复制该演示文稿的同时复制它所链接的声音文件。当然，如果对演示文稿进行打包，就会自动将音频文件一并复制过去。关于演示文稿的打包，请参见本模块项目三中的内容。

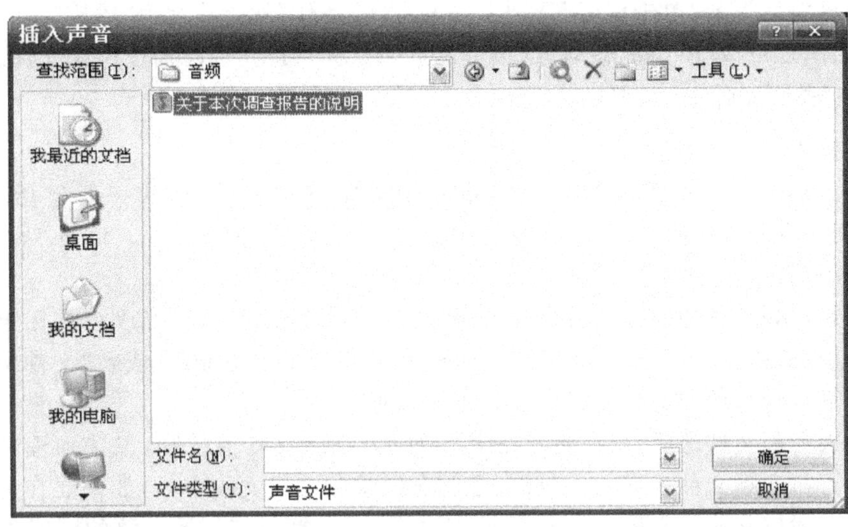

图 2-55　“插入声音”对话框

2. 音频播放动作设置

PowerPoint 提供了自动播放和单击时播放之外更多丰富的音频播放选项，包括播放它时运行一个程序、链接到其他幻灯片等。

我们可以更改播放设置。鼠标在声音图标上单击右键后，选择“动作设置”，系统会弹出如图 2-56 所示“动作设置”对话框。

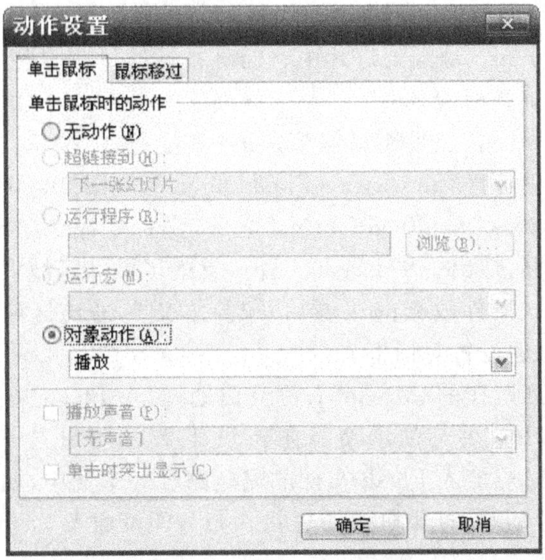

图 2-56　“动作设置”对话框

在该对话框中可查看各项设置，比如，在插入声音的时候选择的是“在单击时”,则该对话框的“单击鼠标”选项卡中的“对象动作”就会显示为“播放”。

此外,还可以在“鼠标移动”选项卡设置当鼠标移过图标时播放声音文件。

二、插入视频

1. 插入视频的方法

PowerPoint 中所指的“影片”是指桌面数字视频文件,格式一般包括 AVI、MPEG、QUICKTIME 等。它们的文件扩展名有. avi、. mov、. qu、. mpg、. mpeg、. asf、. wmv 等。

插入视频的方法与插入音频的步骤类似。为了插入视频,可以将鼠标定位到该幻灯片,选择“插入”→“影片和声音”→“剪辑管理器中的影片”或者“文件中的影片”,余下步骤与插入音频一样。此处不再赘述。

插入视频文件之后,可以再考虑其位置、大小以及其他设置,以达到理想的演示效果。与音频文件一样,由于视频是完全链接到演示文稿中的,如果要在另一台计算机上播放此演示文稿时正常显示该视频,应在复制该演示文稿的同时复制它所链接的视频文件。

2. 视频播放动作设置

视频的设置与音频的设置相似,可以通过选择“动作设置”对其进行设置。

三、插入 Flash 文件

Flash 是 Macromedia 公司推出的交互式矢量图和 Web 动画的标准。网页设计者使用 Flash 创作出既漂亮又可改变尺寸的导航界面以及其他奇特的效果。在 PowerPoint 中,也可以应用 Flash 动画。插入的步骤如下:

1. 在将要插入 Flash 动画幻灯片中,选择“视图”→“工具栏”→“控件工具箱”,展开“控件工具箱”工具栏清单。

2. 单击“控件工具箱”工具栏最右下角的“其他控件”按钮,打开系统中安装的控件列表。在列表中选择“ShockwaveFlashObject”,如图 2-57 所示。

3. 鼠标单击“ShockwaveFlashObject”之后,光标变成十字形,此时,可以在目标幻灯片中拖动鼠标,拖出一块 Flash 文件放置的区域。区域大小可随意调整。

4. 拖放好 Flash 文件放置的区域后,鼠标右键单击该区域,选择弹出菜单的“属性”命令,弹出属性设置对话框。

5. 在“(名称)”列所在的“Movie”右侧空白处,填入 Flash 文件所在的路径。一般情况下,如果 Flash 文件与演示文稿在同一目录下,可以只填入文件名,不需要输入完整路径,否则,应填入 Flash 文件的完整路径。本例中,如输入绝对路径“E:\PowerPoint\Flash 动画\打印机市场现状. swf”,即可插入 flash 动画“打印机市场现状. swf”。

6. Flash 文件只有在演示文稿放映的时候才会真正动起来。所以,若要观看 Flash 动画,需要放映演示文稿。

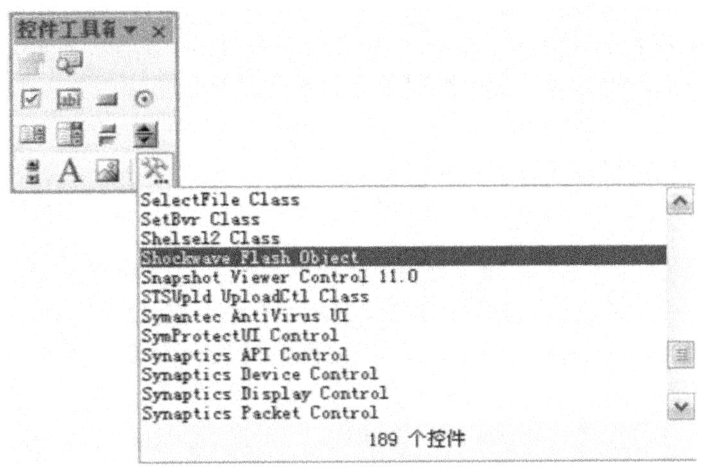

图 2-57　在“控件工具箱”工具栏选择控件“ShockwaveFlashObject”

◎ 知识链接

绝对路径和相对路径

绝对路径就是文件或目录在硬盘上真正的路径，也就是相对根目录而言某文件的位置。相对路径就是指由这个文件所在的路径引起的跟其他文件（或文件夹）

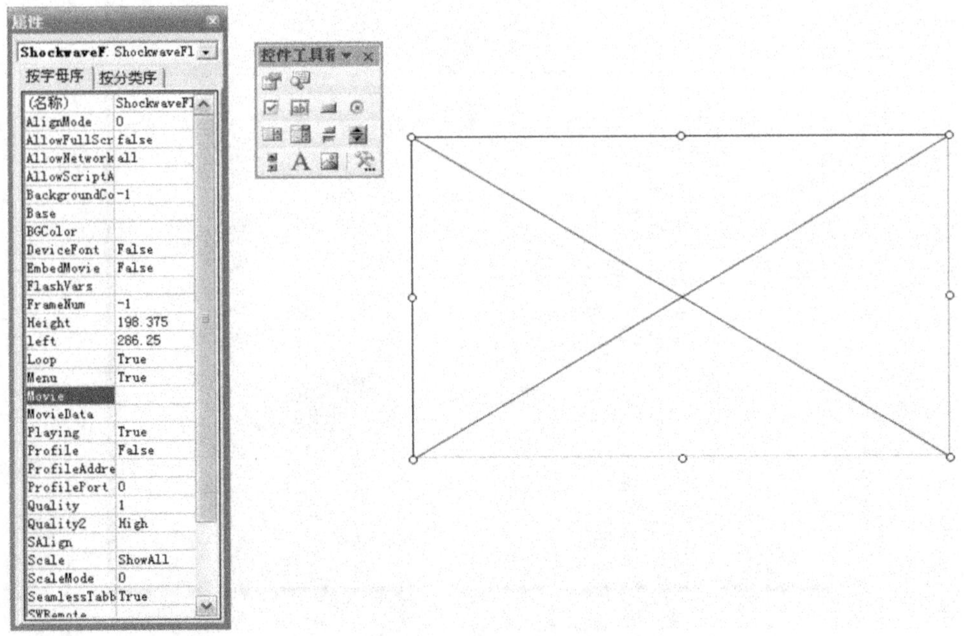

图 2-58　Flash 文件属性设置对话框

的路径关系。也就是指以当前文件所处目录而言某文件的位置。在演示文稿中插入 Flash 动画文件时，为了能在其他计算机上顺利播放，应当填入 Flash 文件的相对路径，但是，要确保 Flash 文件和演示文稿在同一目录下。

任务四　插入超链接和动作按钮

一、超链接

在放映幻灯片的时候，超链接有助于演示者在幻灯片之间、演示文稿与其他程序（如 Word、Excel 甚至一个网络地址等）之间的连接。通常用于在不同幻灯片或者程序间的切换。

超链接本身可以是文本或对象（例如图片、图形、形状或艺术字），也可以是下文将要提到的动作按钮。

最常见的操作，是通过在 PowerPoint 中添加超链接后，单击超链接可以链接到演示文稿其他位置。

比如要为图 2-59 中的文本“三、区域市场关注度调查”设置到演示文稿第 7 页的超级链接，可以执行如下操作：

1. 因为本例是对幻灯片中已存在的文本设置超链接，所以应先选中文本“三、区域市场关注度调查”。

2. 选中“插入”→“超链接”，或者鼠标单击右键，选择“超链接”命令，打开“超链接”设置对话框。

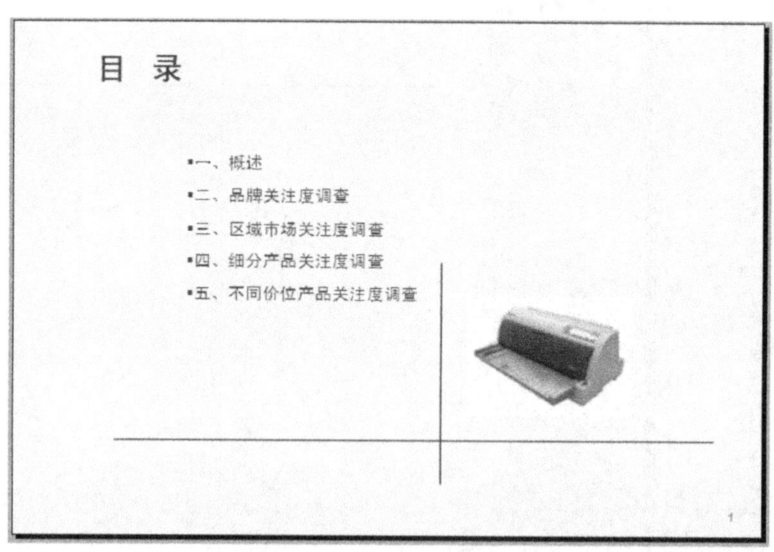

图 2-59　演示文稿目录

3. 因为是要链接到本演示文稿中的文本，所用应在“链接到”下方的项目中，选择“本文档中的位置”按钮，如图 2-60 所示。

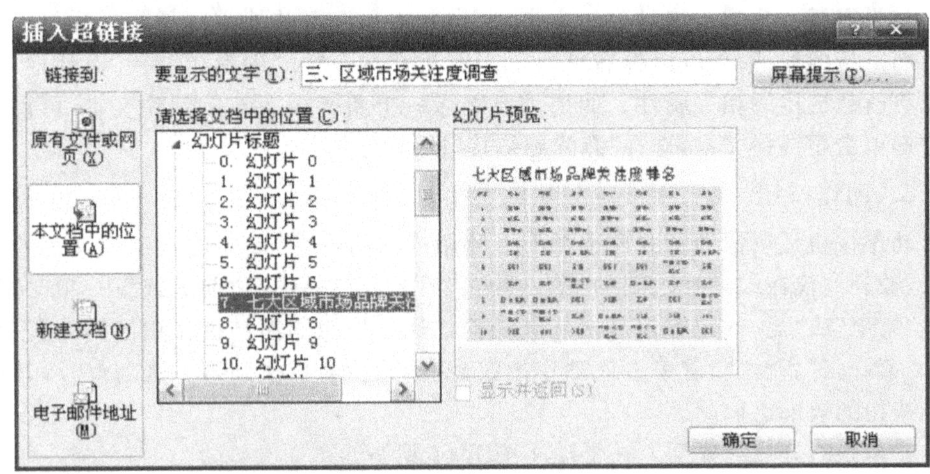

图 2-60 “插入超链接”对话框

4. 此时，对话框变为显示幻灯片列表的形式，在“请选择文档中的位置”下方的幻灯片标题中，选择“7. 七大区域市场品牌关注…”幻灯片，单击“确定”按钮即可。在此对话框右侧，可以浏览需要链接到的幻灯片的内容。

超链接设置好的结果如图 2-61 所示，我们可以将它与图 2-59 中的文本“三、区域市场关注度调查”进行比较，查看设置了超链接与普通文本之间的区别。

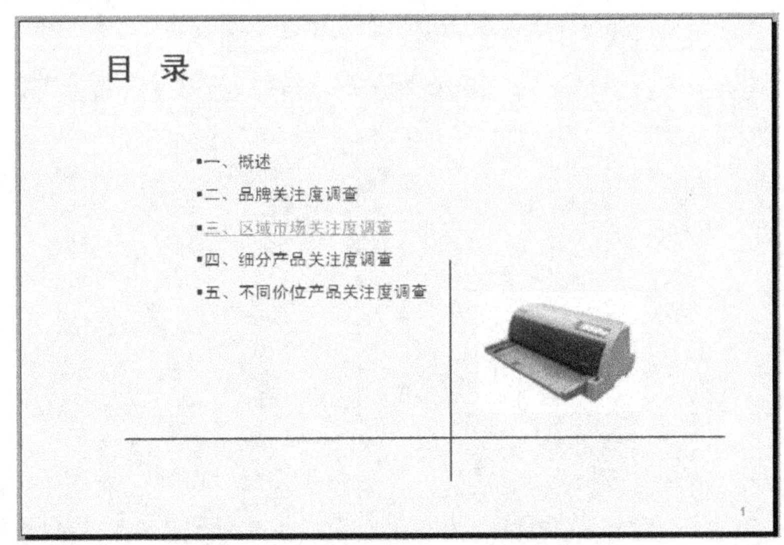

图 2-61 对文本设置超链接的效果

通过对比可以发现，超链接文本下有一条下划线并和屏幕上其他文本显示的颜色不同，访问过的超链接也会改变颜色，这取决于本演示文稿的配色方案的选择。

如果需要更改超链接显示的文字，操作方式和编辑其他文本类似。如果需要更改超链接的地址，可以鼠标右键单击超链接文本，打开“编辑超链接”对话框，在这里更改超链接的相关属性。如果需要删除一个超链接而不是删除文本，可以鼠标右键单击超链接文本，选择“删除超链接”即可。

二、动作按钮

动作按钮是按钮形状的自选图形。利用这类图形，可以在放映演示文稿的过程中，顺利实现在幻灯片之间的“第一张”、“后退或前一项”、“前进或下一项”、“开始”、“结束”或“上一张”等超链接导航功能。这些按钮的超链接作用如其名所示，比如“第一张”，就意味着单击该动作按钮，演示文稿会切换到第一张幻灯片，其他动作按钮的效果也如此。

在单张幻灯片上要插入一个动作按钮，步骤如下：

1. 选择要放置按钮的幻灯片。

2. 在“幻灯片放映”菜单上，指向“动作按钮”，再根据需要选择所需的按钮。

3. 单击该幻灯片，在幻灯片中用鼠标画出动作按钮的大小和位置。如图 2-62 所示。

排名	华北	华东	西南	华中	华南	东北	西北
1	惠普	惠普	惠普	惠普	惠普	惠普	惠普
2	佳能	爱普生	佳能	爱普生	佳能	佳能	佳能
3	爱普生	佳能	爱普生	佳能	爱普生	爱普生	爱普生
4	联想	联想	联想	联想	联想	联想	联想
5	三星	三星	富士施乐	三星	三星	三星	富士施乐
6	OKI	OKI	三星	OKI	OKI	柯尼卡美能达	三星
7	兄弟	兄弟	柯尼卡美能达	兄弟	富士施乐	兄弟	兄弟
8	富士施乐	富士施乐	OKI	利盟	兄弟	OKI	柯尼卡美能达
9	柯尼卡美能达	柯尼卡美能达	兄弟	富士施乐	利盟	利盟	star
10	利盟	star	利盟	柯尼卡美能达	柯尼卡美能达	富士施乐	OKI

图 2-62 在幻灯片中添加“动作按钮：第一张”的效果

4. 系统自动弹出“动作设置”对话框，如图 2-63 所示。系统会自动识别按钮的性质，所以一般情况下，不需要进行设置，鼠标单击“确定”即可完成在单张幻灯片上插入动作按钮的操作。

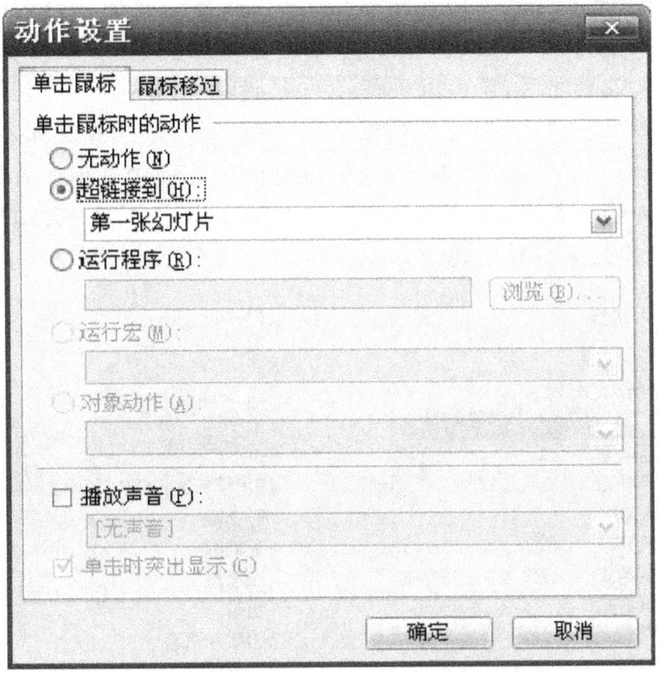

动作设置
单击鼠标　鼠标移过
单击鼠标时的动作
○无动作(N)
◉超链接到(H):
第一张幻灯片
○运行程序(R):
浏览(B)...
○运行宏(M):
○对象动作(A):
□播放声音(P):
[无声音]
☑单击时突出显示(C)
确定　取消

图 2-63　动作按钮“动作设置”对话框

注意：如果要在所有幻灯片上添加动作按钮，可在母版幻灯片中添加动作按钮。

图 2-62 即为通过上述步骤，在幻灯片中添加“动作按钮：第一张”的效果。对设置完成的动作按钮可以像自选图形一样，进行图形格式设置，包括大小、线条、填充色等。

任务五　幻灯片切换和动画效果

对设计好的演示文稿进行幻灯片切换和动画设置，可以增强演示文稿的动态效果，避免单调的显示效果。

一、切换

幻灯片切换是指演示文稿从一张幻灯片转向另一张幻灯片。在切换的时候，默认没有任何切换效果，即一张幻灯片离开界面，另一张幻灯片随即进入屏幕。为幻灯片添加切换效果，可以改善幻灯片的播放效果，增加趣味性。

如果想在幻灯片的切换过程中有比较丰富的切换效果，可以采用如下步骤：

1. 选择需要应用切换的幻灯片，选择“幻灯片放映”→“幻灯片切换”，任务窗格中出现“幻灯片切换”窗格，如图 2-64 所示。

2. 在图 2-64 所示幻灯片切换窗格中，可以选择需要的任意一种幻灯片切换方。若勾选了“自动预览”，该选中切换效果还会即时显示。

3. 选择切换效果之后，还可以进行适当的调整。如可以更改切换速度，如“快速”、“中速”或者“慢速”，要为切换增加声音效果，还可以选择加入不同的声音等。如果单击“应用于所有幻灯片”按钮，则可以为演示文稿中其他所有幻灯片设置此类选中的幻灯片切换方式。一般情况下，一个演示文稿应用一种切换的效果会比较好，太多的切换效果容易使观众分心。

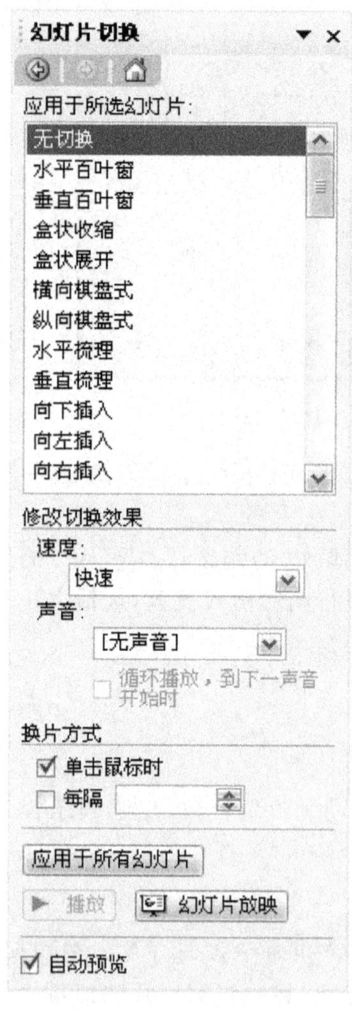

图 2-64 幻灯片切换设置界面

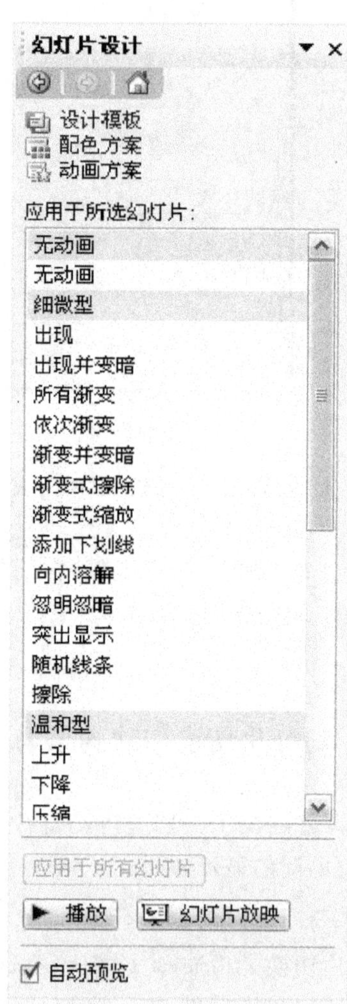

图 2-65 “动画方案”窗格

二、动画效果

1. 预设动画

幻灯片的切换是整张幻灯片的动画效果，使用预设动画功能，可以对幻灯片中的对象进行动画效果设置。使用动画效果，可以突出重点，控制播放节奏。比如，可以让幻灯片的标题和内容逐个出现，而不是一起出现；或者让内容和标题逐个退出，而不是一起退出等。

要使用预设动画，可以在选定幻灯片中的某一个对象之后，选择“幻灯片放映”→“动画方案”。任务窗格中出现“幻灯片设计”窗格，结果如图 2-65 所示。

在列表中，可以发现动画方案分为“无动画”、“细微型”、“温和型”、“华丽型”四种。使用任意一种预设动画，都会有针对标题和文本的特定动画模式。可以选择“应用于所有幻灯片”，将预设动画应用到所有的幻灯片中。值得注意的是，由于幻灯片之间是有差别的，所以，同一个预设动画，在具有不同内容、版式的幻灯片上的效果可能不完全相同。

2. 自定义动画

除了使用 PowerPoint 提供的预设动画之外，还可以自定义动画。使用自定义动画功能，可以单独控制个别对象的进入和退出方式，如文本、段落、图片等。例如，可以将飞入动画应用于幻灯片中所有的项目，也可以将飞入动画应用于项目符号列表中的单个段落。同样还可以对单个项目应用多个动画，这样就使项目在飞入后又可飞出。

要设置自定义动画，可以在普通视图中，选定幻灯片中的某一个对象（比如一行文字或者一张表格）之后，选择“幻灯片放映”→“自定义动画”。任务窗格中会出现“自定义动画”设计窗格。如图 2-66 所示。

自定义动画共有四种动画类型，分别是“进入”、“强调”、“退出”、“动作路径”。

（1）进入：若要对象以某种效果进入幻灯片放映演示文稿，可指向“进入”，然后再单击一种效果。

（2）强调：若要为幻灯片上的对象添加某种效果，比如变大变小或者变明变暗，可指向“强调”，再单击一种效果。

（3）退出：若要为对象添加某种效果以使其在某一时刻离开幻灯片，可指向“退出”，再单击一种效果。

（4）动作路径：若要使对象以事先指定的路线出现在幻灯片上，可指向“动作路径”，单击一种效果或者自定义一种路径。

注意：在每一个类型中，都可以有很多种子类型可以选择。自定义动画可以为幻灯片中特定的对象选择一种自定义动画类型，下面以为图 2-61 中的目录内容（共 5 行）中的每一行进行自定义动画设置为例，讲述使用自定义动画的步骤。具体操作及相关说明如下：

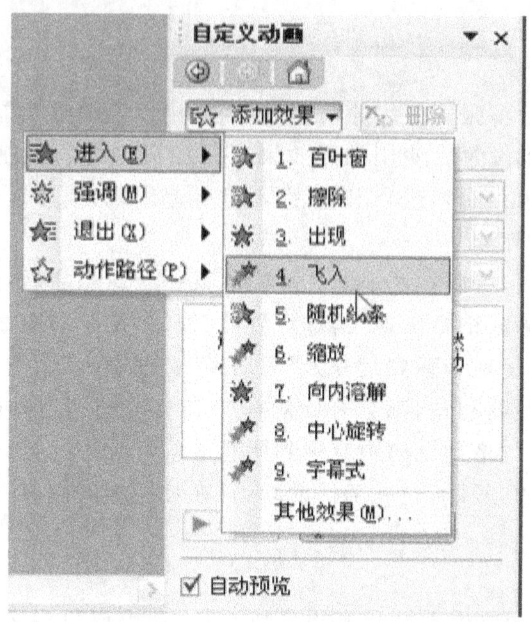

图 2-66 “自定义动画”设计界面

(1)添加“进入”动画效果,结果如图 2-67 所示。

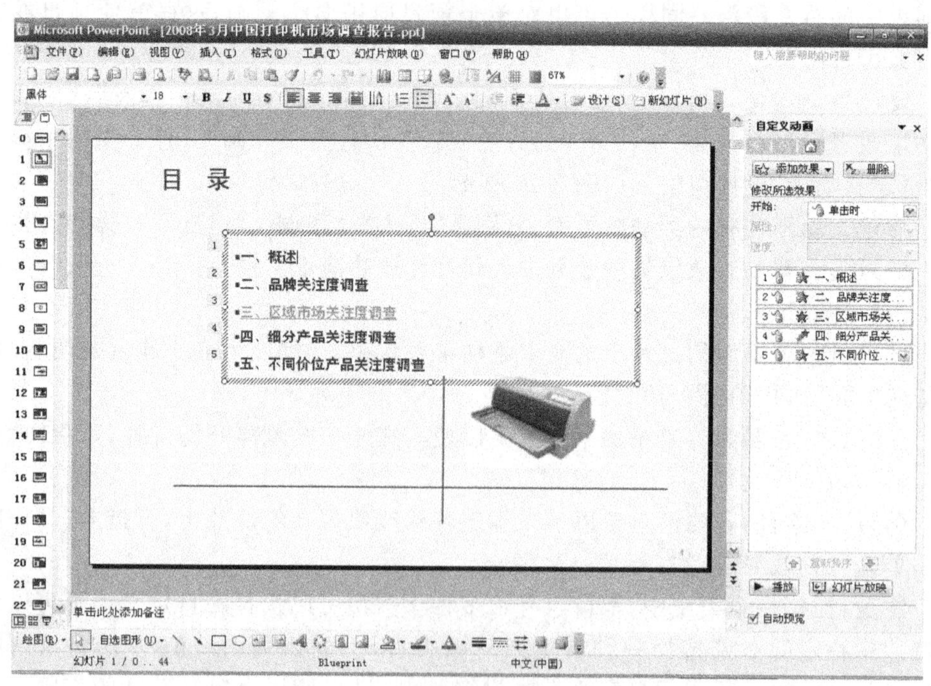

图 2-67 为目录内容设置自定义动画后的效果

从图 2-67 可见，目录内容的左侧出现了 5 个数字标记，分别表示动画发生的先后顺序。

(2)如果要修改所选效果开始的时间，可以在任务窗格“修改所选效果”下方“开始”右侧的下拉列表中进行选择。其中，“单击时”表示鼠标单击后才播放此自定义动画；“之前”表示鼠标单击前即播放自定义动画；“之后”表示上一个动作播放结束后不需要鼠标单击即可播放该自定义动画。

(3)如果“属性”可用，则单击其右侧下拉列表，可以设置动画的运动“方向”，如“自左侧”、“自右侧”等。

(4)“速度”右侧下拉列表一般有从“非常慢”到“非常快”共 5 个选项，可根据需要选择合适的动画运行速度。

(5)删除已设置的动画效果。方法是在“自定义动画”窗格中，选中该项目，再单击“删除”按钮即可。我们可以删除一个或多个设置了动画的项目。

(6)对同一对象设置多个动画效果。比如可以对一个图片同时设置“进入”和“退出”效果，以达到演示者的目的。

(7)适当调整动画播放的顺序。在“动画列表”中用鼠标对相关对象进行上下拖动，可调节动画播放的顺序。

(8)在右侧的“自定义动画”对话框中选中某一个自定义动画的对象，在该方框的右侧即出现可进一步点击的黑色倒三角形，点击后即出现如图 2-68 所示的下拉框。用户可根据需要选择其中的选项对动画作进一步设置，如图 2-69，2-70 所示。

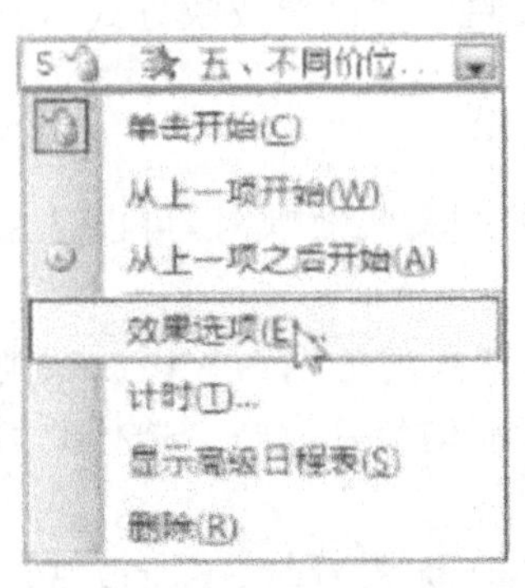

图 2-68　自定义动画更多选项

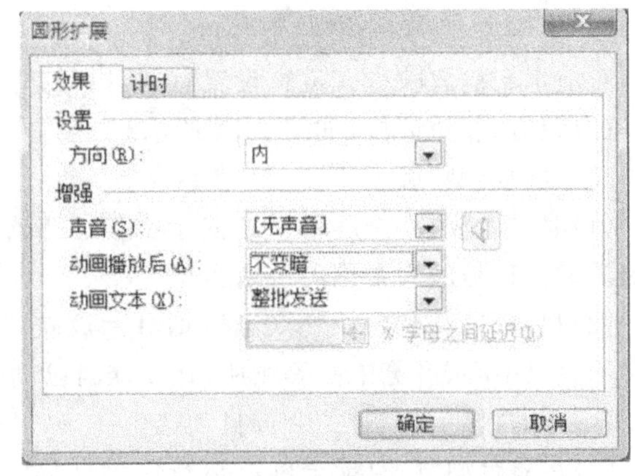

图 2-69　自定义动画效果选项

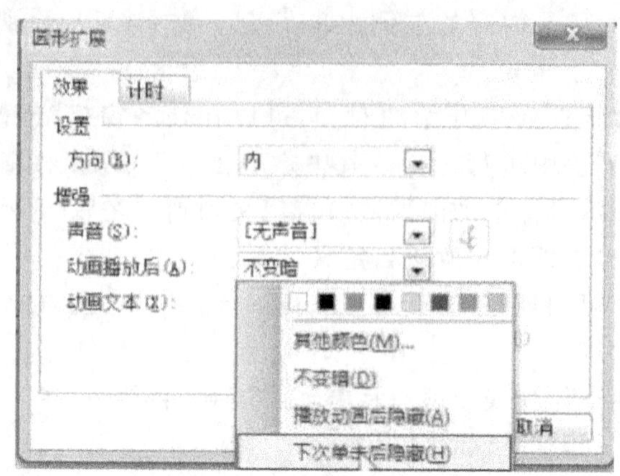

图 2-70　选择动画播放后“下次单击后隐藏”效果

任务六　放映演示文稿

设计好幻灯片的版式和内容，插入相关的图片、图表、声音文件，设置好超链接、切换、动画效果等之后，一份完整的演示文稿就基本完成了。

演示文稿一般最终的目的是放映给观众看的。若要放映幻灯片，可以选择“幻灯片放映”→“观看放映”；也可以“视图”→“幻灯片放映”；或者直接鼠标单击界面左下方的幻灯片放映视图按钮。

一、设置演示文稿放映方式

对演示文稿放映方式进行设置，可选择“幻灯片放映”→“设置放映方式”，打开“设置放映方式”对话框，如图 2-71 所示。

1.“放映类型”选项

(1)演讲者放映：全屏幕放映演示文稿。当有人控制文稿放映时，可以选用该放映类型。这是最为常见的放映类型。

(2)观众自行浏览：让观众浏览幻灯片放映，选择感兴趣的东西。该放映类型适合于会议中心、展览中心等场所，让观众自己动手操作幻灯片放映。选择此类型时，其下方的“显示状态栏”会被自动选中。

(3)在展台浏览：自动全屏幕运行演示文稿。适合于无人看管、不断放映的场所，如室外或者展台。选中此类型时，“放映选项”下的“循环放映，按 ESC 键终止”会被自动选中。

2.“放映幻灯片”选项

通过“放映幻灯片”选项功能，可以设定放映幻灯片的范围。如选择“全部”，则会放映所有幻灯片，即从第一张到最后一张；如在“从…………”中输入相应数字，则会放映指定的幻灯片。

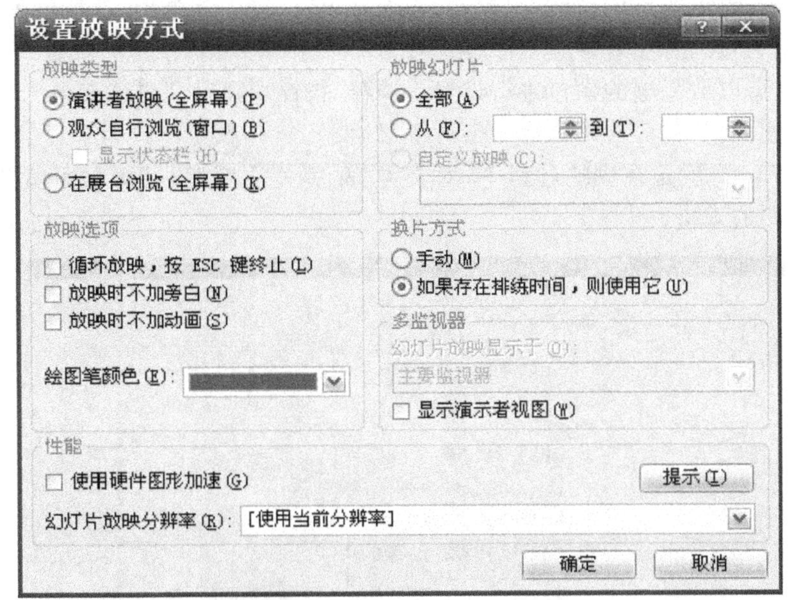

图 2-71 “设置放映方式”对话框

二、放映幻灯片

1. 幻灯片菜单在放映演示文稿的时候，可以调出幻灯片放映菜单。只需在放映幻灯片界面单击鼠标右键，即会弹出幻灯片放映菜单，如图 2-72 所示。

在该菜单中，“下一张”表示将幻灯片切换到下一张，“上一张”则表示将幻灯片切换到上一张。

2. 跳至某张幻灯片。

在图 2-72 中，选择“定位至幻灯片”子菜单，然后单击需要显示的幻灯片，即可直接跳至某张幻灯片，如直接跳到第“7”张幻灯片等。如果知道需要跳至的幻灯片的编号，在放映幻灯片的时候直接输入该号码即可跳至该幻灯片，效果同上。

图 2-72 幻灯片放映菜单

3. 及时指出文稿重点。

在放映过程中，可以在文稿中添加注释，画出相应的重点内容。具体方法如下：

(1) 在幻灯片放映过程中，鼠标右击调出幻灯片菜单。

(2)在随后出现的快捷菜单中，选择“指针选项”→“圆珠笔”，此时，鼠标变成了一个小点。

(3)在屏幕上移动鼠标,可以在屏幕上添加注释。

(4)也可以更改笔的样式,只需在"指针选项"后续子菜单中,选择另外的笔形,如"毡尖笔"、"荧光笔"等。

(5)还可以对墨迹的颜色进行设置。选择"指针选项"→"墨迹颜色",即可选择所需的笔迹颜色。

图 2-73 中,就是在放映过程中,对文本"品牌关注度调查"添加了黄色圆珠笔墨迹注释后的效果。

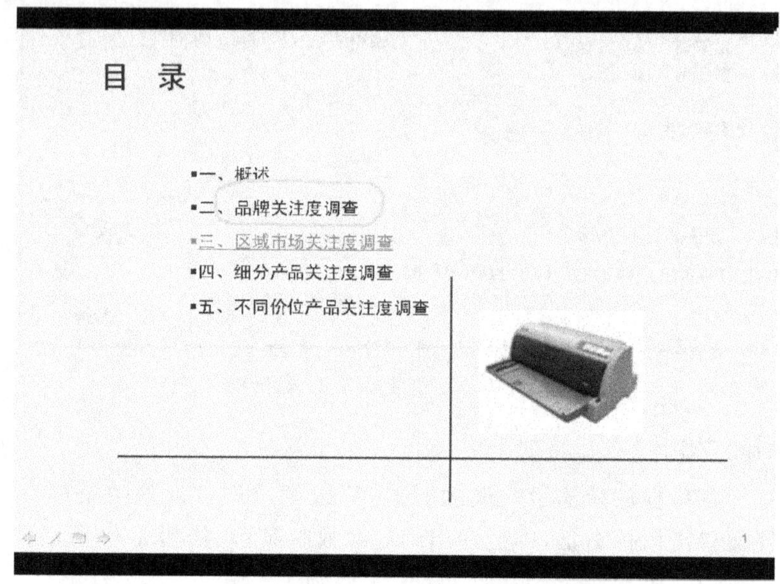

图 2-73 在放映过程中,对对象应用指针效果

我们可以擦除上述添加的注释。具体做法是:选择"指针选项"菜单,在弹出的子菜单中选择相应的命令如"橡皮擦",完成注释的擦除。

添加的注释也可以保留。当退出幻灯片放映或者结束放映的时候,如果没有擦除幻灯片中所有的注释,系统会自动弹出对话框,提示是否保留注释。单击"保留",即可保留墨迹注释;单击"放弃",则不作保留。保留后的注释,会以"墨迹"的形式保存在幻灯片上,对其操作与"自选图形"相同。

4.打开幻灯片放映帮助。

在播放演示文稿的时候,在幻灯片放映菜单选择"帮助"或者按 F1 键,可以打开控制放映快捷键,如图 2-74 所示。

演示者如果想知道某些放映幻灯片时候的快捷键,可以在该帮助对话框中寻求帮助。

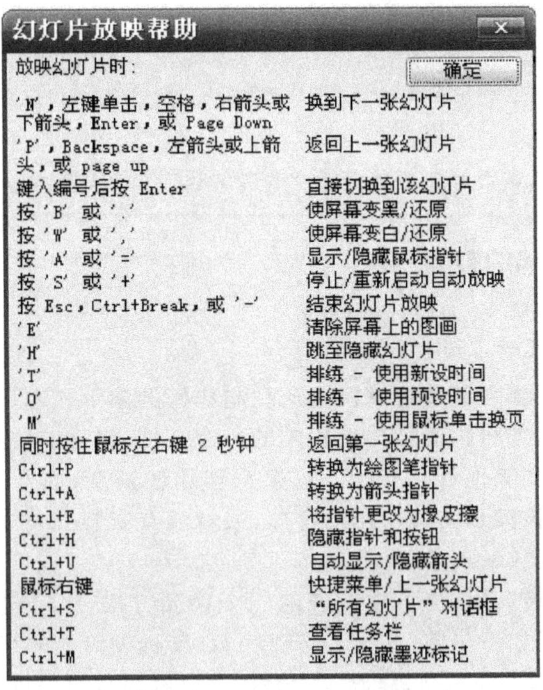

图 2-74　幻灯片放映帮助列表

项目三　演示文稿的打包及打印

◎ 知识目标

1. 掌握演示文稿打包的基本方法。
2. 熟练掌握页面设置、打印的操作技巧。

◎ 能力目标

1. 能够对演示文稿及链接文件进行打包操作。
2. 能够根据需要对文档进行页面设置。
3. 能够根据需要对文档进行打印设置，并正确打印。

◎ 项目背景

王秘书在设计制作演示文稿《2008 年 3 月中国打印机市场调查报告》的时候，使用了一些音频、视频和 Flash 文件。考虑到向领导汇报的时候，将使用公司会议室的电脑，为此需要将所有的文件都拷贝过去。为确保没有文件遗漏，王秘书决定将演示文稿打包。此外，在向领导汇报的时候，还需要同时递交一份演示文稿的打印稿。

◎ 项目任务

编辑打印项目二中设计完成的演示文稿《2008 年 3 月中国打印机市场调查报告》。

任务一　演示文稿的打包

一、打包演示文稿

有时候，我们需要在其他计算机上放映制作好的演示文稿。而此时，如果要顺利播放演示文稿，必须将跟演示文稿相关的所有文件(包括链接到本演示文稿中的文件)，都一起复制到其他计算机上。这个操作比较繁杂，而且容易有疏漏。如果目标计算机上没有该演示文稿所用的字体，或者没有安装 MicrosoftPowerPoint 软件，还会出现无法播放的现象。

把演示文稿打包，是解决上述问题的一个稳妥方法。要打包已经制作完成的演示文稿，可以按照如下步骤(这里，以打包到计算机硬盘上的某个文件夹为例)。

1. 打开需要打包的演示文稿，确定所有内容已经完成且正确无误。如果正在处理以前未保存过的新演示文稿，建议对其进行保存，再进行下一步操作。比如要打包"项目二"中设计完成的"2008 年 3 月中国打印机市场调查报告. ppt"，如图 2-75 所示。

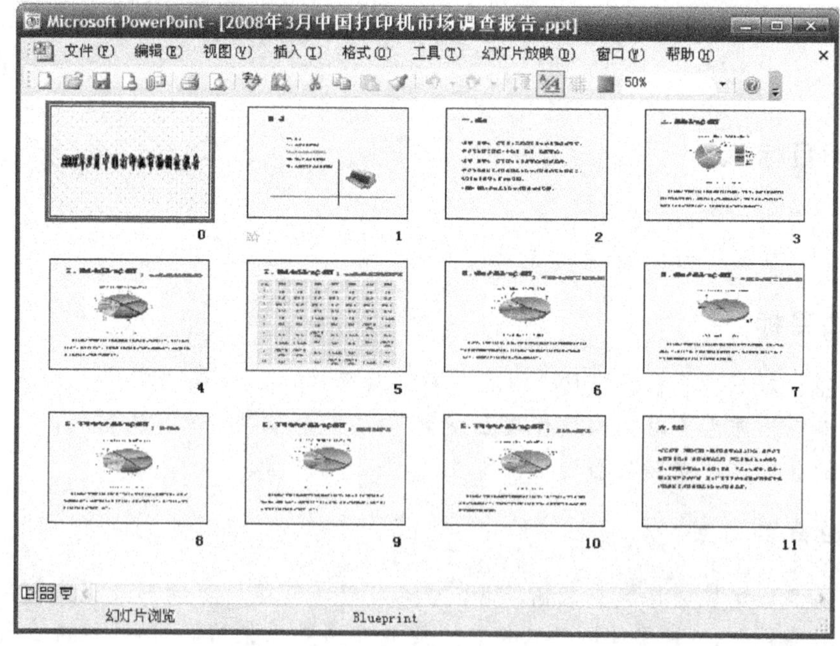

图 2-75　将要打包的演示文稿

2. 在“文件”菜单中单击“打包成 CD”，弹出“打包成 CD”对话框，如图 2-76 所示。在“将 CD 命名为”右侧输入打包后的文件夹名，如“2008 年 3 月中国打印机市场调查报告”，就输入了新建文件夹的名字。

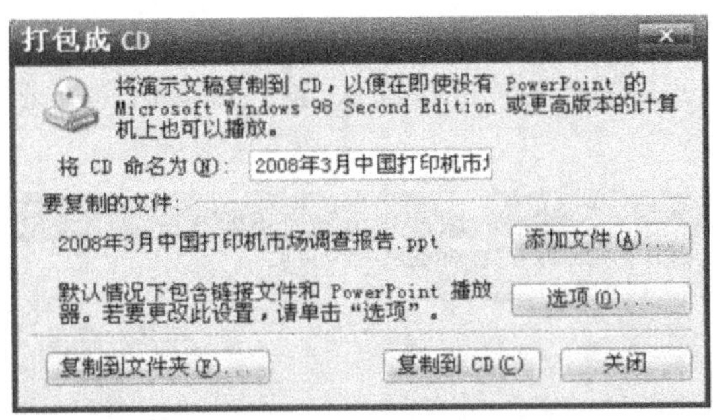

图 2-76　“打包成 CD”对话框

3. 在图 2-76 中，鼠标单击“选项”按钮，弹出如图 2-77 所示对话框。

在图 2-77 对话框中，可以选择是否包含 PowerPoint 播放器以及是否包含链接的文件和“嵌入的 TrueType 字体”等选项。

①PowerPoint 播放器：复选该选项，就会在打包的文件夹中包含 PowerPoint 播放器。如果目标计算机上没有 PowerPoint 播放器，则需要复选该选项。如果确定目标计算机上有该播放器且打包后的文件夹较大，可不勾选该选项。

②链接的文件：复选该选项，就会在打包的文件夹中包含链接到演示文稿中的文件。如果在演示文稿中包含了链接在文稿中的诸如音频、视频等文件，在目标计算机中需要播放这些文件，那么需要在打包的时候勾选这个选项，否则可能会导致无法正常播放演示文稿。

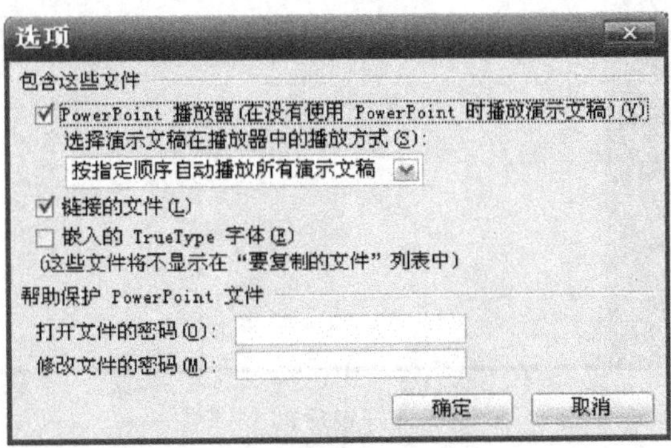

图 2-77　“打包”选项对话框

③嵌入的 TrueType 字体：复选该选项，就会在打包的文件夹中包含该演示文稿中使用过的字体。有时候，目标计算机没有安装该演示文稿中的某种字体，可能会影响到正常显示，所以此时需要勾选该选项。

4. 在“打包”选项对话框中进行相应的设置之后，单击“确定”按钮，回到“打包CD”对话框。

在该界面，可以单击“添加文件”按钮，在打包的文件夹中就会包含多个演示文稿。这里，我们假定不添加其他演示文稿。单击“复制到文件夹”按钮，弹出“复制到文件夹”对话框。对文件夹名称进行确认，输入或者浏览需要存放打包文件夹的路径之后，单击“确定”。

图 2-78 复制到文件夹对话框

5. 在上述操作之后，PowerPoint 开始对演示文稿进行打包。当再一次弹出“打包成 CD”对话框时，表明打包完毕，可以到在图 2-78 中设置的路径下查找打包好的文件夹。本例打包好的文件夹下文件如图 2-79 所示。

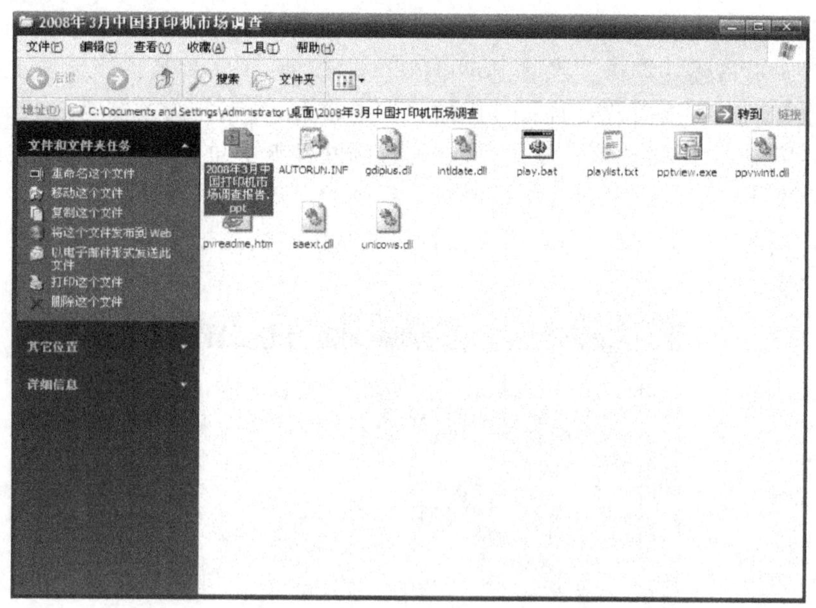

图 2-79 打包后的文件夹

二、播放打包后的演示文稿

将打包后的文件夹复制到其他计算机上之后，可以双击图 2-79 中的 Power-Point 播放器“pptview. exe”，弹出如图 2-80 所示对话框。在该对话框中选择需要打开的演示文稿文件，如“2008 年 3 月中国打印机市场调查报告. ppt”，单击“打开”即可。

图 2-80　定位需要播放的演示文稿

任务二　演示文稿的打印

我们可以用打印机将 PowerPoint 演示文稿打印出来。在打印之前，还要了解 PowerPoint 打印的特点。

一、页面设置

在开始打印之前，与 Word 一样，需要进行页面设置。选择"文件"→"页面设置"，打开"页面设置"对话框，如图 2-81 所示。

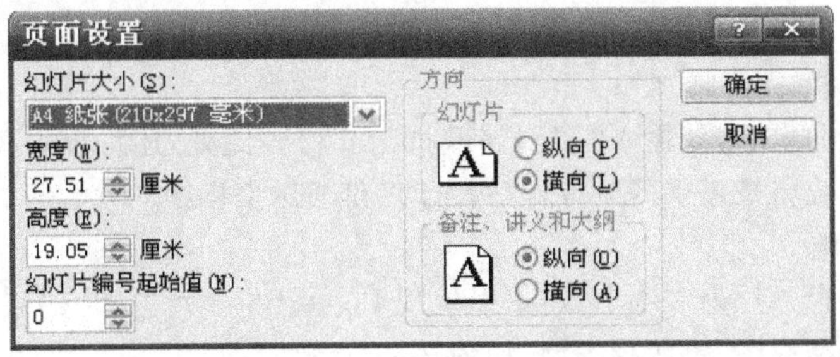

图 2-81　"页面设置"对话框

在"页面设置"对话框中，可以对幻灯片大小、宽度、高度及方向进行设置。在"幻灯片大小"中，如果单击"自定义"，则在"宽度"和"高度"框中键入或选择所需的尺寸。要打印投影机透明效果，请单击"投影机"。

二、打印参数设置

设置好页面属性之后，可进行打印参数设置。选择“文件”→“打印”，打开“打印”对话框，如图 2-82 所示。

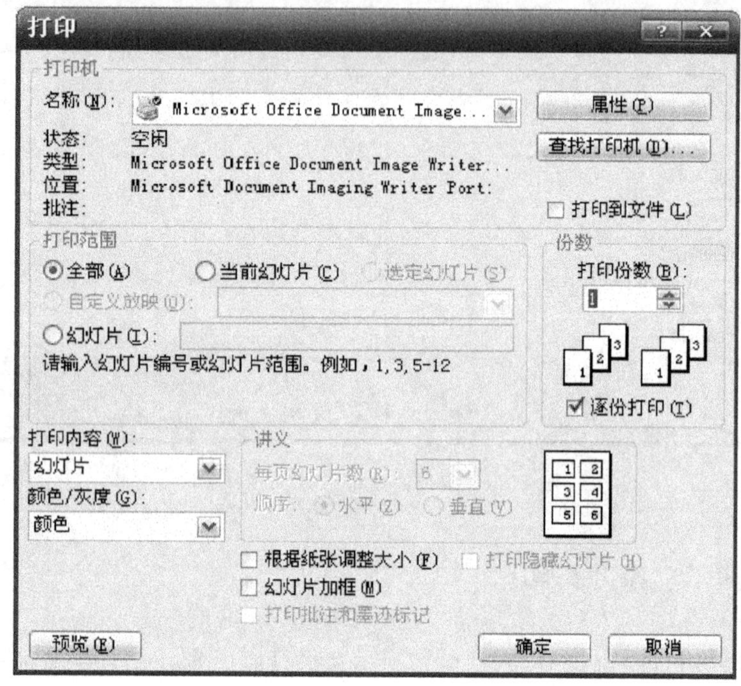

图 2-82 “打印”对话框

1. 打印范围

可以在这里选择需要打印的幻灯片的范围。如果是打印全体幻灯片，则选择“全部”，也可以只打印选定幻灯片，或者在幻灯片范围中输入需要打印的幻灯片编号。

2. 份数选择

需要打印的份数，如输入“5”则表示打印 5 份。此处，还可以设置是否逐份打印，若勾选，系统将按正确的装订次序打印多份演示文稿。

3. 打印内容

在打印内容下拉列表中下拉，可以发现 PowerPoint 可打印“幻灯片”、“讲义”、“备注页”、“大纲视图”等四种类型，如图 2-83 所示。

(1)幻灯片：每页只打印一张幻灯片，这样，选择该打印内容的打印效果与幻灯片窗格中显示的一样。

(2)大纲：打印出所有文本或仅打印幻灯片标题。

(3)备注页：在打印幻灯片的同时，将备注也打印出来。

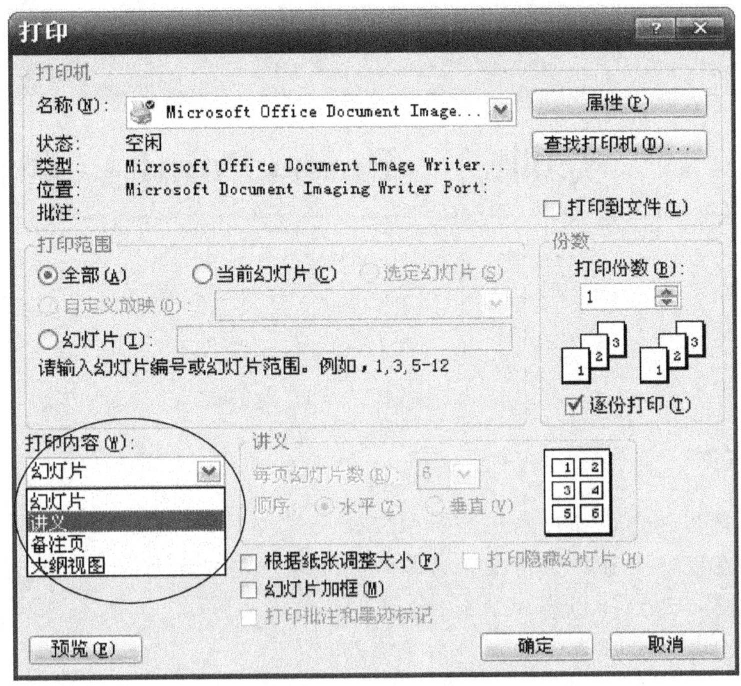

图 2-83　“打印内容”选项

(4)讲义:将多张幻灯片打印在一页上。可以在“讲义”框指定每页要打印的幻灯片数目及排列方式。每张讲义中可打印的幻灯片数目有 1、2、3、4、6、9 六种,排列方式可以选择水平或者垂直。

4. 颜色/灰度

(1)彩色:如果在彩色打印机上打印,则此选项将以彩色打印,打印出来的讲义和原幻灯片看上去比较接近。

(2)彩色(黑白打印机):如果在黑白打印机上打印,则此选项将采用灰度打印,最大限度地模仿接近原幻灯片颜色。

(3)灰度:此选项打印的图像包含介于黑色和白色之间的各种灰色色调。在该模式下,会删除背景颜色,使背景填充的打印颜色为白色,从而使文本更加清晰(有时灰度的显示效果与“纯黑白”一样)。

(4)纯黑白:此选项打印不带灰填充色的讲义,将几乎所有的颜色都转化成了黑色或者白色进行打印。

实训二 PowerPoint 综合训练

◎ 实训目的

1. 熟练掌握演示文稿的创建和美化方法。

2. 能够在演示文稿中熟练插入表格、图片、图表等对象。

3. 熟练使用幻灯片切换和动画效果。

4. 熟练打包并放映设计完成的演示文稿。

◎ 实训内容

每位同学独立完成一份演示文稿，主题是自我介绍，内容包括：

1. 简单的自我介绍。

2. 最喜欢的休闲方式（吃、喝、旅游、看书、打游戏……）。

3. 最向往去的一个地方（如果没有特别喜欢的就介绍自己的家乡）。

4. 喜欢的一个人（影星、名人、家人都可以，要简单说明理由）。

5. 最喜欢的一本书；喜欢的一首歌；喜欢的一部电影或电视作品。

◎ 实训要求

1. 作品要求体现课堂上老师示范的功能，包括表格、图片、图表等插入对象，在适当的地方插入音频、视频、Flash 等格式的文件，播放时要使用自定义动画等效果，鼓励自己探索 ppt 其他新功能。

2. 演示文稿应选择合适的幻灯片版式，要求使用到项目符号；对页眉、页脚进行设置；使用自选图形，并使用到超级链接，要根据内容多少对文本的行距进行恰当设置，尽量避免使用默认的单倍行距。

3. 整个演示文稿应保持风格统一，内容应尽量简洁、美观大方。注意文稿中文本字体和背景颜色的对比度设置。

4. 要求以电子版的形式上交演示文稿，在作品最后一页应写清楚作品用到的功能。

5. 其他实训要求：作品完成后每个小组由推选 2 名组员上台演示并介绍本人的作品，演示过程中的介绍应以作品中使用到的功能为主。

◎ 实训时间

6 课时。

模块三　电子表格制作软件 Excel

Excel 是微软公司推出的 Office 办公软件的一员，它是一个电子表格软件，可以用来制作电子表格，完成许多复杂的数据运算，进行数据的分析和预测并且具有强大的制作图表的功能。和 Office 软件的其他系列一样，已推出多个版本。本章将从实例入手，介绍 Excel 2003 的使用。

◎ 学习目标

1. 熟悉 Excel 电子表格处理软件的界面操作环境；
2. 了解 Excel 电子表格处理软件的主要功能和基本知识；
3. 熟练掌握 Excel 中表格的创建、数据的处理、图表的插入和美化，以及页面设置和打印等操作。

项目一　利用 Excel 制作员工培训日程安排表

◎ 知识目标

1. 了解 Excel 电子表格处理软件的主要功能和基本知识；
2. 掌握工作簿的基本操作；
3. 掌握工作表的操作与编辑；
4. 掌握单元格的设置。

◎ 能力目标

1. 能够利用 Excel 进行工作簿操作；
2. 能够对工作表数据进行保存、录入和编辑操作；
3. 能够对单元格格式、对齐方式、边框和底纹进行设置。

◎ 项目背景

宝利公司为了提升公司员工文化素质，决定安排一次对部分员工进行办公软件知识的培训活动。为此，人力资源部要求张秘书制作一份详细的培训日程安排表，打印出来分发给每个培训人员。

◎ 项目任务

利用 Excel 根据要求制作一份详细的员工培训日程安排表。该日程安排表要清楚地显示每次培训课程的安排时间、地点、课程内容、主讲人等信息。

任务一 创建工作簿文件

启动 Excel 2003，系统就自动建立了新的工作簿，我们可以输入信息。在操作过程中，我们也可以随时新建一个新的工作簿。

一、新建空白工作簿

我们可以选择下面的方法之一新建工作簿：

1. 单击"常用"工具栏中的"新建"按钮。

2. 单击"文件/新建/新建工作簿"，打开"新建工作簿"任务窗格，然后单击任务窗格中的"空白工作簿"超级链接，即可新建一个空白工作簿了。

二、由现有工作簿新建工作簿

这种方法其实是根据我们自定义的一种 Excel 模板新建工作簿。使用这种方法，可以提高工作效率，操作步骤如下：

1. 单击"新建工作簿"任务窗格中的"根据现有的工作簿新建"下的"选择工作簿"超链接，打开"根据现有工作簿新建"对话框。

2. 从该对话框中选择所需的工作簿文件，然后单击"创建"按钮，系统就以这个工作簿文件为模板新建一个工作簿了。

三、根据模板新建工作簿

我们可以使用 Excel 预设的模板方式建立新的工作簿文件。其操作步骤如下：

1. 单击"新建工作簿"任务窗格中的"通用模板"超链接，在弹出的"模板"对话框中选择"电子方案表格"选项卡，如图 3-1 所示。

2. 在该选项卡中列出了一些 Excel 预设的模板。选择所需的模板，单击"确定"按钮即可。

当我们打开一个新的工作簿时，Excel 会在工作簿中自动产生 3 个工作表。在

Excel中,工作簿是由多个工作表构成的,一个工作簿最多可有255个工作表。对数据的插入和编辑,我们都是在工作表中进行的,下面我们就来介绍下插入和编辑数据的方法。

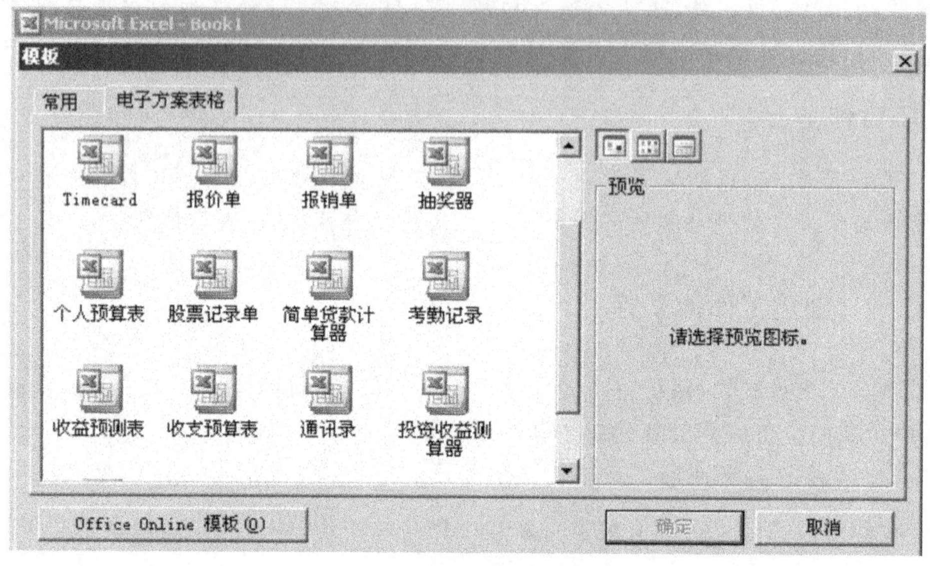

图 3-1　Excel003"电子方案表格"选项

任务二　插入和编辑数据

一、工作表数据的输入

在进行处理之前,我们必须逐个将要处理或保存的数据输入工作表的单元格中。单元格中可存放的数据包括文字、数字、时间和日期以及函数和公式等。

1. 文本的输入

在Excel的整张表格中,列单元格用数字1、2、3递增,行单元格用英文字母A、B、C递增,所以,当选中第一行的第一列单元格时,该单元格就以A1来表示,输入文本的一般方法如下:

(1)单击需要输入文本内容的单元格,然后通过键盘直接输入内容即可。输入后的内容将同时显示在单元格和"编辑栏"中,并且可以看到"编辑栏"上新增加了"取消"☒按钮和"输入"✔按钮。

(2)单击"输入"✔按钮或按Enter键确定输入内容。当然,也可按Tab键,移到下一单元格,此时编辑栏的"输入"和"取消"按钮将消失,这时可以重新选择其他单元格输入数据。

2. 输入数字

输入数字与输入文本的方法是一样的，但要注意以下事项：

(1)数字字符可以是 0～9 的任意一个数字、＋、－、()、/、$ 、%、,、.。数字 0～9 中间不得出现非法字符或空格，否则 Excel 将其看作文本。合法的数字如 1.000、50%、3200、－342、9/7，而像 123 4、w456 则会被认为是文本。

(2)我们可根据不同情况套用不同的数字格式，如货币格式 $78.2。

(3)当位数多时，系统会自动切换为科学记数法显示，如 23.2E＋08。

(4)对一个小于 1 的分数，要在其前加 0，如 05/9，否则 Excel 会认为是输入了一个日期。

输入数据时，Excel 还提供了很多可以快速输入数据的方法，如序列填充、公式计算等，熟练使用种技巧，会达到事半功倍的效果。

3. 输入日期和时间

Excel 提供了多种时间和日期格式，除了可以直接输入完整的日期表达方式外，Excel 还提供了一些简化的输入方式。例如要输入的日期是 3 月 6 日，可直接输入“3/6”或“3－6”等。如果这种日期格式不能满足需要，则可以通过下面的方法设置其他日期格式：

(1)选中要存放时间的单元格。

(2)单击“格式/单元格”命令，打开“单元格格式”对话框。

(3)选择“数字”选项卡。

(4)在“分类”列表框中选择“日期”选项。

(5)在右侧的“类型”列表框中选择所需要的日期类型。

(6)单击“确定”按钮即可。

二、设置单元格格式

(一)设置字符的格式

设置工作表中的字符，能使其变得美观、易于阅读。默认情况下，单元格中字体通常为宋体，可以通过设置不同的字体、字号、颜色来突出某些文字。

1. 使用工具按钮设置

(1)如果要设置字体和字号，首先选定需要设置的单元格区域(如选定 A1 单元格)，然后单击“格式”工具栏上的“字体”宋体 和“字号”12 右侧的下拉箭头，并从下拉列表中选择相应的字体和字号即可。

(2)如果要设置加粗或倾斜的效果，可单击“格式”工具栏上的“加粗”**B** 按钮和“倾斜”*I* 按钮，这时选定的 A1 单元格的字体将变粗并斜体的效果。

(3)如果要设置所选定区域内容的颜色，可单击格式工具栏“颜色”按钮 A 右侧的下拉箭头，从打开的下拉列表中选择所需的颜色即可。

2. 使用菜单命令设置

(1)首先选定需要设置字符的单元格区域，然后单击“格式/单元格”命令，或右击所选区域，从弹出的快捷菜单中选择“设置单元格格式”命令。

(2)在打开的“单元格格式”对话框中选择“字体”选项卡，如图 3-2 所示，我们可以在“字体”、“字形”、“字号”和“颜色”的下拉列表框中设定字体的属性。

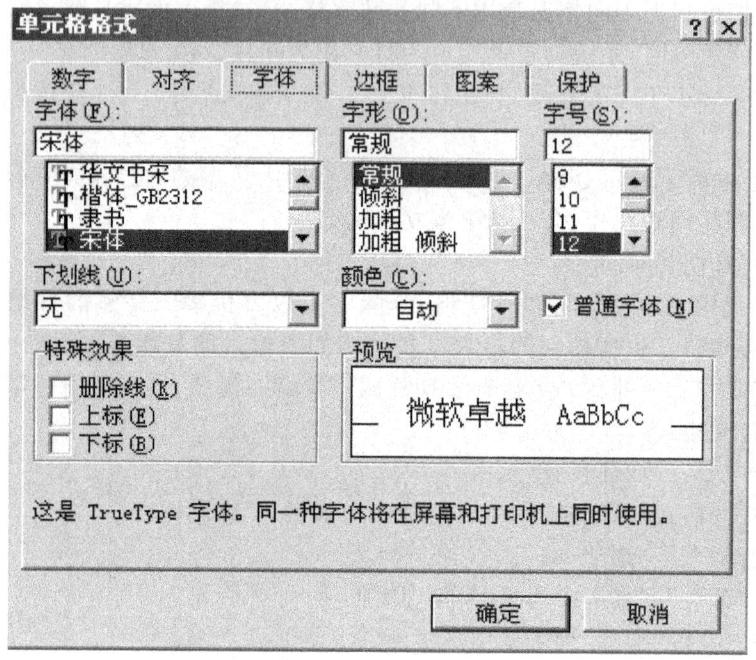

图 3-2 “字体”选项卡

(3)单击“确定”按钮，即可完成所需设定效果。

(二)设置小数点后的位数

1. 使用工具按钮设置

(1)首先选定要设置的区域，然后单击“格式”工具栏上的、、、和按钮，各个按钮的含义如图 3-3 所示。

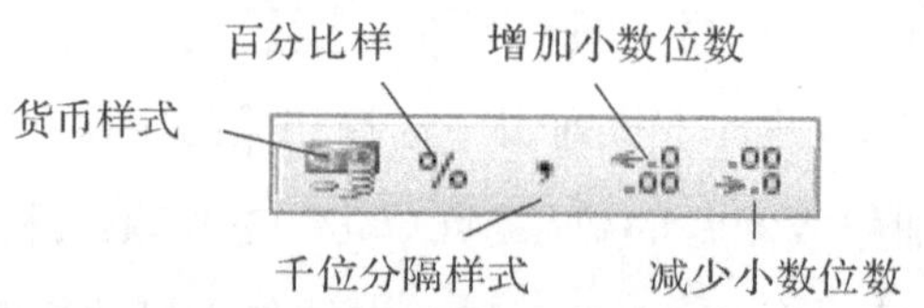

图 3-3 小数点位数快捷按钮含义

(3)要取消格式，可单击“编辑/清除/格式”命令。

2. 使用菜单命令设置

(1)首先选定要设置的区域，然后单击“格式/单元格”命令，或右击所选区域，从弹出的快捷菜单中选择“设置单元格格式”命令，打开“单元格格式”对话框并选择“数字”选项卡，如图 3-4 所示。

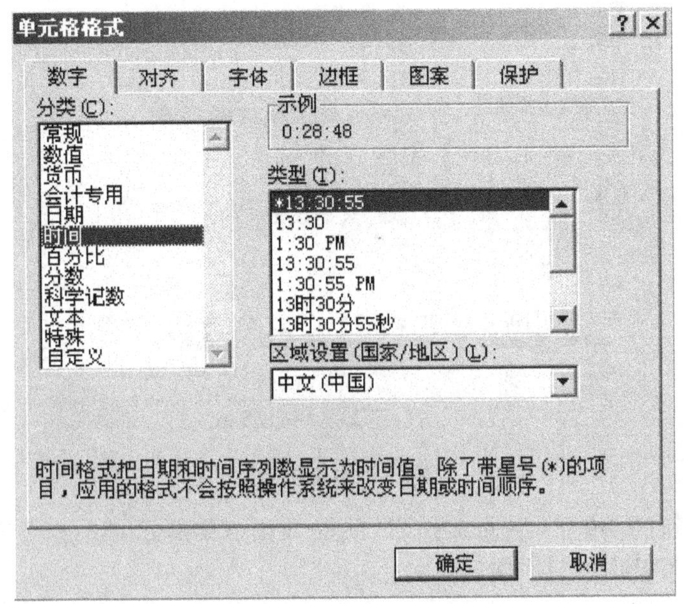

图 3-4　“数字”选项卡

(2)我们可以在“分类”列表框里分别选择“数值”、“货币”、“会计专用”、“百分比”、“分数”等项，设定相应的数据格式。例如选择“时间”。

(3)在“类型”列表框中选择要使用的时间类型。

(4)在“区域设置”下拉列表中选择我们所在的国家或地区。

(5)最后单击“确定”按钮。

在 Excel 中，文本和数字还有很多可设置的项目，方法和以上所介绍的类似，我们可以根据实际需要进行设置，这里不再一一介绍。

三、复制单元格格式

在输入数据过程中，我们经常会碰到某些列数据格式相同的情况，这时我们可以用复制单元格格式功能来完成。例如，在本实训项目中，我们对“开始时间”列和“结束时间”列进行数据的输入方法如下：

1. 单击单元格 B3，输入数据“8:30”，然后单击数据编辑栏上的“√”按钮，确定所输入的数据。

2. 在选定单元格 B3 的前提下，执行“格式/单元格”命令，在弹出的“单元格格式”对话框中，切换至“数字”选项卡，分别在“分类”和“类型”列表框中进行如图 3-5

所示的选择。

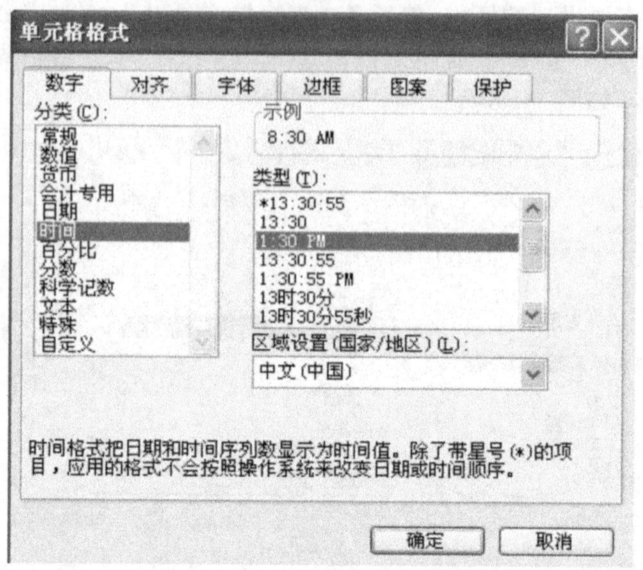

图 3-5　设定格式

3. 单击“确定”按钮，返回工作表，此时如图 3-6 所示，“8:30”变换为“8:30 AM”，即显示为设定的数字格式。

B3　　fx　8:30:00

	A	B	C	D	E	F
1	员工培训日程安排表					
2	日期	开始时间	结束时间	地点	课程内容	主讲人
3	星期一	8:30 AM				
4	星期二					
5	星期三					
6	星期四					
7	星期五					
8	星期六					
9	星期日					
10						

图 3-6　设定数字样式后的显示

4. 单击选中单元格 B3，然后执行“编辑/复制”命令，或者右击单元格 B3，在弹出的快捷菜单中选择“复制”，此时单元格的边框显示动态虚线。

5. 按住 Ctrl 键，连接单击选中单元格 B4－B9 和 C3－C9。

6. 执行“编辑/选择性粘贴”命令，或右击选中的单元格的任意位置，在弹出的快捷菜单中选择“选择性粘贴”，弹出“选择性粘贴”对话框，在“粘贴”选项区内选择“格式”单选按钮，如图 3-7 所示。

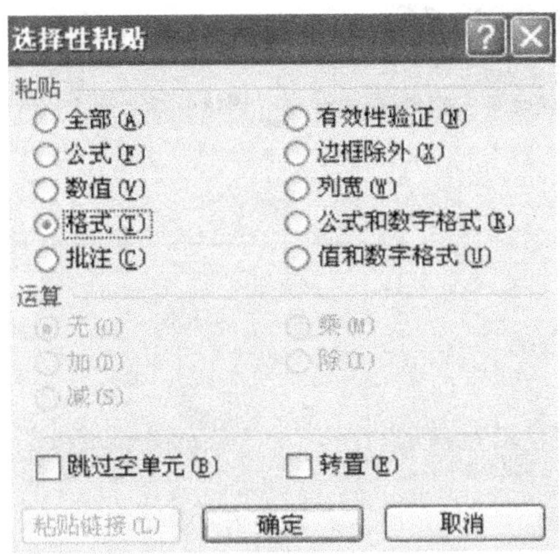

图 3-7　“选择性粘贴”对话框

7. 单击“确定”按钮，返回工作表，再按需填充单元格 B4－B9 和 C3－C9。

【小提示】

我们还有另外两种方法进行单元格的格式的复制：

方法一：利用“格式刷”来完成单元格格式的复制。

方法二：使用自动填充功能中的“自动填充选项”按钮，在其下拉列表中选择“仅填充格式”命令即可。(具体方法将在下面的内容中讲解)

四、使用自动填充功能

自动填充功能是通过填充柄和自动填充选项来实现的，我们就以日期列的数据填充为例对其进行讲解，具体操作步骤如下：

1. 单击选中单元格 A3，并输入数据“星期一”，然后单击数据编辑栏上的“√”确定按钮，结束输入。

2. 将鼠标光标移至单元格 A3 的边框的右下角，此时鼠标光标变为“＋”状。

3. 单击拖动鼠标(填充柄)至单元格 A9，在拖动的过程中，鼠标指针右下方会出现此单元格的说明标签，如图 3-8 所示。

4. 松开鼠标，此时单元格 A4－A9 会自动填充数据“星期二”－“星期日”，而且右下角出现“自动填充选项”，如图 3-9 所示。

5. 单击“自动填充选项”按钮，弹出快捷菜单，如图 3-10 所示，在菜单中如果选择“复制单元格”项或“不带格式填充”项，则单元格 A4－A9 所填充的则为“星期一”；如果选择“以工作日填充”项，则会以“星期一”至“星期五”为周期循环，这里我们默认系统的设定“以序列方式填充”项。

图 3-8　拖动填充柄

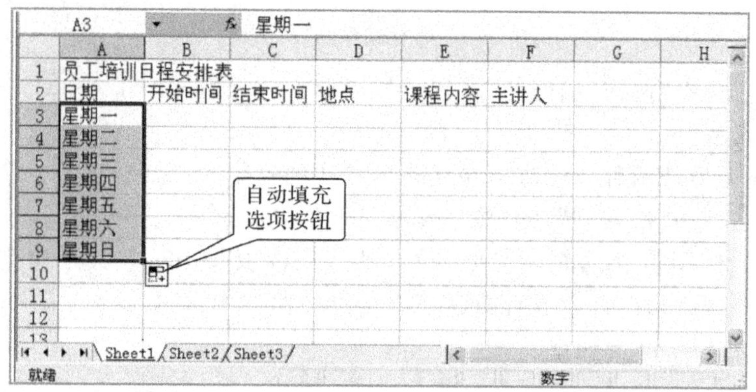

图 3-9　出现“自动填充选项”按钮

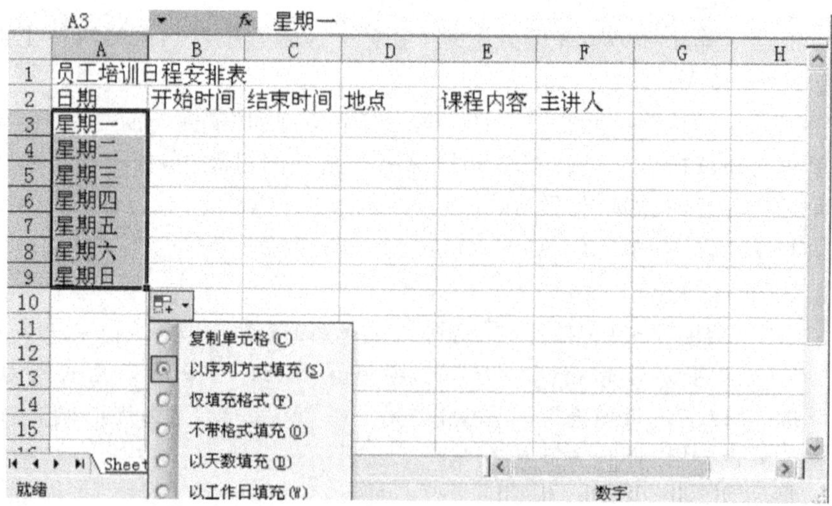

图 3-10　自动填充选项菜单

五、使用下拉列表功能

接下来输入“地点”列的数据，具体操作步骤如下：

1. 分别单击选中单元格 D3、D4 和 D5，依次输入数据“之江饭店二楼会议室”、“之江饭店七楼会议室”和“之江饭店五楼会议室”，然后双击 D 列标签和 E 列标签之间的分割线，程序系统将自动调整好 D 列的列宽，如图 3-11 所示。

D5　fx　之江饭店五楼会议室

	A	B	C	D	E	F
1	员工培训日程安排表					
2	日期	开始时间	结束时间	地点	课程内容	主讲人
3	星期一	8:30 AM	11:30 AM	之江饭店二楼会议室		
4	星期二	8:30 AM	11:30 AM	之江饭店七楼会议室		
5	星期三	8:30 AM	11:30 AM	之江饭店五楼会议室		
6	星期四	2:00 PM	5:00 PM			
7	星期五	2:00 PM	5:00 PM			
8	星期六	2:00 PM	5:00 PM			
9	星期日	2:00 PM	5:00 PM			
10						

图 3-11　输入地点数据

2. 右击单元格 D6，在弹出的快捷菜单中选择“从下拉列表中选择”项，如图 3-12 所示。

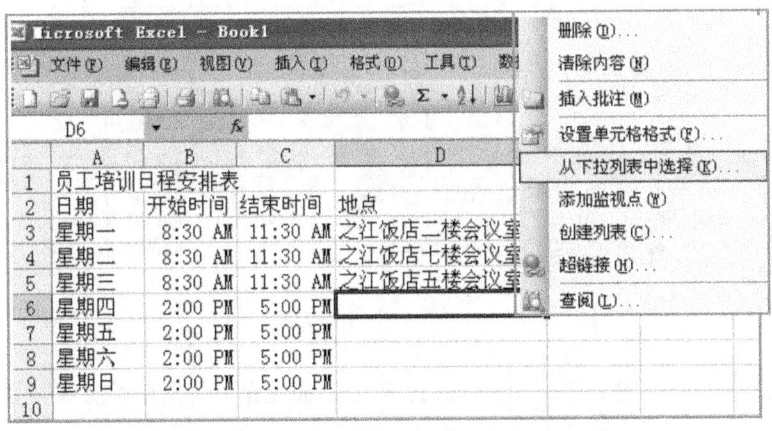

图 3-12　选择“从下拉列表中选择”项

3. 弹出如图 3-13 所示的下拉列表，选择需要填充的数据内容。依此方法我们完成 D6—D9 单元格内容的填充。

4. 按此方法，我们可以完成 E 列的数据的填充。

D6

	A	B	C	D	E	F
1	员工培训日程安排表					
2	日期	开始时间	结束时间	地点	课程内容	主讲人
3	星期一	8:30 AM	11:30 AM	之江饭店二楼会议室		
4	星期二	8:30 AM	11:30 AM	之江饭店七楼会议室		
5	星期三	8:30 AM	11:30 AM	之江饭店五楼会议室		
6	星期四	2:00 PM	5:00 PM			
7	星期五	2:00 PM	5:00 PM			
8	星期六	2:00 PM	5:00 PM			
9	星期日	2:00 PM	5:00 PM			
10						

地点
之江饭店二楼会议室
之江饭店七楼会议室
之江饭店五楼会议室

图 3-13 使用下拉列表功能填充数据

六、使用自动完成功能

自动完成功能可以使我们的数据输入更加快捷，操作很简单，方法如下：

1. 分别单击选中单元格 F3、F4 和 F5，然后依次输入“王亮”、“张小明”和“何华刚”。

2. 单击选中单元格 F6，输入“张”，此时系统会自动填入数据的剩余字符，如图 3-14所示，然后按 Enter 键，确定显示的数据。

F6 张小明

	A	B	C	D	E	F
1	员工培训日程安排表					
2	日期	开始时间	结束时间	地点	课程内容	主讲人
3	星期一	8:30 AM	11:30 AM	之江饭店二楼会议室	Offic在人力资源方面的应用	王亮
4	星期二	8:30 AM	11:30 AM	之江饭店七楼会议室	Offic在行政方面的应用	张小明
5	星期三	8:30 AM	11:30 AM	之江饭店五楼会议室	Offic在销售方面的应用	何华刚
6	星期四	2:00 PM	5:00 PM	之江饭店七楼会议室	Offic在财务方面的应用	张小明
7	星期五	2:00 PM	5:00 PM	之江饭店五楼会议室	Offic在市场方面的应用	
8	星期六	2:00 PM	5:00 PM	之江饭店七楼会议室	Offic在统计方面的应用	
9	星期日	2:00 PM	5:00 PM	之江饭店二楼会议室	Offic在办公方面的应用	
10						

图 3-14 输入“张”

3. 再依次在单元格 F7—F9 中，通过自动完成功能，完成相关数据的输入。

任务三 修饰和美化数据表格

数据输入完毕后，接着要做的工作是修饰和美化数据表格，使日程安排表美观大方，重点突出。我们可以通过调整单元格中数据的对齐方式、设置单元格的边框、底纹和图案等方式来达到这个目的。

一、设置单元格文本的对齐方式

1. 设置文本水平对齐和垂直对齐

(1)选中要设置的单元格。

(2)执行"格式/单元格"命令，打开"单元格格式"对话框，切换到"对齐"选项卡。

(3)从"水平对齐"下拉列表框中选择水平对齐方式，从"垂直对齐"下拉列表框中选择垂直对齐方式。

(4)单击"确定"按钮即可。

以此方法可分别对"员工日程安排表"相关行、列设置水平对齐和垂直对齐方式，在此不再详细介绍。

2. 设置单元格文字的方向

单元格文字的方向不仅可以水平排列、垂直排列，还可以旋转。

设置单元格文字方向的方法是，在图 3-15 所示的"对齐"选项卡的"方向"一栏中，选择文本指向的方向，或者在微调框中输入一个角度数即可，设置文本方向及效果如图 3-16 所示。

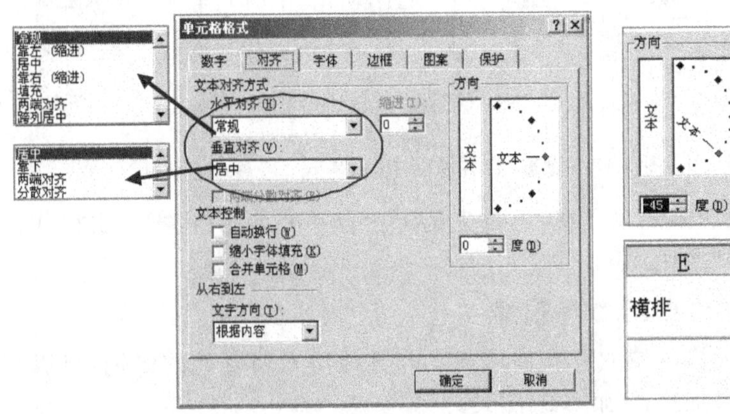

图 3-15　设置单元格数据对齐方式

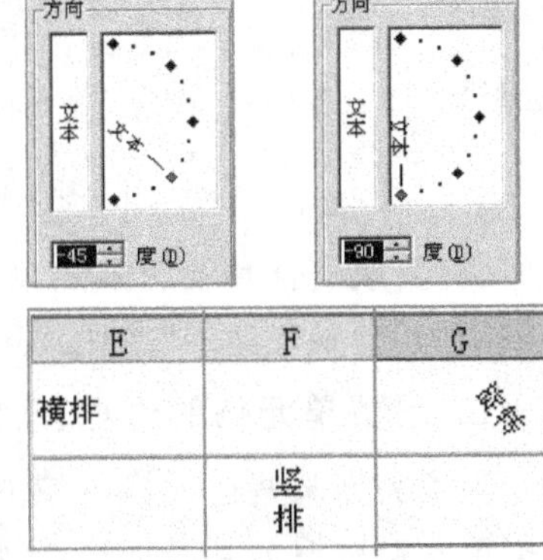

图 3-16　设置单元格的文字方向

3. 合并及居中单元格

通常在设计表格时，我们都希望标题名称放在整个数据的中间，最为简单的方法就是使用单元格合并和居中。接下来，我们将对表格标题进行合并及居中，具体操作步骤如下：

(1)用鼠标选中 A1－F1 单元格，即选择要单元格居中的多个单元格，如图 3-17所示。

A1 员工培训日程安排表

	A	B	C	D	E	F
1	员工培训日程安排表					
2	日期	开始时间	结束时间	地点	课程内容	主讲人
3	星期一	8:30 AM	11:30 AM	之江饭店二楼会议室	Office在人力资源方面的应用	王亮
4	星期二	8:30 AM	11:30 AM	之江饭店七楼会议室	Office在行政方面的应用	张小明
5	星期三	8:30 AM	11:30 AM	之江饭店五楼会议室	Office在销售方面的应用	何华刚
6	星期四	2:00 PM	5:00 PM	之江饭店七楼会议室	Office在财务方面的应用	张小明
7	星期五	2:00 PM	5:00 PM	之江饭店五楼会议室	Office在市场方面的应用	何华刚
8	星期六	2:00 PM	5:00 PM	之江饭店七楼会议室	Office在统计方面的应用	张小明
9	星期日	2:00 PM	5:00 PM	之江饭店二楼会议室	Office在办公方面的应用	王亮

图 3-17　选择要单元格居中的多个单元格

（2）单击格式工具栏中的"合并及居中"按钮，即可将所选定的单元格以及单元格中的内容合并居中了，如图 3-18 所示。

A1 员工培训日程安排表

	A	B	C	D	E	F
1				员工培训日程安排表		
2	日期	开始时间	结束时间	地点	课程内容	主讲人
3	星期一	8:30 AM	11:30 AM	之江饭店二楼会议室	Office在人力资源方面的应用	王亮
4	星期二	8:30 AM	11:30 AM	之江饭店七楼会议室	Office在行政方面的应用	张小明
5	星期三	8:30 AM	11:30 AM	之江饭店五楼会议室	Office在销售方面的应用	何华刚
6	星期四	2:00 PM	5:00 PM	之江饭店七楼会议室	Office在财务方面的应用	张小明
7	星期五	2:00 PM	5:00 PM	之江饭店五楼会议室	Office在市场方面的应用	何华刚
8	星期六	2:00 PM	5:00 PM	之江饭店七楼会议室	Office在统计方面的应用	张小明
9	星期日	2:00 PM	5:00 PM	之江饭店二楼会议室	Office在办公方面的应用	王亮

图 3-18　设置"合并及居中"效果

（3）要取消合并及居中的单元格，可首先选定已合并的单元格，再单击格式工具栏中的"合并及居中"按钮即可。

二、设置单元格的边框、底纹和图案

为了突出某些单元格区域的重要性或显示与其他单元格区域的区别，可以在这些单元格区域为其添加边框、底纹或图案。

（一）设置单元格的边框

在 Excel 中，默认情况下，表格线都是统一的淡虚线。打印时，这些淡虚线是看不见的。如果需要在打印件中显示这些表格线，我们既可使用"边框"按钮设置，也可以使用"单元格格式"对话框设置单元格的边框。

1. 使用边框按钮设置单元格的边框

（1）选定需要添加边框的单元格或单元格区域。

（2）在"格式"工具栏中单击"边框"按钮右边的下三角按钮。

（3）单击下拉列表框中所需的类型即可，如图 3-19 所示。

2. 使用"单元格格式"对话框设置单元格的边框

如果在设置边框格式的同时，还需要设置边框的线型和颜色等内容，那么还是使用“单元格格式”对话框进行设置比较方便。其具体操作步骤如下：

(1)选定要添加边框的单元格或单元格区域。

(2)单击“格式/单元格”命令，打开“单元格格式”对话框。

(3)在“单元格格式”对话框中选择“边框”选项卡，如图 3-20 所示。

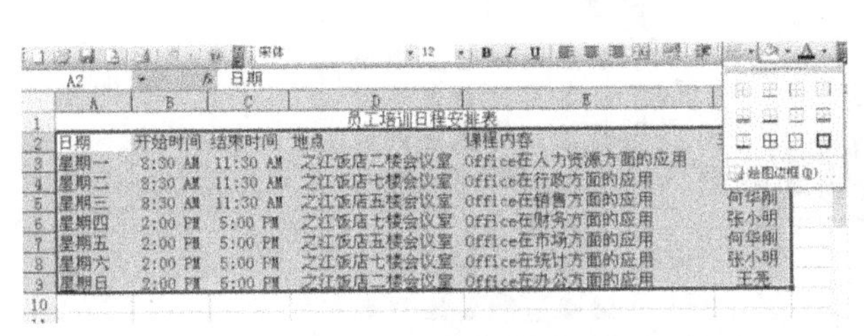

图 3-19　设置单元格边框

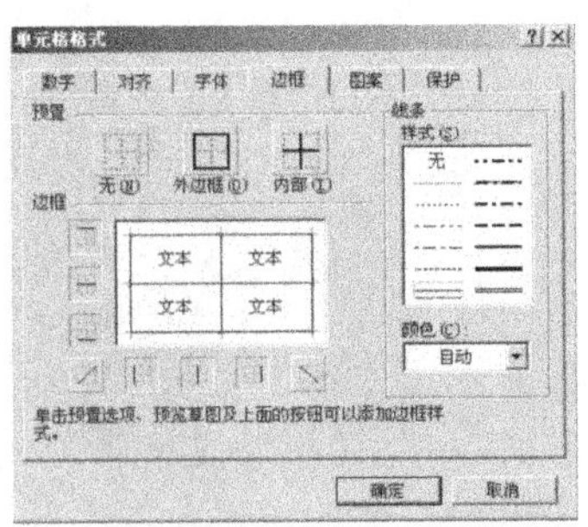

图 3-20　“边框”选项卡

(4)在“预置”选项组中通过单击预置选项、预览草图或者草图旁边的按钮如“外边框”、“上边框”、“左边框”等可以添加边框样式。

(5)在“样式”列表框中为边框设置线型的样式。

(6)在“颜色”下拉列表框中选择边框的颜色。

(7)完成设置后，单击“确定”按钮即可。

(二)设置表格的底纹和图案

如果希望为单元格背景填充颜色，可以使用格式工具栏上的“填充颜色”按钮来设置，单击该按钮右侧的下拉箭头，从打开的下拉列表中选择所需的填充颜色即可，如图 3-21 所示。

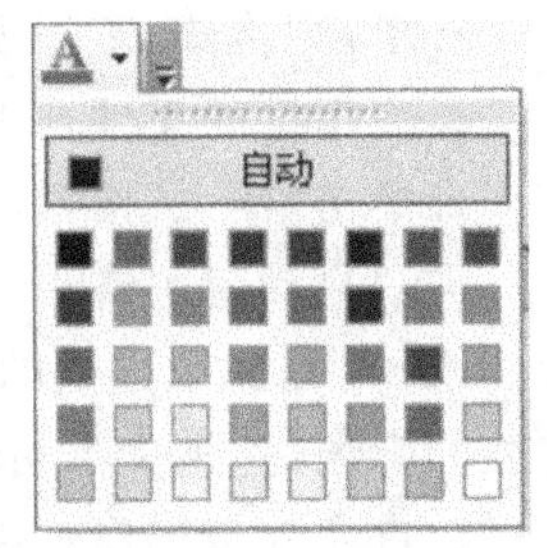

图 3-21　“填充颜色”下拉列表

如果希望为单元格背景填充图案，则要使用“单元格格式”对话框中的“图案”选项卡来完成。操作步骤如下：

1. 选中要填充背景的单元格或单元格区域并右击，从弹出的快捷菜单中“设置单元格格式”命令或单击“格式/单元格”命令，打开“单元格格式”对话框并选择“图案”选项卡，如图 3-22 所示。

2. 在“颜色”区域中选择需要的颜色即可用这种颜色填充所选定的单元格区域。如果希望为单元格的背景设置底纹图案，则需要单击“图案”列表框右侧的下拉箭头，从打开的下拉列表中选择合适的图案，这些图案称为底纹样式。如果希望设置图案线条的颜色，可从打开的“图案”下拉列表中选取需要的颜色，底纹中线条的颜色称为底纹颜色。

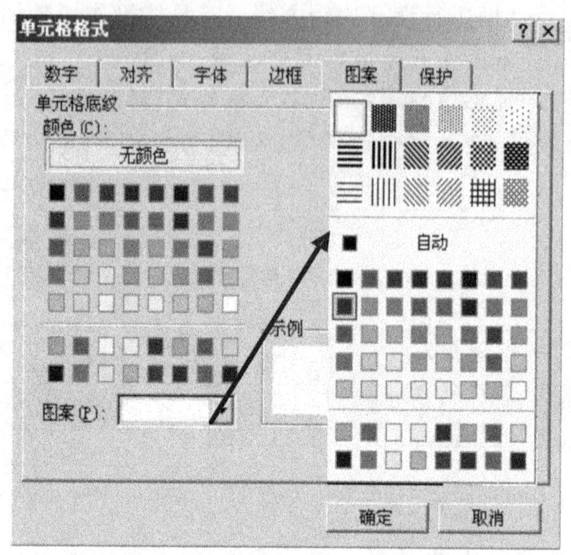

图 3-22 为单元格设置填充颜色和图案

3. 最后单击“确定”按钮即可。

(三)设置工作表的背景图案

有时为了美化工作表,需要设置整张工作表背景图案。其具体操作步骤如下:

1. 选中需要添加背景图案的工作表。

2. 单击“格式/工作表/背景”命令,打开“工作表背景”对话框。

3. 在指定的文件列表中,选择一个图形文件。

4. 单击“插入”按钮即可插入所需的背景效果了。

(四)自动套用格式

Excel 提供了大量的格式,我们可以套用表格格式后稍作修改,减少格式化工作表的麻烦,达到事半功倍的效果。其具体操作步骤如下:

1. 首先选定工作表中的单元格区域,如果没有选择区域,则默认是整张工作表,然后单击“格式/自动套用格式”命令,打开“自动套用格式”对话框,如图 3-23 左图所示。

2. 在打开的“自动套用格式”对话框的列表中选择一种“套用格式”样式。单击“选项”按钮,打开“要应用的格式”选项组。在该选项组中可以选择只应用某些格式到所选定的表格上,例如选中“边框”复选框,则只将边框格式应用在所选定的表格上,Excel 默认的是全部选中的,如图 3-23 右图所示。

3. 单击“确定”按钮,就自动套用了所选的样式了。

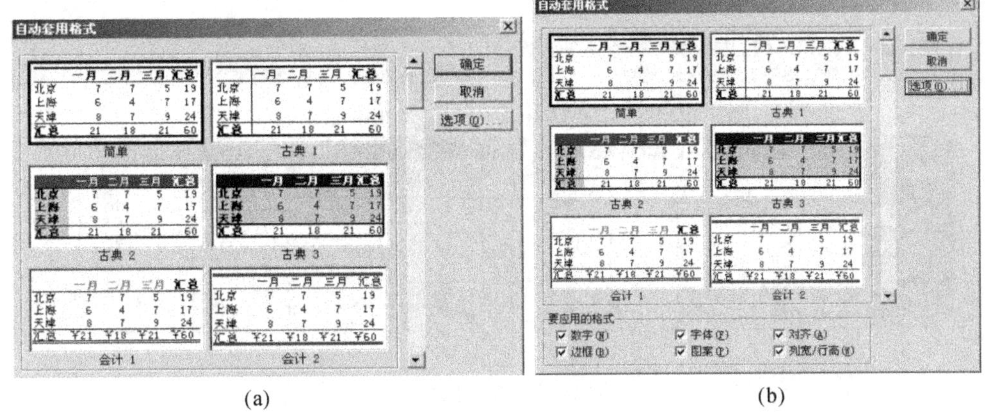

(a)　　　　　　　　　　　　(b)

图 3-23　“自动套用格式”对话框

三、隐藏日程安排表中的网格线

在 Excel 2003 中，网格线是默认设置的。虽然在打印的时候可以设置不显示，但不少使用者认为在操作过程中，网格线影响表格的美观，想把它隐藏起来，具体操作步骤如下：

1. 执行“工具/选项”命令，在弹出的“选项”对话框中，切换至“视图”选项卡，如图 3-24 所示。

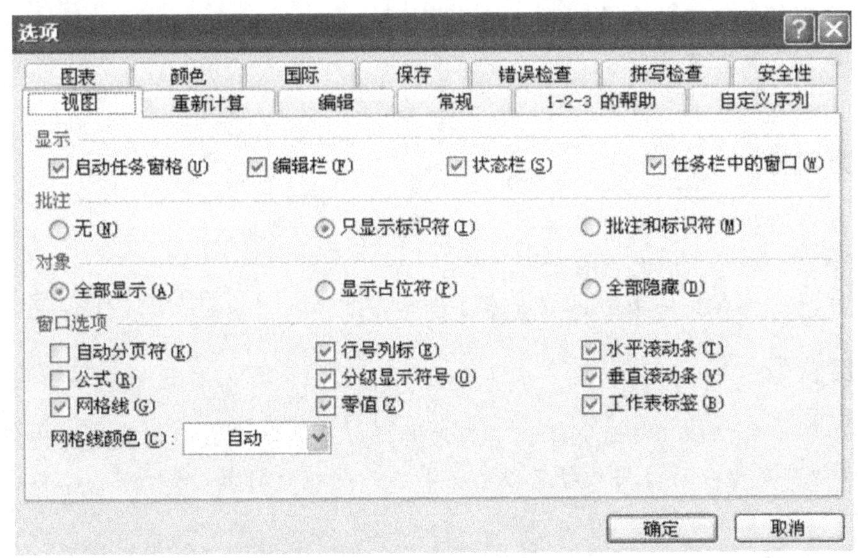

图 3-24　“视图”选项卡

2. 单击“网格线”复选框，取消此项，并将网格线颜色设置为“自动”，然后单击“确定”按钮，返回工作表。此时工作表中没有网格线，但是单元格仍然存在，如

图 3-25所示。

E8 Office在统计方面的应用

	A	B	C	D	E	F
1	员工培训日程安排表					
2	日期	开始时间	结束时间	地点	课程内容	主讲人
3	星期一	8:30 AM	11:30 AM	之江饭店二楼会议室	Office在人力资源方面的应用	王亮
4	星期二	8:30 AM	11:30 AM	之江饭店七楼会议室	Office在行政方面的应用	张小明
5	星期三	8:30 AM	11:30 AM	之江饭店五楼会议室	Office在销售方面的应用	何华刚
6	星期四	2:00 PM	5:00 PM	之江饭店七楼会议室	Office在财务方面的应用	张小明
7	星期五	2:00 PM	5:00 PM	之江饭店五楼会议室	Office在市场方面的应用	何华刚
8	星期六	2:00 PM	5:00 PM	之江饭店七楼会议室	Office在统计方面的应用	张小明
9	星期日	2:00 PM	5:00 PM	之江饭店二楼会议室	Office在办公方面的应用	王亮
10						

图 3-25 取消网格线

项目二 利用 Excel 制作销售统计分析表

◎ 知识目标

1. 了解 Excel 电子表格处理软件的主要功能和基本知识；
2. 掌握公式和函数的使用方法；
3. 掌握插入图表的方法；
4. 掌握页面设置的方法；
5. 掌握打印图表的方法。

◎ 能力目标

1. 能够掌握在 Excel 中基本公式和函数的使用方法；
2. 能够对数据进行图表编辑和分析；
3. 能够对工作表和图表进行页面设置并打印。

◎ 项目背景

一年一度的总结工作开始了。总经理要对公司各类产品的销售情况进行统计分析，以便制定出今后公司的经营策略。相关数据统计计算、分析准备工作由李秘书负责。

◎ 项目任务

根据总经理思路，制作一份公司产品销售统计表，并对相关数据进行统计和图表分析。

1.按默认方式创建简单图表,并以独立的图表工作表插入在工作簿中;

2.用柱形图来强调数据统计表中各类产品销售额的对比和随季度的变化,并以独立的图表工作表插入在工作簿中;

3.用饼图来强调"其他外设"在各季度中的比例关系,以独立的图表工作表插入在工作簿中。并打印该图表工作表;

4.用折线图来强调主板随各季度变化的趋势,并以独立的图表工作表插入在工作簿中。

任务一 调用系统函数

一、创建工作表表格并输入数据

创建一个如图 3-26 所示的销售统计表,表格中列出了公司各类产品各季度的各类销售情况,并输入了报表数据。

G11

	A	B	C	D	E	F
1	公司销售统计表					
2		第一季度	第二季度	第三季度	第四季度	总计
3	主板	￥156,800.00	￥200,100.00	￥156,786.00	￥178,900.00	
4	硬盘	￥203,600.00	￥178,600.00	￥221,300.00	￥256,310.00	
5	内存条	￥98,320.00	￥100,300.00	￥123,500.00	￥104,100.00	
6	光驱	￥198,100.00	￥115,500.00	￥180,908.00	￥158,050.00	
7	其他外设	￥563,200.00	￥432,200.00	￥411,603.00	￥514,400.00	
8						
9						

图 3-26 公司销售统计表

在创建过程中,要注意 B3—F7 单元格区域数据样式的设置。

二、使用函数

1.使用自动求和功能

在 Excel 中,如果只需要计算某个单元格区域内的数值之和,可以利用 Excel 提供的自动求和功能。例如,对本项目销售统计表中的"总计"列进行自动求和,其操作步骤如下:

首先,单击选中"总计"列的单元格 F3。

其次,单击"常用"工具栏中的"自动求和"按钮 Σ ▾,Excel 的编辑栏中将自动显示求和函数 SUM。

然后,按下 Enter 键,或者单击编辑栏中的"输入"按钮,此时单元格 F3 中将显示求和结果。

最后,分别选中单元格 F4、F5 和 F6,进行与前面相同的操作,求出各类产品的总计值,当然我们也可以用自动填充功能来填充这 3 个单元格。

2. 调用函数

在工作表中,可以直接向单元格或公式编辑栏中输入函数表达式,也可以利用函数向导输入函数。

函数作为预定义的内置公式,具有一定格式的语法,要想正确使用它,首先要掌握它的语法。函数的语法为:

(1)以函数名称开始,后面是括号,括号里是以逗号隔开的计算参数。

(2)如果函数以公式的形式出现,必须在函数前面输入等号。

(3)参数可以是数字、文本、True 或 False 的逻辑值、数组、形如“#N/A”的错误值,或单元格引用,也可以是常量、公式或其他函数。

(4)给定的参数必须能够产生有效的值。

对于比较简单的函数,可以直接在“编辑栏”中输入表达式,对于比较复杂的函数或参数比较多的函数,则可使用函数向导来输入。其操作步骤如下:

(1)选定要输入函数的单元格。

(2)单击“插入/函数”命令,或单击“编辑栏”左侧的“插入函数”f_x按钮,打开“插入函数”对话框,如图 3-27 所示。

(3)在“或选择类别”下拉列表中选择要输入函数的类别,例如“常用函数”。

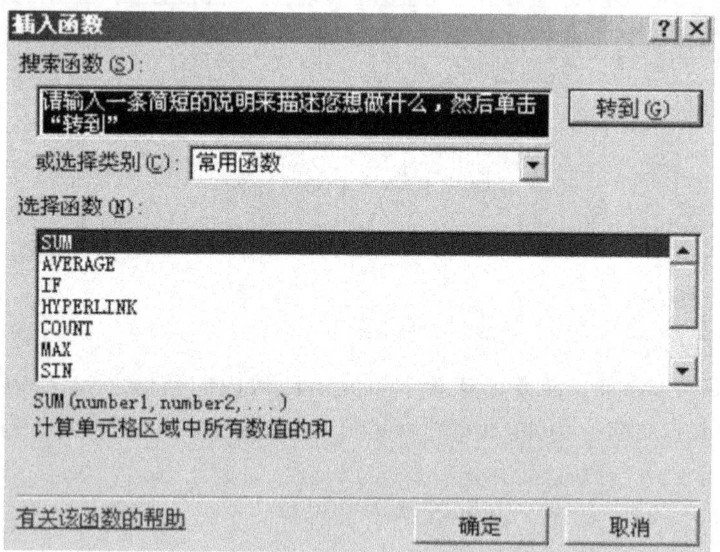

图 3-27 “插入函数”对话框

(4)在“选择函数”列表框中选择所需要的函数,例如 SUM 函数。

(5)单击“确定”按钮打开“函数参数”对话框,如图 3-28 所示。此时我们可以通过单击选择框右侧的“折叠对话框”按钮来选择收缩还是伸展该对话框。

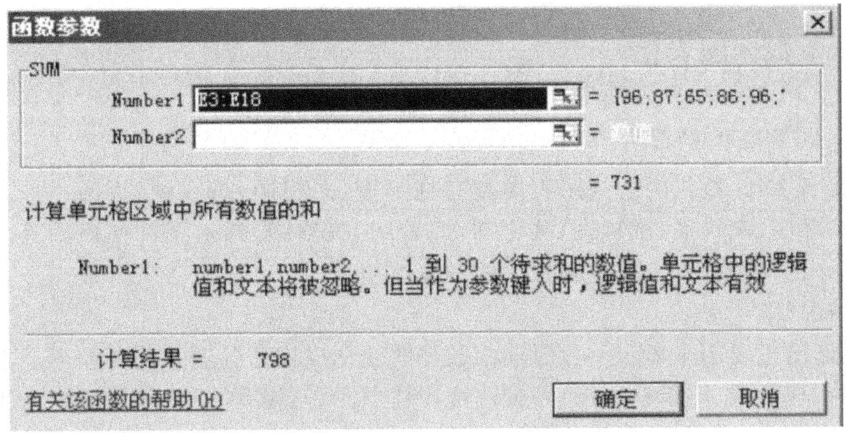

图 3-28　“函数参数”对话框

(6)使用鼠标选择需要求和的单元格，可以配合 Ctrl 或 Shift 键选择，或直接在“函数参数”框中输入相应参数。

(7)单击伸展对话框按钮，返回到“函数参数”对话框中，并单击“确定”按钮，即可完成操作。

在插入函数过程中，当公式和函数出现错误时，都会返回一个错误值，每个出错值代表一种出错原因。了解出错值的含义，将有助于更快地改正错误。表 3-1 中给出了公式发生错误时返回的出借值。

表 3-1　公式发生错误时的出错值和出错原因

出错值	出错原因
＃＃＃＃＃!	公式的计算结果太长，单元格无法容纳
＃DIV/0	除数为 0
＃DN/A	公式中没有可用的值，或使用了不恰当的参数
＃NAME?	使用了无效的单元格名称
＃NULL	引用了两个不相交区域的交点
＃NUM!	数字使用有误，或者公式结果的数值过大或过小，在 Excel 中无法显示
＃REF	使用了无效的单元格引用
＃VALUE	公式和函数中使用参数的类型有误

任务二　数据图表化

一、图表类型的简介

Excel 2003 提供的常规图表类型有柱形图、条形图、折线图、饼图、散点图、面积图、圆环图、圆锥图、圆柱图、棱锥图、股价图、气泡图、雷达图和曲面图等。下面我们就介绍几种日常工作中最常用的图表类型。

1. 柱形图

柱形图主要用来显示一段时期内数据的变化或描述各项之间的差异。它可细分为簇状柱形图、堆积柱形图、百分比堆积柱形图、三维簇状柱形图、三维堆积柱形图、三维百分比堆积柱形图和三维柱形图。图 3-29 所示的便是一类柱形图的样图。

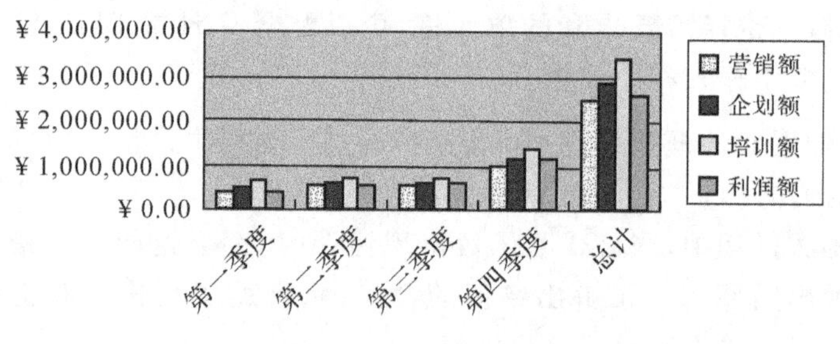

图 3-29　柱形图

2. 条形图

条形图与柱形图类似，只是在垂直方向上为组织分布，水平方向为数值，突出数值差异，而淡化时间或类别的差异。它可细分为簇状条形图、堆积条形图、百分比堆积条形图、三维簇状条形图、三维堆积条形图和三维百分比堆积条形图。图 3-30所示的便是一类条形图的样图。

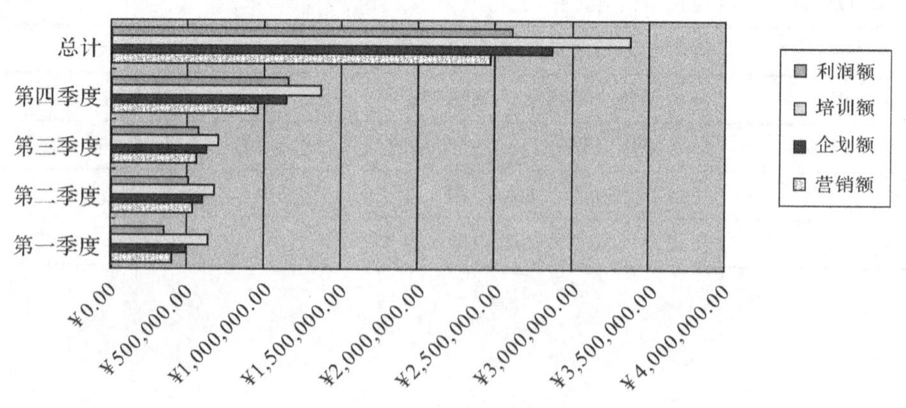

图 3-30　条形图

3. 折线图

折线图可以显示相同间隔内数据的趋势。图 3-31 所示的便是一类折线图的样图。

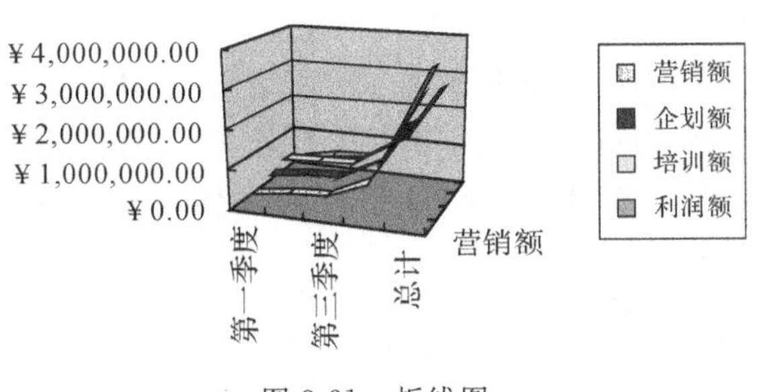

图 3-31　折线图

4. 饼图

饼图显示数据系列中的每一项占该系列数值综合的比例关系。它只能显示一个数据系列，在需要突出某一个重要序列时就比较有用了。图 3-32 所示的便是一类饼图的样图。

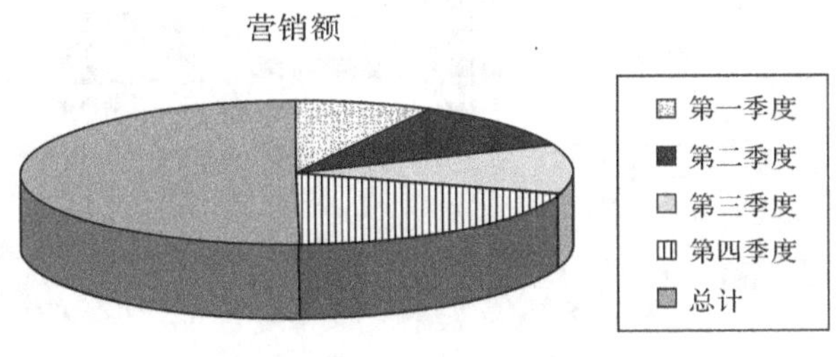

图 3-32　饼图

5. 圆环图

圆环图与饼图类似，可显示数据的部分和整体之间的关系。但圆环图可包含多个数据序列。图 3-33 所示的便是一类圆环图的样图。

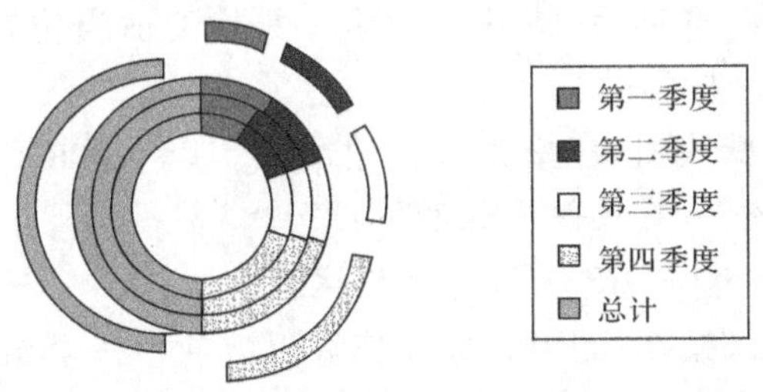

图 3-33　圆环图

二、创建产品销售统计表

在 Excel 2003 中，使用图表向导可以方便快捷地创建基于数据表格的图表，并将图表显示成以上描述的各类图表形式，它既可以生成独立的图表工作表，也可以生成置于工作表中的嵌入式图表。图表具有较好的视觉效果，可方便我们查看数据的差异和预测趋势。

（一）按默认方式创建图表

在 Excel 中，可通过“默认图表”按钮来创建图表。但是，在一般情况下，“默认图表”按钮是隐藏的，可通过以下操作步骤来打开“默认图表”按钮：

1. 在“工具栏选项”中右击，打开“自定义”对话框，如图 3-34 左图所示。

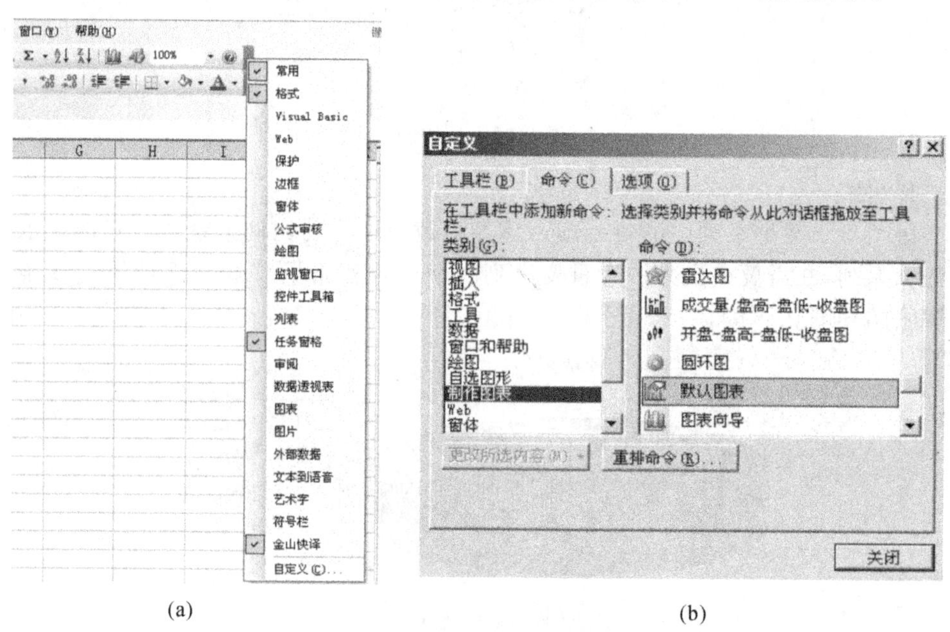

(a)　　(b)

图 3-34　“自定义”对话框

2. 在“自定义”对话框中，单击“命令”标签，在其左侧的“类别”选项中选择“制作图表”选项，然后在其右侧的“命令”选项中选择“默认图表”选项。

3. 选中“默认图表”选项后，将其拖动至工具栏的适当位置，即可看到“默认图表”按钮显示在工具栏选项中。

然后，可以通过“默认图表”按钮来创建图表。以本例的统计数据表格作为基础，按默认方式创建图表，其操作步骤如下：

1. 按 Shift 键同时选中 A2－F6 单元格区域。

2. 单击“默认图表”按钮，则可在原工作表下方插入一个相应的图表。

如果我们想将数据表格生成独立的图表工具表，可通过如下步骤完成：单击 F11 键，此时工作簿中就插入了一张图表工作表 Chart1，即为所生成的独立图表工具表。

（二）利用图表向导创建图表

在 Excel 中，可根据已有的数据建立图表，其操作方法如下：

1. 选择作为图表数据源的区域，然后单击“插入/图表”命令，或者单击常用工具栏上的“图表向导”按钮，打开“图表向导－4 步骤之 1－图表类型”对话框，如图 3-35 所示。

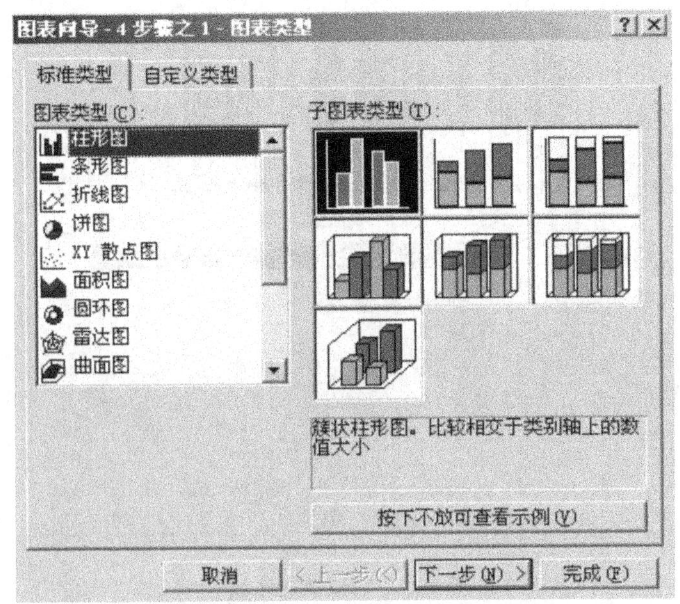

图 3-35　选择图表类型

2. 在“标准类型”选项卡的“图表类型”列表框中选择所需的图表类型，在“子图表类型”列表中选择该类型中的某个细分类型，如果要预选取查看选中的数据源使用该类型创建图表的效果，可以按“按下不放可查看示例”按钮预览所选图表的示例。

3. 如图中所示的选择，单击“下一步”按钮，打开“图表向导－4 步骤之 2－图表源数据”对话框。在使用“图表向导”前，由于已经选择了数据区域，所以在“数据区域”文本框中 Excel 已经自动填好了图表的数据源区域，如图 3-36 所示。

4. 单击“下一步”按钮，打开“图表向导－4 步骤之 3－图表选项”对话框。在该对话框中我们可以地图表的标题、坐标轴、网格线、图例、数据标志和数据表进行设置。

5. 设置完图表选项后，单击“下一步”按钮，打开“图表向导－4 步骤之 4－图表位置”对话框，在该对话框中我们可以设置图表的插入位置，如选中“作为新工作表插入”单选钮，并在其右边的文本框中设置工作表的名称，那么图表与数据源会被作为一个新的工作表插入该工作簿中，如图 3-37 所示。如选中“作为其中的对象插入”,那么图表与数据源会被放在一个工作表中,新建图表将作为原工作表的内嵌图表存在。

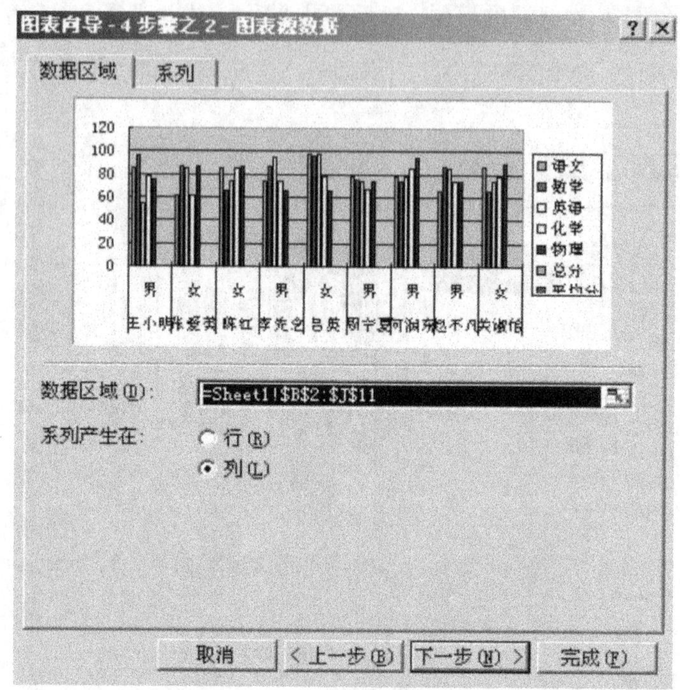

图 3-36 设置数据区域

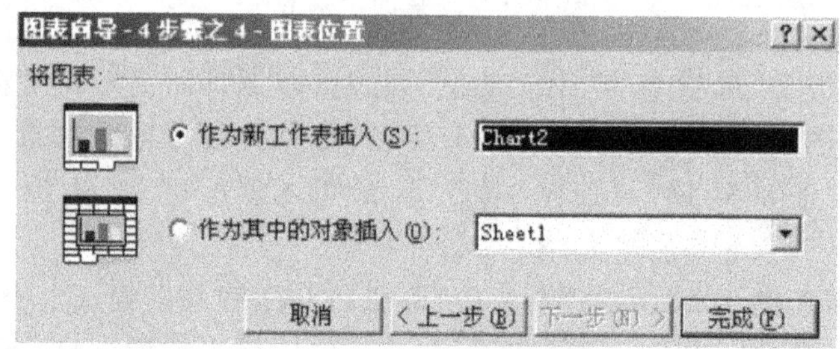

图 3-37 设置图表位置

6. 单击“完成”按钮,一个简单的图表就创建完成了。

(三)更改图表类型

图表类型的选择是相当重要的,选择一个能最佳表现数据的图表类型,有助于更清晰地反映数据的差异和变化,从而更有效地反映工作表中的数据。在 Excel 中有多种图表类型,在各图表类型之间可以互相转换。

要更改图表的类型,可以使用“图表”工具栏快速实现。在创建图表完成时,其工具栏会自动显示。工具栏各个按钮说明如图 3-38 所示。

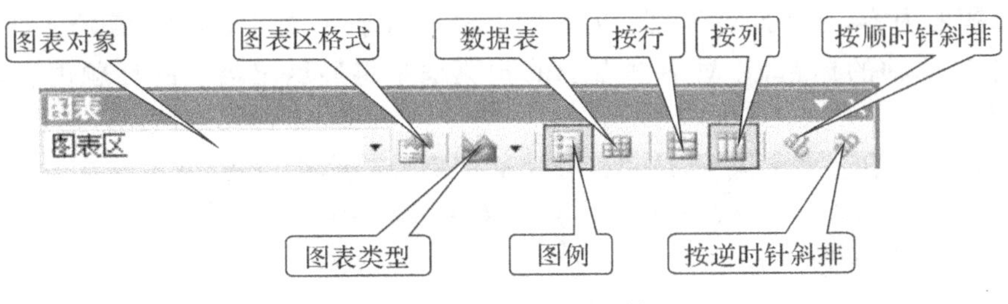

图 3-38　“图表”工具栏

若 Excel 没有显示“图表”工具栏，可右击工具栏，从弹出的快捷菜单中选择“图表”命令。

(四)编辑图表

图表中包含了多种元素，如图表的标题、数据标志以及图表的文字、颜色和图案等。在 Excel 中，可以根据需要对这些元素进行编辑与修改。

1. 插入数据标志

插入数据标志是为了增加图表的可读性。插入数据标志的操作如下：

(1)激活要添加数据标志的图表，然后右击选中“图表选项”命令，打开“图表选项”对话框。

(2)在“数据标志”选项卡中选择需要的数据标志种类，如图 3-39 所示。

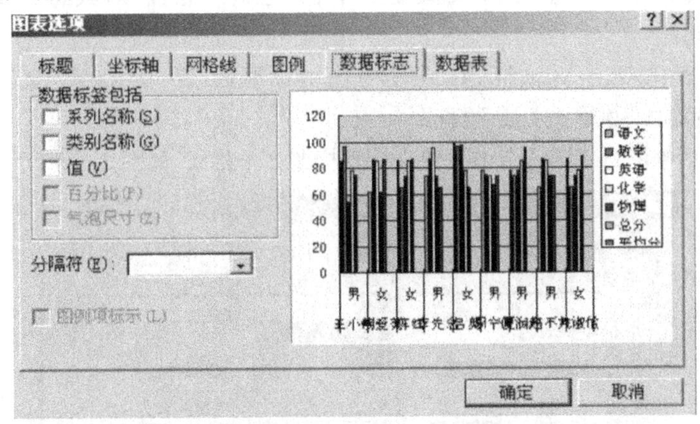

图 3-39　“数据标志”选项卡

(3)选中要显示的标志，单击“确定”按钮后就可以在图表中加入数据标志。

2. 增加图表标题

对于一个图表，除可以为它加上图表的主标题之外，还可以为图表的横(X)轴或纵(Y)轴添加标题。其具体步骤如下：

(1)激活要添加标题的图表，然后右击选中“图表选项”命令，打开“图表选项”对话框。

(2)选择“标题”选项卡，在此选项卡中，可以在“图表标题”文本框中输入当前图表标题的内容，在“分类(X)轴”文本框中输入 X 轴的标题，在“数值(Y)轴”文本框中输入 Y 轴的标题，在对话框右侧的预览框中将显示出当前的标题内容，如图 3-40 所示。

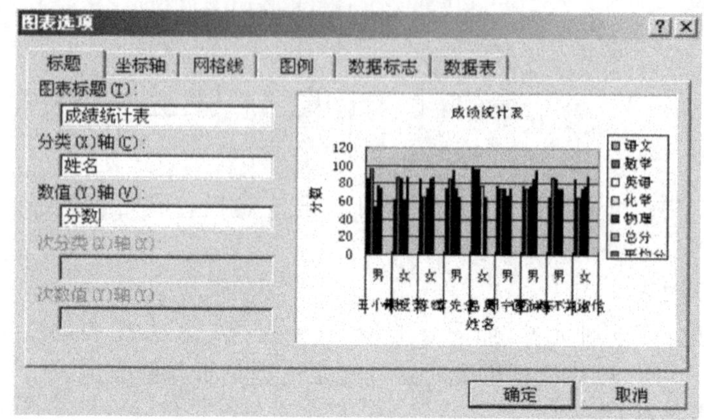

图 3-40 “标题”选项卡

(3)单击“确定”按钮。

3.改变图表的文字、颜色和图案

建立图表后，如果对图表中的文字大小、颜色不满意，可对其进行适当的修改，操作步骤如下：

(1)在图表中双击 Y 轴标题；或者在选中标题后，单击“格式/坐标轴标题”命令，打开“坐标轴标题格式”对话框。

(2)在对话框的“字体”选卡中设置坐标轴标题文本格式，如图 3-41 所示。

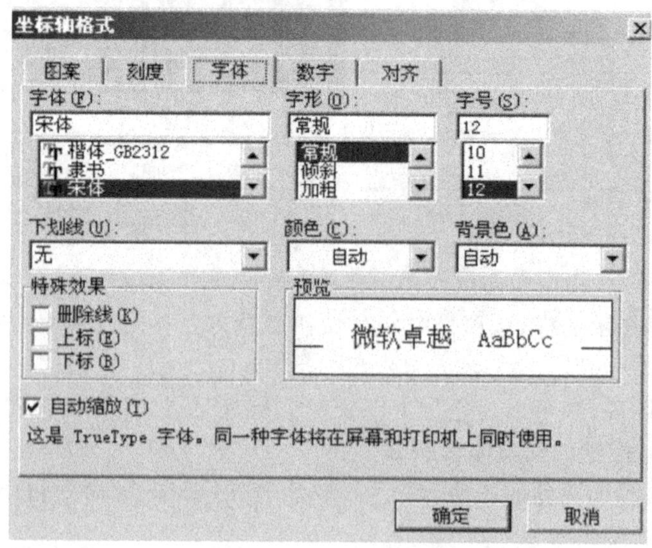

图 3-41 “字体”选项卡

(3)打开“图案”选项卡,设置坐标轴标题的颜色和图案,如图 3-42 所示。

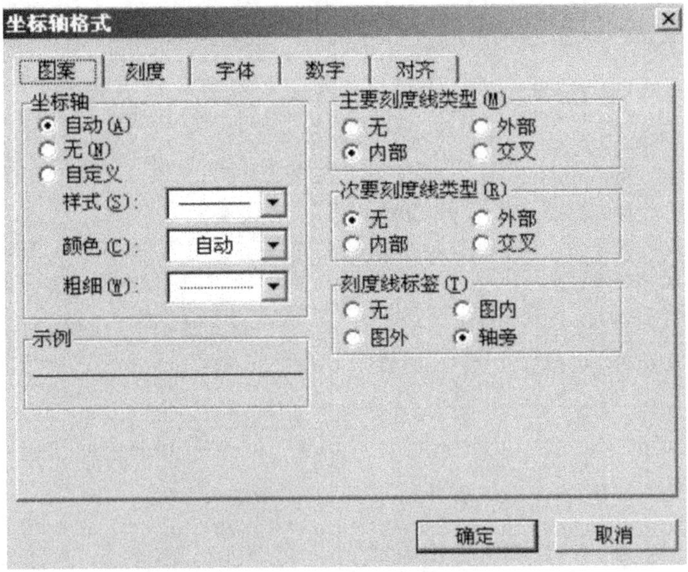

图 3-42　“图案”选项卡

(4)单击“确定”按钮就可以完成坐标轴标题的文字字体和颜色的修改了。

除了可以对图表坐标轴标题进行设置字体和图案之外,还可以对图表中的任何一个元素进行修改。这里就不一一介绍了。

任务三　页面设置和打印

在打印一份工作簿或工作表之前,还要对其页面进行设置,页面设置包括设置工作表的页边距、设置工作表的页眉与页脚等。

一、页面设置

(一)设置页面

设置页面选项包括设置要打印的工作表的打印方向、页面宽度和高度、纸张大小、打印质量和打印页码等。

单击“文件/页面设置”命令,打开“页面设置”对话框,在该对话框中我们可以对页面进行详细的设置,如图 3-43 所示。

1. 打印方向

在“方向”选项组中选择“纵向”或“横向”单选框,来决定纸张的放置方向。

2. 缩放打印

在“缩放”选项组中,可以控制打印数据的放大、缩小值。需要注意的是,缩放打印数据中,可能会造成页码重新编排。

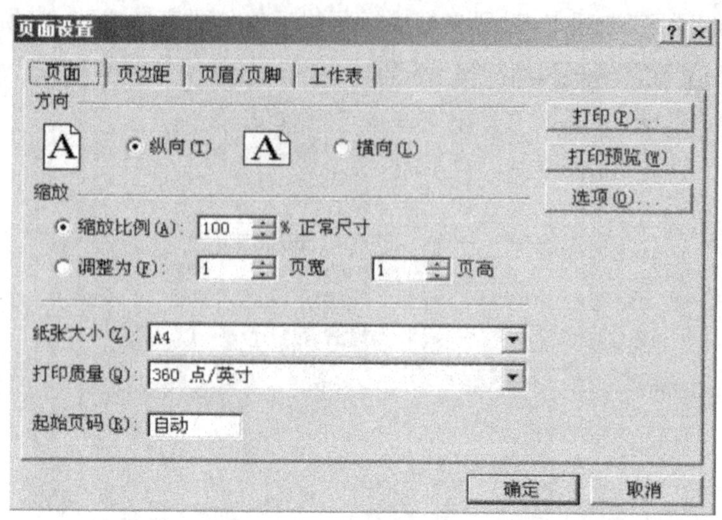

图 3-43 “页面”选项卡

当缩放比例为 100%时，是正常大小；大于 100%，表示要放大打印；小于 100%，表示缩小打印。

3. 大型表格缩小打印

“调整为×页宽、×页高”选项是用来将大型报表缩小打印，并不具备放大功能。例如，一份数据正常打印需要 8 页，即 2 页宽、4 页高或 4 页高、2 页宽，但如果希望将数据的宽度缩小为 1 页宽、3 页高，就可以在“缩放”选区中，选中“调整为”单选框，然后再在右边的栏中设置为 1 页宽、3 页高，那么就会自动调整数据的比例，使数据可以在 3 页中打印出来。

【注意】在“缩放比例”和“调整为”两个单选钮中，只能选择其中一种方式设置工作表的打印方式。

4. 设置起始页码

“起始页码”用来设置页码的起始编号，默认值为“自动”，表示从 1 开始编号，依次类推，如果希望页码从 15 开始编号，就在“起始页码”文本框中输入 15。

(二)设置页边距

在“页面设置”对话框中，切换到“页边距”选项卡，如图 3-44 所示。

在“页边距”选项卡的“上”、“下”、“左”、“右”、“页眉”、“页脚”微调框中单击其上下微调按钮或直接输入数值即可，注意其中的单位为厘米。(当我们调整页边距时，在预览框中将出现一条实线，显示当前调整的选项)恰当设置页边距，不仅有助于美观，有时还能解决实际问题。例如预览中显示表格最右侧一列或最下边一行在页面外无法打印出来时，可调整左边和上边的页边距数值，从而将表格容纳在一页之内。

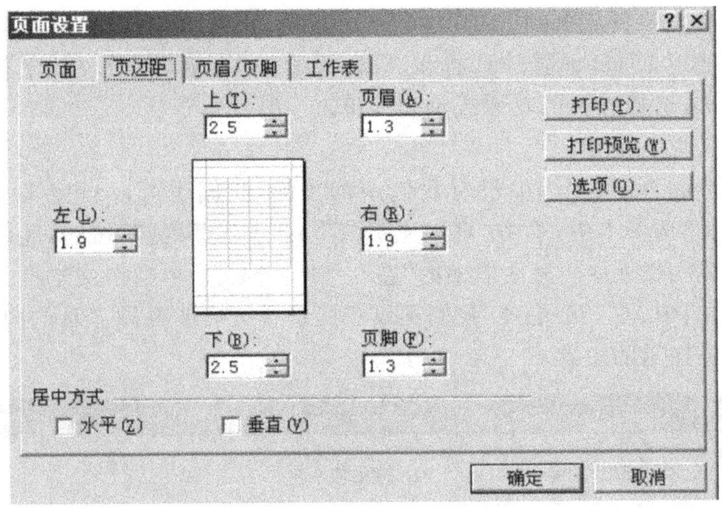

图 3-44　“页边距”选项卡

居中方式：数据通常以上边界和左边界的交点开始打印，所以默认的打印数据将集中在纸的左上方。但如果在“居中方式”选项组中选择“水平”复选框，则可将数据集中在水平线的中央，如果选择“垂直”复选框，则数据会集中在垂直线的中央，如果两者都选中，数据就打印在纸的中央了。

（三）设置页眉和页脚

我们除了在报表中打印数据外，还可以在报表的页眉、页脚中添加打印时间和页数等内容，以便日后我们再查阅此报表时，可以更清楚地了解报表的相关信息。在“页面设置”对话框中选择“页眉/页脚”选项卡，如图 3-45 所示。

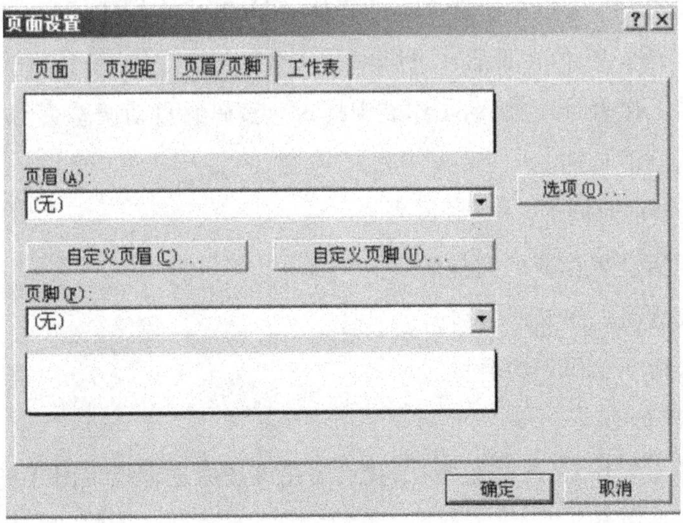

图 3-45　“页眉/页脚”选项

1. 使用内置的页眉页脚

如果要使用 Excel 预置的页眉和页脚，只要按“页眉”和“页脚”下拉列表框右边的下拉箭头，选择想要的页眉或页脚即可。

2. 自定义页眉页脚

如果预置的页眉、页脚中没有我们所需要的，我们也可以自定义页眉、页脚。在“页眉/页脚”选项卡中，单击“自定义页眉”或“自定义页脚”按钮，此时会弹出一对话框，如图 3-46 所示。对话框中的“左”、“中”、“右”3 个空白文本框分别代表页眉或页脚的左、中、右 3 个位置，我们不仅可以设置页眉或页脚显示的内容，还可以选择这些内容显示的位置。

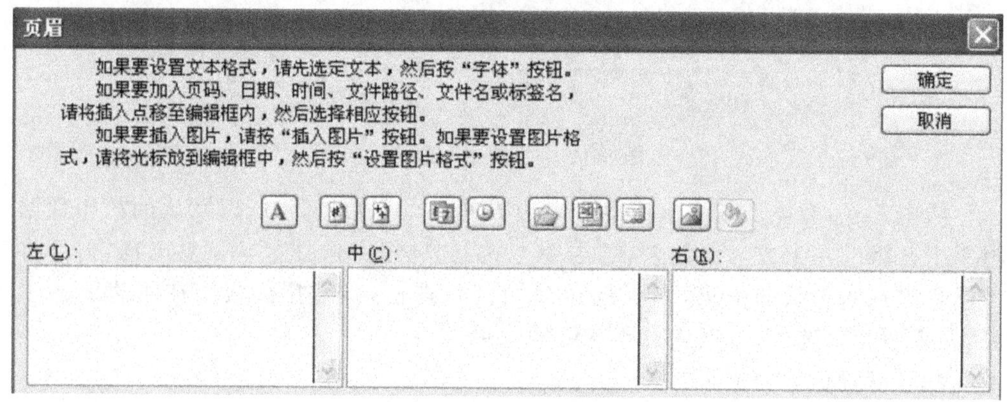

图 3-46 “页眉”对话框

在“页眉”或“页脚”对话框中，各个按钮的作用如下：

A：更改左、中、右框中所选文本的字体、字号和文本样式。

：打印工作表时，在页眉或页脚中插入页码。

：打印工作表时，在活动工作表中插入总页码并自动调整页码。

：插入当前日期。

：插入当前时间。

：插入活动工作簿的文件名。

：插入活动工作簿的名称。

：插入活动工作表的名称。

：插入图片。

：当插入图片后，该按钮置亮，我们可用该按钮进行设置图片格式的操作。

(四)设置工作表

在“页面设置”对话框中的“工作表”选项卡中，可以对打印区域和一些打印格式进行设置;此外,还可以在此选项卡中设置要打印的工作表行号、列标、网格线等内容,如图 3-47 所示。

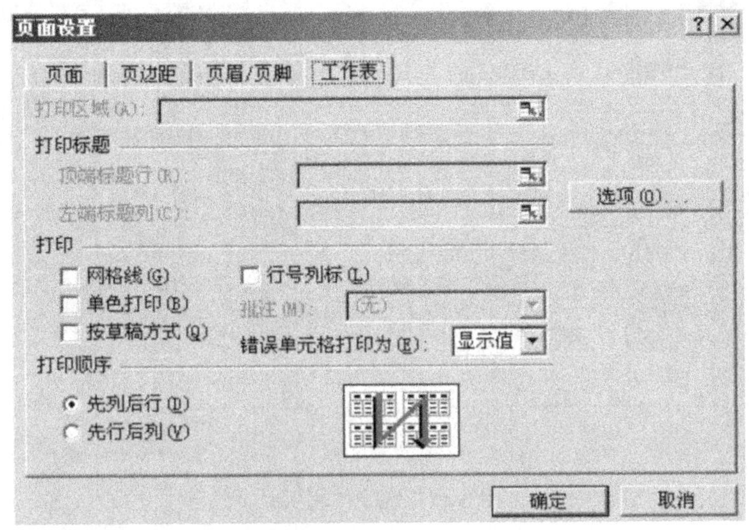

图 3-47　“工作表”选项卡

1. 设置要打印的方式

(1)网格线:如果要打印出网格线,选中“网格线”复选框。

(2)单色打印:工作表经过格式化后,可能增加了许多图案和色彩,屏幕上看起来很美观,但如果打印机是黑白的,可能打印出来的是一片黑黑灰灰的工作表,选中“单色打印”复选框,可以清除一些图案效果,让工作表看起来清爽一些。

(3)行号列标:选中该复选框可打印行号和列标。

(4)按草稿方式:按草稿方式打印质量较为粗糙,但可缩短打印时间,节省耗材。

(5)批注:选中该复选框,工作表中的批注也可以打印出来。

2. 打印顺序

Excel 有两种打印顺序:先行后列,先列后行。

二、设置分页打印

Excel 会自动为数据进行分页,我们可以先查看分页情况,如果分页结果不符合要求,可以对分页进行调整。

1. 查看分页

(1)如果要在常规模式下查看分页情况,可单击“工具/选项”命令,打开“选项”对话框并选择“视图”选项卡。在该选项卡的“窗口选项”选项组中,选中“自动分页符”复选框,单击“确定”按钮,即可在工作表中显示自动分页符。如果要取消自动分页符的显示,可取消“自动分页符”复选框,如图 3-48 所示。

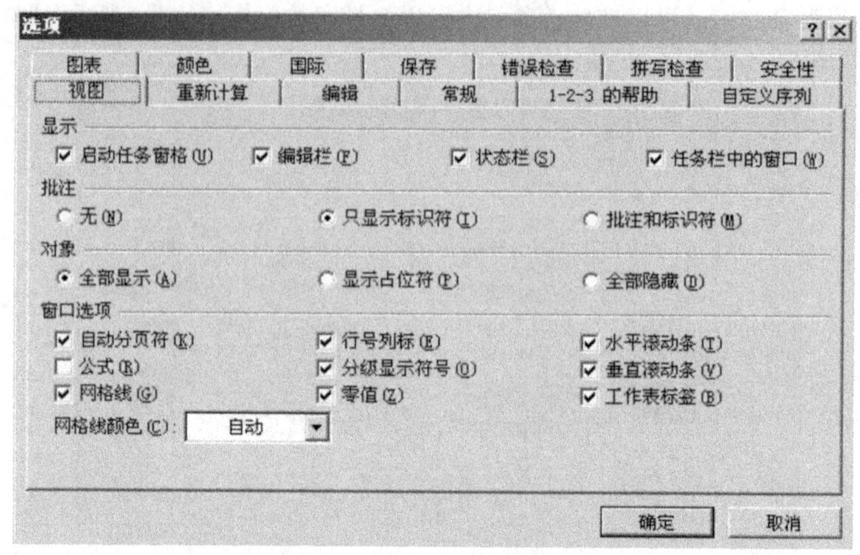

图 3-48 “视图”选项卡

(2)单击“视图/分页预览”命令切换到“分页预览”视图模式,这时,会弹出一个“欢迎使用‘分页预览’视图”消息框,如图 3-49 所示。如果希望下次切换到“分页预览”视图模式时不再显示此消息框,可选中“不再显示此对话框”复选框,然后单击“确定”按钮。

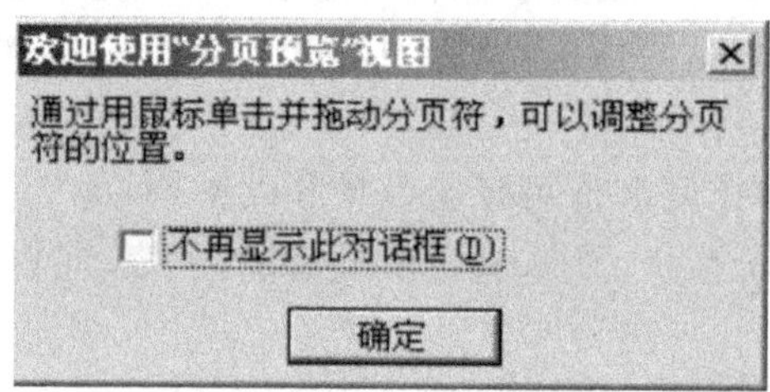

图 3-49 “欢迎使用‘分页预览’视图”消息框

(3)在“分页预览”视图模式下,我们可以看到各个数据分别显示在哪一页上。如图 3-50 所示。直接调整分页线就可以调整分页的位置,在打印时系统会自动调整打印比例。如果有一列数据被分到了分页线的右侧,则这些数据会被作为第 2 页打印出来。要解决这个问题,我们可以将鼠标指针变成↕、↔形状时,拖运分页线直到最后一个包含这些数据的列的右框线上,放开鼠标左键即将这些数据分到了上一页。如果要返回到正常视图模式,单击“视图/普通视图”命令即可。

2. 人工分页

如果想将某一部分数据另起一个新页打印,可以通过人工设置分页来完成。其操作步骤如下:

	A	B	C	D	E	F	G	H	I	J
1	成绩表									
2	编号	姓名	性别	语文	数学	英语	化学	物理	总分	平均分
3	1066677	王小明	男	85	96	54	78	75		
4	1066678	张爱美	女	62	87	85	62	87		
5	1066679	陈红	女	85	65	74	85	87		
6	1066680	李先念	男	74	86	95	74	65		
7	1066681	吕英	女	98	96	97	78	65		
8	1066682	周宁夏	男	78	75	74	67	74		
9	1066683	何润东	男	78	74	78	85	95		
10	1066684	赵不凡	男	65	87	85	74	74		
11	1066685	关淑怡	女	86	65	74	78	89		
12										
13										

图 3-50　“分页预览”视图模式

(1)先选取与要分页行的行号邻近的单元格。

(2)单击“插入/分页符”命令，这样就会在该单元格左上方插入一个分页符。如图 3-51 所示为在分页预览视图模式下显示的分页符。

	A	B	C	D	E	F	G	H	I	J
1	成绩表									
2	编号	姓名	性别	语文	数学	英语	化学	物理	总分	平均分
3	1066677	王小明	男	85	96	54	78	75		
4	1066678	张爱美	女	62	87	85	62	87		
5	1066679	陈红	女	85	65	74	85	87		
6	1066680	李先念	男	74	86	95	74	65		
7	1066681	吕英	女	98	96	97	78	65		
8	1066682	周宁夏	男	78	75	74	67	74		
9	1066683	何润东	男	78	74	78	85	95		
10	1066684	赵不凡	男	65	87	85	74	74		
11	1066685	关淑怡	女	86	65	74	78	89		

图 3-51　人工设置分页

(3)在插入人工分页符后，可再拖动分页符进行调整。

(4)如果要删除分页符，可单击“插入/删除分页符”命令即可。

3. 设置打印区域

我们可以使用下面 3 种方法之一来设置打印区域：

(1)如果要打印表格的某一部分，可先选中要打印的部分，然后单击“文件/打印”，打开“打印内容”对话框，在“打印内容”选项组中选中“选定区域‘单选项即可。

(2)选中要打印的部分，然后单击“文件/打印区域/设置打印区域”命令，那么就会在选中的部分设置打印线。

如果要取消这个打印区域，单击“文件/打印区域/取消打印区域”命令即可。

(3)在工作表中，单击“文件/页面设置”命令，选择“工作表”选项卡，在 打印区域(A): A1:J11 文本框中，输入要打印的单元格名称，或设置好打印区域后，单击工具栏上的“打印”按钮，即可进行打印。

4. 打印预览

使用打印预览功能可以使我们在打印之前通过屏幕看到打印的效果，如果发现有不合适的地方，可以进行修改，从而节省打印机的耗材及打印时间。

单击“常用”工具栏上的“打印预览”按钮，或者单击“文件/打印预览”命令，都可以进入“打印预览”模式，如图 3-52 所示。

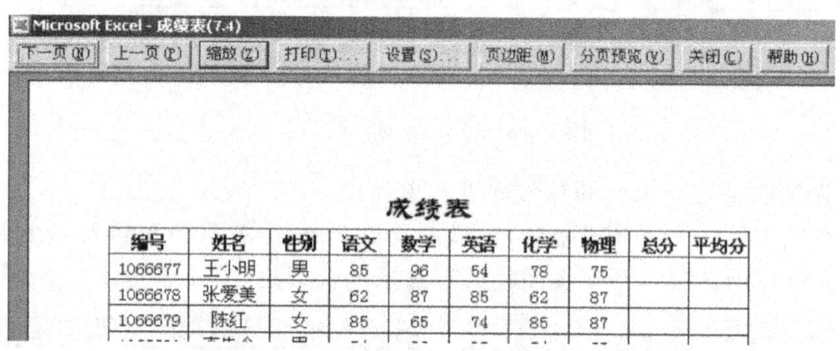

图 3-52　打印预览

(1)显示上一页和下一页

如果打印的数据较多，Excel 会自动分页，并可以在“打印预览”模式下方的状态栏看到数据被分成几页，并可以通过“上一页”、“下一页”按钮或垂直滚动条来查看不同的页。

(2)缩小或放大

“打印预览”模式有两种查看打印文件的比例：整页预览和放大预览。

进入“打印预览”模式，文件是以整页预览的比例，将一页数据完整地显示在屏幕上，由于受屏幕的限制，数据会被缩小，所以只能看到大致的排版情况，单击“缩放”按钮，就可以放大或缩小打印预览的显示比例了。再单击一次“缩放”按钮，又会回到整页预览的显示比例。

(3)页边距

单击“页边距”按钮，会出现很多可以调整的页边距和列宽的虚线和控制点，如图 3-53 所示。

拖动虚线或者虚线两端的控制点，可以调整页面的上、下、左、右边距，页眉区域和页脚区域的大小，列宽。单击“关闭”按钮，关闭“打印预览”视图。

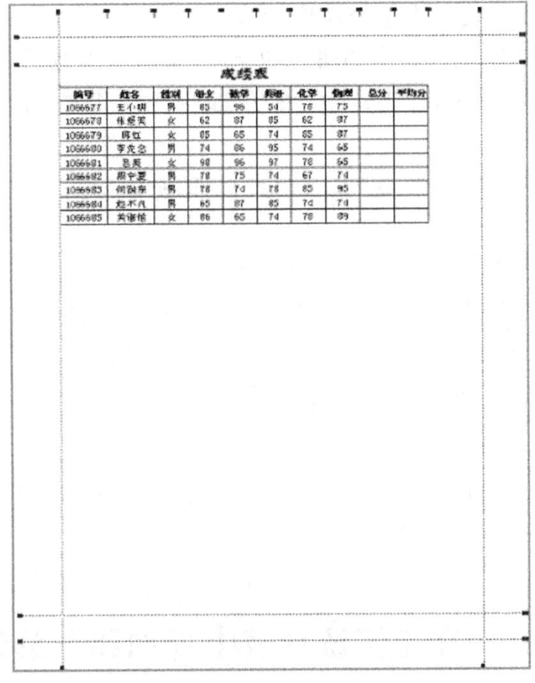

图 3-53　设置打印的页边距

三、打印工作表

对工作表编辑并正确设置页面后，就可以进行打印了。其操作步骤如下：

1. 单击"文件/打印"命令，打开"打印内容"对话框，如图 3-54 所示。

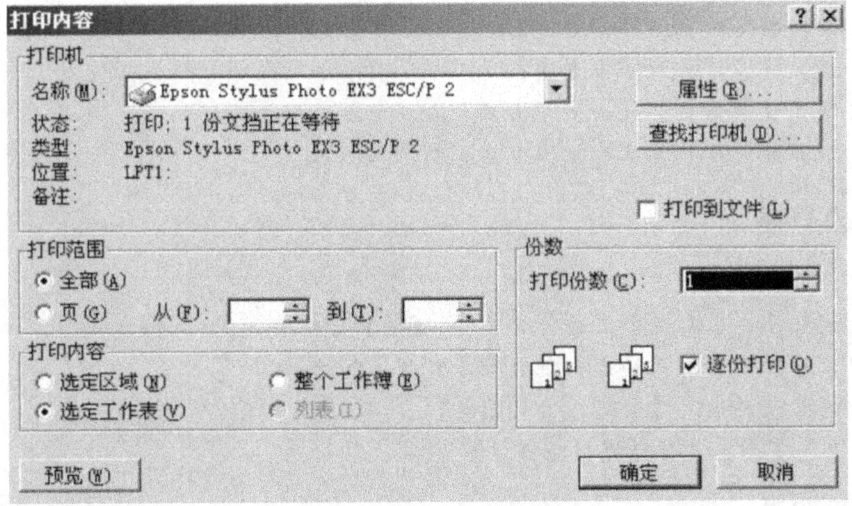

图 3-54　"打印内容"对话框

2. 在"名称"下拉列表框中选择相应的打印机。

3. 在"打印范围"选项组中，可选取要进行打印的文档范围，如果选中"全部"单选项，则会打印整个工作表，如果选中"页"单选项，则可以在后面的微调框中，输入页面的数值范围。

4. 在"打印内容"选项组中，可以选择要打印的对象，是选定区域、整个工作簿还是选定工作表。

5. 在"打印份数"微调框中，设置打印的份数。

6. 如果要打印到文件上，可以选中"打印到文件"单选框。

7. 如果要设置打印机的属性，则可以单击"属性"按钮进行设置。

8. 单击"确定"按钮，即可以进行打印了。

四、打印图表

打印图表的方法和打印 Excel 中其他项目的方法类似，可以使用打印工作表的方法进行打印，这里不再作详细介绍。

项目三　在工资统计表中查询和汇总数据

◎ 知识目标

1. 了解 Excel 电子表格数据处理软件的主要功能和基本知识；
2. 掌握公式在数据表格中的使用方法；
3. 掌握数据排序的操作方法；
4. 掌握数据筛选的操作方法；
5. 掌握数据分类汇总的操作方法；
6. 掌握数据合并计算的操作方法。

◎ 能力目标

1. 能够按要求使用公式；
2. 能够按要求对数据进行简单排序、复杂排序和自定义排序；
3. 能够按要求对数据进行自动筛选和高级筛选；
4. 能够按要求对数据进行分类汇总；
5 能够按要求对数据进行合并计算。

◎ 项目背景

某公司人事部正在统计本月公司员工的工资情况，该统计工作由秘书小李负责。

◎ 项目任务

根据公司员工实际情况，制作一份本月工资统计表，并完成以下要求：

1. 要求计算出其数据表格中的“应扣个税”和“总工资”各值，并保存该工作表。其中：

应扣个税＝(岗位工资＋加班工资＋奖金－应扣三金)×0.5%

总工资＝岗位工资＋加班工资＋奖金－应扣三金－应扣个税

2. 对“所在部门”按照其升序进行简单排序，并保存该工作表；

3. 请按升序进行复杂排序。其中，主关键字为“所在部门”、次关键字为“职工号”、第三关键字为“基本工资”，并保存该工作表；

4. 对“所在部门”按照“人事部、广告部、秘书部、销售部、生产部”的顺序进行自定义排序，并保存该工作表；

5. 自动筛选。要求筛选出“岗位工资”在 550—700 元之间的记录，并保存该工作表；

6. 高级筛选。要求筛选出“销售部”岗位工资在 500 元以上，“广告部”岗位工资在 600 元以上的记录，并保存该工作表；

7. 合并计算。要求计算出各部门的总工资，并保存该工作表；

8. 在“自定义排序”工作表的基础上，对“所在部门”进行分类汇总，求出“所在部门”的“基本工资、加班工资、奖金”的平均值，并保存该工作表。

任务一　创建员工工资统计表

由于在前面的内容中，我们已经详细介绍了数据表格的创建方法，因此这里不再重复。完成上述任务需要首先创建一份如图 3-55 所示的员工工资统计表。

L21

	A	B	C	D	E	F	G	H	I	J
1	某公司员工工资统计表(×月)									
2	职工号	姓名	所在部门	岗位工资	加班工资	奖金	应扣三金	应扣个税	总工资	
3	8006001	张立群	广告部	￥780.00	￥0.00	￥100.00	￥250.00			
4	8006002	戚建军	秘书部	￥650.00	￥20.00	￥120.00	￥200.00			
5	8006003	苏红	生产部	￥500.00	￥50.00	￥100.00	￥130.00			
6	8006004	黄小媛	销售部	￥660.00	￥62.00	￥50.00	￥180.00			
7	8006005	舒榕	销售部	￥450.00	￥120.00	￥60.00	￥160.00			
8	8006006	章小明	人事部	￥880.00	￥85.00	￥88.00	￥300.00			
9	8006007	赵铭	广告部	￥456.00	￥69.00	￥55.00	￥120.00			
10	8006008	孙伟	销售部	￥679.00	￥0.00	￥70.00	￥200.00			
11	8006009	余亮	生产部	￥550.00	￥46.00	￥200.00	￥180.00			
12	8006010	葛斌宏	广告部	￥672.00	￥90.00	￥30.00	￥200.00			
13	8006011	王晓	销售部	￥801.00	￥75.00	￥74.00	￥260.00			
14	8006012	顾小西	人事部	￥645.00	￥63.00	￥65.00	￥190.00			
15	8006013	童杭生	广告部	￥480.00	￥85.00	￥45.00	￥100.00			
16	8006014	陈灵	销售部	￥530.00	￥70.00	￥80.00	￥150.00			
17										

图 3-55　员工工资统计表

任务二　使用公式

Excel 除了能进行一般的表格处理外，还具有强大的数据计算功能，一般利用公式来实现。使用公式可以对工作表中的数值进行加、减、乘或除等计算。

公式可以引用同一工作表中的其他单元格、同一工作簿不同工作表中的单元格，或者其他工作簿的工作表中的单元格。

一、公式的运算符

运算符是为了对公式中的元素进行特定类型的运算，Microsoft Excel 包含 4 种类型的运算符：算术运算符、比较运算符、文本运算符和引用运算符。

1. 算术运算符

算术运算符是我们最熟悉的运算符，它可以完成基本的数字运算，如加、减、乘、除等，用以连接数字并产生数字结果。

2. 比较运算符

比较运算符可以比较两个数值，并产生逻辑值 TRUE 或 FALSE。即条件相符，则产生逻辑真值 TRUE(1)；若条件不符，则产生逻辑假值 FALSE(0)。

表 3-2 是常用算术运算符和比较运算符表达式和含义。

表 3-2　算术运算符和比较运算符表达式和含义

算术运算符	表示含义	比较运算符	表示含义
＋	加	＝	等于
－	减	<>	不等于
－	负	>	大于
*	乘	<	小于
/	除	>=	大于等于
%	百分比	<=	小于等于
&	连接文本	：	区域运算符
^	乘方	,	联合运算符

3. 文本运算符

文本运算符只有一个“&”，利用“&”可以将文本连接起来。

例如，在单元格 B1 中输入“浙江”，在 B3 中输入“杭州”，然后在 D1 中输入公式“＝B1＋B3”，此时 B1 和 B3 单元格被不同颜色的矩形框包围。按 Enter 键或单击编辑栏中“输入”图标按钮，则在 D1 单元格中显示“浙江杭州”。

4.引用运算符

引用运算符用于标名工作表中的单元格或单元格区域。冒号(:)是区域运算符,对两个引用之间,包括两个引用在内的所有单元格进行引用,如 B5:B15。逗号(,)表示联合操作符将多个引用合并为一个引用,如 SUM(B5:B15,D5:D15)。

二、公式中的运算顺序

如果在公式中同时使用了多个运算符,Excel 对这些运算符设定了运算优先级。其中,算术运算符的优先级是先乘幂运算,再乘、除运算,最后为加、减运算。相同优先级的运算符按从左到右的次序进行运算。

如果公式中出现不同类型的运算符混用时,运算次序是:引用运算符→算术运算符→文本运算符→比较运算符。如果要改变运算次序,可把公式中要先计算的部分括上圆括号。

例如,计算(12－6)＊4/2^3 的值。

(12－6)＊4/2^3 ＝6＊4/2^3

＝6＊4/8

＝24/8

＝3

三、进行简单运算

在了解了运算符和运算顺序后,就可以开始输入公式进行简单运算了。公式是工作表中的数值进行计算的等式,它要以＝(等号)开始,可以在编辑栏中输入公式,也可以在单元格里直接输入公式。

以本例中“应扣个税”的计算为例,其具体操作步骤如下:

1.单击 H3 单元格;

2.在“插入函数”fx右侧的[编辑栏]中输入公式“＝(D3＋E3＋F3－G3)＊0.005”;

3.输入完成后,按下 Enter 键,或者单击编辑栏中的“输入”按钮结束操作,同时单元格的公式内容显示在编辑栏中,计算结果显示在单元格内。

本例中“总工资”的计算方法同上,其应输入的公式为“＝D3＋E3＋F3－G3－H3”。

任务三　数据的排序

接下来,我们对填好数据的员工工资统计表进行数据排序。

一、对“所在部门”进行简单排序

简单排序就是指按照 Excel 2003 默认的排序方式进行排序,它根据单元格中

的数值的大小(从小到大或从少到多的顺序)进行排列顺序。下面我们就使用简单排序对数据清单进行排序。具体操作步骤如下:

1. 进行简单排序前,首先需选定清单上的一个字段,也就是某一列,这也是为了给出一个排序的依据,这里我们选择"所在部门"字段,然后执行"数据/排序"命令,弹出如图 3-56 所示的"排序"对话框。

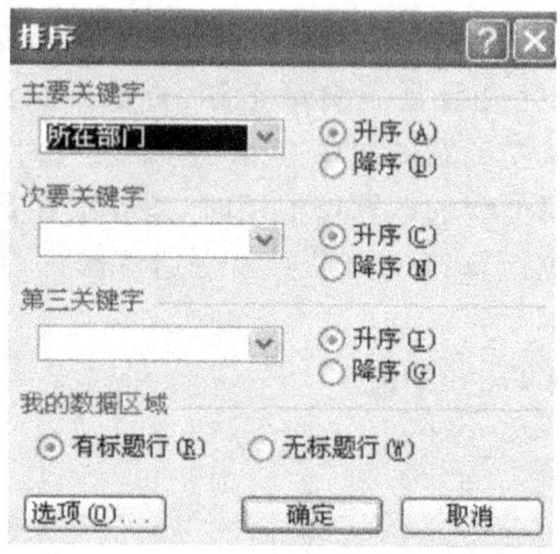

图 3-56 "排序"对话框

2. 在"排序"对话框中,可以对不同层次的关键字进行设置,这里我们保持系统默认设置,然后单击"确定"按钮,返回工作表中,得到排序结果,如图 3-57 所示。

	A	B	C	D	E	F	G	H	I
1	某公司员工工资统计表(×月)								
2	职工号	姓名	所在部门	岗位工资	加班工资	奖金	应扣三金	应扣个税	总工资
3	8006001	张立群	广告部	¥780.00	¥0.00	¥100.00	¥250.00	¥3.15	
4	8006007	赵铬	广告部	¥456.00	¥69.00	¥55.00	¥120.00		
5	8006010	葛斌宏	广告部	¥672.00	¥90.00	¥30.00	¥200.00		
6	8006013	童杭生	广告部	¥480.00	¥85.00	¥45.00	¥100.00		
7	8006002	戚建军	秘书部	¥650.0	[illegible]	0	¥200.00		
8	8006006	章小明	人事部	¥880.0	[illegible]	0	¥300.00		
9	8006012	顾小西	人事部	¥645.0	[illegible]	0	¥190.00		
10	8006003	苏红	生产部	¥500.0	¥50.00	¥100.00	¥130.00		
11	8006009	余亮	生产部	[illegible]	¥46.00	¥200.00	¥180.00		
12	8006004	黄小媛	销售部	¥660.00	¥62.00	¥50.00	¥180.00		
13	8006005	舒格	销售部	¥450.00	¥120.00	¥60.00	¥160.00		
14	8006008	孙伟	销售部	¥679.00	¥0.00	¥70.00	¥200.00		
15	8006011	王晓	销售部	¥801.00	¥75.00	¥74.00	¥260.00		
16	8006014	陈灵	销售部	¥530.00	¥70.00	¥80.00	¥150.00		
17									

"所在部门" 序
部门升序排序

图 3-57 对"所在部门"进行升序排序

【注意】这里的升序是按部门的第 1 个字的拼音字母顺序排列的,例如"广告部"的"广"guang 和"秘书部"的"秘"mi,第 1 个字母"g"在"m"前面,所以"广告部"在"秘书部"前面。

二、复杂排序

以本例中的要求按升序进行复杂排序。其中，主关键字为“所在部门”、次关键字为“职工号”、第三关键字为“基本工资”，其具体操作步骤如下：

1. 依照上一节中的步骤打开“排序”对话框后，在“排序”对话框设置“次要关键字”为“职工号”项，设置“第三关键字”为“基本工资”项，其余保持系统默认，如图 3-58 所示。

2. 单击“确定”按钮，返回工作表中，此时工作表中的数据便会按照在同一部门内再按“职工号”进行排列，再在此基础上按照“岗位工作”的多少进行排序，最后排序结果如图 3-59所示。

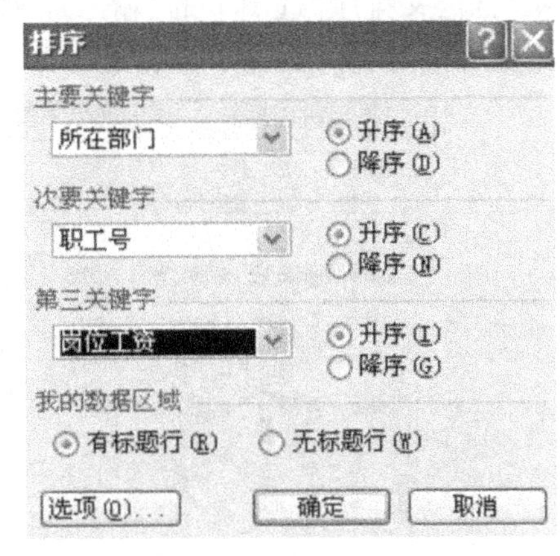

图 3-58　“排序”对话框

	A	B	C	D	E	F	G	H	I	J
1	某公司员工工资统计表(×月)									
2	职工号	姓名	所在部门	岗位工资	加班工资	奖金	应扣三金	应扣个税	总工资	
3	8006001	张立群	广告部	¥780.00	¥0.00	¥100.00	¥250.00	¥3.15		
4	8006007	赵铬	广告部	¥456.00	¥69.00	¥55.00	¥120.00			
5	8006010	葛斌宏	广告部	¥672.00	[illegible]	¥30.00	¥200.00			
6	8006013	童杭生	广告部	¥480.00	[illegible]	¥45.00	¥100.00			
7	8006002	戚建军	秘书部	¥650.00	[illegible]	[illegible]	[illegible]			
8	8006006	章小明	人事部	¥880.00	[illegible]	[illegible]	[illegible]			
9	8006012	顾小西	人事部	¥645.00	[illegible]	[illegible]	[illegible]			
10	8006003	苏红	生产部	¥500.00	[illegible]	[illegible]	[illegible]			
11	8006009	余亮	生产部	¥550.00	[illegible]	[illegible]	¥180.00			
12	8006004	黄小媛	销售部	¥660.00	¥62.00	¥50.00	¥180.00			
13	8006005	舒格	销售部	¥450.00	¥120.00	¥60.00	¥160.00			
14	8006008	孙伟	销售部	¥679.00	¥0.00	¥70.00	¥200.00			
15	8006011	王晓	销售部	¥801.00	¥75.00	¥74.00	¥260.00			
16	8006014	陈灵	销售部	¥530.00	¥70.00	¥80.00	¥150.00			
17										

在相同的部门中先按职工号排序，再按岗位工作排序

图 3-59　按多个关键字排序后的结果

三、对“所在部门”自定义排序

上面两节中的排序都是按照字符拼音字母的前后顺序或者按照数字的大小前后顺序排列的，但在实际的应用中这样的排序并不能完全满足我们的要求。例如，本例中要求对“所在部门”按照“人事部、广告部、秘书部、销售部、生产部”的顺序进行排序，这就难以实现了。在 Excel 中有一种“自定义排序”，通过它我们可以来解决以上问题。如本例的具体操作步骤如下：

1. 执行“工具/选项”命令。

2. 弹出“选项”对话框，单击“自定义排序”标签，切换到“自定义排序”选项卡下，按要求的“人事部、广告部、秘书部、销售部、生产部”这个顺序将这 5 个部门输入“自定义排序”选项卡的“输入序列”列表框中，每输入一个按 Enter 键换行或者用逗号隔开，如图 3-60 所示。

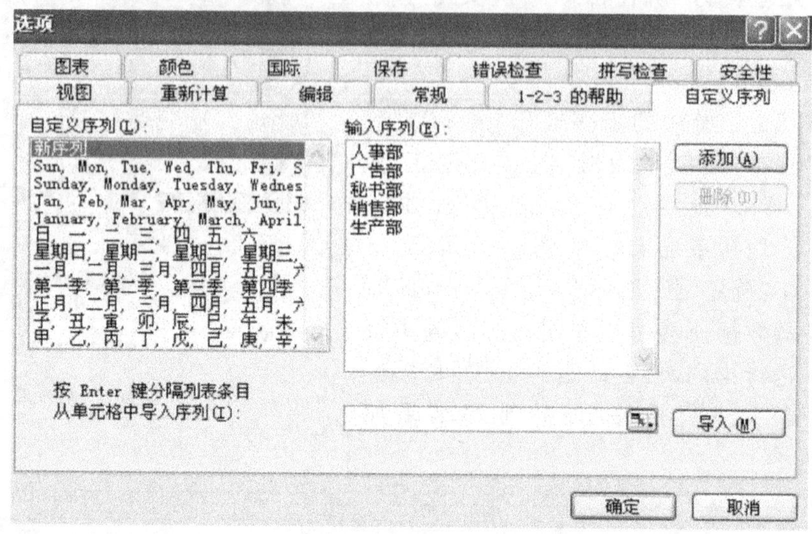

图 3-60 输入序列

3. 单击对话框中右侧的“添加”按钮，将刚自定义的序列添加至左侧的“自定义序列”列表框中，如果我们想删除某些序列，只需在左侧的“自定义序列”列表框中选择所要删除的序列名称，然后单击“删除”按钮即可。在确认刚才的输入后，单击“确定”按钮，返回工作表中。

4. 按照前面介绍的操作，打开“排序”对话框，单击对话框中的“选项”按钮，打开“排序选项”对话框，如图 3-61 所示。

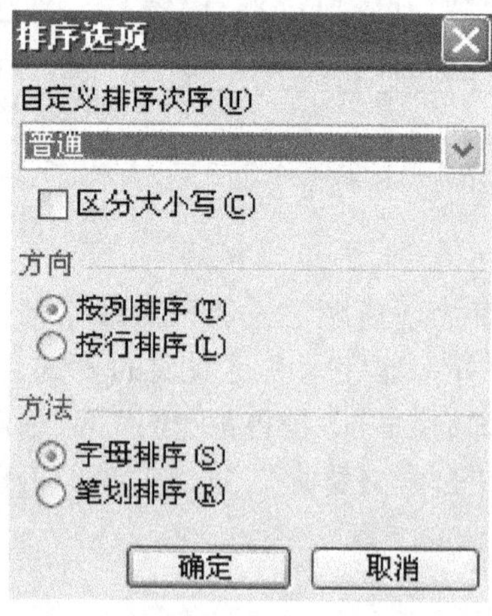

图 3-61 “排序选项”对话框

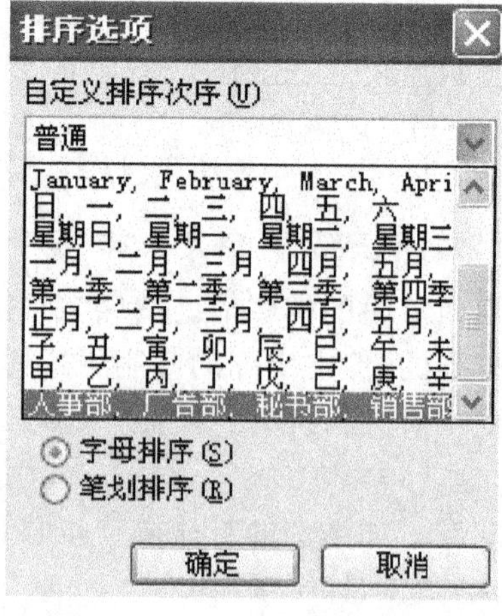

图 3-62 选择刚创建的序列

5. 在“排序选项”对话框中，单击“自定义排序次序”下拉列表按钮，在下拉列表中选择刚才创建的序列，如图 3-62 所示。

6. 对话框中的其他选项保持系统默认设置，单击“确定”按钮返回“排序”对话框中，然后再单击“排序”对话框中的“确定”按钮返回工作表中，此时可以得到如图 3-63所示的排序结果。

	A	B	C	D	E	F	G	H	I
1	某公司员工工资统计表(×月)								
2	职工号	姓名	所在部门	岗位工资	加班工资	奖金	应扣三金	应扣个税	总工资
3	8006006	章小明	人事部	￥880.00	￥85.00	￥88.00	￥300.00	￥3.77	￥749.24
4	8006012	顾小西	人事部	￥645.00	￥63.00	￥65.00	￥190.00	￥2.92	￥580.09
5	8006001	张立群	广告部	￥780.00	￥0.00	￥100.00	￥250.00	￥3.15	￥626.85
6	8006007	赵铭	广告部	￥456.00	￥69.00	￥55.00	￥120.00	￥2.30	￥457.70
7	8006010	葛斌宏	广告部	￥672.00	￥90.00	￥30.00	￥200.00	￥2.96	￥589.04
8	8006013	童杭生	广告部	￥480.00	￥85.00	￥45.00	￥100.00	￥2.55	￥507.45
9	8006002	戚建军	秘书部	￥650.00	￥20.00	￥120.00	￥200.00	￥2.95	￥587.05
10	8006004	黄小媛	销售部	￥660.00	￥62.00	￥50.00	￥180.00	￥2.96	￥589.04
11	8006005	舒格	销售部	￥450.00	￥120.00	￥60.00	￥160.00	￥2.35	￥467.65
12	8006008	孙伟	销售部	￥679.00	￥0.00	￥70.00	￥200.00	￥2.75	￥546.26
13	8006011	王晓	销售部	￥801.00	￥75.00	￥74.00	￥260.00	￥3.45	￥686.55
14	8006014	陈灵	销售部	￥530.00	￥70.00	￥80.00	￥150.00	￥2.65	￥527.35
15	8006003	苏红	生产部	￥500.00	￥50.00	￥100.00	￥130.00	￥2.60	￥517.40
16	8006009	余亮	生产部	￥550.00	￥46.00	￥200.00	￥180.00	￥3.08	￥612.92
17									

图 3-63　自定义排序结果

任务四　数据的筛选

数据筛选就是从数据清单中显示符合条件的记录，从而得到需要的记录的一个子集，其优越性在复杂的数据清单中尤为突出。

一、使用列标识自动筛选

自动筛选是 Excel 2003 中最简单最常用的筛先表格的方法。在本例中，要求筛选出“岗位工资”为 550～700 元的记录，其具体操作步骤如下：

1. 单击选中数据清单中的任意单元格，然后执行“数据/筛选/自动筛选”命令。

2. 此时系统会在工作表中每个列标识单元格的右侧添加下拉箭头按钮，如图 3-64所示。

	A	B	C	D	E	F	G	H	I
1	某公司员工工资统计表(×月)								
2	职工号	姓名	所在部门	岗位工资	加班工资	奖金	应扣三金	应扣个税	总工资
3	8006001	张立群	广告部	￥780.00	￥0.00	￥100.00	￥250.00	￥3.15	￥626.85
4	8006002	戚建军	秘书部	￥650.00	￥20.00	￥120.00	￥200.00	￥2.95	￥587.05
5	8006003	苏红	生产部	￥500.00	￥50.00	￥100.00	￥130.00	￥2.60	￥517.40
6	8006004	黄小媛	销售部	￥660.00	￥62.00	￥50.00	￥180.00	￥2.96	￥589.04

图 3-64　执行自动筛选

3. 单击这些下拉箭头按钮，则会相应地弹出此列独有的数据，此时我们单击“岗位工资”单元格的下拉箭头按钮，在弹出的下拉列表中选择“自定义”项，弹出“自定义自动筛选方式”对话框，如图 3-65 所示。

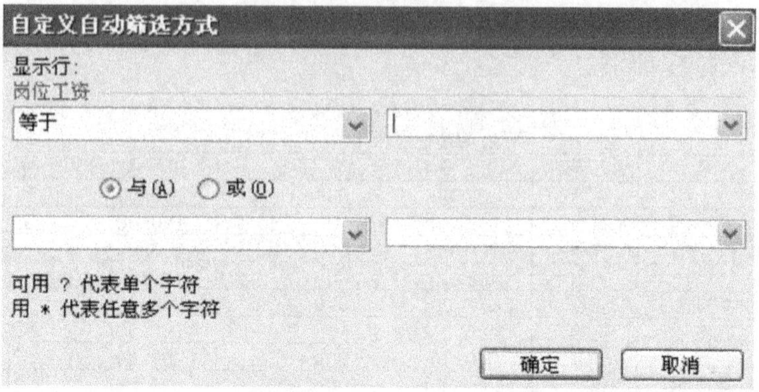

自定义自动筛选方式
显示行:
岗位工资
等于
与(A) 或(O)
可用 ? 代表单个字符
用 * 代表任意多个字符
确定 取消

图 3-65 “自定义自动筛选方式”对话框

4. 在弹出的“自定义自动筛选方式”对话框中，设置“大于或等于”、“550”、“小于或等于”、“700”，如图 3-66 所示。

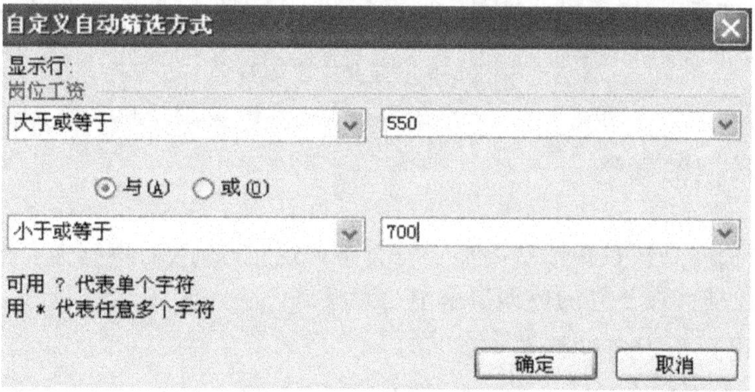

自定义自动筛选方式
显示行:
岗位工资
大于或等于 550
与(A) 或(O)
小于或等于 700
可用 ? 代表单个字符
用 * 代表任意多个字符
确定 取消

图 3-66 设置条件

5. 单击“确定”按钮，此时就可以看到“岗位工资”在 550～700 的所有记录了，如图 3-67 所示。

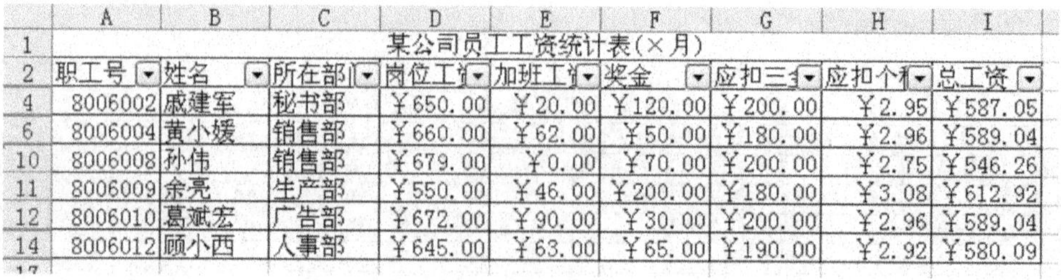

	A	B	C	D	E	F	G	H	I
1	某公司员工工资统计表(×月)								
2	职工号	姓名	所在部门	岗位工资	加班工资	奖金	应扣三金	应扣个税	总工资
4	8006002	戚建军	秘书部	￥650.00	￥20.00	￥120.00	￥200.00	￥2.95	￥587.05
6	8006004	黄小媛	销售部	￥660.00	￥62.00	￥50.00	￥180.00	￥2.96	￥589.04
10	8006008	孙伟	销售部	￥679.00	￥0.00	￥70.00	￥200.00	￥2.75	￥546.26
11	8006009	余亮	生产部	￥550.00	￥46.00	￥200.00	￥180.00	￥3.08	￥612.92
12	8006010	葛斌宏	广告部	￥672.00	￥90.00	￥30.00	￥200.00	￥2.96	￥589.04
14	8006012	顾小西	人事部	￥645.00	￥63.00	￥65.00	￥190.00	￥2.92	￥580.09

图 3-67 使用自动筛选查看“岗位工资”

二、设定条件筛选

在处理数据的时候，有时自动筛选不能够满足所有需要，例如在实际使用的过程中，很多情况在一个标准下没有可比性，需要制定不同的标准，即需要根据不同的情况设置不同的筛选条件，这就需要使用 Excel 2003 的高级筛选功能。

在使用高级筛选之前先介绍一下高级筛选应注意的事项：

1. 首先需要建立条件区域后，才能进行数据筛选；

2. 建立多行的条件区域时，行与行之间的条件是“或”的关系，而行内不同条件之间是“与”的关系；

3. 条件区域一般放在数据清单前面，且至少要使用一个空行将其与数据清单隔开。

了解高级筛选的具体要求后，接下来我们对本例进行高级筛选。要求筛选出“销售部”岗位工资在 500 元以上，“广告部”岗位工资在 600 元以上的记录，其具体操作步骤如下：

1. 首先我们根据要求创建条件区域，如图 3-68 所示。

	A	B	C	D	E	F	G	H	I
1	所在部门	岗位工资							
2	销售部	>500							
3	广告部	>600							
4									
5				某公司员工工资统计表(×月)					
6	职工号	姓名	所在部门	岗位工资	加班工资	奖金	应扣三金	应扣个税	总工资
7	8006001	张立群	广告部	¥780.00	¥0.00	¥100.00	¥250.00	¥3.15	¥626.85
8	8006002	戚建军	秘书部	¥650.00	¥20.00	¥120.00	¥200.00	¥2.95	¥587.05
9	8006003	苏红	生产部	¥500.00	¥50.00	¥100.00	¥130.00	¥2.60	¥517.40
10	8006004	黄小媛	销售部	¥660.00	¥62.00	¥50.00	¥180.00	¥2.96	¥589.04

条件区域

图 3-68　创建条件区域

2. 单击选定数据清单上的任意单元格，执行“数据/筛选/高级筛选”命令。

3. 弹出“高级筛选”对话框，在对话框中的“方式”选项区内可以选择显示筛选结果的方式：“在原有区域显示筛选结果”和“将筛选结果复制到其他位置”，如果选择“在原有区域显示筛选结果”单选项，则筛选结果将覆盖现有的数据清单；如果选择“将筛选结果复制到其他位置”单选项，则筛选结果将显示在工作表中其他位置。这里我们选择“在原有区域显示筛选结果”单选项。在“列表区域”文本框中系统默认整个工作表，如果我们想修改，则只需在工作表中直接选取；单击“条件区域”文本框右侧的折叠按钮，在工作表中选取条件区域，最后对话框如图 3-69 所示。

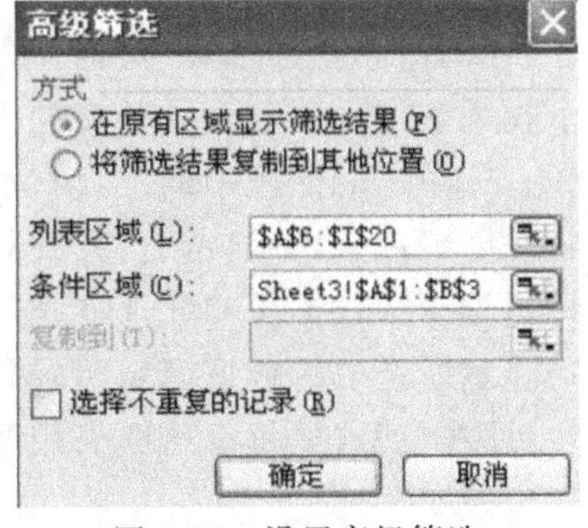

图 3-69　设置高级筛选

4. 其余保持系统默认，然后单击“确定”按钮，返回工作表中，此时可以看到筛选结果，如图 3-70 所示。

	A	B	C	D	E	F	G	H	I
1	所在部门	岗位工资							
2	销售部	>500							
3	广告部	>600							
4									
5	某公司员工工资统计表(×月)								
6	职工号	姓名	所在部门	岗位工资	加班工资	奖金	应扣三金	应扣个税	总工资
7	8006001	张立群	广告部	￥780.00	￥0.00	￥100.00	￥250.00	￥3.15	￥626.85
10	8006004	黄小媛	销售部	￥660.00	￥62.00	￥50.00	￥180.00	￥2.96	￥589.04
14	8006008	孙伟	销售部	￥679.00	￥0.00	￥70.00	￥200.00	￥2.75	￥546.26
16	8006010	葛斌宏	广告部	￥672.00	￥90.00	￥30.00	￥200.00	￥2.96	￥589.04
17	8006011	王晓	销售部	￥801.00	￥75.00	￥74.00	￥260.00	￥3.45	￥686.55
20	8006014	陈灵	销售部	￥530.00	￥70.00	￥80.00	￥150.00	￥2.65	￥527.35

图 3-70　使用“高级筛选”筛选结果

任务五　数据的合并计算

所谓合并计算是指可以通过合并计算的方法来汇总一个或多个源区中的数据。一个公司内可能有很多的销售地区或者分公司，各个分公司具有各自的销售报表和会计报表，为了对整个公司的所有情况进行全面的了解，就要将这些分散的数据进行合并，从而得到一份完整的销售统计报表或者会计报表。在 Excel 中系统提供了合并计算的功能，可以完成这些汇总工作。要想合并计算数据，首先必须为汇总信息定义一个目的区，用来显示摘录的信息。此目标区域可位于与源数据相同的工作表上，或在另一个工作表上或工作簿内。其次，需要选择要合并计算的数据源。此数据源可以来自单个工作表、多个工作表或多重工作簿中。在合并计算时，不需要打开包含源区域的工作簿。

本例中，我们利用合并计算功能计算出各部门的总工资，具体操作步骤如下：

1. 单击一空白工作表，然后执行“数据/合并计算”命令。

2. 弹出“合并计算”对话框，单击对话框中的“函数”文本框的下拉列表按钮，在下拉列表中列出了合并计算的方式，这里选择“求和”项。

3. 单击对话框中的“引用位置”文本框右侧的折叠按钮，则“合并计算”对话框将被隐藏起来，只显示“合并计算－引用位置”对话框，此时再激活工作表 Sheet1，用鼠标选取数据源 C2－I16，与此同时“合并计算－引用位置”对话框的文本框中也显示所选取的数据区域，如图 3-71 所示。

【注意】这里每次选取引用的数据源只能是矩形单元格区域。

图 3-71　选取数据区域

4. 单击折叠按钮或者单击“关闭”按钮或者按 Enter 键即可返回“合并计算”对话框中，然后单击“添加”按钮，此时“引用位置”文本框中的数据源将被添加至“所有引用位置”文本框中，如图 3-72 所示。

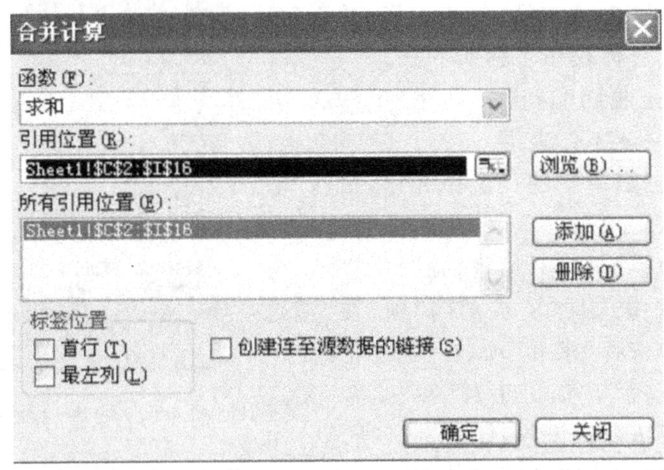

图 3-72　添加引用位置

5. 在对话框的“标签位置”选项区，可以设置指示标识在新区域的指定位置，此时同时选中“首行”和“最左列”复选框，并单击选取中其右侧的“创建连至源数据的链接”复选框，即可在记录中的数据改变时，自动更新合并计算数据表。

6. 单击“确定”按钮，在“合并计算”工作表中显示的合并计算结果如图 3-73 所示，图中列出了各部门的总工资。

	A	B	C	D	E	F	G
1		岗位工资	加班工资	奖金	应扣三金	应扣个税	总工资
2	广告部	￥2,388.00	￥244.00	￥230.00	￥670.00	￥10.96	￥2,181.04
3	秘书部	￥650.00	￥20.00	￥120.00	￥200.00	￥2.95	￥587.05
4	生产部	￥1,050.00	￥96.00	￥300.00	￥310.00	￥5.68	￥1,130.32
5	销售部	￥3,120.00	￥327.00	￥334.00	￥950.00	￥14.16	￥2,816.85
6	人事部	￥1,525.00	￥148.00	￥153.00	￥490.00	￥6.68	￥1,329.32
7							

图 3-73　显示总工资

任务六　数据的分类汇总

在对数据进行整理、排序和筛选后，通常需要对数据进行分类汇总。分类汇总指按照类别汇总出各种统计指标，如总和、均值和计数等，是 Excel 管理数据的一项重要功能。

以本例中，对“所在部门”进行分类汇总，求出“所在部门”的“基本工资、加班工资、奖金”的之和的要求，其具体操作步骤如下：

1. 调用已完成的“自定义排序”工作表，并将其复制至另一新工作表中。

2. 选中数据清单中的任意单元格，执行“数据/分类汇总”命令。

3. 弹出“分类汇总”对话框，在对话框的“分类字段”列表框中选择“所在部门”项，在“汇总方式”列表框中选择“求和”项，在“选定汇总项”中选择“基本工资”、“加班工资”和“奖金”复选框，其余保持系统默认设置，如图 3-74 所示。

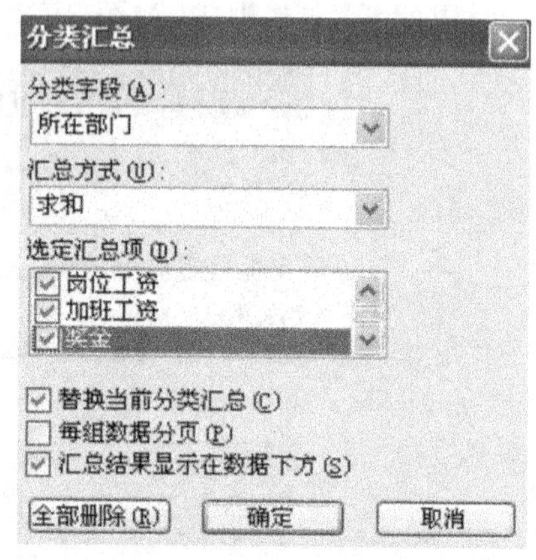

图 3-74　设置“分类汇总”对话框

4. 单击“确定”按钮，返回工作表中，得到的分类汇总结果如图 3-75 所示。

	A	B	C	D	E	F	G	H	I
1				某公司员工工资统计表(×月)					
2	职工号	姓名	所在部门	岗位工资	加班工资	奖金	应扣三金	应扣个税	总工资
3	8006006	章小明	人事部	¥880.00	¥85.00	¥88.00	¥300.00	¥3.77	¥749.24
4	8006012	顾小西	人事部	¥645.00	¥63.00	¥65.00	¥190.00	¥2.92	¥580.09
5			**人事部 汇总**	¥1,525.00	¥148.00	¥153.00			
6	8006001	张立群	广告部	¥780.00	¥0.00	¥100.00	¥250.00	¥3.15	¥626.85
7	8006007	赵铭	广告部	¥456.00	¥69.00	¥55.00	¥120.00	¥2.30	¥457.70
8	8006010	葛斌宏	广告部	¥672.00	¥90.00	¥30.00	¥200.00	¥2.96	¥589.04
9	8006013	童杭生	广告部	¥480.00	¥85.00	¥45.00	¥100.00	¥2.55	¥507.45
10			**广告部 汇总**	¥2,388.00	¥244.00	¥230.00			
11	8006002	戚建军	秘书部	¥650.00	¥20.00	¥120.00	¥200.00	¥2.95	¥587.05
12			**秘书部 汇总**	¥650.00	¥20.00	¥120.00			
13	8006004	黄小媛	销售部	¥660.00	¥62.00	¥50.00	¥180.00	¥2.96	¥589.04
14	8006005	舒格	销售部	¥450.00	¥120.00	¥60.00	¥160.00	¥2.35	¥467.65
15	8006008	孙伟	销售部	¥679.00	¥0.00	¥70.00	¥200.00	¥2.75	¥546.26
16	8006011	王晓	销售部	¥801.00	¥75.00	¥74.00	¥260.00	¥3.45	¥686.55
17	8006014	陈灵	销售部	¥530.00	¥70.00	¥80.00	¥150.00	¥2.65	¥527.35
18			**销售部 汇总**	¥3,120.00	¥327.00	¥334.00			
19	8006003	苏红	生产部	¥500.00	¥50.00	¥100.00	¥130.00	¥2.60	¥517.40
20	8006009	余亮	生产部	¥550.00	¥46.00	¥200.00	¥180.00	¥3.08	¥612.92
21			**生产部 汇总**	¥1,050.00	¥96.00	¥300.00			
22			**总计**	¥8,733.00	¥835.00	¥1,137.00			

图 3-75　按“所在部门”进行汇总

我们如果想取消数据的分类汇总，只需再次执行“数据/分类汇总”命令，在图 3-82 所示的“分类汇总”对话框中单击“全部删除”按钮即可。

【注意】在对数据执行“分类汇总”功能之前，必须先根据需要对工作表内的数据进行排序。例如，在上一个案例中，要对“所在部门”的数据进行分类汇总，就需要先对数据清单以“所在部门”为主要关键字进行排序。

实训三 Excel操作训练

实训主题:利用 Excel 制作职工工资表

◎ 实训目的

1. 熟练掌握 Excel 中表格的创建和编辑方法。
2. 熟练掌握 Excel 中简单公式的使用方法。
3. 熟练掌握 Excel 中排序、筛选、合并计算和分类汇总的操作方法。

◎ 实训内容

利用 Excel 制作职工工资表并根据要求对数据进行处理。

1. 录入数据,内容见附件。
2. 根据要求对数据表格进行操作。

◎ 实训要求

1. 利用 Excel 软件,制作一份如附件所示的数据表格,并将该工作表重命名为“源表”。

2. 利用公式计算出“实发工资”列。实发工资＝基本工资＋奖金＋加班费＋补助－旷工－水电费－房租费。

3. 复制“源表”至新工作表,并重命名为“复杂排序”。按照主关键字为“部门名称”、次关键字为“职员姓名”、第三关键字为“基本工资”的次序进行复杂排序。

4. 复制“源表”至新工作表,并重命名为“自定义排序”。按照“财务部、保安部、商品部、人事部、统计部、后勤部、出纳部”的顺序进行自定义排序。

5. 复制“源表”至新工作表,并重命名为“筛选”。请筛选出“人事部基本工资在

550 以上，保安部基本工资在 400 以上，商品部基本工资在 600 以上”的所有记录。

6. 合并计算出各部门的基本工资，并将该工作表重命名为“合并计算”。

7. 复制“自定义排序”至新工作表，并重命名为“分类汇总”。以“部门名称”为分类字段，以“基本工资”为汇总项，进行“平均值”分类汇总。

◎ 实训组织

每人一台计算机独立完成。

◎ 实训时间

2 课时。

附件：

	A	B	C	D	E	F	G	H	I	J	K
1	联众股份有限公司职员工资表										
2	部门名称	职员姓名	基本工资	奖金	加班费	补助	旷工	水电费	房租费	实发工资	
3	财务部	宋卫玲	500	60	35	50	10	14	80		
4	保安部	李海风	350	60	65	40	0	10	80		
5	统计部	季小军	400	50	50	40	5	15	80		
6	人事部	杨雷雷	500	70	45	40	20	12	0		
7	人事部	丁团琼	550	50	20	50	12	10	80		
8	后勤部	张子涵	400	50	15	50	0	18	80		
9	保安部	顾菲	500	60	40	50	5	20	80		
10	人事部	赵晓刚	600	40	35	40	20	16	0		
11	保安部	曾志红	300	70	25	60	15	14	80		
12	后勤部	张赛男	400	40	25	40	10	12	0		
13	保安部	贾珂	500	50	25	50	25	10	80		
14	商品部	刘小惠	650	50	15	40	0	10	0		
15	出纳部	周金燕	700	40	15	50	10	14	0		
16	商品部	薛功力	600	60	30	40	10	1	80		
17	统计部	杨霞	700	50	15	40	10	11	80		
18	商品部	郑标	500	50	30	50	0	16	80		
19											

模块四 信息和通信管理软件

对于秘书人员来说，除了前面介绍的Office系列软件之外，还需要其他各种应用软件来辅助工作，提高工作效率。信息和通信管理软件就是不可或缺的一块。本模块我们分别介绍搜索引擎、下载工具和压缩工具等软件的使用方法以及浏览器、局域网等相关知识。

◎ 学习目标

1. 了解并掌握搜索引擎的使用方法和技巧。
2. 了解并掌握下载工具的使用方法和技巧。
3. 了解并掌握压缩工具的使用方法和技巧。

项目一 认识和使用搜索引擎

◎ 知识目标

1. 了解搜索引擎的主要功能和基本知识。
2. 掌握搜索引擎的基本操作。
3. 掌握搜索引擎的使用技巧。

◎ 能力目标

1. 能够利用搜索引擎进行快速搜索。
2. 能够对搜索到的结果进行选择、判断和保存。
3. 能够使用搜索引擎进行高级和分类搜索。

◎ 项目背景

雨润公司的王强是计算机专业毕业的。王总请他近期给公司内部的秘书文员系统介绍一下关于搜索引擎、浏览器的相关知识和使用技巧。

◎ 项目任务

在百度中搜索伦敦奥运会主题的相关专题内容。

任务一 认识、了解搜索引擎

Internet 是一个巨大的信息资源宝库，每天都有新的信息资源被增加到 Internet 中。随着网络信息的快速增长，人们越来越多地关注如何快速有效地从网络上海量的信息中搜索到潜在的、有价值的信息，使之有效地在管理和决策中发挥作用。

借助于搜索引擎，用户就可以在数百个网站中快速有效地查找需要的信息。

一、搜索引擎的概念

搜索引擎是指运用特定的计算机程序，以一定的策略搜集互联网上的信息，在对信息进行组织和处理后，为用户提供检索服务的系统。它包括信息搜集、信息整理和用户查询三部分。

搜索引擎也是互联网上的网站。当用户利用关键字查询时，该网站会告诉用户包含该关键字信息的所有网址，并提供通向该网站的链接。

全文搜索引擎是目前广泛应用的主流搜索引擎，国外代表有 Google（谷歌），国内则有著名的百度。它们从互联网提取各个网站的信息（以网页文字为主），建立起数据库，并能检索与用户查询条件相匹配的记录，按一定的排列顺序返回结果。

当用户以关键词查找信息时，搜索引擎会在数据库中进行搜寻，如果找到与用户要求内容相符的网站，便采用特殊的算法——通常根据网页中关键词的匹配程度，出现的位置、频次，链接质量——计算出各网页的相关度及排名等级，然后根据关联度高低，按顺序将这些网页链接返回给用户。这种引擎的特点是搜全率比较高。

随着互联网的发展，网上可以搜寻的网页越来越多，而网页内容的质量亦变得良莠不齐，没有保证。未来的搜索引擎将会朝着知识型搜索引擎的方向发展，从而为搜寻者提供更准确及适用的资料。

二、搜索引擎的工作过程

搜索引擎的工作过程大致可分为三个步骤：

1. 抓取网页，获取信息：每个独立的搜索引擎都有自己的网页抓取程序网络蜘蛛（spider）。网络蜘蛛顺着网页中的超链接，连续地抓取网页。被抓取的网页被称之为网页快照。由于互联网中超链接的应用很普遍，理论上，从一定范围的网页出发，就能搜集到绝大多数的网页。

2. 处理网页，整理信息：搜索引擎抓到网页后，还要做大量的预处理工作，才能提供检索服务。其中，最重要的就是提取关键词，建立索引文件。其他还包括去除重复网页、分词(中文)、判断网页类型、分析超链接、计算网页的重要度/丰富度等。搜索引擎整理信息的过程称为“建立索引”。搜索引擎不仅要保存搜集起来的信息，还要将它们按照一定的规则进行编排。这样，搜索引擎不用重新翻查所有保存的信息而迅速找到所要的资料。如果信息是不按任何规则地随意堆放在搜索引擎的数据库中，那么它每次找资料都得把整个资料库完全翻查一遍，这样的话再快的计算机系统也没有用。

3. 接受查询，提供检索服务：用户向搜索引擎发出查询，搜索引擎接受查询并向用户返回资料。搜索引擎每时每刻都要接到来自大量用户几乎是同时发出的查询，它按照每个用户的要求检查自己的索引，在极短时间内找到用户需要的资料，并返回给用户。目前，搜索引擎返回主要是以网页链接的形式提供的。这样，通过这些链接，用户便能到达含有自己所需资料的网页。通常搜索引擎会在这些链接下提供一小段来自这些网页的摘要信息，以帮助用户判断此网页是否含有自己需要的内容。

◎ 知识链接

关于 Google

Google 是当前公认的全球规模最大的搜索引擎，凭借其优秀的搜索算法、精确的查准率、极快的响应速度以及不被竞价排名所笼罩的口碑广受用户好评，在全球范围内拥有无数的用户。

“Google”来源于“Googol”。这是一个数学名词，表示一个 1 后面跟着 100 个 0。Google 使用这一术语体现了公司整合网上海量信息的远大目标。

Google 通过自己的公共站点 www. google. com 提供服务。它提供了简单易用的免费服务，用户可在瞬间得到相关的搜索结果。

Google 将网页级别与完善的文本匹配技术结合在一起，帮助用户找到最重要、最有用的网页。Google 复杂的自动搜索方法可以避免任何人为感情因素。因此，Google 可以诚实、客观并且方便地帮助用户在网上找到有价值的资料。

Google 的实用性及便利性赢得了众多用户的青睐。它几乎完全是在用户的交口称颂下成为全球最知名的品牌之一的。

Google 具备很多独特而且优秀的功能，并且在界面等实现了革命性创新。Google 主要的搜索服务有：网页搜索，图片搜索，视频搜索，地图搜索，新闻搜索，购物搜索，博客搜索，论坛搜索，学术搜索，财经搜索等。

Google 最擅长于为常见查询找出最准确的搜索结果。使用 Google 的“手气不错(tm)”功能，可以直接进入最符合搜索条件的网站，省时又方便。

Google 具有储存网页的快照的功能。当存有网页的服务器暂时出现故障时，用户仍可浏览该网页的内容。如果找不到服务器，Google 储存的网页快照也可救急。虽然网页快照中的信息可能不是最新的，但在网页快照中查找资料要比在实际网页中快得多。

用户可以使用 Google 工具栏。从网上的任何位置执行 Google 搜索。而 Google 桌面栏将 Google 搜索框放在 Windows 任务栏中，这样便可以从任何正在使用的应用程序中执行搜索而不必打开浏览器。

Google 还向用户提供 Gmail(mail. google. com)和 Gtalk(talk. google. com)服务。

Gmail 是 Google 推出的免费 Web 邮箱服务。Gmail 提供 10G 的超大存储空间(且仍在不断增加)、邮件回复显示以及超强的信息管理功能。Gmail 还提供手机邮箱服务，将手机的网络浏览器指向 http://gmail. com，便可以在手机上查阅 Gmail。

Google Talk 是 Google2005 年 8 月推出的即时通讯工具，简称 Gtalk，界面超清爽，支持文字信息、电子邮件以及网络语音三种通讯方式。

Google 地球(Google Earth)是 Google 公司开发的虚拟地球仪软件，它把卫星图像、地图、百科全书和飞行模拟器整合在一起，布置在一个地球的三维模型上，目前已推出中文版。通过 Google 地球，用户可以尽情探索丰富的地理内容，观看卫星图像、地图、地形图、3D 建筑物，从外层空间的星系到海洋的峡谷，并能够将游览过的地方储存下来与其他人分享。

Google 公司还开发了一款自由的、基于 web 的字处理、电子制表和演示程序——Google 文档。用户能够利用它在线创建和编辑文档，并与其他用户实时协作。也就是说，文档、电子表格和演示文件能够在 Google 文档中创建，通过 web 界面或是 e-mail 导入 Google 文档中。同时也能在用户电脑中另存为多种格式的文件。这些文档保存于 Google 的服务器上，打开一个文档是将会开启自动存盘功能，预防资料的丢失。同时文档会被打上标记或者是存档，用以更方便地组织管理。用户协同是 Google 文件的一个特性，在同一时刻，文档能够同时被多个用户共享，打开和编辑。在电子表格功能中，用户能够设置通过 e-mail 提醒任何指定区域的更改。Google 文档支持流行的 Office 的文件格式，例如. doc. ppt 和. xls 等。同时也支持开放文档格式。Google 文档的服务是完全免费的。

2007 年 2 月，Google 推出了中文 Google，亦即谷歌。除网页、图片、资讯、视频等各类搜索外，还提供字典、翻译、网站导航等多种功能。

任务二　百度搜索方法

一、百度首页简介

各种搜索引擎都大同小异，使用方法都差不多。我们以目前中文搜索应用比较广泛的百度(baidu)为例，介绍搜索引擎的使用方法。

百度的名字就是来源于“众里寻他千百度，蓦然回首，那人却在灯火阑珊处”。用户通过百度主页，可以瞬间找到相关的搜索结果，这些结果来自于百度超过数百亿的中文网页数据库。除网页搜索外，百度还提供 MP3、图片、视频、地图等多样化的搜索服务。为了让那些对同一个话题感兴趣的人们聚集在一起，方便地展开交流和互相帮助，百度还提供了贴吧、知道、百科、空间等围绕关键词服务的社区化产品。

使用百度搜索引擎的方法简单方便，下面介绍百度搜索引擎的基本使用方法。

启动浏览器，在地址栏中输入 www. baidu. com，按下回车键，出现如图 4-1 所示的百度首页。

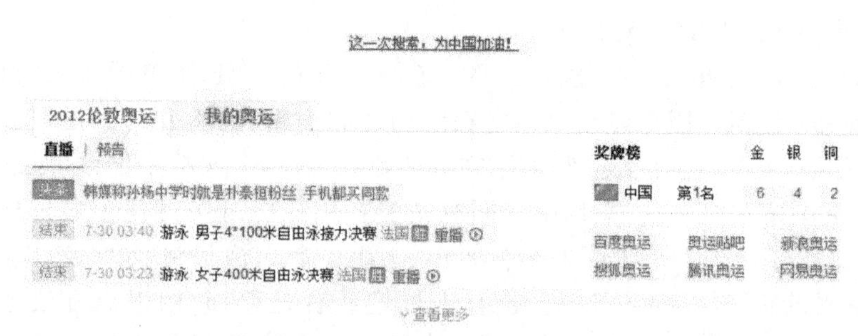

图 4-1　百度首页

百度搜索引擎主页的界面中由以下四个主要部分组成：百度图标、百度主要搜索类型链接、搜索框和当前热点内容。百度图标下面的百度主要搜索类型链接包括【新闻】【网页】【贴吧】【知道】【MP3】【图片】【视频】【地图】【百科】【文库】9 个以及一个“更多”选项，点开“更多”选项，可以进一步选择百度其他项目的搜索内容。用户确定搜索类别后，只需要在搜索框内输入需要查询的内容，敲回车键，或者鼠标点击搜索框右侧的“百度以下”按钮，就可以得到最符合查询需求的网页内容。一般系统的默认设置为【网页】选项。图 4-2 是我们以“谷歌”为主题搜索到的结果。

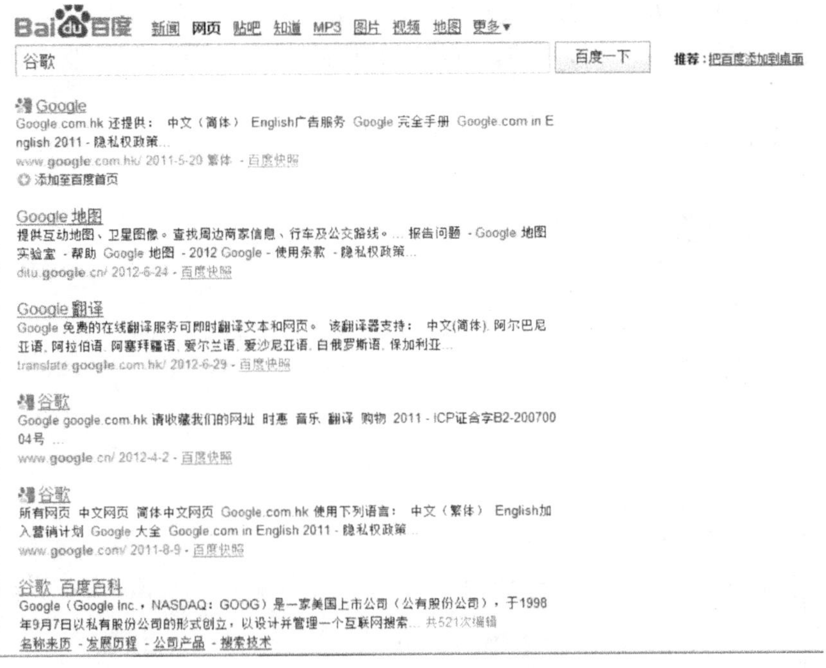

图 4-2　百度搜索“谷歌”网页

◎ 知识链接

关于网页浏览器

用户浏览网页，需要借助网页浏览器，简称浏览器，比如 Internet Explorer（简称 IE）就是我们非常熟悉的一种。浏览器是最经常使用到的客户端程序。目前主流的浏览器有 Internet Explorer、Mozilla Firefox、Google Chrome、Opera、遨游、360 安全浏览器等等。除了提供浏览网页、设置书签、下载网页等基本功能之外，不同浏览器有不同的界面和特色，而且可以根据用户的偏好设定个性化的项目，并和一些工具栏相结合（比如 google 工具栏等），非常方便。一台计算机可以同时安装不同的浏览器。我们可以根据自己的需要选择使用。例如分别安装两个不同的浏览器，一个功能添加多一些，收藏夹内容丰富一些，用于日常使用。另一个则可以设定为简约型，去除浏览网页之外的其他设置，页面显得清爽整洁。有时会遇到一些网页无法顺利打开的情况，可能换一个浏览器就解决问题了。

二、不同类型的百度搜索简介

下面我们以“伦敦奥运会”为主题进行不同类型的百度搜索。

1. 搜索网页

我们在百度首页确认搜索项目为“网页”，在对话框中输入“伦敦奥运会”，按下

“百度一下”按钮，百度就会自动找出相关的网站和资料。百度会搜索出所有符合查询条件的资料，并把最相关的网站或资料排在最前列。图 4-3 是搜索到的结果首页。

【提示】我们输入关键词后，直接按回车键，百度也会自动找出相关的网站或资料。

图 4-3　百度搜索“伦敦奥运会”网页

2. 搜索新闻

百度新闻搜索包括国内新闻、国际新闻军事、财经、科技、娱乐等专题新闻。我们进入百度首页后，点击“新闻”选项，就会出现如图 4-4 所示的页面。

我们在搜索框中输入“伦敦奥运会”后按回车键，就出现了如图 4-5 所示的搜索结果。这些搜索结果都链接到了新闻中包含了“伦敦奥运会”的字样，而且该字样用红色表示。单击某个链接就可以看到新闻全文。

图 4-4　百度新闻首页

图 4-5　百度以“伦敦奥运会”为关键词搜索新闻全文

如果我们确定搜索主题后，选择“新闻标题”再按回车键，则会出现如图 4-6 所示的搜索结果。这些结果的超级链接所链接到的页面就是标题中包含的“伦敦奥运会”字样的新闻，该字样用红色表示，单击某个链接就会链接到这个新闻网页。

3. 搜索 MP3

百度 MP3 搜索是百度提供的 MP3 搜索引擎。百度在天天更新的数十亿中文网页中提取 MP3 链接，建立了庞大 MP3 歌曲链接库。通过百度 MP3 可以便捷地找到最新、最热的歌曲，以及各种音乐排行榜。百度还提供了歌词搜索，通过歌曲名或是歌词片断，都可以用来搜索想要的歌词。百度 MP3 的“音乐掌门人”栏目是音乐分享平台。用户可以发布个性专辑，分享自己喜爱的歌曲。

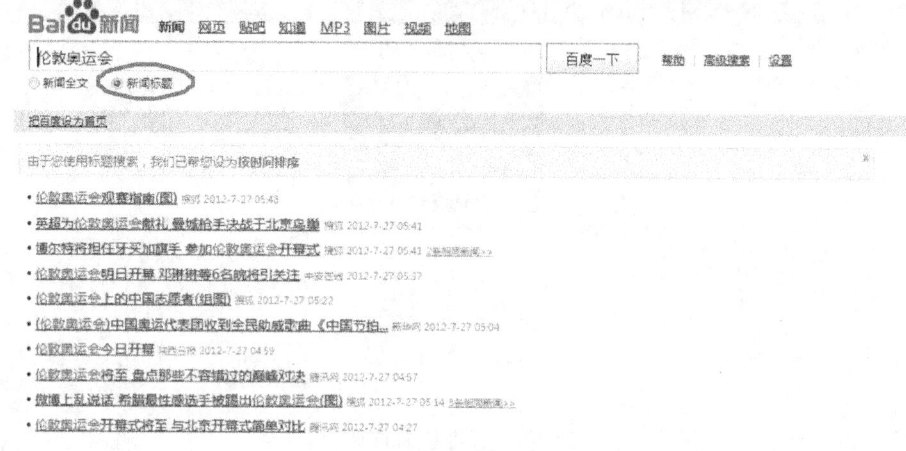

图 4-6　百度以“伦敦奥运会”为关键词搜索新闻标题

用户要搜索 MP3 歌曲，从百度主页中点击【MP3】选项，即进入百度 MP3 搜索页面，如图 4-7 所示。

图 4-7　百度 MP3 搜索首页

用户在搜索框中输入歌曲名、歌手名或者歌词的一部分，点击“百度搜索”按钮，即可完成百度 MP3 搜索。目前，百度 MP3 提供了更多的搜索资源，包括“视频”、“歌词”、“全部音乐”、“MP3”、“rm”、“wma”、“铃声”、“彩铃”及“其他”各个种类，方便我们寻找合适的内容。

下面以“伦敦奥运会主题曲”为主题进行搜索，图 4-8 所示为搜索后的页面。

图 4-8　在百度 MP3 中搜索“伦敦奥运会主题曲”

这时我们可直接单击这首歌曲名的链接，打开这首 MP3 歌曲直接欣赏，也可点击图 4-8 中的中的链接图标打开链接，在链接中点击“下载歌曲”图标或用右键点击该链接，选择“目标另存为”把该首歌曲下载到本机上。如图 4-9 所示。在随后打开的对话框中选择存放地址，按“确定”键即可。在下载时，我们还可以选择用

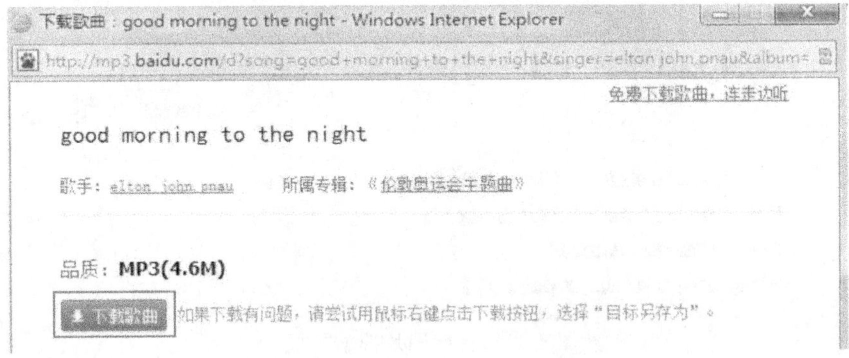

图 4-9　百度 MP3 歌曲搜索链接窗口

下载工具进行下载，以提高下载速度。在图 4-10 的对话框中我们可以看到，对话框下面有“使用迅雷下载”的选项，这是因为这台电脑上已安装了下载工具迅雷。

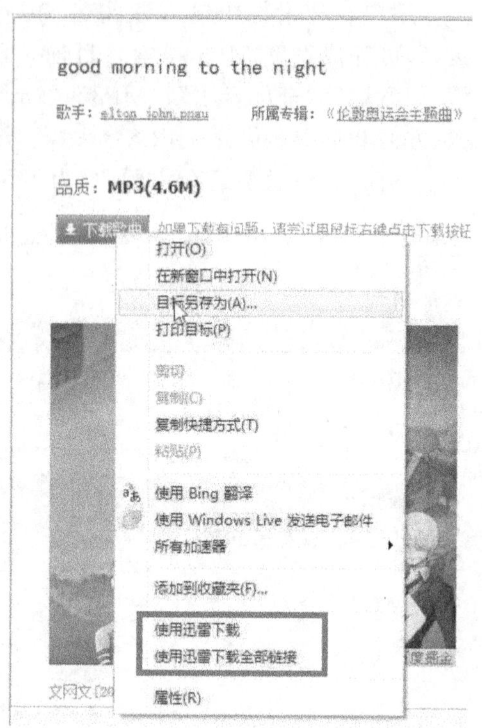

图 4-10　下载 MP3 至本机

百度 MP3 搜索可以通过歌曲名、歌手名、专辑名甚至歌词来搜索需要的歌曲或音乐。由于网络情况时刻在变化，可能会存在有的下载链接打不开的情况。在百度 MP3 搜索引擎中搜索一个对象，会出现很多不同的下载地址。如果一个打不开，可以试一试其他的下载链接。

4. 搜索图片

百度从数十亿中文网页中提取各类图片，建立了庞大的中文图片库。目前，百度图片搜索引擎可检索图片已经近亿张。此外，百度还新提供了新闻图片的搜索功能。百度新闻图片搜索从中文新闻网页中实时提取新闻图片。它具有新闻性、实时性、更新快等特点。用户可以直接输入任何关键词搜索到自己需要的图片资料。

从百度主页中点击【图片】选项，即进入百度图片搜索引擎主页 http://image.baidu.com，如图 4-11 所示。

图 4-11　百度图片搜索首页

我们在搜索框中输入“伦敦奥运会”然后点击“百度图片搜索”按钮或直接按回

车键,即可看到搜索后的页面,如图 4-12 所示。

图 4-12　百度图片搜索“伦敦奥运会”

如果想看到更多的相关图片,可以点击页面底部的翻页来查看更多搜索结果,如图 4-13 所示。

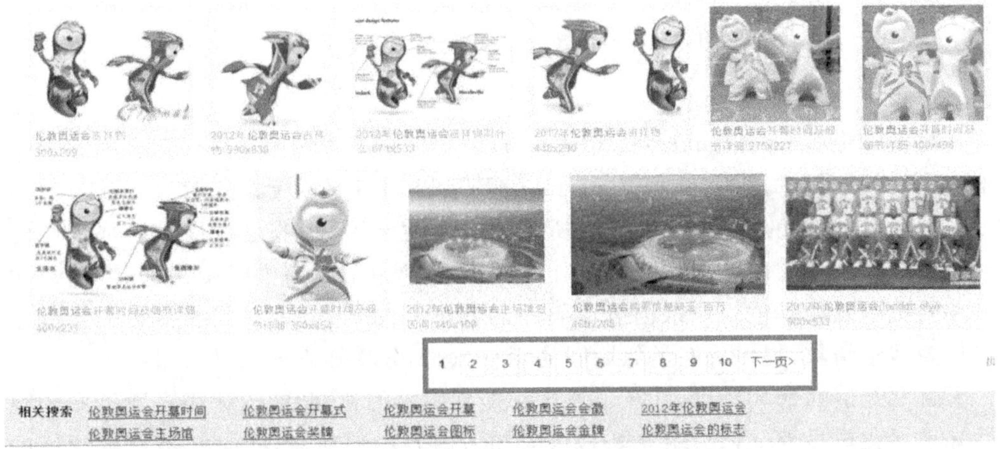

图 4-13　百度图片搜索“查看下一页”

我们看到搜索结果页后,单击要查看的图片的缩略图,就会看到原始大图片。如果点击图片下方的“查看源网页”,可以查看原始图片所在的网页。我们可以把搜索到的各种图片保存到自己的电脑中,方法和保存 MP3 歌曲类似。这里就不作详细介绍了。

有时在点击图片后,会出现“找不到图片”、“请输入用户名”等情况,这一般是由于图片所在源网页的问题所导致的。

百度图片搜索支持图片格式为JPG、GIF、PNG和BMP格式的图片。在搜索时,利用百度图片搜索图片,系统一般默认的选择类型是“全部图片”。如果要搜索某一特定格式的图片,需在搜索的主题后面加上格式,如“伦敦奥运会JPG”,如图4-14所示。对比图4-12的搜索结果,我们会发现差别比较大。

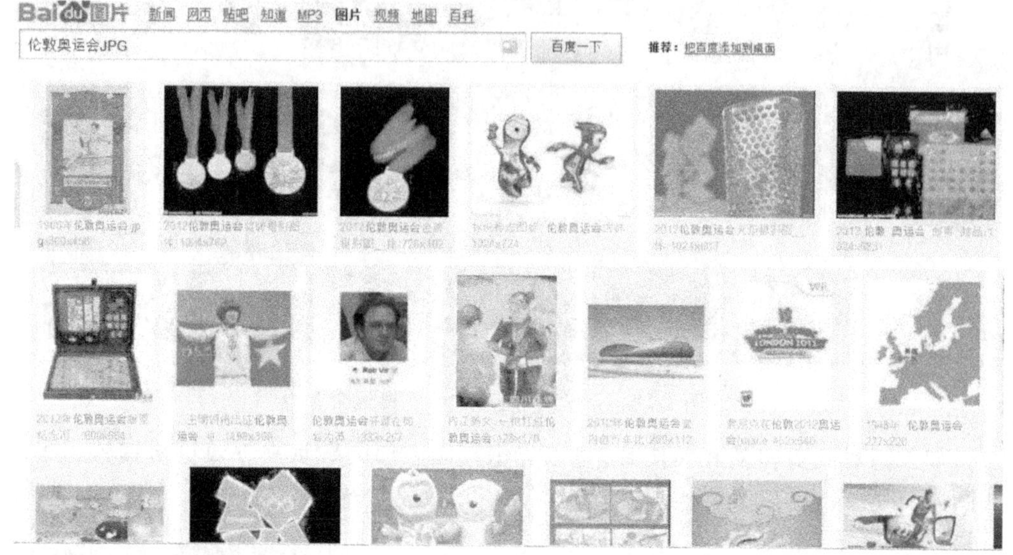

图4-14　百度图片搜索“伦敦奥运会JPG”

5.百度知道

百度知道(http://zhidao.baidu.com)是一个基于搜索的互动式知识问答分享平台,于2005年6月21日发布,并于2005年11月8日转为正式版。

和大家习惯使用的搜索服务有所不同,“百度知道”并非是直接查询那些已经存在于互联网上的内容,而是用户自己根据具体需求有针对性地提出问题,通过积分奖励机制发动其他用户来创造该问题的答案。同时,这些问题的答案又会进一步作为搜索结果,提供给有类似疑问的用户,达到分享知识的效果。

百度知道的最大特点,就在于通过和搜索引擎的相互结合,让用户所拥有的隐性知识转化成显性知识。用户既是百度知道内容的使用者,同时又是百度知道的创造者。在这里累积的知识数据可以反映到搜索结果中。通过用户和搜索引擎的相互作用,实现搜索引擎的社区化。

百度知道也可以看作是对搜索引擎功能的一种补充,是对过分依靠技术的搜索引擎的一种人性化完善。

用户需要注册并登录,才能享受百度知道的完整服务进行各项操作,否则只有搜索、浏览和回答的权限,并且不会获得积分奖励。百度贴吧的用户的账号和百度知道是通用的,可以直接登录。单独注册“百度知道”的用户也是免费的。具体可参考"百度帮助"中的具体介绍。如果我们想搜索百度知道中别人已经回答过的问题答案，可以在百度主页中点击【知道】选项，如图 4-15 所示。

图 4-15　百度知道首页

进入上述页面后，我们可以在输入框中输入我们想搜索的主题，如"伦敦奥运会"，再点击"搜索答案"或按回车键，就可以看到搜索结果了，如图 4-16 所示。

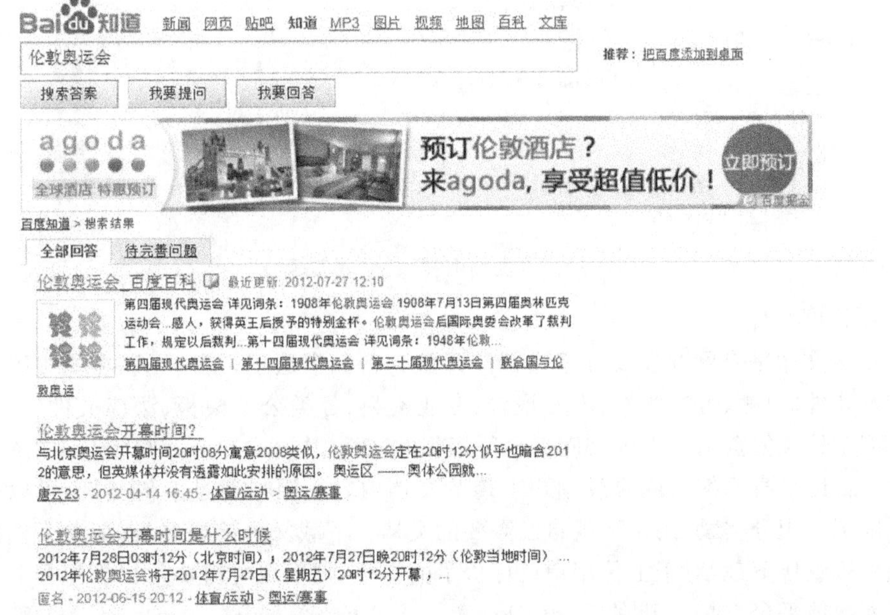

图 4-16　百度知道搜索伦敦奥运会

6. 百度贴吧

百度贴吧是一种基于关键词的主题交流社区，它与搜索紧密结合，准确把握用户需求，通过用户输入的关键词，自动生成讨论区，使用户能立即参与交流，发布自己所拥有的其所感兴趣话题的信息和想法。它完全是一种用户驱动的网络服务，强调用户的自主参与、协同创造及交流分享。

百度贴吧是2003年12月3日创建的。当时创建这一想法的缘由是：结合搜索引擎建立一个在线的交流平台，让那些对同一个话题感兴趣的人们聚集在一起，方便地展开交流和互相帮助。这意味着，如果有用户对某个主题感兴趣，那么他立刻可以在百度贴吧上建立相应的讨论区。

百度贴吧的使用方法非常简单，用户输入关键词后即可生成一个讨论区，称为××吧；如该吧已被创建则可直接参与讨论；如果尚未被建立，则可直接发表主题建立该吧。来到贴吧首页，在搜索框内填入关键词，按一下百度搜索按钮，就直接进入贴吧了。在百度贴吧搜索"伦敦奥运会"主题，出现的是奥运会吧，如图4-17所示。

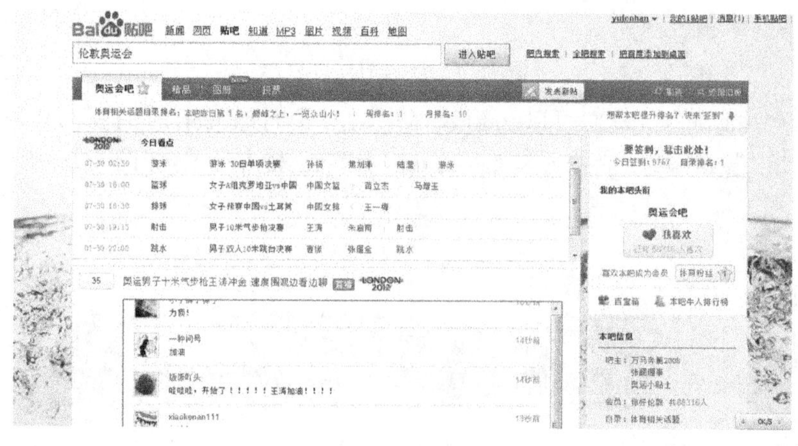

图 4-17　百度帖吧搜索"伦敦奥运会"

7. 百度文库

百度文库是供网友在线分享文档的开放平台。在这里，用户可以在线阅读和下载涉及课件、习题、考试题库、论文报告、专业资料、各类公文模板、法律文件、文学小说等多个领域的资料。百度文库平台所累积的文档，均来自热心用户上传，如图4-18所示。百度自身不编辑或修改用户上传的文档内容。用户通过上传文档，可以获得平台虚拟的积分奖励，用于下载自己需要的文档。下载文档需要登录，免费文档用户登录后可直接下载，对于上传用户已标价了的文档，则下载时需要付出虚拟积分。百度文库当前平台支持主流的.doc(.docx)、.ppt(.pptx)、.xls(.xlsx)、pdf、txt等文件格式。

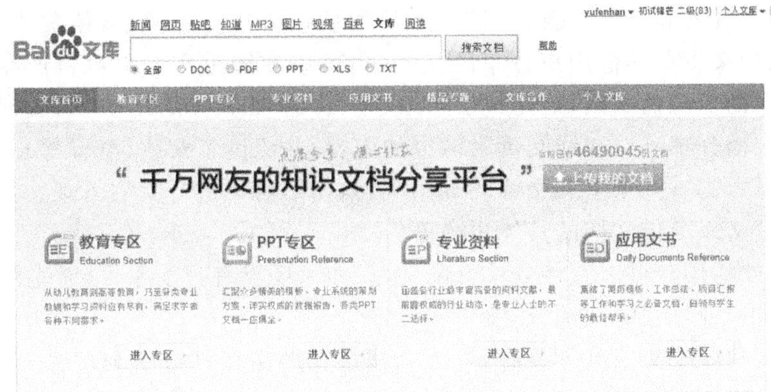

图 4-18　百度文库首页

在百度文库中搜索“伦敦奥运会”可以得到如图 4-19 所示的结果。

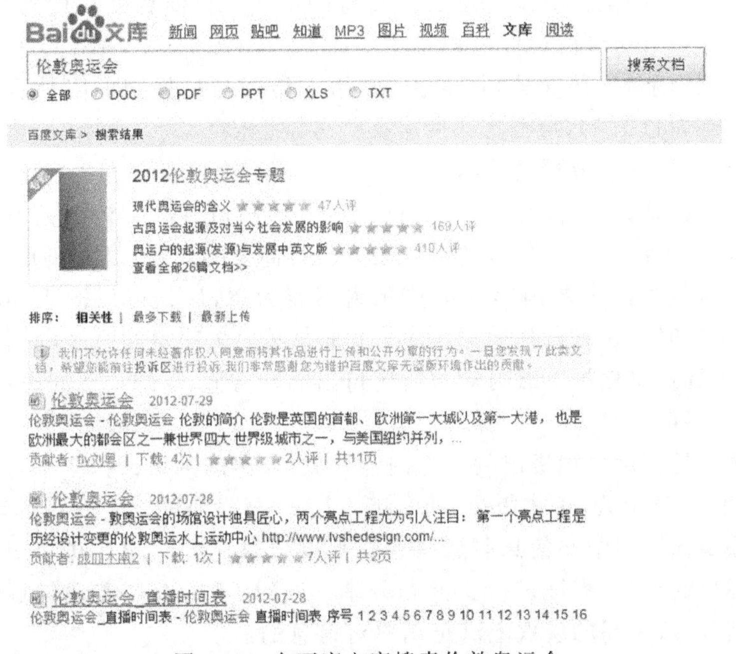

图 4-19　在百度文库搜索伦敦奥运会

◎ 知识链接

百度文库上传文档的步骤

上传文档的操作很简单，只要拥有一个百度账号，同时在电脑上存有附件，即可轻松完成上传操作。

在百度文库上传共享文档，可获得以下好处：在帮助其他用户便捷地找到所需文档时，获得赞誉和好评；文档在被下载使用后，获得虚拟的财富值奖励。这些财富值，可以用来下载其他用户分享的文档，也可以在知道产品和百科产品使用；获得百度知道的经验值奖励，这是百度知道用户价值认证体系的一个组成部分。

百度文档分享支持在线阅读附件中的内容，并提供了缩放、全屏等功能。每份文档页面下方都有一个下载文档的 button，点击后可以进行文档下载。

在百度文库上传文档的具体步骤是：

(1)百度的用户可以直接登录百度文库，如果还没有百度账号，需先注册一个。

(2)点击"分享我的文档"按钮

在首页和详细文档页等页面，有一个橘黄色的按钮，"分享我的文档"，点击后进入文档上传页面。

(3)提交文档附件

点击上传文档页面的"浏览"按钮上传文档，用户需要从自己本地电脑中上传附件。注意，上传的文档应是百度文档支持的格式。目前百度文档支持的类型包括：. doc/. docx；. ppt/. pptx/. pps；. xls/. xlsx；. pot；. pps；. vsd；. rtf；. wps；. et；. dps. pdf；. txt。附件上传完成后，点击"开始上传"按钮，提交的附件会自动上传。如果文档大小超过 20M，可分拆为两个文件分别上传。

(4)上传文档——填写文档简介

文档标题默认为上传的附件的名称，也可以进行修改，文档标题不能为空，最长可以输入 50 个汉字。上传者还需对文档进行简要的介绍，以方便其他用户快速了解文档中所包含的主要内容。文档介绍不能为空，最长可以输入 300 个汉字。此外，文档上传时应正确选择所属类别，这样能够让文档得到更多的浏览和下载。在上传时，可选择文档被下载时对方所需付出的财富值，也即文档的虚拟售价。

8. 百度百科

百度百科是百度公司推出的一部内容开放、自由的网络百科全书，其测试版于 2006 年 4 月 20 日上线，正式版是 2008 年 4 月 21 日发布的。百度百科旨在创造一个涵盖各领域知识的中文信息收集平台。百度百科充分调动互联网用户的力量，汇聚上亿用户的智慧，积极进行交流和分享。同时，百度百科实现与百度搜索、百度知道的结合，从不同的层次上满足用户对信息的需求。

百度百科的全部内容对所有互联网访问用户开放浏览。词条的创建和编辑只能由注册并登录百度网站的百度用户参与，用户不可匿名编写词条。

对百度百科做出一定贡献的用户，可以申请成为分类管理员。分类管理员可对百度百科分类频道页进行编辑，并佩戴分类管理员勋章。

用户可以在百度首页输入框中输入搜索关键词后点击"百科"，也可进入"百度百科"首页搜索。图 4-20 所示为百度百科首页。

图 4-20　百度百科首页

图 4-21 所示为在百度百科里搜索“伦敦奥运会”。

图 4-21　在百度百科搜索“伦敦奥运会”

除了以上 8 种类型外，百度还提供视频、地图等多种服务。点击百度首页的

“更多”,可看到更为丰富的选项,如图 4-22 所示。

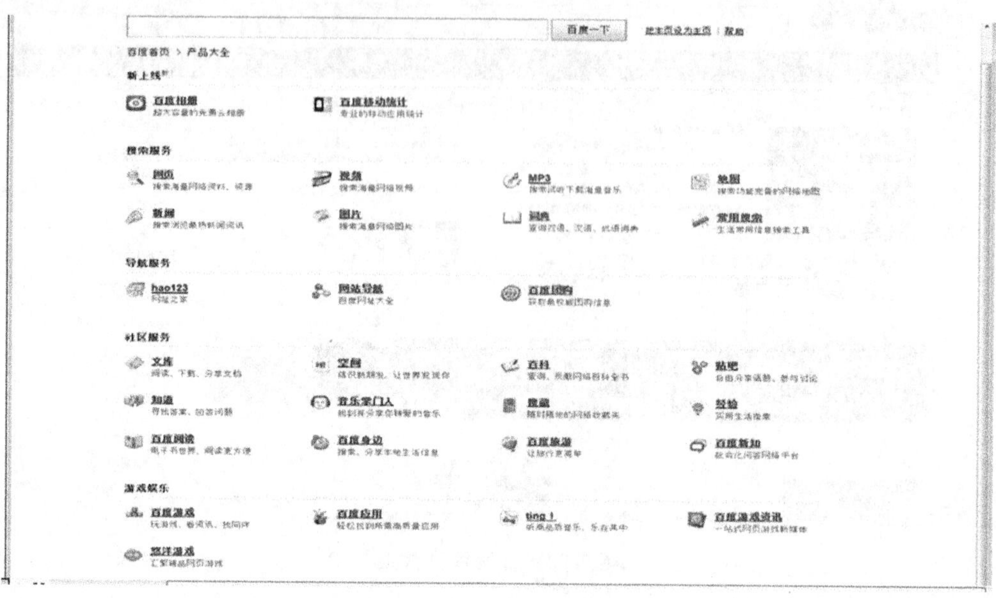

图 4-22　百度“更多”页面

百度还设有强大的百度帮助中心,如图 4-23 所示。如果我们在使用百度过程中遇到问题,可通过这里寻求答案。

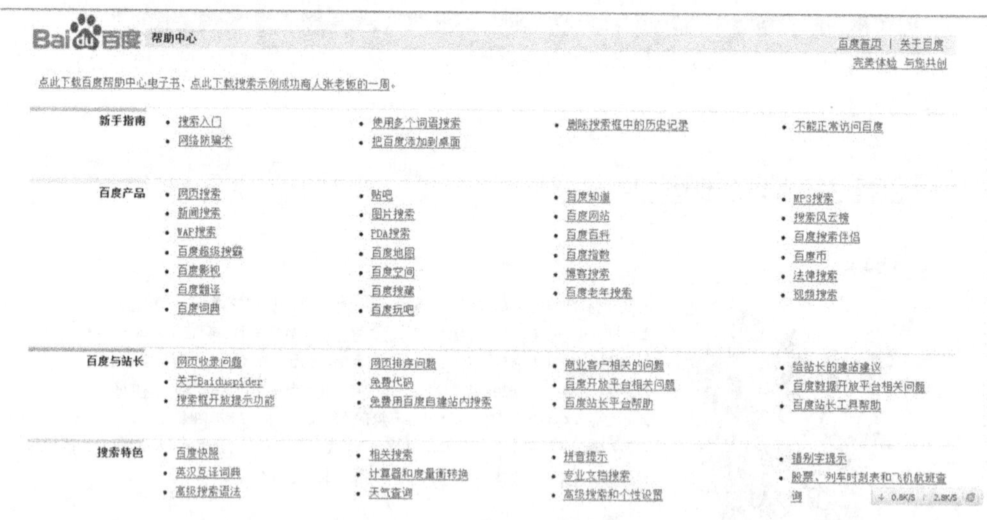

图 4-23　百度帮助页面

百度帮助主要包括“新手指南”、“百度产品”、“百度与站长”以及“搜索技巧”等内容,我们可以根据自己的需要搜索相关的内容。

◎ 知识链接

局域网和 OA 办公系统

随着计算机网络应用范围的不断扩大，局域网的各种应用不断深入。为了提高工作效率，越来越多的公司和企事业单位纷纷开始组建自己的办公网络。人们不再满足于双机互连等简单的网络组建，而是希望根据现有软硬件情况，组建能够满足个性化需求的局域网。

局域网可以实现文件管理、应用软件共享、打印机共享、扫描仪共享、工作组内的日程安排、电子邮件和传真通信服务等功能。局域网是封闭型的，可以由办公室内的两台计算机组成，也可以由一个公司内的上千台计算机组成。

随着网络技术的日益普及，不少企业内部专门建立了中小企业建立了内部的 OA 办公系统。简称 OA，这是一个统一、整合的办公管理平台，通常包括以下内容：人力资源管理平台（人事管理、人事公告、考勤管理、绩效考核、薪资管理）、签核流程管理平台（单据签核系统、公文流转系统）、知识管理平台（学习园地、资料下载）、有效沟通平台（上下级交流区、主题交流区）、信息发布管理平台（即时新闻、信息发送、公告栏）、目标管理平台（目标管理、项目管理）、行政办公管理平台（资产管理、图书管理、会议申请与安排、车辆申请与安排）、常用工具（工作日历、公式计算器、天气预报）等内容。企业员工都会分配到一个独立的登录名，并可设定不同的权限。登录进 OA 系统后，即可看到企业内部的各种信息，如最新公告、工资查询等等。根据不同的权限设定，还可参与 OA 流程的相关工作，比如信息的发布、公文的签发等等。

项目二　认识和使用下载工具

◎ 知识目标

1. 了解下载工具的主要功能和常见下载软件。
2. 掌握下载工具的基本操作。
3. 掌握下载工具的使用技巧。

◎ 能力目标

1. 能够独立下载并安装下载工具。
2. 能够利用下载工具下载不同类型的文件和软件。
3. 能够利用下载工具有效管理各类下载的文件和软件。

◎ 项目背景

秘书小张原来使用的下载软件出了问题,不能正常使用了。听同事说,迅雷很好用,她打算把电脑上原有的下载软件给卸载了,然后到网上下一个最新版本的迅雷体验了一下。

◎ 项目任务

到网上下载最近版本的迅雷,安装后用它来下载网页、Mp3 和视频等不同类型的文件。

任务一　认识、了解下载工具

一、形形色色的下载工具

随着互联网的普及和发展,“下载”已经成为越来越多网民每天生活的一部分。网络上的资源非常丰富,只要有合适的网址,我们就可以得到所需要的信息,但是具体到技术上来说,将所需要的信息从网上收到自己的电脑里就需要下载软件的帮助了。

简单地说,下载工具是一种可以使我们更快地从网上下载东西的软件。使用下载软件能更快速、方便地将所需要的信息下载到自己的电脑上。

用下载工具下载东西之所以快是因为它们采用了“多点连接(分段下载)”技术,充分利用了网络上的多余带宽;采用“断点续传”技术,随时接续上次中止部位继续下载,有效避免了重复劳动,大大节省了下载者的连线下载时间。

下载软件有很多种,各有各的特色,比较常见的主要有以下几种:

网络蚂蚁(NetAnts):最老牌的国产下载软件,1998 年就已经发布了最早的版本。网络蚂蚁特色在于进一步扩展了断点续传的功能,可进行多点传输。网络蚂蚁是国内共享软件的一个典型代表,伴随着中国的网络一起走过了一段发展的岁月。由于更新比较缓慢,现在使用的人已经比较少了。

网际快车(FlashGet):著名的下载软件,自 0.76 版后开始更名为 FlashGet,是互联网上最流行,使用人数最多的一款下载软件。网际快车采用多服务器超线程技术、全面支持多种协议,具有优秀的文件管理功能,在下载工具领域被称为“经典之王”。

迅雷(Thunder):是一款免费的下载软件。它使用的多资源超线程技术基于网格原理,能够将网络上存在的服务器和计算机资源进行有效的整合,构成独特的迅雷网络。因此各种数据文件能够以最快的速度进行传递。为了更方便进行下载,迅雷还推出了 WEB 迅雷,以方便用浏览器浏览网页的用户。此外,WEB 迅雷和迅雷的资源门户无缝集成，还可方便用户使用迅雷资源门户。

此外，还有一些其他的下载工具用各自的特色吸引不同的用户，如首开国内影音流媒体下载之先河的 Net Transport（网络传送带）和比特彗星 BitComet、电驴 emule 等。

二、迅雷的特点

快速、方便是迅雷的突出特点。它是一款基于 P2SP 技术的下载工具，能够有效降低死链的比例，也就是说这个链接如果是死链，迅雷会搜索到其他链接来下载所需用的文件。它支持多结点断点续传，支持不同的下载速率。同时迅雷还可智能分析出哪个节点上上传速度最快，从而提高用户的下载速度。迅雷支持多点同时传送，并支持 Http、FTP 等标准协议。

迅雷能使用的多资源超线程技术还具有互联网下载负载均衡功能，在不降低用户体验的前提下，可以对服务器资源进行均衡，有效降低了服务器负载。

以迅雷 5 为例，它有功能强大的任务管理功能，可以选择不同的任务管理模式；它采用了智能磁盘缓存技术，有效防止了高速下载时对硬盘的损伤；它还具有智能的信息提示系统，能根据用户的操作提供相关的提示和操作建议。此外，迅雷 5 还有错误诊断功能，能帮助用户解决下载失败的问题。迅雷 5 可以和杀毒软件配合保证下载文件的安全性；可以自动检测新版本，提示用户及时升级。迅雷 5 还提供了多种皮肤供用户选择。

目前，迅雷已经发展到迅雷 7 版本，功能也更强大。总之，迅雷作为流行的下载性软件，根据用户的需求改进、完善后的新版本会不断推出，功能越来越强，界面越来越友好，使用也越来越方便。

◎ 知识链接

两个不同版本的迅雷

2009 年 4 月，迅雷最新发布了 5.8.13.699 版本，新版本较之旧版本有了以下更新：优化个人中心及会员中心用户体验；增加 Flv 下载失败智能推荐功能；优化迅雷看看播放效果；修正记住密码功能失效问题；解决在 IE 的代理设置中设置“为 LAN 使用代理服务器”迅雷不能正确判断的问题。

2012 年 6 月 13 日，迅雷退出了 7.2.8.3574 版本。根据迅雷官网的介绍，该版本在功能上较以往有了以下变化：采用增强的“网速保护”模式，在 7.2.7 版本“智能上网”的基础上，增加实时流量调整；增强“下载优先”模式，在“下载优先”模式中，进行单任务下载时，可自动让出带宽，保证网络视频流畅播放；增强“下载完成后关机”功能，可自定义关机条件；增加迅雷快传多点下载功能，使用迅雷下载“迅雷快传”的链接能够加速；私人空间密码支持网络同步，并与账号绑定。以下细节有了改进：“发送文件”对话框改为“非模态对话框”；本地离线下载功能，支持拖拽任务进行分类;本地离线下载功能,在任务列表中为 BT 任务添加"快速播放"按钮;"网速保护"模式支持的程序类型增加"邮件客户端";重新下载任务时如本地文件已被删除,则不提示"重新下载会删除本地的文件"。这个新版还解决了迅雷老版本的以下两个问题:修正使用 GreenBrowser 浏览器时,使用迅雷下载论坛附件可能出现下载到 PHP 文件的问题;修正数个影响程序稳定性的问题。

从以上两个版本的迅雷软件更新和改善的内容可以看出,迅雷从多个方面入手,不断完善软件的质量,从而为用户提供更为便捷、快速的下载服务。

任务二 下载、安装和使用下载工具

我们以迅雷的下载、安装和使用为例,介绍下载工具的使用方法。

一、迅雷的下载

以下图 4-24 至图 4-32 是在迅雷的官方网站 http://dl. xunlei. com/找到迅雷 5. 8. 13. 699 版后下载并安装的整个过程。

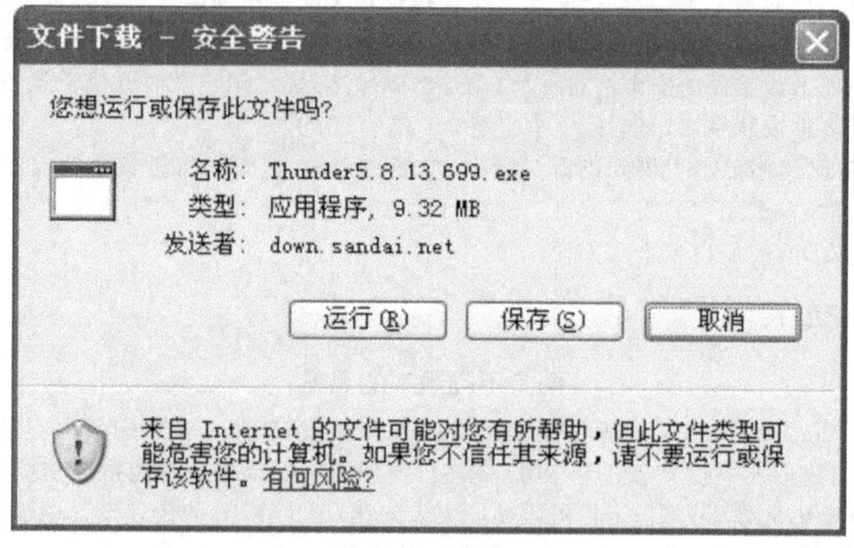

图 4-24 下载迅雷

如果我们之前已经安装有下载工具,那么系统会自动跳出下载窗口供我们使用。我们也可以直接点击保存,然后选择保存的适合路径,再点击保存按钮,如图 4-25所示。

很快,这个软件就下载到电脑中的指定目录下了,如图 4-26 所示。

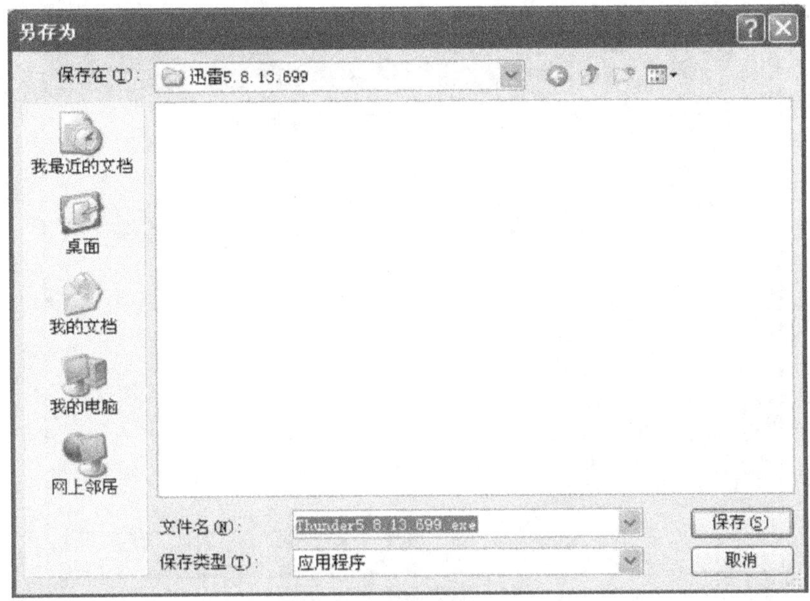

图 4-25　保存迅雷到指定目录

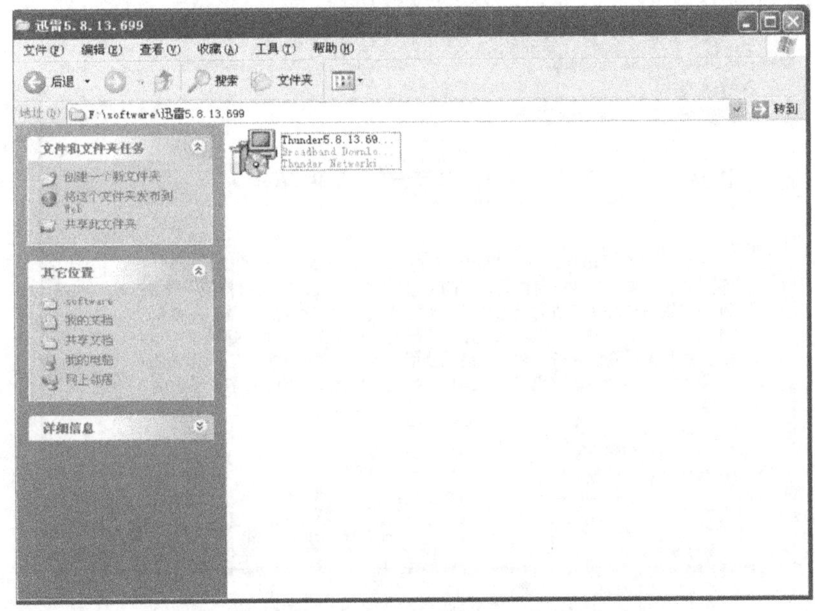

图 4-26　迅雷已下载至本机

二、迅雷的安装

现在，我们可以安装已经下载到本机上的迅雷 5.8.13.699 了。

1. 双击刚才下载好的迅雷 5.8.13.699，出现安装界面，点击“下一步”按钮，如

图 4-27 所示。

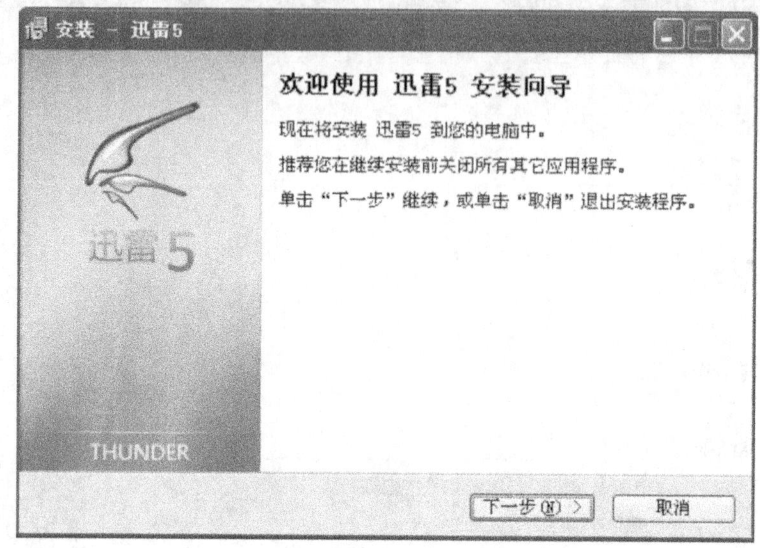

图 4-27　迅雷 5.8.13.699 安装界面

2. 接下来会出现迅雷 5.8.13.699 的授权协议，选择“我接受”选项，如图 4-28。

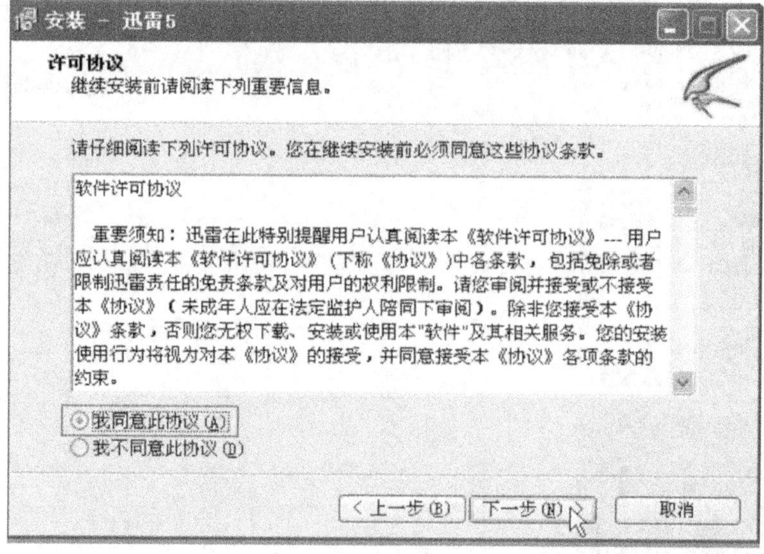

图 4-28　迅雷 5.8.13.699 授权协议

3. 下一步是选择安装的文件夹。系统此时会在 C 盘的 Program Files 文件夹下自动生成一个关于迅雷的新文件夹。一般来说，我们不要把下载的软件安装在默认路径下，最好是安装在 C 盘也就是系统盘之后的一个指定的文件夹中。建议其他软件的安装也是这样操作。这里我们选择安装在 D 盘的 Program Files 文件夹下，点击“下一步”，如图 4-29 所示。

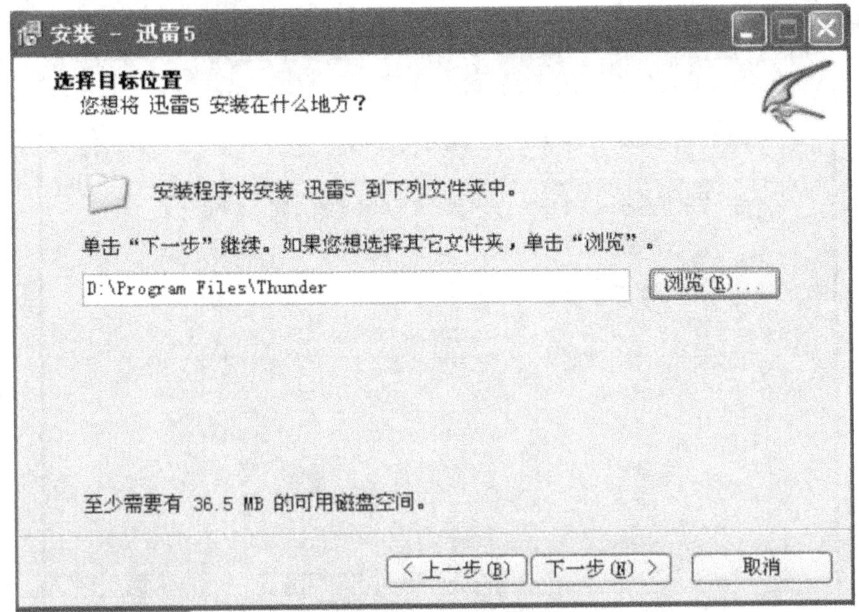

图 4-29　选择迅雷安装路径

4. 正式开始安装前，会出现“选择附加任务的对话框”，如图 4-30 所示，我们可以根据需要和使用偏好来进行选择，然后选择“下一步”。

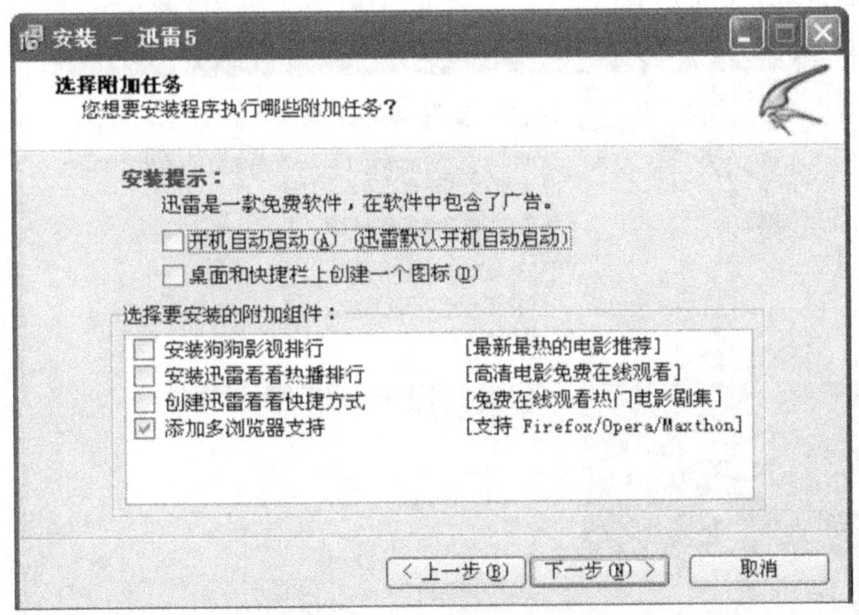

图 4-30　迅雷安装时选择附加任务

5. 这时，会弹出一个推荐安装“百度工具栏”的对话框，我们可以根据自己的需要选择是否安装，然后点击“下一步”，出现准备安装的对话框，如图 4-31 所示。

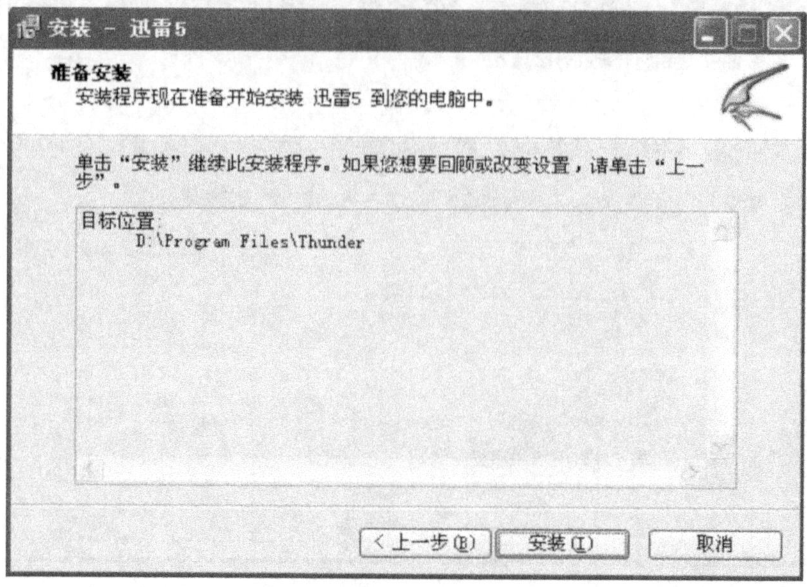

图 4-31　准备安装迅雷

6. 大约几十秒钟之后，系统就安装好了，出现“安装完成”对话框，点击“完成”结束安装，如图 4-32 所示。

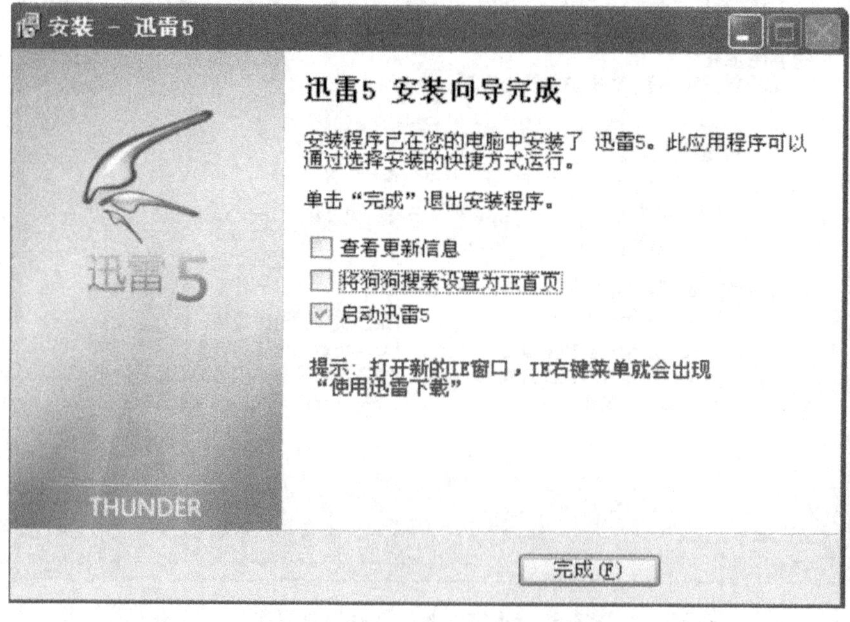

图 4-32　迅雷 5.8.13.69 安装完成

三、认识迅雷的界面

打开迅雷 5.8.13.69(以下简称迅雷 5),就可以看到如图 4-33 所示的界面,主要包括以下内容。

1. 标题栏

标题栏位于迅雷窗口的最上方。

2. 文字菜单

在迅雷 5 标志的下方,就是迅雷的文字菜单部分,其中包括文件、编辑、查看、常用设置、个人中心、工具、组件、帮助共 8 个菜单命令。

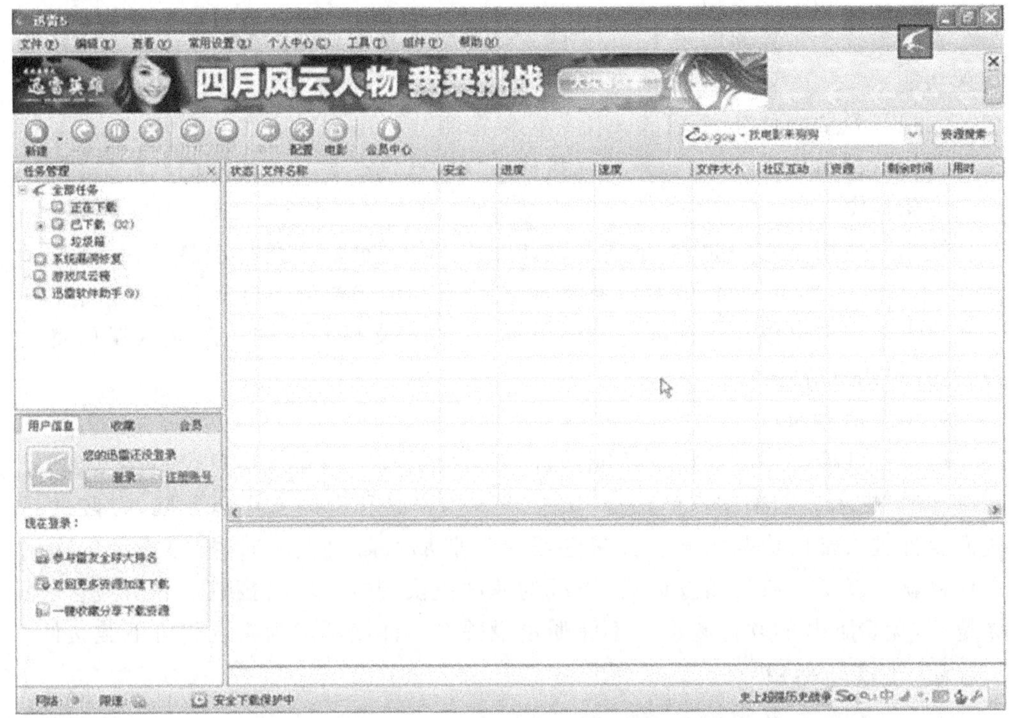

图 4-33 迅雷 5.8.13.69 主界面

3. 工具条

迅雷 5 的工具条在文字菜单下方的广告栏下面,共有 23 个功能键,功能建是文字菜单一个快捷方式。图 4-33 列出的是迅雷最常用的功能键。

4. 任务管理栏

迅雷 5 的任务管理栏在主界面的左边。迅雷以任务管理窗口的形式体现任务管理功能,可以在这里方便地管理正在下载以及下载完成后的文件。用户可以把不同的文件放在不同的文件夹,便于日后查找,使用起来非常方便。

5. 任务列表栏

迅雷 5 任务列表栏在迅雷主界面的右边，占据界面的主要部分。如果有下载任务，具体的信息就显示在这个区域。列表栏显示的默认栏目依次为状态、文件名称、安全、进度、速度、文件大小、社区互动、资源、剩余时间、用时、文件类型。

6. 任务信息窗

迅雷 5 的任务信息窗在任务列表栏下面，用于显示下载过程中的连接信息，具体分为任务连接信息和线程连接信息。迅雷 5 新建一个任务，在新建任务面板点击确定后，打开任务信息窗即可显示该任务的连接信息。

7. 状态栏和扩展按钮

状态栏位于主界面的最下方，它的左侧是扩展按钮，具体包括“开启/关闭任务管理功能”、“显示/隐藏连接信息窗口”、“显示/隐藏悬浮窗”、“显示/隐藏悬浮信息”、“显示/隐藏网格”5 个功能按钮。扩展按钮分为启用状态和未启用状态：鼠标指向按钮时按钮显示选中状态；鼠标指向按钮时状态栏显示该按钮的功能描述。

8. 悬浮窗

在用户使用迅雷的时候，迅雷会默认在用户的桌面右上角显示悬浮窗，通过悬浮窗，不必打开迅雷界面，就可以直观地查看到下载任务的速度等信息，随时了解下载过程。用户可以在该面板进行打开文件、打开文件目录和关闭此悬浮信息面板、查看引用页等操作。

9. 雷友信息窗口

迅雷 5 已推出了注册雷友功能，软件安装之后在左边雷友信息窗口会出现“登陆或注册”提示。如果用户已注册，直接输入用户名和密码就可以登陆，登陆之后我们就称进入雷区成为雷友。如果还没有注册那么需要先注册，按照提示依次输入项目就可以了。成为雷友以后，下载的速度更快、并可以获得积分，积分越多，等级越高，免费下载的软件越多。不注册也没关系。即使不成为雷友仍可下载文件。

四、迅雷的使用

以下介绍迅雷使用的主要功能以及相关说明。

1. 任务分类说明

在迅雷的主界面左侧就是任务管理窗口，如图 4-34 所示。该窗口中包含一个目录树，分为“正在下载”、“已下载”和“垃圾箱”3 个分类。通过“查看”—“任务管理”和扩展按钮可以打开任务管理窗口；点击一个分类即显示对应的任务列表；对包括子目录的分类可以进行展开、收缩操作；选中一个子分类，按“delete”键，会弹出类别删除提示。

三个分类的作用如下：

(1)正在下载——没有下载完成或者错误的任务都在这个分类，当开始下载一个文件的时候就需要点“正在下载”查看该文件的下载状态。

(2)已下载——下载完成后任务会自动移动到“已下载”分类,如果发现下载完成后文件不见了,点一下“已下载”分类就看到了。

(3)垃圾箱——用户在“正在下载”和“已下载”中删除的任务都存放在迅雷的垃圾箱中,“垃圾箱”的作用就是防止用户误删,在“垃圾箱”中删除任务时,迅雷会提示是否把存放于硬盘上的文件一起删除。

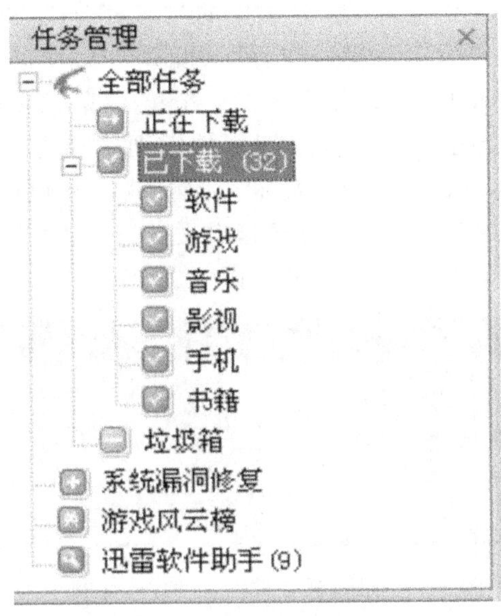

图 4-34　迅雷 5 任务管理窗口

2. 更改默认文件的存放目录

迅雷安装完成后,会自动在 C 盘建立一个“C:download”目录,如果用户希望把文件的存放目录改成“D:下载”,那么就需要右键点任务分类中的“已下载”,选择“属性”,使用“浏览”更改目录为“D:下载”,然后点击“确定”,看到原来的“C:download”变成“D:下载”就可以了。如图 4-35 所示。

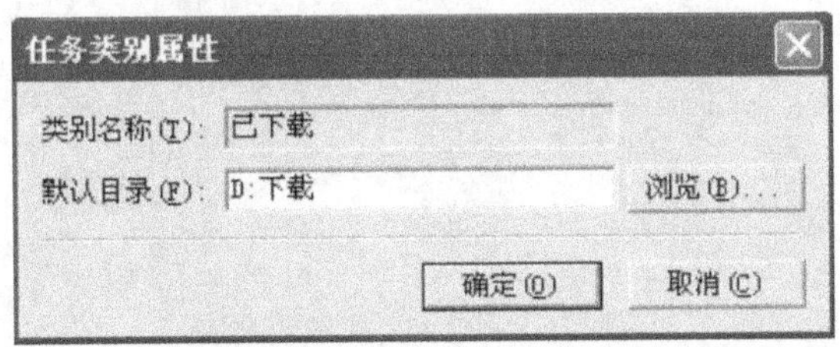

图 4-35　迅雷任务类别属性

3. 子分类的作用

迅雷 5 在“已下载”分类中迅雷自动创建了“软件”、“游戏”、“音乐”、“影视”、“手机”和“书籍”6 个子分类,了解这些分类的作用可以帮助用户更好地使用迅雷。

下面是这些分类的功能介绍。

(1)每个分类对应的目录

很多人习惯把不同的文件放在不同的目录,例如把下载的音乐文件放在“D:\音乐”目录。迅雷可以在下载完成后自动把不同类别的文件保存在指定的目录。例如:我保存音乐文件的目录是“D:\音乐”。如果想下载《蓝色多瑙河》的 mp3 格式音乐,可先右键点击迅雷“已下载”分类中的“音乐”分类,选择“属性”,更改目录为“D:\音乐”,然后点击“配置”按钮,在“默认配置”击中的分类那里选择“音乐”,会看到对应的目录已经变成了“D:\音乐”;再右键点《蓝色多瑙河》的下载地址,选择“使用迅雷下载”,在新建任务面板中把文件类别选择为“音乐”,点“确定”就好了。下载完成后,文件会保存在“D:\音乐”,而下载任务则在“音乐”分类中,以后下载音乐文件时,只要在新建任务的时候指定文件分类为“音乐”,那么这些文件都会保存到“D:\音乐”目录下。如图 4-36 至图 4-39 所示。

图 4-36 迅雷任务类别属性之音乐目录

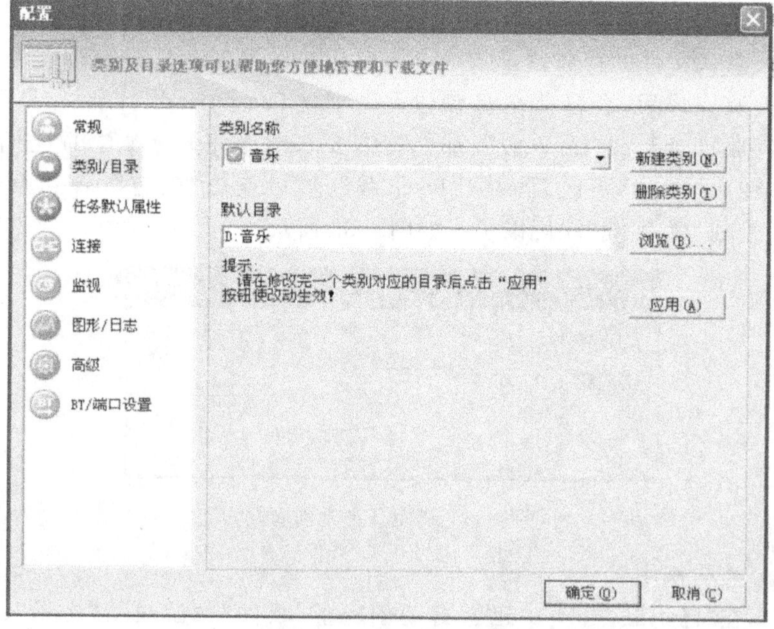

图 4-37 迅雷任务类别及目录选项

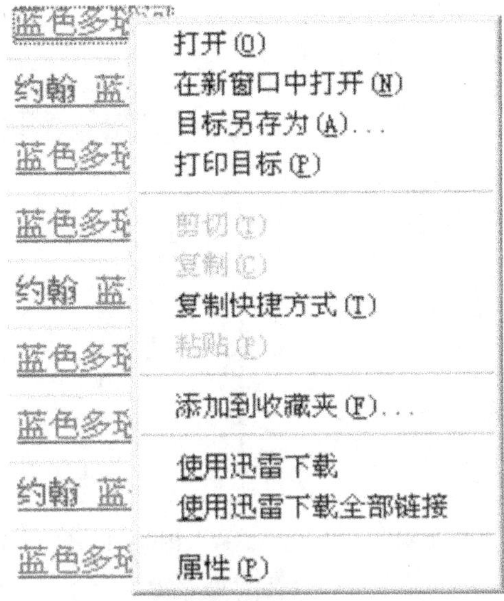

图 4-38 用迅雷下载《蓝色多瑙河》mp3

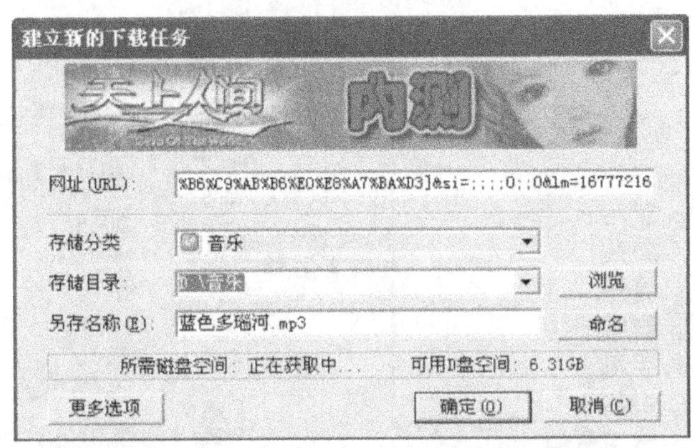

图 4-39 用迅雷下载《蓝色多瑙河》至音乐目录

(2)新建一个类别

如果想下载一些学习资料，放在“D:\学习资料”目录下，但是迅雷中默认的分类没有这个类别，怎么办呢？这时可以通过新建一个分类来解决问题，右键点“已下载”分类，选择“新建类别”，如图 4-40 所示。指定类别名称为“学习资料”，目录为“D:\学习资料”后点确定，如图 4-41。这时可以看到“学习资料”这个分类了，如图 4-42。以后要下载学习资料，在新建任务时选择“学习资料”分类就可以了。

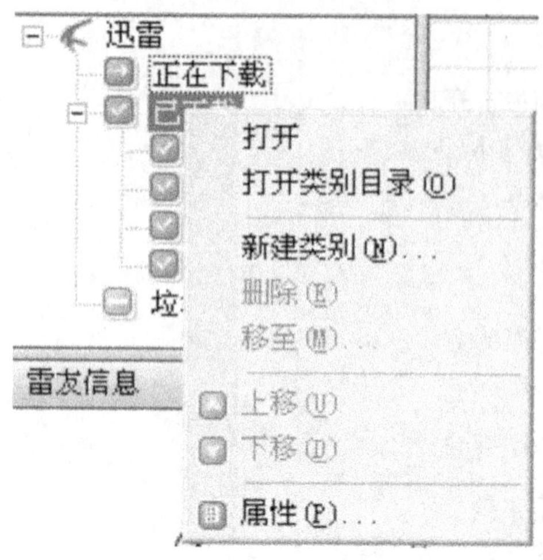

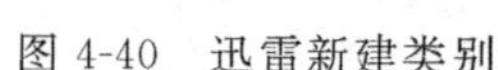
图 4-40　迅雷新建类别

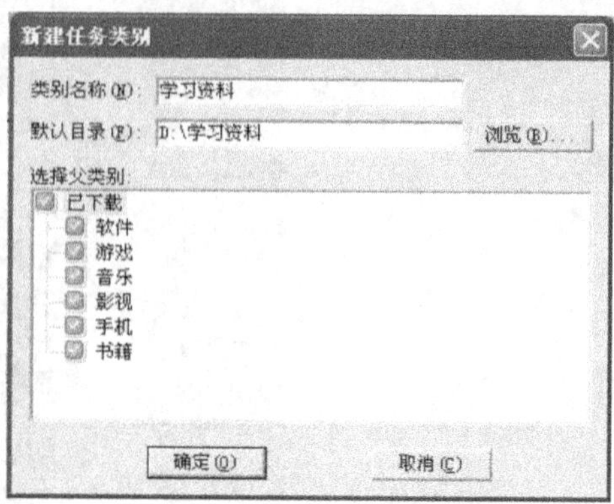

图 4-41　迅雷新建学习资料类别

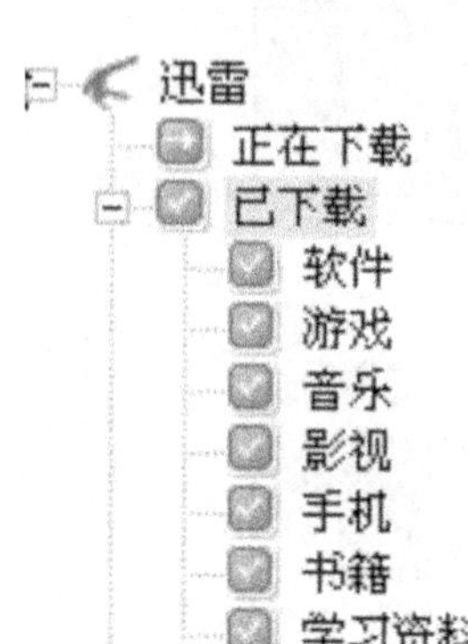

图 4-42　迅雷学习资料类别的显示

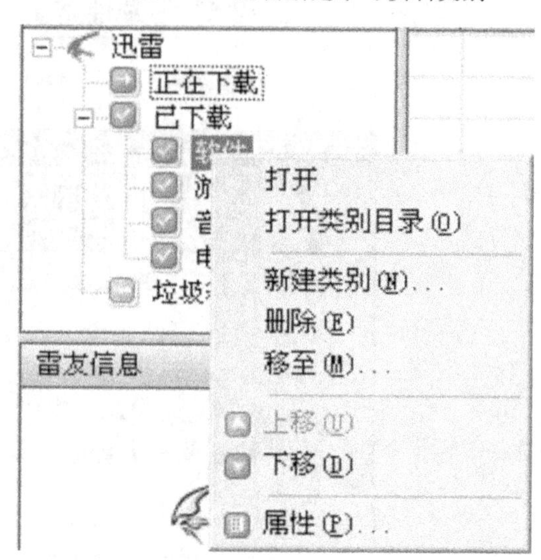

图 4-43　迅雷删除类别

(3)删除一个分类

如果不想使用迅雷默认建立某些分类,也可以删除掉。例如想删除“软件”这个分类,右键点“软件”分类,选择“删除”,如图 4-43 所示。迅雷会提示是否真的删除该分类,点确定就可以了。

(4)任务的拖曳

把一个已经完成的任务从“已下载”分类拖曳(鼠标左键点住一个任务不放并拖动该任务)到“正在下载”分类和“重新下载”的功能是一样的,迅雷会提示是否重新下载该文件。

用户还可以从迅雷的“垃圾箱”中恢复任务。把迅雷“垃圾箱”中的一个任务拖曳到“正在下载”分类，如果该任务已经下载了一部分，那么会继续下载；如果是已经完成的任务，则会重新下载。

在“已下载”分类中，可以把任务拖动到子分类，例如：已设定了音乐分类对应的目录是“D:\音乐”，现在下载了音乐“蓝色多瑙河.mp3”，在新建任务时没有指定分类，现在该任务在“已下载”，文件在“C:\download”，现在把这首音乐拖曳到“音乐”分类，则迅雷会提示是否移动已经下载的文件，如果选择“是”，则“蓝色多瑙河.mp3”这个文件就会移动到“D:\音乐”目录中。

4. 任务管理窗口的隐藏/显示

任务管理窗口可以折叠起来，方便用户察看任务列表中的信息。具体操作为点击折叠按钮，如图 4-44 所示。这样，就看不到任务管理窗口了，需要的时候再次点击这个按钮就可以了。

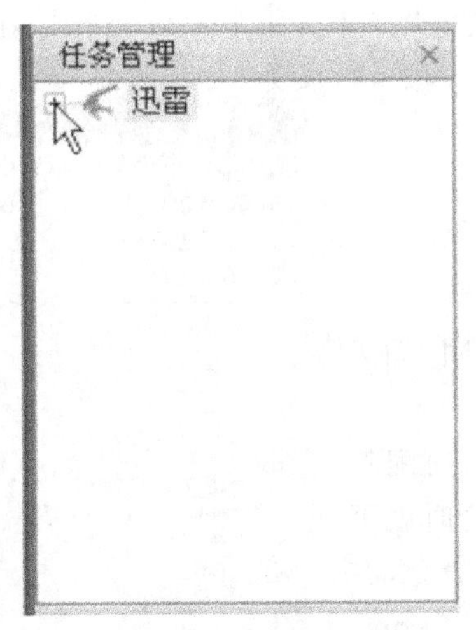

图 4-44　迅雷折叠任务管理窗口

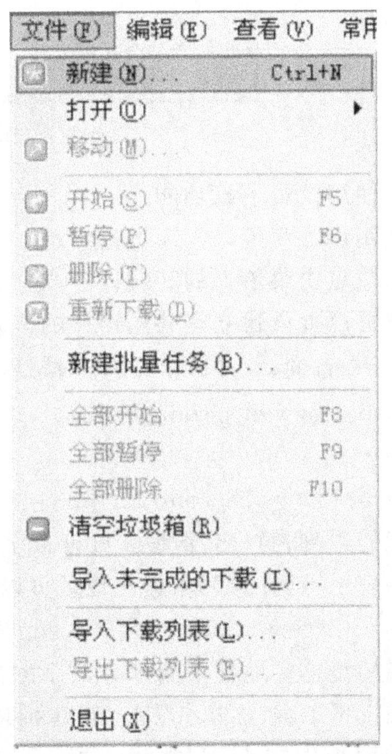

图 4-45　迅雷导入未完成的下载

5. 重启未完成任务

在“正在下载”栏双击或者右键单击选择“开始任务”命令就可以重启未完成任务。如果未完成任务在“已下载”和“垃圾箱”中，那么可以直接拖住任务到“正在下载”或者右键单击选择“开始任务”命令。

如果想启动以前未完成的任务时，可以先到文件保存目录查看有没有.td和.td.cfg两个文件。如果存在的话，在迅雷界面的“文件”—“导入未完成的下载”中启动“＊.td”文件即可，如图4-45所示。

6.工具按钮配置

功能键在迅雷中出现的多少，可以根据需要自行设置。鼠标右键点击工具栏，选择“自定义”或者通过“查看”→“工具栏”可以打开自定义工具栏，如图4-46所示。在该对话框中可以配置工具栏显示/隐藏按钮、是否显示按钮的描述文字、按钮的大小、是否显示分隔符、按钮的位置等内容。

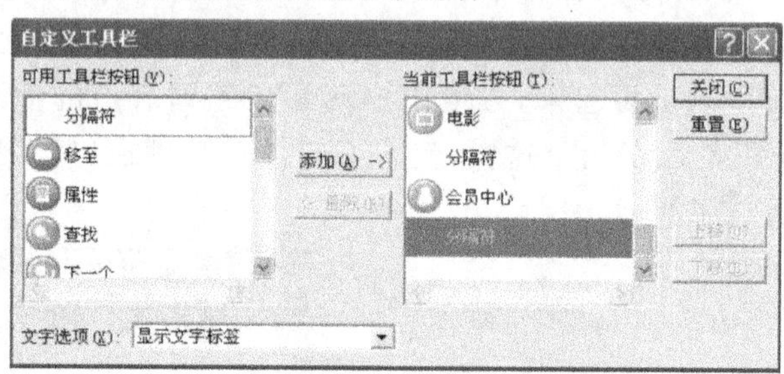

图4-46 迅雷自定义工具栏

7.使用批量下载功能

使用迅雷5可以实现批量下载。这是迅雷一个非常实用的功能。批量任务面板可通过点击菜单上的“文件”→“新建批量任务”打开。如图4-47所示。在该面板用户可以批量建立有共同特征的下载任务。例如，如果要下载一个歌手的专辑，一共是15首歌，这些歌的下载链接是：

http://www.a.com/01.mp3

……

http://www.a.com/15.mp3

我们看到，这15个地址只有数字部分不同，如果用(＊)表示不同的部分，这些地址可以写成：

“http://www.a.com/(＊).mp3”，同时，通配符长度指的是这些地址不同部分数字的长度。这时就可以使用批量下载功能。点击“新建批量任务”命令，在弹出的面板中在URL栏输入“http://www.a.com/(＊).mp3”，填写从1到15，通配符选择2，就会看到新建的一系列任务，这时点确定就可以批量建立任务了，如图4-48所示。

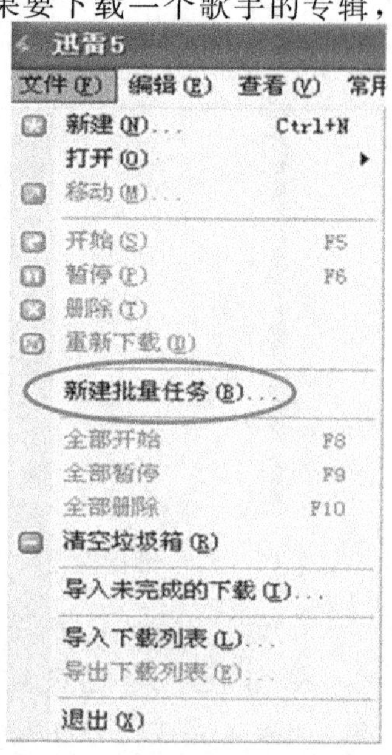

图4-47 迅雷新建批量任务

以下是图4-48迅雷设置批量任务窗口各项目的含义和对所填内容的具体要求：

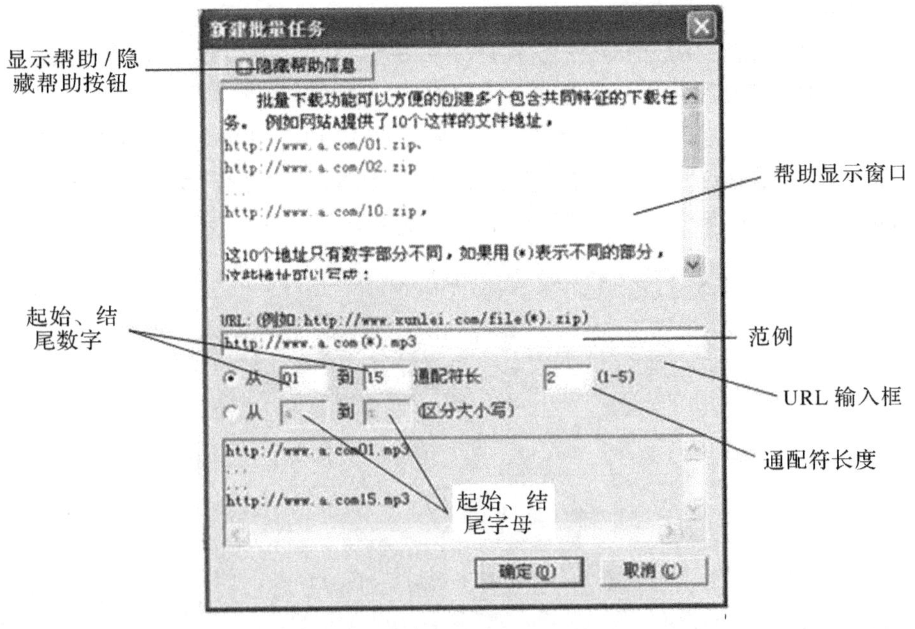

图 4-48　迅雷设置批量任务窗口

(1)URL 输入框:在这里输入带通配符的批量任务下载地址,允许多个通配符,长度不能超过 1024 字节。

(2)范例:一个标准的包括通配符的批量任务 URL,显示的 URL 为 http://www.xunlei.com/file(*).zip。

(3)起始数字:这里输入的数字决定了批量任务中起始任务的 URL,该项的默认值为 0。

(4)结尾数字:这里输入的数字决定了批量任务中结尾任务的 URL,该项的默认值为 0。

(5)通配符长度:通配符长度指的是所下载文件地址不同部分数字的长度。例如,从 01.zip—10.zip,通配符长工就是 2。该项的默认值为 2。

(6)起始字母:这里输入的字母决定了批量任务中起始任务的 URL,输入的范围为 A—z,该项的默认值为 a。

(7)结尾字母:这里输入的数字决定了批量任务中结尾任务的 URL,输入的范围为 A—z,该项的默认值为 z。

(8)显示帮助/隐藏帮助按钮:点击该按钮可以显示/隐藏批量下载的帮助信息。

(9)帮助显示窗口:该窗口默认为打开状态,显示内容为批量任务下载的使用方法教学。

8.完成下载任务后关机

如果希望迅雷在完成下载任务后自动关机，可以选择这个命令，依次点击“工具”→“计划任务管理”→“下载完成后关机”命令即可。

当任务下载完成了以后，会出现关机提示窗口，提示还有“＊＊秒后关机！”如图4-49所示。此时点“确定”，将马上关闭电脑；如果不作理会，电脑将在倒计时时间后，进行自动关闭；点击“取消”将取消关机设置。

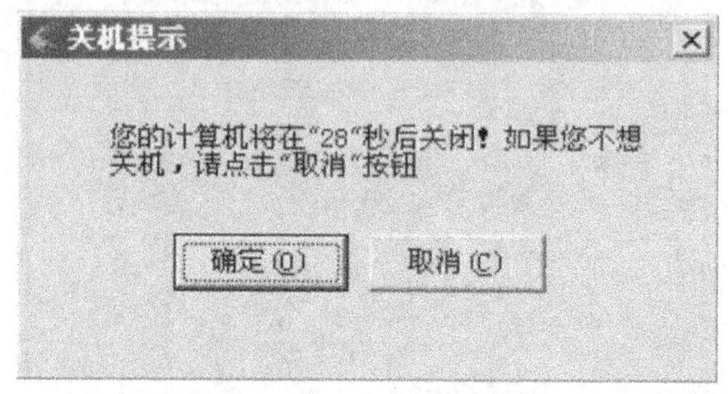

图4-49 迅雷下载后关机窗口

迅雷5的常用基本功能就是上面这些，我们可以在使用过程中不断摸索并发现它的高级功能。

项目三 认识和使用压缩工具

◎ 知识目标

1. 了解压缩工具的主要功能和常见压缩软件。
2. 掌握压缩工具的基本操作。
3. 掌握压缩工具的使用技巧。

◎ 能力目标

1. 能够独立下载并安装压缩工具。
2. 能够利用压缩工具压缩不同类型的文件。
3. 能够利用压缩工具有效管理各类压缩文件。

◎ 项目背景

秘书小王办公室来了一位新同事，不太熟悉计算机的使用。小王趁着今天上班比较空，向她介绍了压缩工具的使用方法和技巧。

◎ 项目任务

上网下载最近版本的 WinRAR，安装好后用它来压缩文件。

任务一　认识、了解压缩工具

压缩软件是一类用于磁盘管理的工具软件。简单地说，压缩工具可以把原文件或多个文件压缩成一个更小的文件，不但减少了储存空间，还便于传输和保存。

压缩工具对于电脑用户来说，是必不可少的。这不仅是由于它可以减少文件的大小、节省空间、便于移动，更由于它的压缩形式早就被网络接受，成为网络上保存文件的标准格式。

国内常用的压缩工具有 WinZIP 和 WinRAR 两种。大部分用户的机器上都安装了 WinZIP 或者 WinRAR。

一、两种主要的压缩工具类型

1. WinZIP

一个强大并且易用的压缩实用程序，支持 ZIP、CAB、TAR、GZIP、MIME，以及更多格式的压缩文件。其特点是紧密地与 Windows 资源管理器拖放集成，不用留开资源管理器而进行压缩/解压缩。包括 WinZIP 向导和 WinZIP 自解压缩器个人版本。曾被 PC Magazine 杂志授予最佳精品实用程序大奖。

2. WinRAR

是紧追 WinZIP 其后的第二个元老级软件。WinRAR 是一个强大的压缩文件管理工具，在压缩率和速度方面都有很好的表现。另外，在某些情况下，它的压缩率比 WinZIP 还要大。WinRAR 的另外一个特点是支持很多压缩格式，除了.rar 和.zip 格式的文件外，WinRAR 还可以为许多其他格式的文件解压缩。同时，使用这个软件也可以创建自解压可执行文件。

二、Winrar 的特点

1. WinRAR 是一款功能强大的压缩包管理器。该软件可用于备份数据，缩减电子邮件附件的大小，解压缩从互联网上下载的 RAR、ZIP 及其他文件，并且可以新建 RAR 及 ZIP 格式的文件。

2. 支持鼠标拖放及外壳扩展，完美支持 ZIP 档案，内置程序可以解开 CAB、ARJ、LZH、TAR、GZ、ACE、UUE、BZ2、JAR、ISO 等多种类型的压缩文件；具有估计压缩功能，可以在压缩文件之前得到用 ZIP 和 RAR 两种压缩工具各三种压缩方式下的大概压缩率；具有历史记录和收藏夹功能；压缩率相当高，而资源占用相对较少；其固定压缩、多媒体压缩和多卷自释放压缩是大多数压缩工具所不具备的；使用非常简单方便，配置选项不多，仅在资源管理器中就可以完成用户想做的工作;对于 ZIP 和 RA R 的自释放档案文件(DOS 和 Window、格式均可),点击属性就可以轻易知道此文件的压缩属性;并能根据不同的需要保存不同的压缩配置。

任务二 下载、安装和使用压缩工具

下面简单介绍 WinRAR 软件的使用方法。工具软件的下载和安装方法基本相似,前面我们已经详细介绍了迅雷的下载及安装过程,所以本教材从压缩工具软件开始,到后面介绍的相关软件,均不再详细介绍下载和安装过程。

WinRAR 是一款共享软件,我们可以在网上比较方便地搜索到这款软件的下载地址。除了到专门的软件网站下载之外,我们还可以到网际快车或者迅雷提供的资源网站进行下载。找到需要的 WinRAR 软件后,通过页面上的提示,我们可以将它下载到自己电脑中指定的目录文件夹中,建议使用下载工具进行下载,以提高速度。下载成功之后就可以顺利安装了。

一、认识和了解 WinRAR 的界面与命令

1. WinRAR 的界面

打开 WinRAR,出现的主界面如图 4-50 所示。

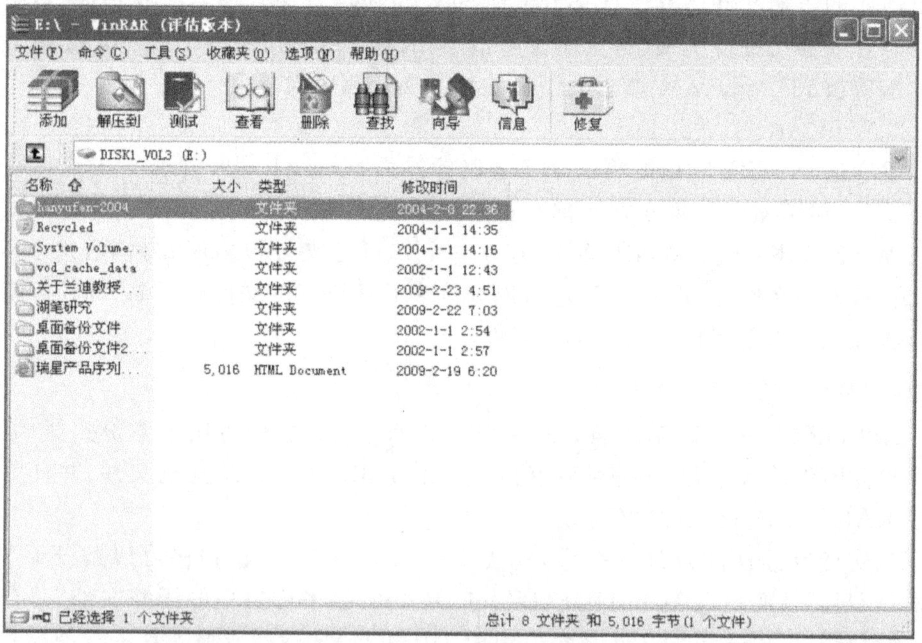

图 4-50 WinRAR 的主界面

WinRAR 主界面上部有 9 个大图标,以下是其中几个主要项目的具体含义:

(1)“添加”按钮就是我们已经熟悉的压缩按钮,用于添加待压缩的文件。

(2)当我们在下面的窗口中选好一个具体的文件后,点“查看”按钮就会显示文件中的内容代码等信息。

(3)“删除”按钮的功能十分简单,就是删除选定的文件。

(4)“修复”是允许修复文件的一个功能。修复后的文件 WinRAR 会自动为它起名为_reconst. rar,所以只要在被修复的压缩文件保存的文件夹处为修复后的文件找好路径就可以了。当然我们也可以自己为它起名。

(5)“解压到”是将文件解压的命令。

(6)“测试”是允许用户对选定的文件进行测试。它会告诉我们是否有错误等测试结果。

2. WinRAR 的菜单

WinRAR 有下列菜单:文件、命令、工具、收藏夹、选项和帮助。其中,文件和命令这两个选项用得比较多,以下是每个项目的简单介绍。

(1)文件菜单

文件菜单的主要命令、快捷键和功能如下表:

表 4-1　WinRAR 文件菜单各主要命令的主要内容

命　令	快捷键	功　能
打开压缩文件	Ctrl+O	打开指定的压缩文件。你也可以读取关于其他方式来打开压缩文件
压缩文件另存为……		将使用 WinRAR 打开的压缩文件的副本保存到另一文件夹。
更改驱动器	Ctrl+D	改变当前的驱动器。
设置默认密码	Ctrl+P	设置默认密码。密码会被要求输入两次以确认。此密码将会用于全部的压缩和解压操作。
复制文件到剪贴板	Ctrl+C	复制选择的被压缩的或普通的文件到剪贴板上。例如,我们可以选择压缩文件中的一些文件,按下 Ctrl+C,在资源管理其中打开打开文件夹并按下 Ctrl+V 来解压选择的文件到那个文件夹。
从剪贴板粘贴文件	Ctrl+V	粘贴文件到 WinRAR 开始压缩操作,可以在资源管理其中选择文件并把它们粘贴到 WinRAR 中来压缩它们。
退出	Alt+F4	退出 WinRAR

(2)命令菜单

以下是命令菜单中的主要项目的功能。

①“添加到压缩文件”命令

该命令在文件管理与压缩文件管理模式两者都可以使用。

当 WinRAR 浏览磁盘上的文件时,首先必须选择要压缩的文件和文件夹。然后运行命令菜单的“添加到压缩文件”命令、在工具栏上的“添加”钮或键盘快捷键

Alt+A 运行压缩文件名和参数对话框，选择压缩文件名和参数，并按下回车键开始压缩。

②“解压到指定文件夹”命令

在压缩文件管理模式中，当 WinRAR 显示压缩文件内容时，首先我们需要选择要被解压的被压缩文件和文件夹。然后使用命令菜单、工具栏上的“解压到”按钮或 ALT+E 键盘快捷键运行“解压文件到指定路径中”命令。在解压路径和选项对话框中我们可以指定解压文件的目标文件夹并且如果需要的话，设置附加选项。关闭这个对话框后，解压开始。

在文件管理模式我们可以一次解压几个压缩文件。通常这个操作和前一节中描述的类似，但不是选择压缩文件内部的文件，而是我们要选择压缩文件和 WinRAR 要搜索压缩文件的文件夹。如果找到任何的压缩文件，将会显示解压路径和选项对话框。关闭这个对话框后所有找到的压缩文件都将被解压。

③“重命名文件”命令

这个命令在文件管理和压缩文件管理模式下重命名光标下的文件和文件夹。在压缩文件内部重命名文件支持 RAR 和 ZIP 格式。可以使用命令菜单或 F2 键盘快捷键来运行这个命令。

重命名命令在使用多卷压缩文件时有一些限制。只有那些包含在当前卷中的文件才可以改名。如果我们希望重命名卷中的文件，需要禁用文件列表设置对话框中的“合并卷内容”选项，并打开包含所要文件的卷。

二、使用 WinRAR 3.71 压缩和解压缩文件

1. 使用 WinRAR 图形界面模式解压文件

(1)首先必须在 WinRAR 中打开压缩文件。我们可以在 Windows 界面(资源管理器或是桌面)的压缩文件名上双击鼠标左键或是按回车键；也可以在 WinRAR 窗口中的压缩文件名上双击鼠标左键或是按回车键。打开压缩软件后的界面如图 4-51所示。

图中有“自解压格式”按钮，是将压缩文件转化为自解压可执行文件；“保护”是防止压缩包受意外的损害；“注释”是对压缩文件做一定的说明；“信息”是显示压缩文件的一些信息。

(2)当压缩文件在 WinRAR 中打开时，文件的内容会显示出来。然后选择要解压的文件和文件夹。我们也可以使用 Shift+方向键或 Shift+鼠标左键多选，就如同 Windows 资源管理器或是其他 Windows 程序一样。也可在 WinRAR 中使用空格键或 Ins 键选择文件。

(3)当选择了一个或是数个文件后，在 WinRAR 窗口顶端单击“解压到”按钮，或是按下 Alt+E，在对话框输入目标文件夹并单击“确定”，如图 4-52 所示。此对话框也提供一些高级的选项。如果需要进一步了解可以参看 WinRAR 的帮助功能。

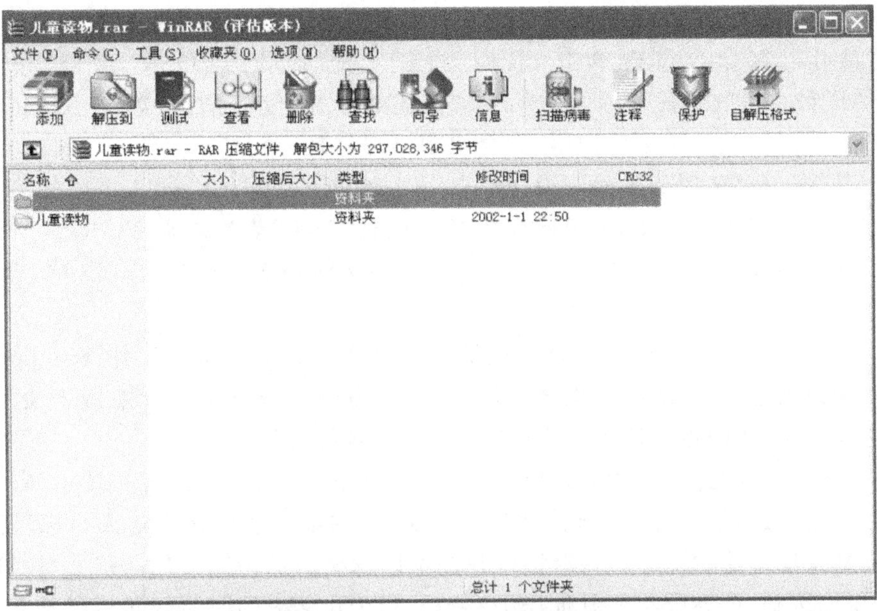

图 4-51　在 WinRAR 窗口中点击压缩包后出现的界面

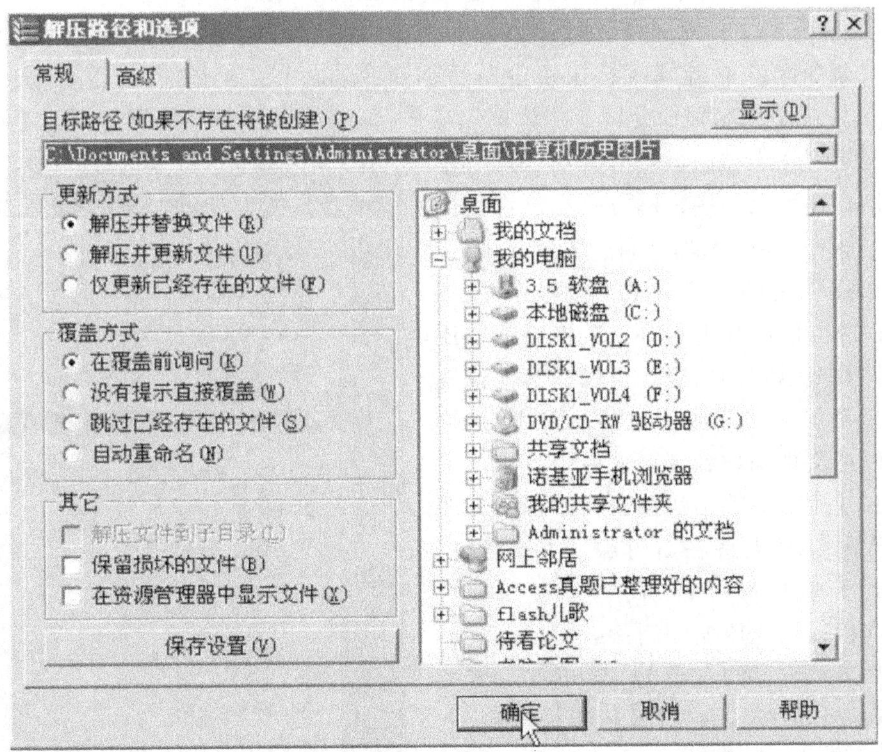

图 4-52　解压路径和选项

(4)解压期间，系统会跳出一个窗口显示操作的状况。如果希望中断解压的进行，我们可以在命令窗口单击“取消”按钮。我们也可以单击“后台”按钮将WinRAR最小化放到任务栏区。如果解压完成了，且没有错误，WinRAR将会返回到界面模式。发生错误状况时，则会出现错误信息诊断窗口。

2. 从WinRAR图形界面压缩文件

(1)首先，双击WinRAR图标或从Windows“开始”菜单启动WinRAR。

(2)WinRAR运行时，会显示当前文件夹的文件和文件夹列表，转到有要压缩的文件的文件夹。

(3)进入目标文件夹后，选择要压缩的文件和文件夹。也可以像Windows资源管理器或其他的Windows程序一样，使用＋方向键或是用鼠标来做压缩工作。另外在WinRAR中也能使用空格键或Ins键来选择文件。

(4)选中文件之后，在WinRAR窗口顶端单击“添加”按钮，或是按下Alt＋A或在命令菜单选择“添加文件到压缩文件”命令，在出现的对话框输入目标压缩文件名或是直接接受默认名。在对话框我们可以选择新建压缩文件的格式(RAR或ZIP)，压缩级别，分卷大小和其他压缩参数。这个对话框的详细帮助在压缩文件名和参数对话框主题中。最后，单击“确定”按钮，完成压缩任务。

(5)和解压文件时一样，压缩期间，有个窗口将会出现显示操作的状况。我们可以在命令窗口单击“取消”按钮中断压缩命令，也可以单击“后台运行”按钮将WinRAR最小化放到任务区。当压缩完成后，命令行窗口将会出现并且以新创建的压缩文件作为当前选定的文件。

用户还可以使用拖动方式在已存在的RAR压缩文件中添加文件。在WinRAR窗口选择需要的文件并在名称上面按下Enter(或以鼠标双击)。RAR将会读取压缩文件并显示它的内容。可以从其他位置中将要添加的文件拖动到WinRAR，这样就可以把文件添加到压缩文件中。

3. 使用右键菜单快速压缩和解压文件

WinRAR支持在右键菜单中快速压缩和解压文件，操作十分简单。

我们以快速压缩为例：

如果系统已经安装好WinRAR，当我们在需要压缩的文件“计算机历史图片”上点击右键，就会看见如图4-53中所示，WinRAR在右键中创建的快捷键。

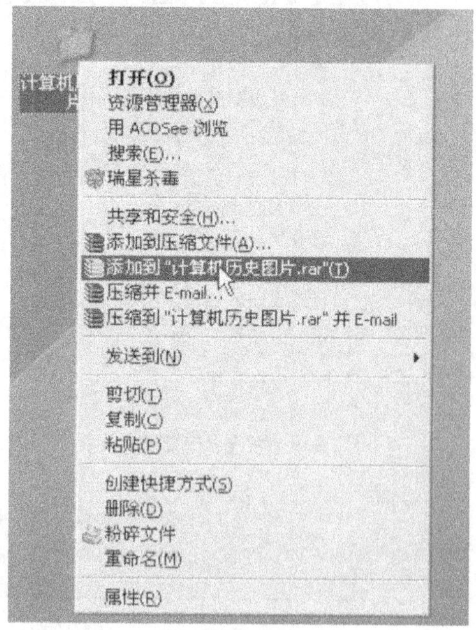

图4-53　使用快捷键压缩文件

如果我们选择“添加到‘计算机历史图片.rar’”，那么 WinRAR 会在“计算机历史图片”所在的文件夹中（当前这个文件在桌面上）自动生成一个压缩文件。

如果我们想进行高级的操作，可以在文件上点右键并选择“添加到档案文件”，这样就会出现图 4-54 所示的对话框。在图 4-54 的最上部可以看见 6 个选项，这里是选择“常规”选项时出现的界面。

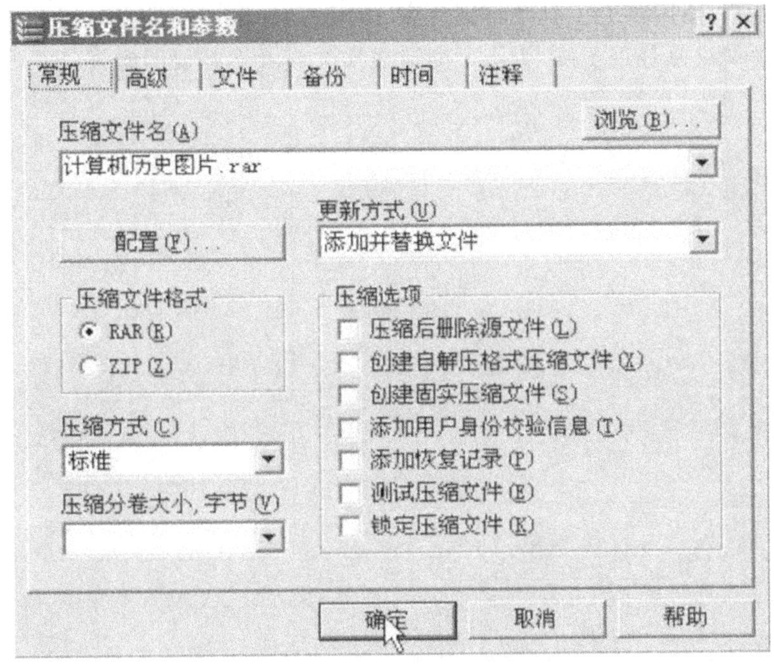

图 4-54　WinRAR 的压缩文件名和参数

反之，我们要解压一个文件，可以在压缩文件上点击右键，然后根据提示选择相应的解压操作即可。

如果只是对文件进行简单的压缩和解压操作，在右键菜单中的功能就足以胜任了，一般无需在 WinRAR 的主界面中进行操作。

三、卸载 WinRAR

依次点击在控制面板→添加/删除程序→WinRAR 压缩文件管理器→添加/删除即可将 WinRAR 从本机卸载。

◎ 知识链接

借助即时通信软件协助秘书工作

即时通讯的英文是 Instant Messaging(即时通讯，实时传讯)，缩写是 IM，也就是人们通常所说的在线聊天工具。目前在互联网上使用广泛的聊天工具软件包括新浪 UC、百度 hi、QQ、MSN Messenger、Yahoo！Messenger、Google Talk 等。不同的人群有自己的使用习惯和偏好，会选择不同的聊天工具。有的人根据聊天对象类型的不同，还会同时选择两种以上的聊天软件。

随着聊天软件的不断发展以及使用人群的扩大，文秘人员也能借助聊天工具提高工作效率。尤其是文件传输、文件共享、截图、群聊等功能，都能协助秘书人员的工作。当然，使用聊天工具要特别注意安全性的问题。在发送对话和文件时，尤其要注意接收对象是否正确，否则可能造成损失或者不必要的麻烦。

实训四　搜索引擎、下载和压缩软件操作训练

◎ 实训目的

熟练掌握搜索引擎以及下载、压缩软件的使用方法和技巧。

◎ 实训内容

1. 利用百度根据确定主题进行搜索。

2. 使用迅雷软件下载指定内容并用压缩软件压缩。

◎ 实训要求

1. 选择1～3个不同的主题和类型(类型可以是新闻、Mp3或者图片)，利用百度进行搜索，尝试使用教材中提到的搜索技巧。同时可使用google进行搜索并对比搜索结果。

2. 根据确定的主题内容，选择不同属性的文件使用迅雷下载至本地计算机，接着分别进行压缩，对比不同属性文件压缩前后占用空间的大小。最后把所有文件打成一个压缩包，以本人姓名学号命名后上交，要求对压缩文件设置压缩密码。

◎ 实训组织

每人一台联网计算机独立完成。

◎ 实训时间

4课时。

模块五　秘书人员其他常用软件

前面模块一至四分别介绍了秘书人员日常工作中的常用软件。作为秘书人员，需要熟练掌握这些软件的使用功能和技巧，并且在工作中不断摸索新的技巧，以提高工作效率。与此同时，秘书人员还需要掌握另外一些工具软件的使用方法，从而更好地应付日常工作需要。对于秘书来说，这些软件可以称之为辅助软件。例如使用系统优化和杀毒软件，是为了保障计算机正常运行和工作；还有图形图像处理软件，对于秘书人员来说也很实用；另外还有一些是能够提高我们工作效率的小软件，如桌面日历，不但可以美化桌面，还可以当做备忘录和记事本使用，小巧又方便。

为了节约篇幅，本模块的内容将尽量简单，希望起到提示的作用，读者朋友可以举一反三。

◎ 学习目标

1. 了解并掌握杀毒及系统维护软件的基本功能和使用方法。
2. 了解 Acdsee、Photoshop 以及光影魔术手、美图秀秀等图形图像处理软件的基本功能，掌握其中 2～3 种软件的操作方法。
3. 了解并掌握桌面日历等辅助软件的功能及使用方法。

项目一　杀毒及系统维护软件的使用

◎ 知识目标

1. 了解杀毒及系统维护软件的主要功能和种类。
2. 掌握系统优化软件的下载安装和基本操作知识。

◎ 能力目标

1. 能够下载和安装杀毒和系统维护软件。

2. 能够根据自己的需求主动利用杀毒及系统维护软件优化系统、查杀病毒。

◎ 项目背景

秘书小于在浙江一家规模不小的服装企业工作。计算机是她工作中不可或缺的重要工具。为了更好提高计算机的运行状况，她经常到网络上查阅相关讯息资料，提高自己的计算机操作水平。根据网友的推荐，最近她下载了 360 安全卫士，使用后感觉效果不错，不但能够有效查杀病毒，还能帮助维护计算机系统，比如电脑体检、系统优化等等，操作起来还十分方便。

◎ 项目任务

1. 上网搜索杀毒及系统维护软件的相关知识，了解杀毒及系统维护软件的功能和种类。

2. 下载合适的杀毒及系统维护软件优化本机系统、查杀病毒。

任务一　认识和了解系统维护及杀毒软件

一、系统维护及杀毒软件概述

为了使电脑长期保持高效运行，有计划的系统维护必不可少，包括系统优化、碎片整理等等。我们除了可用系统自带的优化工具外，还可以利用专门的优化工具对电脑进行有针对性的维护。这些维护软件在人们的长期使用中不断升级，功能越来越强大，使用越来越方便。

随着电脑的普及和互联网的发展，尤其是网络银行的大众化，恶意软件、网络病毒肆虐，木马横行。个人电脑安全受到来自各方面的严峻威胁。秘书人员由于工作内容的安全性要求较高，学会安装杀毒软件并定期杀毒就显得尤为必要了。对于在工作中使用电脑和网络的秘书人员来说，在选用某一款杀毒软件后，更重要的是学会如何使用。这样才能真正确保电脑的安全使用。

由于软件企业之间的相互竞争，目前不少杀毒软件不但具有杀毒、系统维护等强大功能，而且打出了“永久免费”的口号。这对电脑用户来说，是一个好消息。

与此同时，这些软件还有一个共同特点，易用性越来越好。它们会定期主动提示杀毒、优化系统等信息，而一旦检测出电脑中有什么的问题，往往可通过“一键修复”的方式解决，所以非常方便。

例如奇虎公司旗下的 360 安全卫士和 360 杀毒两款免费软件。360 安全卫士是辅助性的软件，主要以杀木马为主，能够拦截和查杀木马病毒，有效防止个人数据和隐私被木马窃取清理插件。该软件还有修复漏洞、电脑体检、清理垃圾、开机加速等多种系统维护功能；而 360 杀毒软件则是针对杀毒用的。前者相当于防火墙，后者则是专业杀毒软件，可以互相配合使用。

目前，国内金山毒霸、瑞星等杀毒软件都已提供免费的个人软件产品。以瑞星为例，免费产品包括：瑞星全功能安全软件、瑞星杀毒软件、瑞星防火墙、瑞星账号保险柜、瑞星加密盘、软件精选、瑞星安全浏览器、瑞星安全助手等。在个人电脑上这些软件综合运用，不但能有效杀毒，还能维护系统。更为方便的是，多数已实现智能化操作，可达到一键杀毒、一键优化的效果。图 5-1 是金山毒霸 2012 的主界面，界面显示该软件提供病毒查杀、实时防护网购保镖等功能。图 5-2 来自瑞星官方网站，显示的是瑞星全功能安全软件广告。图中显示瑞星软件免费提供杀毒及防火墙功能。腾讯公司也提供了免费的 QQ 电脑管家，同时具有杀毒、管理功能。

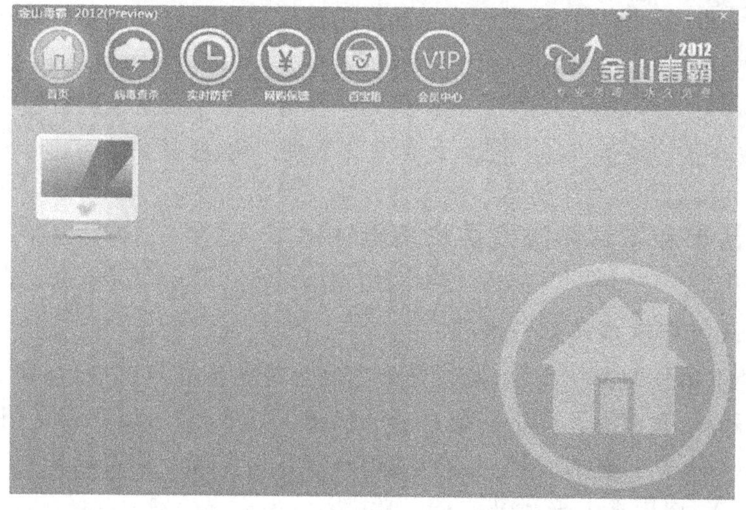

图 5-1 金山毒霸 2012 主界面

图 5-2 瑞星杀毒软件广告

二、使用 360 软件杀毒及维护系统

下面我们以 360 软件为例，简单介绍杀毒和维护系统的方法。360 杀毒软件和 360 安全卫士都可以从 360 官方网站免费下载。下载后即可安装到个人电脑上，安装过程中要注意跳出的对话框中的一些提示信息，应根据需要恰当选择，如一些附加功能，其他小软件的安装等等。图 5-3 所示是 360 杀毒软件智巧模式的

主界面。在这个模式下，用户可以选择“快速扫描”、“全盘扫描”以及“电脑门诊”三种操作。在这个界面中，我们还可以从“智巧模式”切换到“专业模式”。在专业模式里，可以选择更加细致的杀毒、防毒项目，具体包括“病毒查杀”、“实时防护”、“安全保镖”、“病毒免疫”等。在这个界面中，除了快速扫描病毒和全盘扫描病毒之外，还能专门针对电脑的指定位置如某个分区扫描杀毒，如图 5-4 所示。在如图 5-5 显示的是“实时防护”界面里，我们可以根据个人的实际需要设定不同的安全防护内容。

图 5-3　360 杀毒软件智巧模式

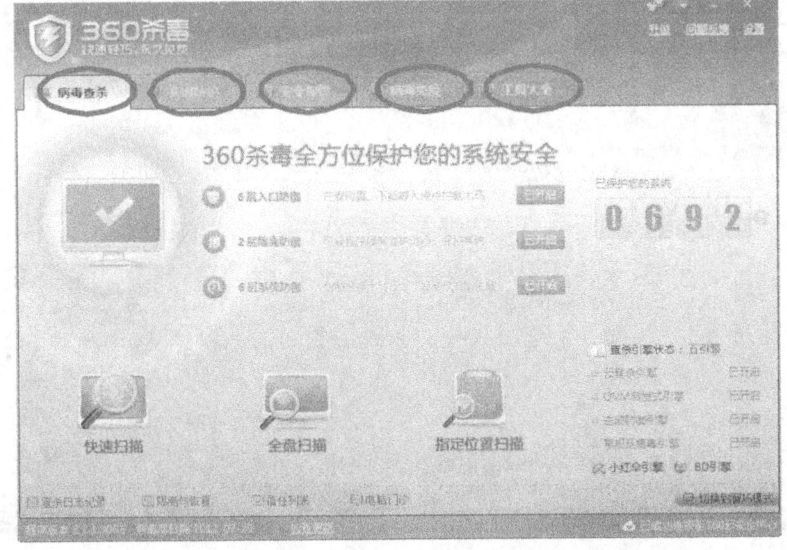

图 5-4　360 杀毒软件专业模式之病毒查杀界面

图 5-5　360 杀毒软件专业模式之实时防护界面

图 5-6 所示为 360 安全卫士的主界面。从图中我们可以看到该软件提供各项服务内容，主要有“电脑体检”、“查杀木马”、“清理插件”、“系统修复”、“电脑清理”、“优化加速”等。要实现这些功能非常方便，根据需要和界面上的提示直接点击就

图 5-6　360 安全卫士之主界面

可以了。如在该界面中选择“立即体检”。电脑体检后若查出有什么具体问题，该软件会显示进一步的提示，用户可以根据个人的实际需求和提示选择下一步的操作。图 5-7、图 5-8 和图 5-9 分别“查杀木马”、“电脑清理”以及“优化加速”的界面。

图 5-7　360 安全卫士之查杀木马界面

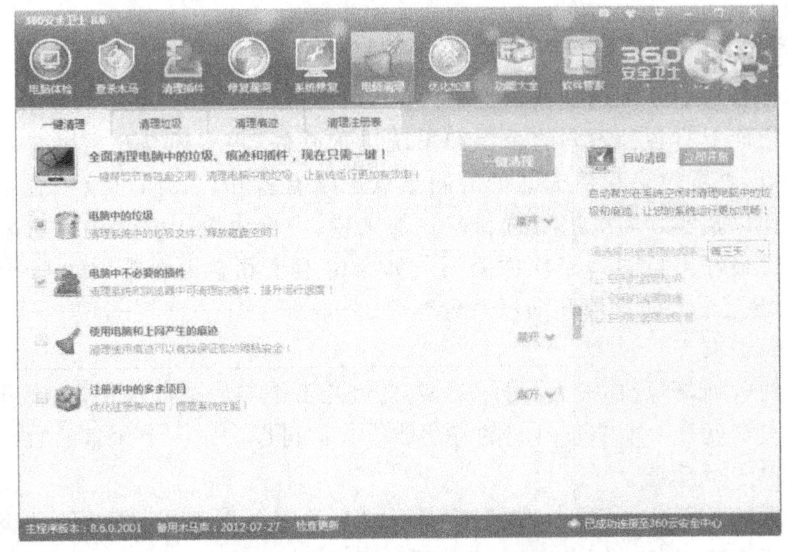

图 5-8　360 安全卫士之电脑清理界面

图 5-9　360 安全卫士之优化加速界面

任务二　了解系统维护及杀毒软件使用常识

系统维护和杀毒软件是工具软件。只有正确地掌握使用方法，才能发挥出它们的功能。

一、系统维护及杀毒软件使用知识

1. 选择合适的系统维护及杀毒软件

目前市面上有各种不同的杀毒和系统维护软件，很多还是免费的。不同的软件各有特点，杀毒效果和系统维护的侧重点也略有差异。我们可以综合本人的电脑使用习惯以及实际需求进行选择。一般来说，一台电脑上安装的杀毒软件和系统维护软件最好出自同一家软件公司。如金山卫士和金山毒霸、360 安全卫士和 360 杀毒、瑞星个人防火墙和瑞星杀毒等等。

2. 定时查毒

现在的电脑，硬盘都很大，文件又多，动辄几百个 G。杀毒再快，也要费不少时间。定时查毒就是一项节省时间的好功能。我们可以固定一个休息的时候查毒。

3. 确保定时升级

杀毒软件升级是必须的。随着反病毒技术的不断提高，杀毒软件升级已经不再像以往那么繁琐了，基本能实现在线自动升级。

4. 了解各项功能并合理应用

用户安装了防护和杀毒软件后，应定期选择其中的相关项目，做好电脑的防护和杀毒工作，从而使电脑能保持一个良好的工作状态。

二、日常防范计算机病毒危害的基本方法

1. 不能盲目下载东西

网络上无论是图片、mp3 还是文本，任何格式的文件都可能在其中合成木马。我们在下载来历不明的文件或他人邮件中的附件时，一定要做好安全防御工作，尽可能使用带有在线扫描功能的下载工具。至于常用的软件、游戏等资源，则一定要选择在官方网站或太平洋电脑网等知名的正规下载站下载。

2. 浏览时注意安全

首先要避免浏览一些乱七八糟的网站，其次是充分利用各种浏览器的安全功能，如实时智能拦截等等。而使用 Google 搜索也能在一定程度上防范恶意网址。当搜索结果的某网页里含有病毒或木马时，Google 会给出网站安全信息提示。

3. 尽量设置复杂的密码

简单的数字密码，比如生日、身份证号或简单的数列，安全性不高，很容易为黑客们破解，带来不必要的损失。所以我们要尽量设置复杂一些的混合密码，也就是字母和数字的混合。

4. 数据备份

硬盘上的程序和数据对于每一个电脑使用者来说都是十分重要的，对于文秘工作者来说尤其如此，硬盘数据的丢失无疑会造成损失。许多病毒都选择硬盘作为破坏目标，如幽灵病毒和 CIH 病毒。这样，硬盘的备份和恢复显得更为重要。为了保护用户的硬盘数据，杀毒软件中开始增添了有关硬盘保护的功能，如瑞星的硬盘数据备份的工具。我们可以设置定期数据备份的时间，杀毒软件可以自动完成用户数据的备份工作。

5. 保护好重点区域

现在的木马和恶意软件已不单纯是技术型黑客高手的恶作剧。每一轮木马的传播都存在明确的目标，比如窃取网游装备、各类账号密码以及用户有价值的数据、隐私等。因此，我们必须重视账号和个人数据的保护。目前保护账号密码安全的软件有 360 保险箱和超级巡警账号保护神等。我们可以根据自己的使用习惯加以选择。

6. 移动存储设备的防护

优盘、移动硬盘等移动存储也是病毒传播的重要途径。它们一般的运行机制是通过双击盘符自动运行。因此禁用所有磁盘的自动运行，及早预防是关键所在。关闭自动运行的操作方法如下：单击“开始”菜单，在“运行”中输入 gpedit. msc，按回车后进入“用户配置”，进而逐项选择“管理模板”→“系统”，双击右侧列表里的“关闭自动播放”，在在弹出的对话框中的下拉菜单中选择“所有驱动器”，然后点击“已启用”，点击“确定”后退出。

此外使用优盘和移动硬盘时，还应同时养成避免双击而采用右键点击的习惯。

7. 充分利用网络资源获取帮助

当我们遇到自己无法解决的问题时，我们可以通过访问一些网络安全的专业求助网站，如360安全求助中心、瑞星官网、金山官网等等。此外百度知道、奇虎问答以及SOSO问问等问答网站上也能找到很多解决电脑病毒问题的方法。

项目二　图像浏览及处理软件的使用

◎ 知识目标

1. 了解图像处理及浏览软件主要功能和种类。
2. 掌握常用图像浏览及处理软件的基本使用方法。

◎ 能力目标

1. 能够下载和安装图像处理和浏览软件。
2. 能够根据自己的需求利用图像浏览及处理软件。

◎ 项目背景

秘书李娜最近的工作中经常要处理一些产品照片。她利用业余时间在网上学习了ACDSee、Photoshop以及光影魔术手等图片处理软件的使用技巧。这样，她工作起来就顺手多了。

◎ 项目任务

根据指定要求，利用ACDSee、Photoshop及光影魔术手等软件对图片进行简单处理。

任务一　利用ACDSee浏览和处理图片

使用图像浏览工具，可以方便地浏览和管理图片。ACDSee是目前最流行的数字图像处理软件。它能广泛应用于图片的获取、管理、浏览、优化图片，并进行快捷地查找、组织和预览。它能快速、高质量地显示图片，再配以内置的音频播放器，可以用它来播放高质量的精彩幻灯片。ACDSee还能处理如MPEG之类的常用视频文件。此外，ACDSee还是图片编辑工具，能轻松处理数码影像，拥有除红眼、剪切图像、锐化、浮雕特效、曝光调整、旋转、镜像等功能，还能进行批量处理。

我们可以到网上下载 ACDSee 的最新版本及插件。

一、ACDSee 的基本使用

ACDSee 的界面和 Windows 的资源管理器十分相似，图 5-10 所示的是 ACDSee 5.0，主要由菜单栏、工具栏、文件列表窗格和图片预览窗格等几部分组成。

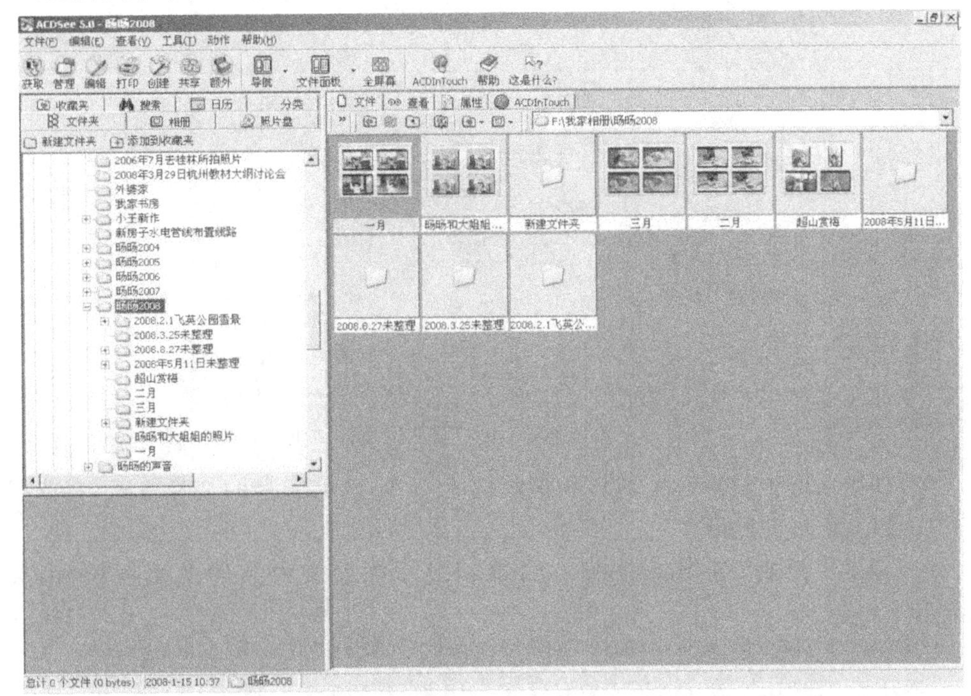

图 5-10　ACDSee 5.0 界面

虽然 ACDSee 的功能十分强大，但使用起来却很简单。默认情况下，ACDSee 安装后将自动设置为 Windows 打开图片的关联程序，在"我的电脑"或者"Windows 资源管理器"中双击一个文件，即可打开 ACDSee 的 View 界面浏览图片内容。

单击工具栏上的按钮，可以方便地显示同一目录的图片，并对图片进行放大/缩小、移动/复制/删除操作。

ACDSee 提供了大量方便实用的功能，而且有关文件的操作方法和 Windows 资源管理器的操作方法基本一致，快捷方式也基本一样，例如支持鼠标拖放等。

以下是 ACDSee 中几个常用的基本功能。

1.幻灯片放映

(1)启动 ACDSee，在浏览界面中选中一个文件夹。

(2)单击菜单栏中"工具/幻灯片"命令，打开幻灯片属性对话框对话框，如图 5-11所示。

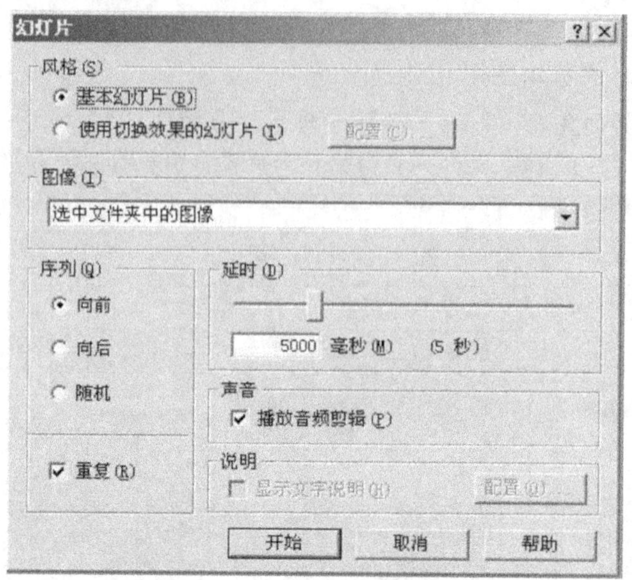

图 5-11　ACDSee 5.0 幻灯片属性对话框

(3)在对话框中设置有关幻灯片播放的选项卡,例如图片的变换方式、每张图片的背景色、延迟时间等。

(4)单击“开始”按钮,ACDSee 会逐幅显示当前文件夹中的所有图片,如图 5-12所示。

图 5-12　ACDSee 5.0 幻灯片放映显示

(5)要停止幻灯片播放，单击窗口右上角的“×”按钮即可。

2.转换图片格式

有时候，为了节省图片的字节大小或者供其他程序使用，我们需要转换图片的格式。对于单个文件的格式转换，很多图像处理软件都可以胜任，而在转换批量文件的格式时，ACDSee转换图片格式的功能就体现了巨大的优势。

具体步骤如下：

(1)启动ACDSee。

(2)在文件列表窗格中选中一个或多个要转换的图片文件。按住shift键单击两次鼠标可以选择连续的多个文件，按住Ctrl键一次单击鼠标可以选择多个不连续的文件。

(3)从菜单栏中选择“工具/格式转换”命令，打开“图像格式转换”对话框，如图5-13所示。

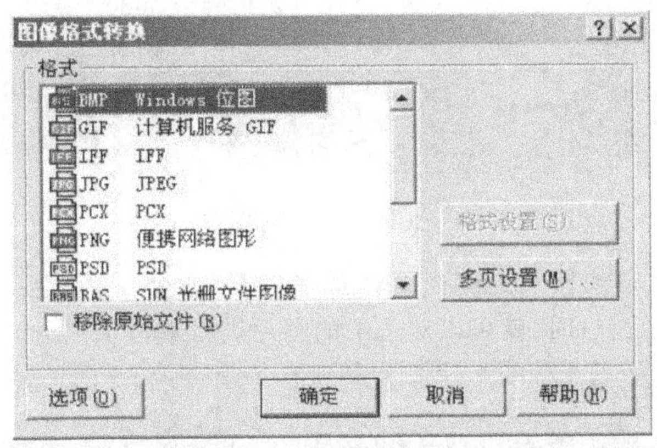

图5-13　ACDSee 5.0图像格式转换

(4)在“格式”列表中选择要转换的格式种类，单击“确定”按钮即可开始转换。

3.用ACDSee对图片进行简单编辑

新的ACDSee版本中增加了编辑处理图片的功能。通过此项功能，我们在浏览图片之余，还可以进行简单的加工处理。

利用ACDSee处理图片的过程大致如下：首先用ACDSee的浏览选中要编辑处理的图片，然后单击工具栏，接着可根据自己的需要对图片进行简单的处理，如裁剪、旋转、曝光调整、大小调整等。如果还有进一步的需要，可选择“在编辑器中打开”。这里类似一个简化版本的Photoshop窗口，可以对图片进行进一步的处理，如消除红眼、浮雕等。这些操作都不难，稍加练习就可以掌握了。

以下为具体操作步骤：

(1)打开ACDSee工作窗口。

(2)双击某个图片，可进入该图片的浏览窗口，如图5-14所示。

图 5-14　ACDSee 5.0 浏览单张图片

(3)从菜单栏中选择“工具/在编辑器中打开”命令。系统会出现一个编辑窗口,如图 5-15 所示。这时,就可以对选中的图片进行裁剪了。

图 5-15　ACDSee 5.0 在编辑器中打开图片

(4)在图 5-15 的下部,有一行工具栏,我们可以根据需要在这里对图像进行进一步的操作。这里就不一一具体介绍了。

作为一个工具软件,ACDSee 主要是用来管理和浏览图像,虽然它能对图像作一些简单的编辑加工,但对于比较复杂的图像处理要求,就显得力不从心了。如果要对图片进行更进一步的编辑制作,就需要用到超级图像处理大师 Photoshop。

◎ 知识链接

关于抓图软件

秘书人员在工作中处理图片时常需要对某些图片进行精准简洁地截图。根据工作中截图要求的不同,我们可以采用不同的方法。简单的一般截图,可以利用 Windows 自带的 PrintScreen 截屏功能键或者腾讯 QQ 的三键(Ctrl+Alt+A)截图方法。如果有更高的要求,比如屏幕滚动截图,或者后期还想进行一些简单的事后加工,那就必须使用一款合适的抓图软件。

截图软件都比较小,而且多为绿色免费软件,无需专门安装,界面也非常友好,因此使用起来非常方便。常用的有 HyperSnap、PicnPick、无忧截图软件等等。

专门的抓图软件有以下突出优点:

1. 截图精准。专门的屏幕软件可以让用户更加灵活地选择截图对象,相对于作为附带功能的截图工具,得到的结果更加精准,也省去了很多麻烦。

2. 标记方便。截图软件一般都附带绘板和标记,可以让截图重点突出,图释明确。

3. 图片效果。我们经常见到的图片阴影、白边、撕边、水印等特效都可以在专门的截图软件中非常方便地得以实现。

以 HyperSnap V7.17.00.0 官方正式版为例,它可以实现以下功能:

1. 捕获光标、控件、窗口、网页、游戏、视频、文本、自定义图形等对象。

2. 能以 20 多种图形格式(包括:BMP,GIF,JPEG,TIFF,PCX 等)保存并阅读图片。

3. 可以用热键或自动计时器从屏幕上抓图。

4. 有调色板功能并能设置分辨率。

5. 能选择从 TWAIN 装置中(扫描仪和数码相机)抓图。

6. 有文本捕获功能,能把网页或窗口里的文字捕获为文本。

任务二 利用 PhotoShop 处理图片

Adobe 公司的 Photoshop 是应用最为广泛的专业图像处理软件。Photoshop 在平面设计、网页设计及建筑装修设计等领域是必备的图像处理软件之一。用

Photoshop 处理数码照片更加不在话下。事实上 Photoshop 也是数码像片后期处理最常用的工具软件之一。秘书人员工作中也经常要用数码相机拍照,并且需要对所拍摄的照片略加编辑处理,因此安装 Photoshop 中文版作为数码照片后期处理工具是非常必要的。

对于秘书人员来说,并不需要利用 Photoshop 进行非常专业的操作,掌握一些基本的功能就能够应付工作中的需要了。Photoshop 的基本操作如下。

1. 给照片更换背景

(1)启动 Photoshop 应用程序,选择"文件/打开"菜单,打开选定的背景图片——一张雪景图作为背景,再打开需要编辑的图片。这里我们选择 Photoshop 自带的示例图片小鸭子,分别如图 5-16 和图 5-17 所示。

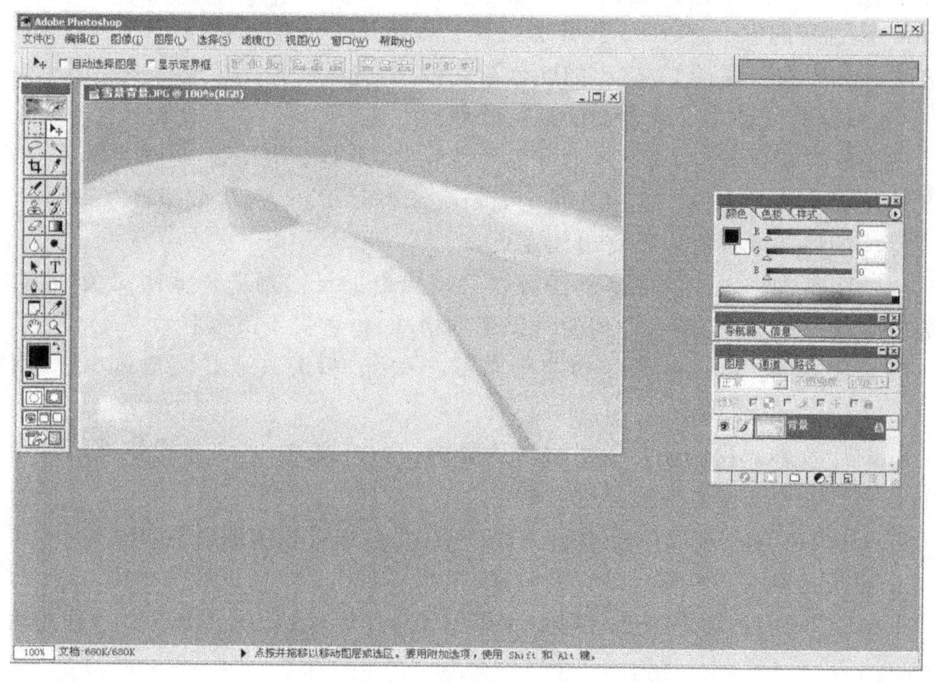

图 5-16　在 Photoshop 中打开背景图

(2)选择左侧工具栏中的"魔棒"工具将图片的背景选中。如果图片的大小需要调整,应该在选中图片之前进行。如果一次选不完,可以按住"shift"键加选。然后按住"Ctrl+Alt+I"反选画面,接着可用工具栏中的移动工具(在魔棒工具上方)将选中的图片内容复制到已经打开的背景图中,效果如图 5-18 所示,合成以后需要对文件重新保存。

图 5-17　在 Photoshop 中打开欲编辑的图片

图 5-18　利用 Photoshop 更换背景

◎ 超级链接

魔棒与套索

魔棒是根据色彩来识别选取范围的。用魔棒选取背景的方法，是针对背景色彩比较单一、主体物与背景区别比较大的图片。如果照片的背景色彩很丰富，或者主体物与背景之间模糊不清，就需要用另一种方法——套索功能中的“多边形套索”工具进行选取。选取的时候要耐心，一步一步将主体物框选下来。魔棒和套索功能在工具栏中的位置如图 5-19 所示。

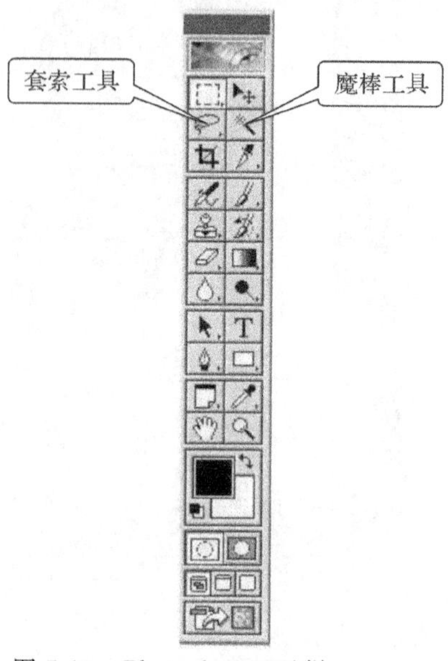

图 5-19　Photoshop 工具栏中的魔棒与套索工具

(3)我们可以选择两种方式给图片换背景：一种是将图片移到别的合适做背景的图片上；以上演示的就是第一种方法，比较简单。另一种是自己用 Photoshop 里的工具做一个背景。自己做背景也不难，关键是要加入自己的创意，如用英文字母铺底、用自定义形状的工具做花样等，这里就不一一演示了。

2. 为照片添加水印

(1)在 Photoshop 中打开需要添加水印的照片。在添加水印之前，我们可以先对照片进行处理，如修改大小、调整颜色等。如图 5-20 所示。

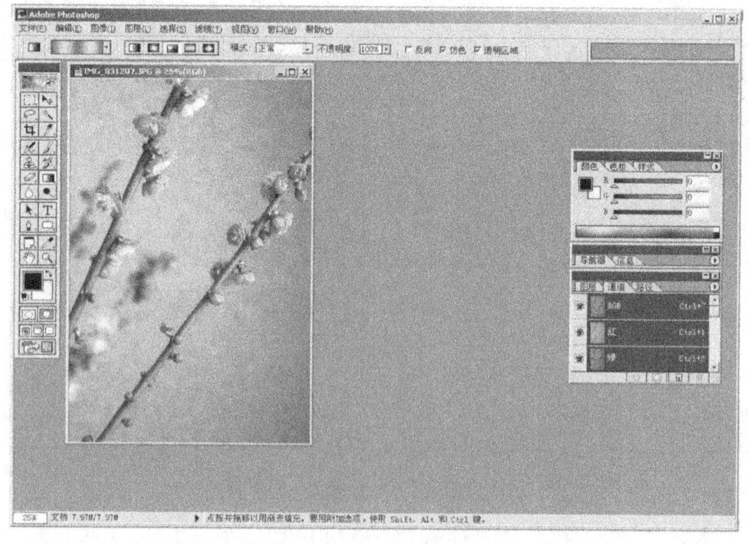

图 5-20　在 Photoshop 中打开图片

（2）如果只需加入文字水印，可以直接在左侧工具栏中使用“文字工具”，根据画面情况使用横排或竖排的文字，并选择文字的大小。文字输入后，我们还可以修改字体、比较后确定最合适画面的水印文字。文字的属性里还可以选择平滑和锐利等效果，如图 5-21 所示。我们可以根据实际的效果来选择哪一种。添加好文字后的效果如图 5-22 所示。

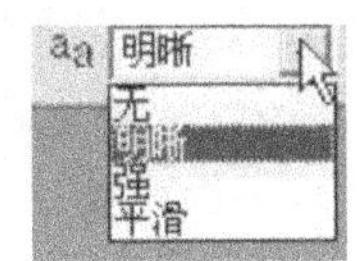

图 5-21　Photoshop 中的文字显示属性

（3）有些图片背景不能很好地融入文字，可以在图层面板中的不透明选项中修改文字的透明度。这样就可以使照片与水印融为一体了。

经过以上制作，一张带有水印的照片就基本成形了。这里介绍的是最基本的水印添加方法。操作熟练后，我们可以根据自己的需要添加更加复杂的水印。

3. 改变图像文件的大小和格式

有时秘书人员要把一些拍好的照片上传到网络上。如果照片文件太大的话，就无法正常上传。这时我们可以通过 Photoshop 改变图像文件的大小。具体做法如下：

（1）首先在 Photoshop 中打开一张图片，如图 5-23 所示。注意看图左下角文件大小的标注，这张图片的大小为 7.97M，显然无法满足上传网络的要求。

图 5-22　在 Photoshop 中添加好文字水印的照片

（2）在菜单栏中选择“图像→图像大小”，如图 5-24 所示。

（3）Photoshop 会弹出如图 5-25 所示的对话框。我们可以看到图像的宽高分别是 2048 像素和 1360 像素。

图 5-23　在 Photoshop 中打开一张原始图片

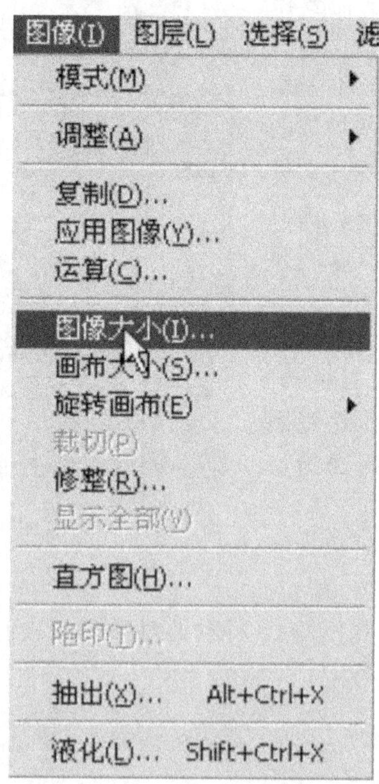

图 5-24　在 Photoshop 菜单栏中选择“图像大小”工具

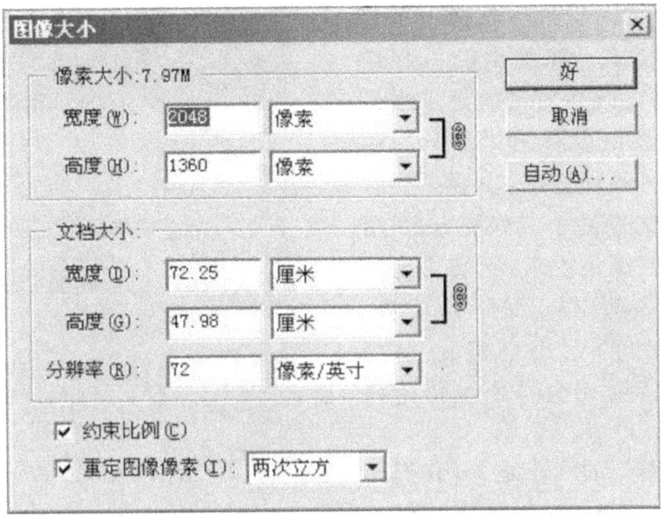

图 5-25　Photoshop 图像大小设置对话框

(4)把宽度改为 750 像素。如果下面的“约束比例”项是勾选的，高度像素就会自动等比例缩放。如图 5-26 所示。这样，调整后的图片长宽高比例和原来仍然是一样的。这时，对话框的上面显示的像素大小变为 1.07M，括号里标注了之前的像素为(7.97M)，显然是大大缩小了。

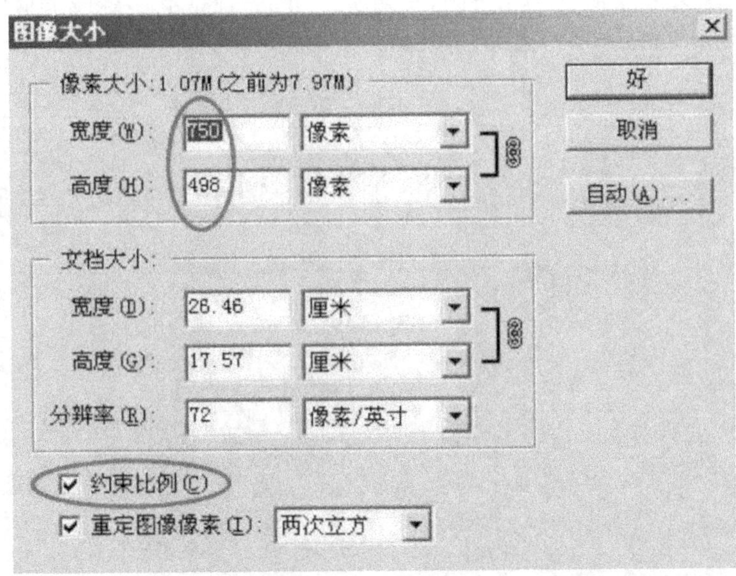

图 5-26　Photoshop 中图像大小调整后显示的对话框

(5)点击对话框中的“好”，然后点击菜单栏中“文件→存储为 Web 所用格式”。如图 5-27 所示。

(6)在跳出的对话框中选择把图片保存为 JPEG 格式。在弹出的保存选项中,可以根据对图片质量的要求来设置品质选项的数值以及图片显示质量的高、中、低以及最佳选项,主要是要看图左下角图片文件的小。如图 5-28 所示。如果大小能满足要求,不妨将这些值设置得略高一些,以保证图片质量。此时,这张图片的大小已经缩小为 43.4K 了。这样就完全符合上传网络的要求。

除了改变图像的大小之外,我们还可以通过 Photoshop 改变照片的保存格式,方法很简单。从 Photoshop 中打开一张照片,然后点击"文件→存储为"。这个选项就在图 5-27 中"文件→存储为 Web 所用格式"上面。点击之后,Photoshop 会弹出一个对话框,对话框中的文件名就是刚才打开的那张

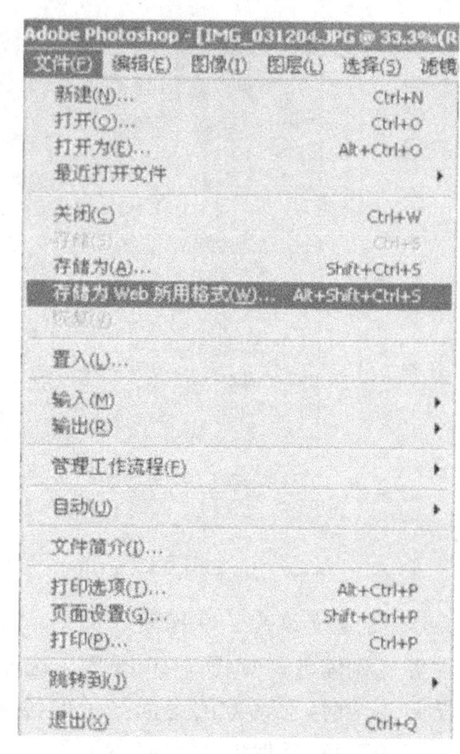

图 5-27　Photoshop 中选择图片存储为 Web 格式

图 5-28　Photoshop 中图片存储为 JPEG 格式

照片，我们也可以在这里重新进行选择。在格式的下拉菜单中，我们可以看到很多可供选择的图片格式，这时只要根据需要选择相应的格式，点击“保存”键就可以了。如图 5-29 所示。

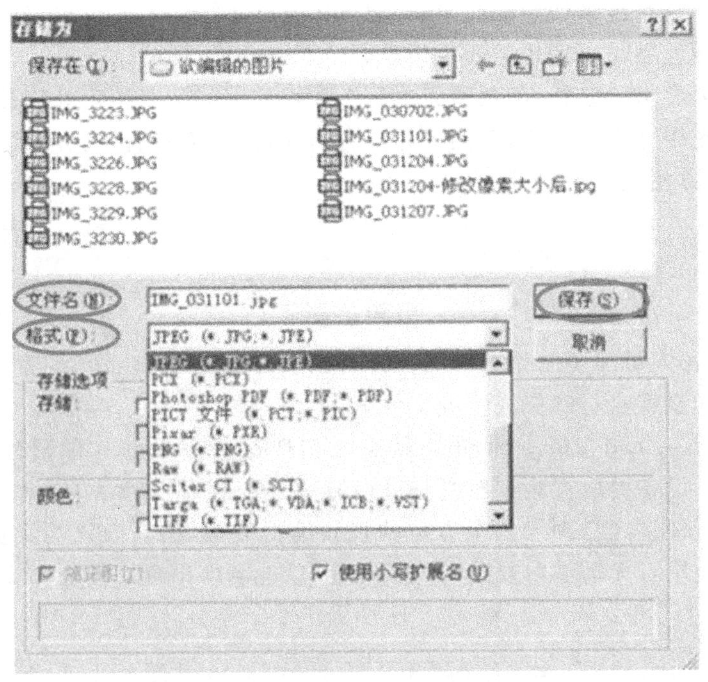

图 5-29　Photoshop 中改变图片保存格式

以上介绍的是 Photoshop 的一些非常简单的基本功能。作为文秘人员，掌握这些功能可以不用麻烦别人，让工作完成得更加出色。

其实，Photoshop 的功能非常强大，利用它还可以实现很多其他功能，如对照片进行美化修饰、去除照片中的无关人员、给照片添加画框等。限于篇幅，这里无法一一展示介绍。如果感兴趣的话，可以结合网络上各种文字或者视频教程进一步学习，提高操作水平。

◎ 知识链接

光影魔术手和美图秀秀

Photoshop 固然功能强大，但操作起来相对复杂。要想用好它不仅需要专业知识，而且需要不断摸索操作方法和技巧。相比之下，光影魔术手或美图秀秀等免费的图片后期处理软件就简单多了。相比之下，不需要任何专业的图像技术，就能实现图片品质改善的效果。

光影魔术手不仅具有常用的数码照片处理功能，还有人像褪黄、数码减光补光、冲印排版、花样边框等特殊的功能模块。新版本更新增了抠图和去背景功能，还增加了一种多图边框，可以把多张照片快速合为一张组合图并强化了图片的重命名功能。它最大的特点是操作极其简单。即使不懂图像处理技术，也可熟练掌握操作方法。它有很多做好的效果，只要直接选择添加即可。总之，利用光影魔术手能够很方便地制作出理想的图片效果。

除了光影魔术手之外，美图秀秀也是一款很好用的免费图片处理软件，操作非常简单。和光用魔术手一样，美图秀秀具有图片特效、美容、拼图、场景、边框、饰品等功能，可以方便地美化处理图片。

◎ 知识链接

会声会影

有时，文秘人员需要制作简单的视频。除了剪辑摄像内容外，可能还需要利用已有的图片和文字素材制作成视频文件。

会声会影(Ulead Video Studio)就是能实现这些效果的一种影片剪辑软件。它包含从摄影设备提取视频到对视频进行剪辑、加入专业的字幕、制作多样化视频特效以及进行视频光盘刻录的全方位的视频编辑流程，还有内置的专业视频模板可供挑选。使用者无需学习复杂的编辑功能，就能制作出理想的视频文件来。

◎ 知识链接

桌面日历软件

秘书人员在工作时如果使用一款桌面日历或者备忘录软件，来随时记下要处理的事情，到时间会弹出提醒窗口，这样就不会再出现耽误事情的情况了。

桌面日历就是这样一种管理软件。它可以把自己的目标清楚地安排在具体的日期内；还具有备忘录提醒功能，不用担心会耽误重要的约会。而且具有排序、搜索方便；体积小、绿色、无需安装等特点，解压后即可运行。界面美观、简洁，功能实用，且都支持换肤功能，所有事项都可以一目了然，可以非常清楚地查看所有待办事项。

常用的桌面日历软件有飞雪桌面日历、鱼鱼桌面、桌面日历秀等。它们大部分具有日期时间显示、农历万年历，壁纸切换、节日查询提醒、备忘录等功能，有的还是半透明的，且支持镶嵌在桌面上，不影响其他操作，并可以设定在桌面任何位置，使用起来非常方便。

实训五　秘书人员其他常用软件操作训练

◎ 实训目的

1. 简单掌握系统维护和杀毒软件的安装及使用方法。
2. 简单掌握图像浏览及图片处理软件的使用方法。
3. 简单掌握桌面日历的使用方法。

◎ 实训内容

1. 利用百度根据确定主题进行搜索。
2. 使用迅雷软件下载指定内容并用压缩软件压缩。

◎ 实训要求

1. 下载、安装并使用系统维护软件和杀毒软件的功能。
2. 使用 ACDSee、Photoshop、光影魔术手或美图秀秀等软件处理图片。
3. 下载、安装并使用桌面日历软件。

◎ 实训组织

每人一台联网计算机独立完成。

◎ 实训时间

4 课时。

模块六　打印机的使用

打印机是计算机的常用外部设备，用于将计算机处理的结果打印在相关介质上。目前文秘人员经常使用的打印机主要有三种：针式打印机、喷墨打印机和激光打印机。本模块首先简单介绍不同类型打印机的特点及工作原理；接着以激光打印机为例讲解打印机的具体使用方法；最后介绍打印机的日常保养和维护要点。

◎ 学习目标

1. 了解各类打印机的功能和结构。
2. 熟练了解打印机的操作方法以及特殊设置。
3. 了解并掌握各类打印机保养和维护方法。
4. 简单了解多功能一体机的功能以及操作保养方法。

◎ 知识目标

1. 了解打印机的功能及分类。
2. 了解打印机的基本工作原理及结构。
3. 以激光打印机为例掌握打印机的操作方法。
4. 了解并掌握各类打印机的维护和保养方法。

◎ 能力目标

1. 能够了解打印机的概念和功能；能够了解打印机的不同种类。
2. 认识针式打印机、喷墨打印机和激光打印各部件的功能。
3. 能够正确安装激光打印机，能够使用激光打印机打印文档并设置打印格式。
4. 能够根据不同类型的打印机特点维护保养打印机。
5. 能够了解多功能一体机的概念和功能；能够了解使用多功能一体机各项功能（打印、复印、扫描、传真）的方法。

项目一　了解和认识打印机

任务一　了解打印机

一、打印机分类和特点

按照打印机的工作原理，打印机可分为击打式和非击打式两大类。

针式打印机是击打式打印机的主要类型。非击打式打印机主要有热敏式、喷墨式和激光打印机三种。

1.针式打印机

针式打印机通过打印机和纸张的物理接触来打印字符图形。针式打印机虽然存在噪声较高、分辨率较低、打印针易损坏等缺点，但近年来由于针式打印技术的发展，较大地提高了打印机的打印速度、降低了打印噪声、改善了打印品质，并使针式打印机向着专业化、专用化方向发展。此外，针式打印机所特有的高速跳行、多份拷贝打印、宽幅面打印等特点以及结构简单耐用、适合高强度打印、价格低廉等优势，使其在银行、证券、保险，商务、税务等行业仍然具有广泛的应用。

2.热敏式打印机

人们平常在超市收银台所看到的打印机就属于热敏式打印机。热敏打印机的打印头上安装有半导体加热元件，打印头加热并接触热敏打印纸后就可以打印出需要的图案。其原理与热敏式传真机类似。

热敏打印机只能使用专用的热敏纸，热敏纸上涂有一层遇热就会产生化学反应而变色的涂层，类似于感光胶片，但是这种记录纸价格并不昂贵。另外，这种物质长时间在光的作用下会自动分解，所以感热记录纸不能长期保存。

由于热敏式打印机具有结构简单、小巧轻便、打印速度快、噪音低、功耗低、印字清晰、价格便宜、运行成本低及使用方便等一系列优点，目前已经越来越广泛地应用于餐饮、彩票、证券行业以及各种便携式计算机系统等许多需要现场实时打印收据的场合。

3.喷墨式打印机

喷墨式打印机结构简单，重量轻，价格低廉，操作简便。喷墨打印机分为黑白和彩色两种，不仅能够打印单色的图文，而且还能打印出色彩亮丽、清晰自然的彩色照片，因此使用也非常广泛。喷墨打印机的组成字符和图像的印点比针式点阵打印机小得多，因而字符点的分辨率高，印字质量高且清晰，字符光滑美观。此外，喷墨打印机打印出的字符和图形在形成过程中无机械磨损，印字能耗也比较小。

在打印介质的选择上，喷墨打印机也具有一定的优势。它不但可以打印信封、信纸等普通介质，而且可以打印各种胶片、照片纸、卷纸、T 恤转印纸等特殊介质。

4. 激光打印机

激光打印机是将激光扫描技术和电子照相技术相结合的打印输出设备，具有打印速度快、分辨率高、噪音小，打印件不褪色等优点，尤其适合打印需要长期保存的文档。

激光打印机对纸张要求相对比较低，无需专用纸就可以打出高质量的打印效果，字迹和线条清晰，足以和印刷文档媲美。激光打印机也分为黑白和彩色两种，但二者价位相差较大。

上述各类打印机有不同的品牌和型号，外形与功能也有所区别，但同一种类型的打印机工作原理基本相同。比较著名的打印机品牌有 HP（惠普）、Epson（爱普生）、Canon（佳能）、Samsung（三星）等。它们占据了打印机的主要市场。

◎ 知识链接

多功能一体机

随着办公自动化技术的不断进步，集多种办公设备于一身的多功能一体机越来越受到用户的青睐，显示出了旺盛的生命力。

多功能一体机又称 AIO（all in one），它是指在一台独立的机器上集打印、复印、传真或扫描等多种功能于一身的办公设备，可以实现图像、文件、资料的扫描、编辑、传递、发送、打印的全程管理。

多功能一体机并不是多个设备功能的简单累加，其设计中体现了整体的思想。它虽然有多种的功能，但是打印技术是多功能一体机基础功能，因为无论是复印功能还是接收传真功能的实现都需要打印功能支持才能够完成。因此多功能一体机可以根据打印方式分为“激光型产品”和“喷墨型产品”两大类。同普通打印机一样，喷墨型多功能一体机的价格较为便宜，同时能够以较低的价格实现彩色打印，但是使用时的单位成本较高；而激光型多功能一体机的价格较贵，而它的优势在于使用时的单位成本比喷墨型低许多。

绝大多数的多功能一体机产品在各个功能上有强弱之分，一般以某一个功能为主导。因此它的这个功能便特别的出色。通常可分为打印主导型、复印主导型、传真主导型，而扫描主导型的产品还不多见。

我们可以将一体机看做是把传真、打印、扫描等功能模块固化在一个整机之内的特殊办公设备。因此一体机对工作环境的要求与打印机、扫描仪、传真机等设备相同。一体机应避免放置在温度和湿度发生剧烈变化的地方，避免阳光直射、强光或热源；还要避免放在容易沾染灰尘、导致电击和引起振动的地方。要注意保证通风。

二、打印机的工作原理

1.针式打印机

从针式打印机对打印数据的处理方式上来分类，可将打印机分为西文打印机和中文打印机两类。它们之间的区别在于西文打印机内部仅带有西文字符点阵字库，在打印西文时采用的是字符打印方式，打印汉字时则需采用位图像打印方式；而中文打印机由于内部带有西文和汉字点阵字符库，所以不论是打印西文字符还是打印汉字，均采用字符打印方式。在打印图像或图形时，两种打印机都采用位图打印方式。打印过程的实现实际上是一个较为复杂的数据处理过程。

针式打印机的基本工作原理是利用机械和电路驱动原理，使打印针撞击色带和打印介质，进而打印出点阵，再由点阵组成字符或图形来完成打印任务。

针式打印机的整个工作过程是：打印机在联机状态下，通过接口接收电脑发送的打印控制命令、字符打印或图形打印命令，经过打印机输入接口电路的处理后送至打印机的主控电路，在控制程序的控制下，产生字符或图形的编码，驱动打印头打印一列的点阵图形，同时字车横向运动，产生列间距或字间距，再打印下一列，逐列进行打印；一行打印完毕后，启动走纸机构进纸，产生行距，同时打印头回车换行，打印下一行；上述过程反复进行，直到打印完毕。针式打印机就是这样由监控程序控制打印电机完成打印作业的。

具体地说，针式打印机的工作过程分为以下四步：首先是接收计算机主机数据：打印机按照其输入数据缓冲区的容量接收来自计算机主机的数据。在接收数据阶段，打印机中的微处理器或单片机要控制接口电路实现与计算机的通信，并将接收的数据按其性质区分开来，供下面的数据处理阶段使用。其次是数据处理：打印机根据已得到的数据进行相应的数据处理。先要对打印命令进行处理，确定每行要打印字符或打印列的数量，再从输入数据缓冲区中取出相同数量的字符数据或位图像数据进行有关点阵数据的处理，即通常所说的按行处理。所有的数据处理过程都是在中间数据缓冲区中进行的。一行打印数据处理完成时或在这一行数据的某个位置上出现表示回车的命令时，便将这一行打印数据送往打印缓冲区，执行有关打印控制的程序。接着是打印控制：当打印数据准备好以后，控制程序要根据打印质量的要求(如草稿打印、信函打印、倍密度打印等)来确定字车步进电机的运行步频，并根据选定的运行步频进行字车驱动控制。由于打印头击打频率(出针频率)是固定的，因此打印密度是随着字车运行速度而变化的。字车速度慢，打印点的密度就大，打印质量也就高；反之，字车速度快，打印点的密度小，打印质量就降低。所以，通常情况下，为了便于用户选择合适的打印质量，在使用说明书上均列出了各种打印字符或图像的打印范例。当一行数据打印完成后，控制程序就转入输纸控制。输纸控制的目的是满足打印的需要，如字型较大的字符或汉字需要两次或两次以上的打印才能完成，为了使其上下很好地对应衔接，应控制打印纸微量走纸;如果需要打印下一行字符,则要按照规定的换行间距进行输纸。究竟每次输纸量是多少,要由微处理器或单片机根据处理后的打印数据控制输纸步进电机转动的步数来决定。

2.热敏式打印机

热敏式打印机的工作原理如下:流过印字头点电阻的脉冲电流产生的热传到热敏纸上,使其受热变色,从而印出字符和图像。热敏打印机有选择地在热敏纸的确定位置上加热,由此就产生了相应的图形,如图 6-1 所示。加热是由与热敏材料相接触的打印头上的一个小型电子加热器提供的。加热器排成方点或条的形式由打印机进行逻辑控制,当被驱动时,就在热敏纸上产生一个与加热元素相应的图形。控制加热元素的同一逻辑电路,同时也控制着进纸,因而能在整个标签或纸张上印出图形。

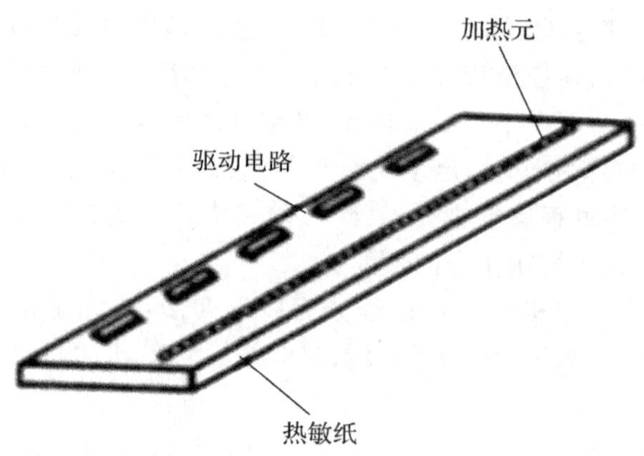

图 6-1　热敏打印头结构

热敏打印机具有速度快、成本低,打印件图像质量高等特点。但它打印出的东西不宜在高于 60℃的环境或暴露在紫外光(如太阳直射)下长时间存放。所以,热敏条码标签通常限于室内使用。

3.喷墨式打印机

喷墨打印机是利用墨水通过精细喷头喷到直面上而产生字符和图像。其基本原理是:带电的喷墨雾点经过电极偏转后,利用墨盒上的喷嘴向纸上喷射出微细的墨点,形成字符和图像。

喷墨打印机按工作原理可分为固体喷墨和液体喷墨两种(当前以后者更为常见),而液体喷墨方式又可分为气泡式(佳能和惠普)与液体压电式(爱普生)。气泡技术(bubble jet)是通过加热喷嘴,使墨水在短时间内加热、膨胀、压缩,将墨水喷射到打印介质上形成墨点,实现高速度、高质量打印。停止加热,墨水冷却,导致蒸汽凝结收缩,从而停止墨水流动,直到下一次再产生蒸汽并生成一个墨滴。微压电式喷墨系统在装有墨水的喷头上设置换能器,换能器受打印信号的控制,从而能精确控制墨水的喷射。采用微电压的变化来控制墨点的喷射，不仅避免了热气泡喷墨技术的缺点，而且能够精确控制墨点的喷射方向和形状。压电式喷墨打印头在微型墨水贮存器的后部采用了一块压电晶体。对晶体施加电流，就会使它向内弹压。当电流中断时，晶体反弹回原来的位置，同时将一滴微量的墨水通过喷嘴射出去。当电流恢复时，晶体又向后外延拉，进入喷射下一滴墨水的准备状态。

不论是采用加热方式还是采用振动方式来产生墨滴，结果都是一样的：将微小的墨点附着到打印介质如打印纸上。墨点越小，打印图像的分辨率就越高，色彩效果就越好。

4. 激光式打印机

激光打印机是将激光扫描技术和电子显像技术相结合的打印输出设备。

其基本工作原理是：由计算机传来的二进制数据信息，通过视频控制器转换成视频信号，再由视频接口/控制系统把视频信号转换为激光驱动信号，然后由激光扫描系统产生载有字符信息的激光束，最后由电子照相系统使激光束成像并转印到纸上。当纸张经过感光鼓时，鼓上的着色剂就会转移到纸上，印成了页面的位图。最后当纸张经过一对加热辊后，着色剂被加热熔化，固定在了纸上，完成打印的全过程。这整个过程准确而且高效。

和其他打印设备相比，激光打印机有打印速度快、成像质量高等优点。

任务二　认识打印机

一、打印机的结构和组成部件

1. 针式打印机

图 6-2 所示是爱普生 LQ 1600K 型针式打印机。从结构上看，针式打印机由“打印机械装置”和“控制驱动电路”两大部分组成。在打印过程中，一共有三种机械运动：打印头横向运动、打印纸纵向运动和打印针的击针运动。这些运动由软件控制驱动系统操控一系列精密机械来执行。以下是各部分的具体介绍。

(1)打印头

打印头即印字机构。它是成字部件，装载在字车上，用于印字，是打印机中的关键部件。打印头由若干根打印针和相应数量的电磁铁组成，其中电磁铁可驱动打印针完成击打动作。

(2)打印头驱动机构(字车机构)

字车机构中装有字车，采用字车电机作为动力源，在传动系统的拖动下，字车将沿导轨作左右往复直线间歇运动，带动打印头左右横移。

(3)走纸机构

走纸机构是驱动打印纸沿纵向移动以实现换行的机构。它采用走纸电机作为

图 6-2 爱普生 LQ 1600K 针式打印机

动力源，在传动系统的拖动下，使打印纸沿纵向前、后移动，以实现打印机全页打印。

(4)色带机构

色带机构的功能是在字车正、反向横向移动时，使色带均与同一方向匀速移动，使色带在整个长度上均匀使用。其动力来自字车传动皮带。

目前，针式打印机中普遍采用单向循环色带机构，打印头左右运动时，色带驱动机构驱动色带向左运动。这样的设计既可改变色带受击部位，保证色带磨损均匀，延长色带使用寿命，又能保证打印字符颜色深浅一致。色带常用涂有黑色或蓝色油墨的带状尼龙或薄膜制成。

(5)输纸机构

输纸机构是驱动打印纸沿纵向移动以实现换行的机构。

针式打印机的输纸机构一般分为摩擦输纸和齿轮输纸两种，前者适用于无输纸孔的打印纸，后者适用于有输纸孔的打印纸。

(6)打印状态传感机构

不同的针式打印机通常具有不同的状态传感机构。一般来说，有纸尽传感机构、原始位置传感机构和计时传感机构这几种。

针式打印机的机架主要由左右墙板、电气组装框架和底座构成。外壳是整体塑压成型，采用全封闭形式，以起到防尘和降低噪音的作用。

2. 热敏式打印机

热敏式打印机通常由热敏机头、自动切纸器、切纸刀、控制板、托纸架、机架、按键驱动面板等组件组成。图 6-3 所示是一台北洋 BTP-2002CP 串/并口热敏打印机，属于票据打印机。文秘人员使用热敏式打印机的场合相对较少，这里就不作具体介绍了。

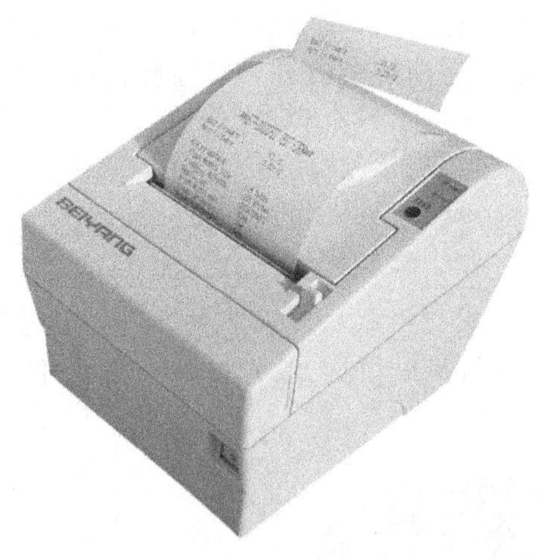

图 6-3　北洋 BTP-2002CP 串/并口热敏打印机

图 6-4　爱普生 C110 彩色喷墨打印机

3.喷墨式打印机

喷墨打印机主要由喷头和墨盒、清洁机构、字车部分、走纸部分以及主控电路等几部分组成。图 6-4 是一台爱普生 C110 彩色喷墨打印机。

(1)喷头和墨盒

喷头和墨盒是打印机的关键部件,打印质量和速度在很大程度上取决于该部分的质量和性能。喷头和墨盒的结构分为两类。一类是喷头和墨盒做在一起,墨盒内既有墨水又有喷头,墨盒本身即为消耗品,当墨水用完后,需更换整个墨盒,所以耗材成本相对较高。另一类是喷头和墨盒分开,当墨水用完后仅需要更换墨盒,耗材成本相对较低。

(2)清洁机构

喷墨打印机清洁机构的作用就是清洁和保护喷嘴。抽吸式清洁机构通过泵墨单元将墨水由喷头的喷嘴吸回,再将其排入废墨收集器内。其目的是消除喷嘴上的废墨渣和气泡。

(3)字车部分

字车机构中的字车是安装墨盒和喷头的部件。字车在皮带的拖动下,沿导轨作左右往复直线间歇运动。因此,喷头便能沿字行方向,自左往右或自右往左完成一个点阵字符及一行字符的打印。在字车结构中设有一个印字间隙调节杆,它可以根据打印纸的厚度调节间隙大小。喷墨打印机的字车部分与针式打印机相似,字车电动机通过齿轮的传动作用,使字车引导丝杠转动,从而带动字车在丝杠的方向上移动,实现打印位置的变化。

当字车归位时,引导丝杠再次转动进而推动清洁机构齿轮,完成清洗工作。

(4)走纸部分

走纸部分包括搓纸轮、输纸电机、进纸传感器和进纸离合器。走纸部分是实现打印中纵向送纸的机构,通过此部分的纵向送纸和字车的横向移动,实现整张纸打印。走纸部分的工作过程是:走纸电动机通过传动齿轮驱动一系列胶辊的摩擦作用,将打印纸输送到喷嘴下,完成打印操作。

(5)主控电路

主控电路包括接口板和电源板,其作用是给打印机供电并协调各部分工作。

4. 激光打印机

图 6-5 所示的是一台惠普 1010 激光打印机。虽然从外观上看小巧美观,但内部结构其实相当复杂。一台激光打印机通常由机械结构、激光扫描系统、电路、开关及安全装置等几部分组成。

图 6-5　惠普 1010 激光打印机

(1)机械结构

激光打印机的内部机械结构十分复杂。这里介绍两个主要部件:墨粉盒和纸张传送机构。

①墨(碳)粉盒

激光打印机的重要部件如墨粉、感光鼓(又称硒鼓)、显影轧辊、显影磁铁、初级电晕放电极、清扫器等,都装置在墨粉盒内。

②纸张传送机构

激光打印机的纸张传送机构与复印机相似。打印纸由一系列轧辊送进机器内。

(2)激光扫描系统

激光打印机内的激光扫描系统有两个核心部件:激光写入部件(即激光印字头)及多面转镜。高、中速激光打印机的光源都采用气体(He-Ne)激光器,用声光(AO)调制器对激光进行调制。为拓宽调制频带,由激光器发生的激光束,需经聚焦透镜进行聚焦后再射入声光调制器。然后根据印字信息对激光束的光强度进行调制,最后还需经扩展透镜进行放大。

(3)电路

激光打印机的电路部分由控制电路和电源系统组成。激光打印机内有多组不同的电源。例如,HP33440 型激光打印机中直流低压电源有 3 组:+5V、-5V 和+24V。

激光打印机的控制电路其实是一个完整的微型计算机系统。该计算机系统通过并行接口或串行接口接收主机输入信号;通过字盘接口控制/接收字盘信息;通过面板接口控制/接收操作面板信息;另外,该控制电路还控制直流控制电路,进而控制定影控制、离合控制、各个驱动电机、扫描电机、激光发生器以及各组高压电源等。

(4)开关及安全装置

激光打印机设置有许多开关。控制电路利用这些开关检测并显示打印机各个部件的工作状态。许多开关还带有安全器件,以防伤害操作人员或损坏打印机。

二、打印机的性能指标

下面主要介绍文秘人员工作中经常使用的喷墨打印机和激光打印机的主要性能指标。

1. 分辨率

打印机分辨率又称为输出分辨率。它是衡量打印机打印质量的重要指标,决定了打印机打印图像时所能表现的精细程度,具体是指在打印输出时横向和纵向两个方向上每英寸最多能够打印的点数,通常以“点/英寸”,即 dpi(dot per inch)表示。分辨率决定了打印效果的清晰度。分辨率越高,图像精度就越高,打印质量自然就越好。喷墨打印机在纵向和横向两个方向上的输出分辨率相差很大,一般情况下我们所说的喷墨打印机分辨率是指横向喷墨表现力。

激光打印机的分辨率是由机芯所决定的。一般情况下,激光打印机在纵向和横向两个方向上的输出分辨率是相同的,但是我们也可以人为进行调整控制。如果产品上只标明一个分辨率指标的话,通常是指其最大指标。

300dpi 是人眼分辨打印文本与图像的边缘是否有锯齿的临界点。对于文本打印而言,600dpi 基本能够满足普通阅读需求。

2. 打印速度

打印速度指打印机每分钟的打印页数。厂商在标注产品的技术指标时通常都会用黑白和彩色两种打印速度进行标注。打印图像和文本时,打印机的打印速度有很大差别,而且打印速度还与打印时设定的分辨率有直接的关系,打印分辨率越高,打印速度自然也就越慢了。所以,衡量打印机的打印速度必须在统一标准下进行综合评定。

在这里要弄清两个概念,机芯速度和最大打印速度。其中机芯速度为打印机的最大可打印速度。同一速度标称的打印机在相同条件下的打印速度可能不一样。一般厂商提供的技术资料上的打印速度,如没有特别说明,都是机芯速度。最大打印速度为机器横向打印 A4 纸时的实际速度。通常来说，英文的打印速度要高于中文的打印速度，A4 幅面的打印速度要大于 A3 幅面的打印速度，横向打印速度要大于纵向打印速度，单面打印速度要大于双面打印速度。

此外，打印机还有色彩数目、供纸方式、纸盒容量、首页输出时间、最大打印能力等性能指标。这里就不一一介绍了。

项目二　激光打印机的使用

对于文秘人员来说，日常工作中使用最普遍的是以打印文本为主的激光打印机。各类打印机的具体操作方法虽有区别，但主要操作环节大致相同。为节省篇幅，下面以激光打印机为例介绍打印机的操作使用方法。

惠普的激光打印机产品在办公领域的应用非常广泛。HP LaserJet1010 激光打印机是其中一款典型产品，做工精细，外形设计小巧紧凑，打印质量高，适合家庭或是小型企业使用，如图 6-5 所示。下面我们以 HP LaserJet1010 打印机为例，介绍激光打印机的结构和使用方法。

任务一　激光打印机的常规使用

一、认识控制面板

HP LaserJet1010 打印机控制面板有三个指示灯和两个按钮。这些指示灯模式用于确定打印机的状态。如图 6-6 所示。图中数字 1—4 的含义分别是：

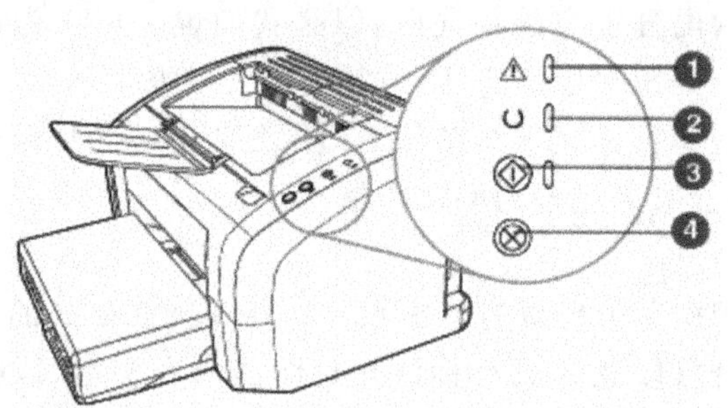

图 6-6　HP LaserJet1010 打印机的控制面板

1.“注意”指示灯：表明打印机进纸盘已空，打印碳粉盒端盖打开，没有打印碳粉盒或者其他错误。

2.“就绪”指示灯：表明打印机已准备就绪，可以进行打印工作。

3.“执行”按钮和指示灯：要打印一张演示页或在手动送纸模式下继续打印，需要按下再松开执行按钮。而要打印配置页，则需要按住执行按钮 5 秒钟。

4.“取消作业”按钮：打印机正在处理数据时，按下取消作业按钮将取消打印作业。

二、认识和使用惠普 1010 打印机的组件

1. 主进纸盘和打印机介质导板

图 6-7 所示的是打印机的主进纸盘和打印机介质导板。封闭的主进纸盘位于打印机的前部，最多可容纳 150 张 20 磅的纸、多个信封或其他介质。介质导板可确保介质正确装入打印机，并且使打印出来的打印件不歪斜。在装入纸张或其他打印介质时，可以调整介质导板，使之适合所用介质的宽度和长度。

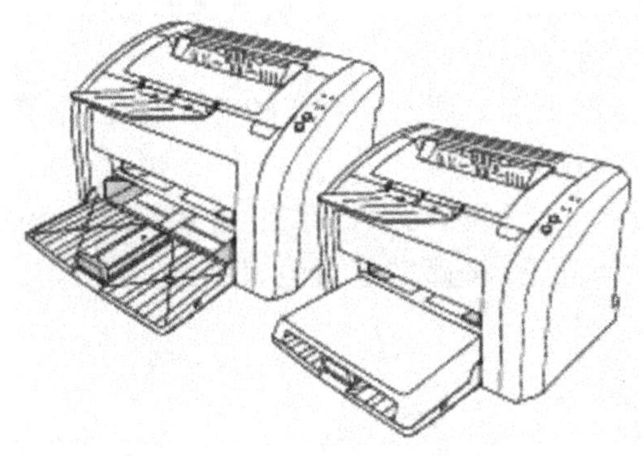

图 6-7　HP LaserJet1010 打印机的主进纸盘和介质导板

2. 出纸槽

出纸槽位于打印机的顶部。展开纸盘的扩展部分，可托住从打印机中输出的介质。如图 6-8 所示。

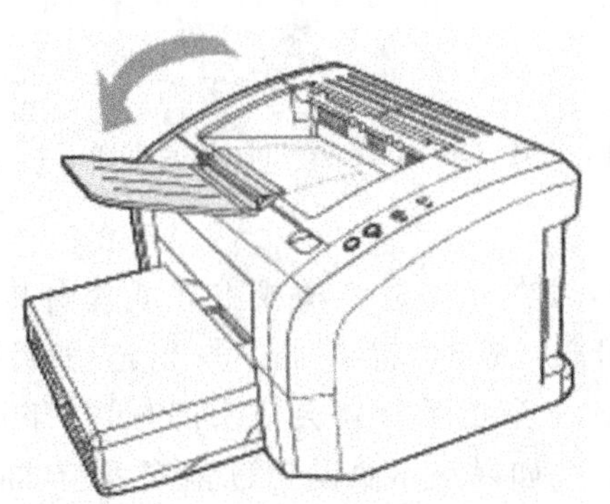

图 6-8　HP LaserJet1010 打印机的出纸槽

3. 硒鼓和硒鼓仓盖

图 6-9 所示为一款惠普打印机所用的硒鼓。新的硒鼓通常都放在防潮避光的

黑色塑料袋内。更换新硒鼓时，我们首先要剪开塑料袋，取出硒鼓。硒鼓由感光体表面和后面的墨粉仓组成。在硒鼓表面有金属触点，安装时要注意不能用手接触感光体表面，以免影响打印质量。

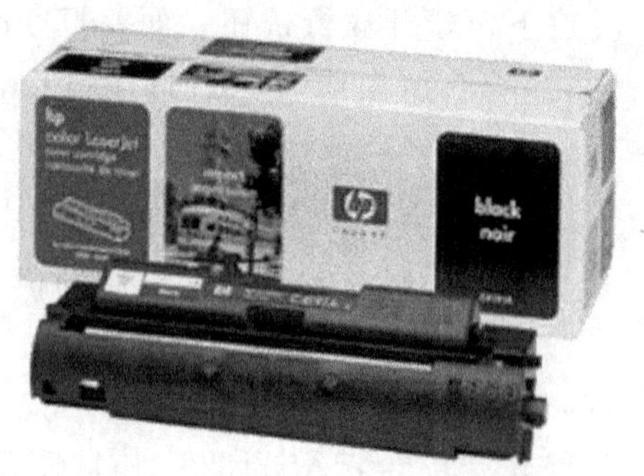

图 6-9　打印机硒鼓

新的硒鼓有保护封条，要将封条抽掉才能安装。如果封条未抽出就放入打印机内，墨粉就无法与感光体表面接触，打印时不但无法打出字迹，而且会损坏机器。

抽封条时，要一手握住硒鼓，另一手捏住封条的一端，用力向外拉，将封条拉出。硒鼓上的箭头表示安装的方向。

硒鼓舱位于打印机的上部。要装卸打印碳粉盒、清除卡纸和清洁打印机，必须打开硒鼓端盖。如图 6-10 所示。

装硒鼓前，要将硒鼓上下摇晃几次，使墨粉仓里的墨粉松散并且均匀，然后对准硒鼓仓两边的槽，箭头向下，将硒鼓平行地、轻轻地放下，按紧，最后将硒鼓仓盖盖好就可以了。

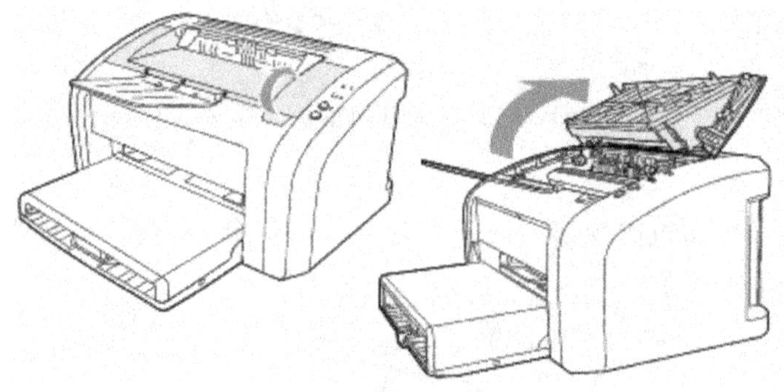
图 6-10　HP LaserJet1010 打印机的打印碳粉盒端盖

4. 打印测试页

需要打印测试页时，可在优先进纸槽或主进纸盒内装好打印纸，然后接通电源，打开打印机的电源开关。这时“就绪”指示灯亮起，表明机器属于待机状态。按下执行键，控制面板上的三个指示灯就会依次闪烁，打印机开始自检。自检完成后，会打印出一张演示页。如果演示页的字迹整齐，没有断线，说明打印机符合正常工作的要求。

三、连接打印机

打印机只是一个执行机构，不能独立工作，必须通过计算机控制，才能进行打印作业。而计算机又是通过打印机的驱动程序软件给打印机下达指令的，所以在设置打印机之前，必须先安装驱动软件。为方便设置打印机并使用打印机的所有功能，HP 公司建议安装打印机所提供的软件。

安装打印机驱动软件之前，先要将打印机的电源关闭，然后将驱动程序光盘放人接通电源的计算机光驱内。安装时，只要按照驱动程序的提示，依照次序操作就可以了。整个过程和安装其他软件的过程基本相似。几分钟后，会出现安装完成的对话框。为了检查是否安装正确，驱动程序会默认选择打印测试页选项。用鼠标点击“完成”，打印机即打印出测试页来，说明程序安装正确，打印机可以正确执行打印任务。

所有 HP LaserJet 1010 系列打印机均支持 USB 连接。USB 端口位于打印机背面。安装时，用户需首先将 USB 电缆插入打印机，然后将 USB 电缆的另一端插入计算机。如图 6-11 所示。

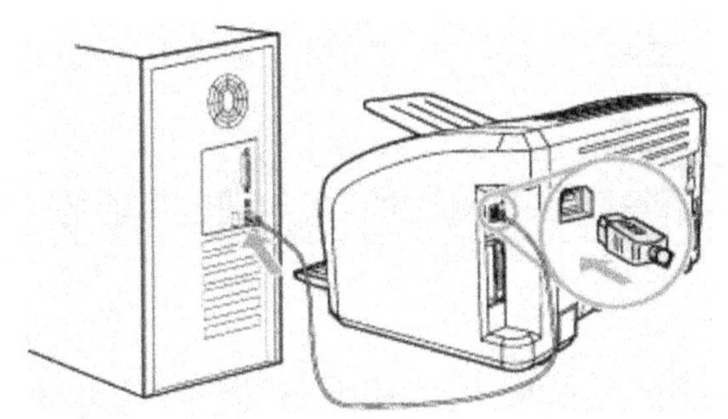

图 6-11　HP LaserJet1010 打印机连接 USB 电缆

四、选择纸张和其他介质

使用 HP LaserJet 1010 打印机，用户可以在各种介质上打印，如打印纸(包括再生纤维含量高达 100%的纸张)、信封、标签、幻灯片和自定义尺寸的介质。诸如重量、纹理、含水量等属性是影响打印机性能和打印质量的重要因素。如果使用超出打印机规格的介质，会导致打印质量降低，并增加卡纸的可能性。

五、装入介质

1. 主进纸盘

将纸张装入主进纸盘时，打印纸顶端在前，打印面向上。为防止静电引起的卡纸与故障，放纸前要先将纸抖松，然后再将纸整理整齐，放人主进纸盘。注意，装纸的数量不能超过限额，20 磅的纸不能超过 150 页。此外，为了防止卡纸和歪斜，在装纸时一定要调整好介质导板。

2. 优先进纸盘

优先进纸盘最多可容纳 10 页 20 磅的纸，或者一个信封、幻灯片或卡片。装入介质时顶端在前，打印面向上。

六、打印常规文件

完成上述步骤后，就可以进行打印作业了。除了直接按打印机上的“执行按钮”外，为了更精确地打印作业，还可以在计算机的文件上进行打印设置，完成打印作业。

打印作业一般分为三个步骤：第一是准备打印机；第二是设置打印选项；第三是下达打印命令。在打印文件之前首先要准备好打印机。先打开打印机的电源开关，再检查控制面板上的指示灯。如果只有就绪灯亮起，警告灯不闪烁，就说明打印机没有问题，可以正常工作。打印机准备好了，接着就可以设置打印选项。不同格式文件的设置方法是不相同的。最常用的是打印在A4纸上的单面文字稿件。通常称为常规文件。点击Word文档左上角的文件选项，接着在出现的下拉菜单中选择点击“页面设置”，进入页面设置对话框，如图6-12所示。

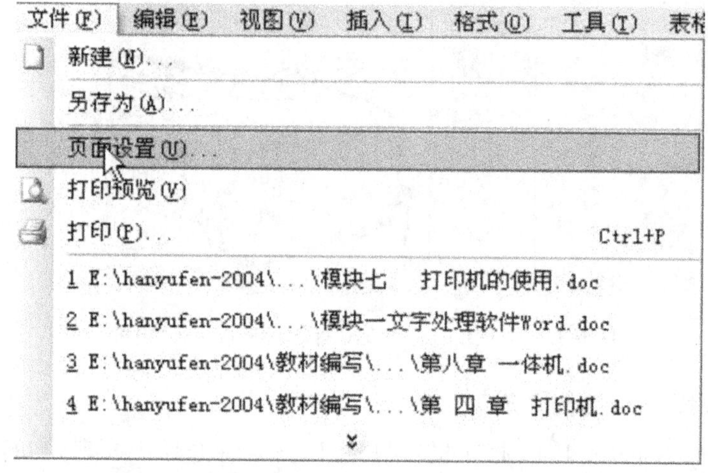

图6-12 页面设置对话框

在“纸张”选项中会看到“纸张大小”分项。打印常规文件，需用A4纸。如图6-13所示。这是默认的纸张类型，也就是在驱动程序中已设置好的常规打印规格。

HP LaserJet 1010打印常规文件的标准是：

纸张尺寸：A4

纸张来源：自动选择

纸张类型：普通纸

打印质量：600dpi

打印方向：纵向

打印份数：1份

由于这些项目系统都已经默认了，所以，打印常规文件时，不需要再重新设置。只需要点击“确定”按钮，对默认选项进行确认就行了。接着，就可以下达打印命令了。点击文档左上角的“文件”选项，在下拉菜单中选择“打印”，出现如图 6-14 所示的打印窗口，直接点击“确定”，就把命令发出去了。打印机接到命令就开始工作，打印出一份常规文件来。

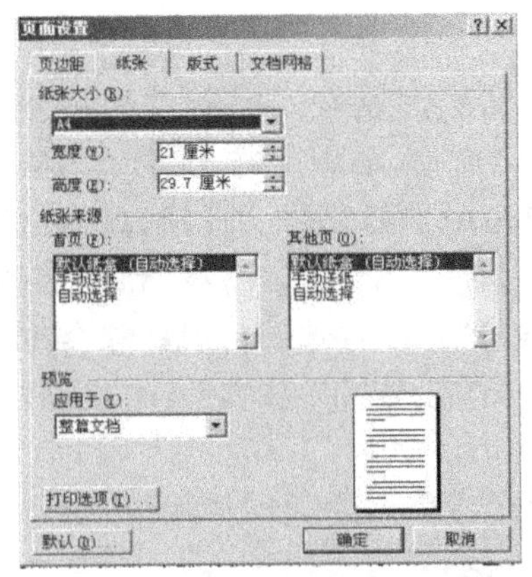

图 6-13　纸张选项对话框

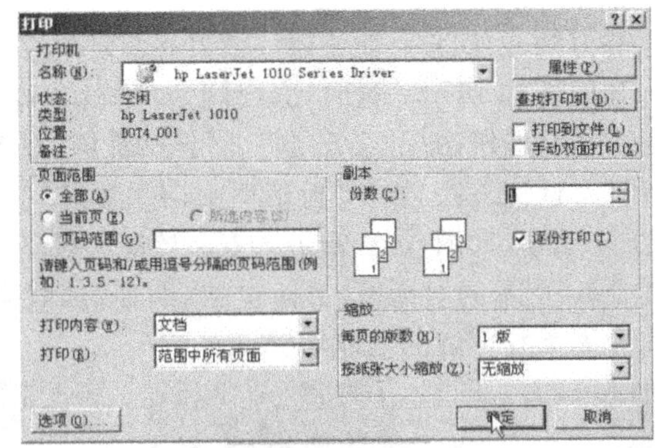

图 6-14　打印默认常规文件对话框

通常，打印机默认的是单面打印一份文档的全部内容，无缩放。如果要打印非常规文件，也就是说打印要求和系统默认不一致时，就需要重新设置选项。具体操作方法在“任务二”中讲解。

七、取消打印作业

要取消打印作业，可以按下并松开打印机控制面板上的取消作业按钮，打印机将立刻停止打印输出。如果取消一个打印作业后控制面板上的状态指示灯继续闪烁，说明计算机仍然在向打印机发送作业。如图 6-15 所示。这时，用户可以从打印队列删除作业。

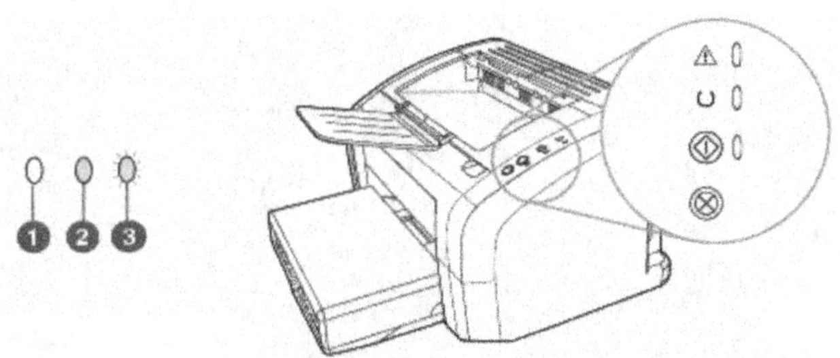

图 6-15　HP LaserJet1010 打印机状态指示灯模式

任务二　激光打印机的非常规文件的打印设置

有时，驱动程序设置好的默认格式不能满足我们的打印要求。这时，就需要进行专门的设置。正如前面介绍的，有些设置在图 6-14 所示中的对话框中可以直接进行，如打印范围、打印份数、是否缩放等。但如果有更进一步的要求，就需要通过设置打印机的功能来达到目的。

一、查看打印机的功能项目

查看功能项目时，我们要从“开始”菜单进入“设置”选项，选择“打印机和传真”，如图 6-16 所示。这时，会出现“打印机和传真”窗口，如图 6-17 所示。用鼠标右键点击打印机图标，会出现一个下拉菜单，在菜单中选择“属性”选项，就会出现“属性”对话框。在“属性”对话框中，有“常规”、“共享”、“端口”、“高级”和“颜色管理”五个大项，如图 6-18 所示。点击该对话框下方的“打印首选”对话框，就会出现如图 6-19 所示的对话框，里面包括“纸张”、“效果”、“完成”和“基本”几个类别，其中每一类都有更细的功能划分。

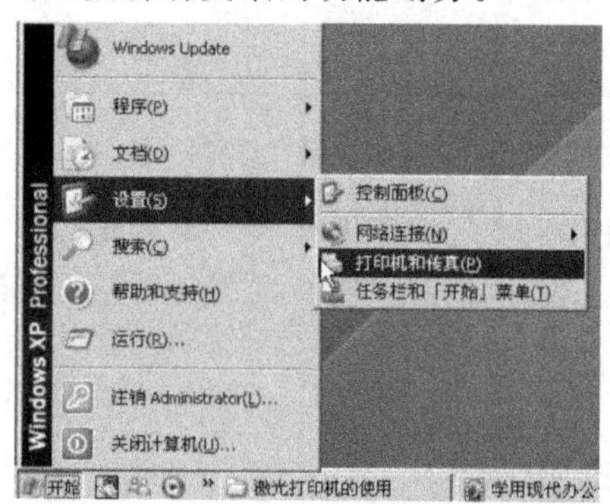

图 6-16 从开始菜单进入打印机设置

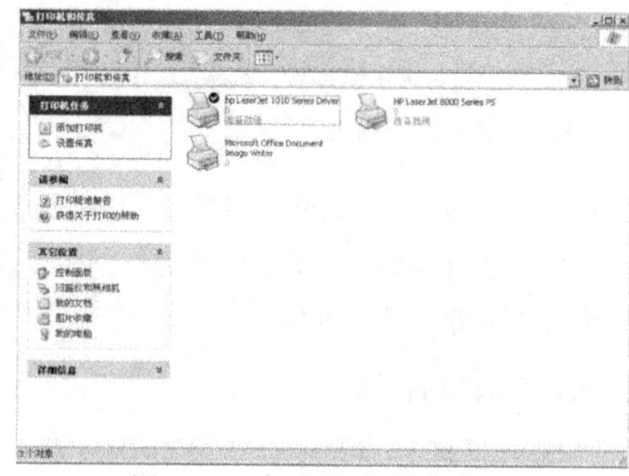

图 6-17 打印机和传真窗口

图 6-18 HP LaserJet1010 打印属性对话框

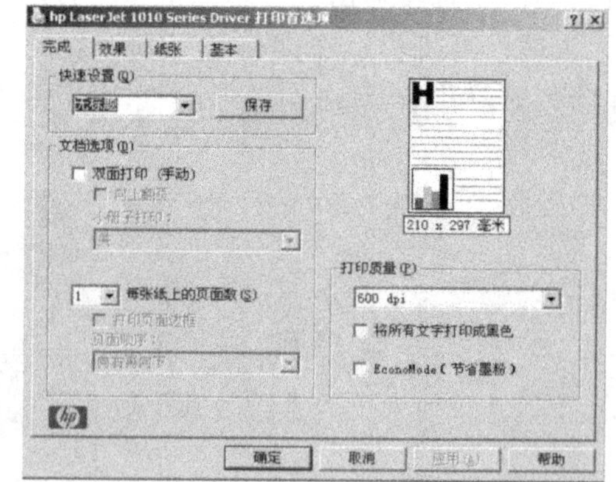

图 6-19 HP LaserJet1010 打印首选项对话框

二、“打印首选项”中主要功能选项的设置

1. 纸张

点击“纸张”对话框，就可看到如图 6-20 所示的界面。其中的选项又分三个小项，第一项是“尺寸”选项，这里列出几种不同规格的纸张供选择，例如，“A4”纸，

“B5”纸和10号信封等。第二项是“来源”选项，分为“自动选择”与“手动进纸”两种进纸方式。利用优先进纸槽打印时，常选用手动进纸方式。第三项是“类型”功能选项，这是指根据不同的需要，可以选择不同的打印介质，其中有“信封”、“普通纸”、“透明胶片”等不同的选择。

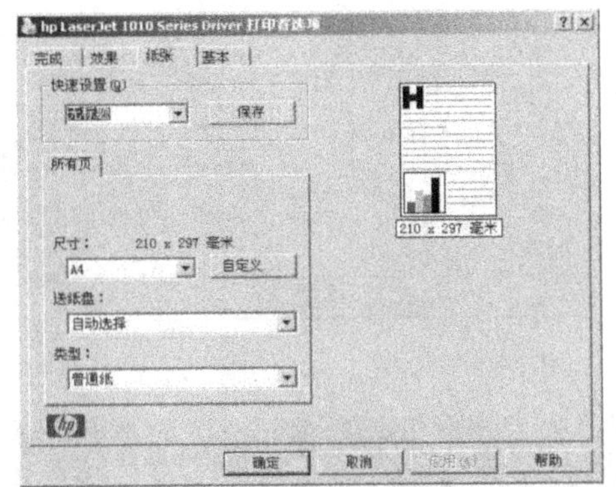

图6-20 HP LaserJet1010“纸张”对话框

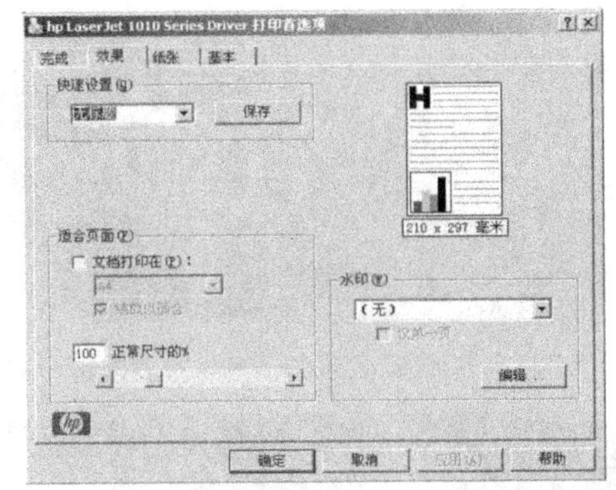

图6-21 HP LaserJet1010“效果”对话框

2. 效果

“效果”选项包括两个内容，如图6-21所示。第一个是“适合页面”小项。有两种调节页面尺寸的方式，一种是根据需要按格式自动调整；另一种是按比例调整。比如，选择缩小50%，打印出来的文件版面长宽都缩小了50%，只有原稿的四分之一大小。如果选择放大到200%，打印机就会将原稿的长宽都放大到200%打印出来。第二是“水印”小项，作用是在打印的文件中，增添水印纹样，如“草稿”“副本”、“机密”等。“水印”选项里还有编辑功能，我们可以自己设计水印的纹样，也可以对纹样进行旋转、放大、缩小、更换字体、改变颜色等设置。比如，在“水印消息”对话框中输入“HP”字样，然后分别设置“色度”中等深，和“大小”300%，打印出来的文件就会如图6-22所示的效果。

3. 完成

“完成”选项包含两个小项，如图6-23所示。第一个选项是“文档”选项。“文档”选项中又有四个分项。一是“双面打印”，是将文件打印在纸张的正反两面。双面打印又分“上翻页面”打印和“小册子”打印。“小册子”打印又分“左侧装订”和“右侧装订”两种形式。这些预设好的设置为文件装订提供了最大的方便。二是每张打印页数，是指把缩页文件缩小后打印在一张纸上。其中包括两页、四页等，最多可以到十六页。我们选择六页文件缩小后打印在一张纸上，打印出来后就是如图6-24所示的效果。第三项是打印页面边框，作用是在打印的文件上加一个边框。比如我们选择把16页文件缩小打印在一页纸上，并加上边框。打印出来的效果就是如图6-25所示。第四项是页面顺序，是指多页文件打印在一张纸上的排列顺序，共有如图6-26所示的四种排列顺序。在打印时，用户可以根据自己的需要进行选择。

图 6-22 “中等深”色度和 300%大小的水印效果

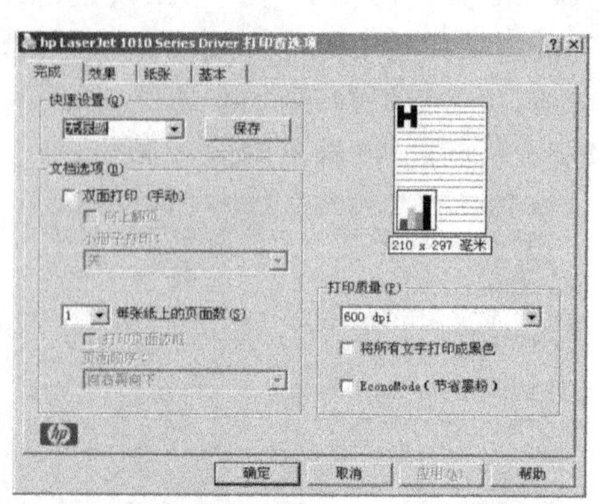

图 6-23 HP LaserJet1010“完成”对话框

图 6-24 6 页文件缩小在一张纸上的效果

图 6-25 16 页文件缩小在一张纸上加边框

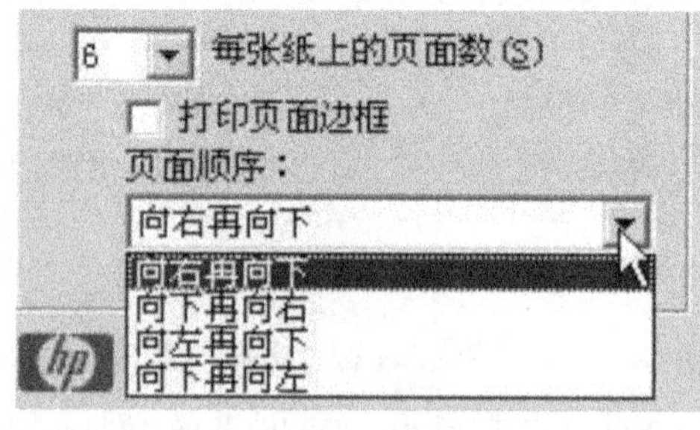

图 6-26 打印页面顺序选项页面

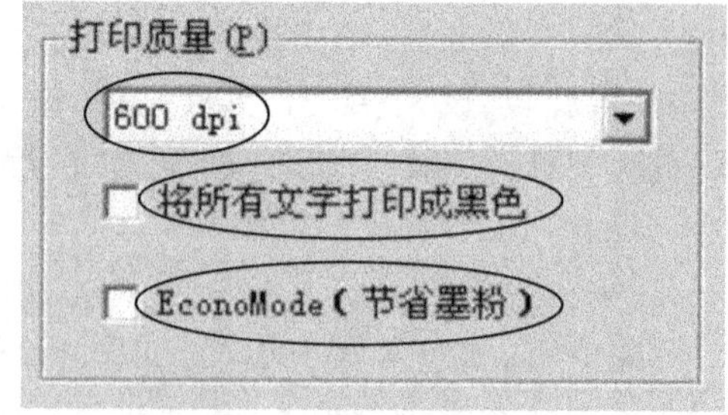

图 6-27 打印质量选项页面

第二个选项是“打印质量”。这个选项又包含有如图 6-27 所示的三个选项。第一项是分辨率。用户可以根据对打印文件的质量要求对分辨率进行调整。但不能超过打印机技术规格中所设定的最高值。分辨率越高，越费墨粉，打印速度也越慢。第二项是将所有文字打印成黑色，作用是能够把文件内不同颜色的文字全部打印成黑色。第三项是“节省墨粉”。选择此项，可以用较少的墨粉打印文件。我们在打印草稿或一些不重要的文件时时可以选择低分辨率和节省墨粉的模式。

4. 基本

"基本"选项包括两个小项，如图 6-28 所示。一项是"份数"，用于控制打印文件的数量，下面还有自动分页选项可供选择。设置好这项内容，在打印多份文件时，打印机能够自动地把每份文件按顺序排好。另一项是"方向"，分"纵向"和"横向"两类。此外还有旋转功能，可以调转文件的方向，分别可以进行横向和纵向的旋转。

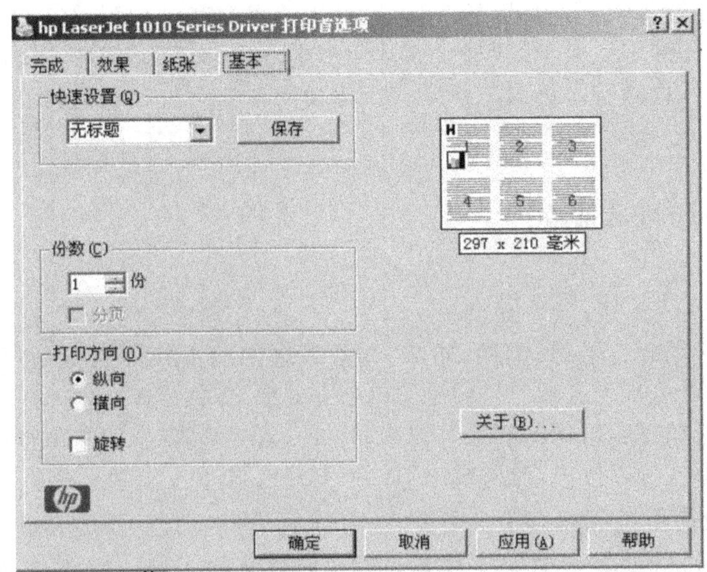

图 6-28　HP LaserJet1010 首选项"基本"对话框

学会了打印首选项中的上述各种设置，就基本能满足一些特殊的打印要求了。

◎ 知识链接

打印机的双面打印功能

由于节约和环保的需要，文档的双面打印越来越普遍了。因此，文秘人员需熟练掌握双面打印的操作方法。

在普通打印机中常规的双面打印步骤是：

1. 设置打印属性为"双面打印"，注意页码设置选择(奇偶)。
2. 打印好第一面后，取出打印文稿，将页面倒次整理。
3. 将文稿掉头放入打印机中。
4. 按对话框中的"确定"按钮，开始打印第二面。

随着打印机技术的不断发展，打印设置也越来越简便，只要我们事先了解打印机的功能并根据说明书的提示进行操作，就能达到满意的打印效果。以双面打印为例，现在不少新型激光打印机只要在打印选项对话框中设置好双面打印功能，操作者在打印过程中无需翻页,就直接能打印出符合要求的双面文件。这样就省去了打印好第一面再翻页时不小心弄错打印纸方向、顺序带来的浪费及麻烦。

项目三　打印机的维护和保养

打印机虽然算不上是娇贵的产品,但恰当的保养和维护可以有效延长其使用寿命,提高工作效率。由于打印机长期处于高温的环境下,最好能对其进行定期的清洗与维护,以提高打印机的工作效率。下面简单介绍打印机的日常维护和保养知识。

任务一　打印机日常维护

一、选择合适的使用环境

打印机必须放在平稳、干净、防潮、无酸碱腐蚀的工作环境中,并且应远离热源、震源还应避免日光直晒。打印机周围的空间要充足。

注意不要在打印机顶端放置其他物品,尤其是金属物品如大头针,回行针等,以免将异物掉入打印机内,造成机内部件或电路板损坏。

二、正确使用打印纸

应选用质量较好的打印纸。喷墨打印机对纸张的要求比较严,如果纸的质量太差,不但影响打印效果,而且会影响打印头的寿命。在装打印纸时应注意正反面,正面打印效果才更理想。在装纸器上不要上纸太多,以免造成一次进纸数张,损坏进纸装置。激光打印机工作过程是用光电原理将墨粉溶化入纸质中,因而激光打印机用纸必须干燥不能有静电,否则易卡纸或打印后的文件发黑。

三、更新打印耗材注意事项

针式打印机要尽量使用高质量色带,不宜使用过湿、油墨过浓的色带。在启用新色带前应认真进行检查,如有无起毛,接头是否良好等。色带的使用时间不宜过长,表面起毛或有破损则不宜再用;旧色带也不宜加油墨后重用。起毛后的色带,若不及时更换,极易挂针,损坏打印头。另外,要经常观察色带的运转是否顺畅、自然。如不正常,应查明原因,及时处理。喷墨打印机安装墨盒的支撑机构可受力度很小,安装新墨盒时要特别小心。按照正常设计,墨盒用适当力度即可安装好,不要大力推动支架。激光打印机的硒鼓大多为一体式,更换时比较简单,但在装入前应摇匀碳粉。注意严禁用手触及感光鼓的表面,还要防止硬物碰撞。

四、定期清洁保养打印机

针式打印机日常使用中要注意机械运动部件、部位的润滑,定期用柔软的布擦去油污垢，然后加油。一般用钟表油或缝纫机油。特别是打印头滑动部件，更要经常保持清洁润滑，既能降低机械磨损，又能减轻摩擦声音。

如果灰尘太多，会导致喷墨打印机字车导轴润滑不好，使打印头的运动在打印过程中受阻，可用干脱脂棉签擦除导轴上的灰尘和油污，并补充流动性较好的润滑油，如缝纫机油。

清洁激光打印机应打开打印机的机盖，取出硒鼓，再用干净柔软的棉布轻轻地来回擦拭滚轴等一些相关的部位，擦去小纸屑和积累的灰尘。可以根据实际情况在布上粘上少许的水。同时需要注意的是，绝大多数的激光打印机上都安装了臭氧过滤器。臭氧过滤器应该定期更换(一般是打印 5 万张后进行更换)，以保持过滤器的清洁。

任务二 打印机常见故障的排除

打印机在使用过程中会遇到各种故障，其中一些常见故障我们自己可以动手解决。以下是三种主要类型打印机常见故障以及解决办法。

一、从软件发送打印作业时打印机无反应

当打印机从软件发送打印作业时，若打印机无反应，其原因与检查排除方法如下。

1. 电源线未与打印机连接或电源不通

检查电源及电源连接线，使其连接牢固。

2. 打印机与计算机之间的连接电缆未连接好

重新将打印机与计算机之间的连接电缆连接牢固。

3. 未有配置正确的打印机端口

检查软件的配置菜单，确保访问正确的打印机端口，若所用的计算机并非一个并行端口，应确保打印机电缆连接在正确端口上。

4. 打印机发生故障

检修打印机。

二、未设置为默认打印机，打印机无法执行任务

当用户电脑上装有多个打印机驱动程序，而要使用的打印机不是已设置为默认的打印机时，就不能进行正常打印。这时用户需要点击“开始/设置/打印机”。检查当前使用的打印机图标上是否有一黑色的小钩。如果没有就应将其设置为默认打印机。如果“打印机”窗口中没有使用的打印机，则点击“添加打印机”图标，然后根据提示进行安装。

二、打印机输出空白纸

对于针式打印机，引起打印纸空白的原因大多是由于色带油墨干涸、色带拉

断、打印头损坏等,此时应及时更换色带或维修打印头;对于喷墨打印机,引起打印空白的故障大多是由于喷嘴堵塞、墨盒没有墨水等,应清洗喷头或更换墨盒;而对于激光打印机,引起该类故障的原因可能是显影辊未吸到墨粉(显影辊的直流偏压未加上),也可能是感光鼓未接地,使负电荷无法向地释放,激光束不能在感光鼓上起作用。若无法解决,则需请专业人士进行维修。

另外,激光打印机的感光鼓不旋转,则不会有影像生成并传到纸上。遇到这种情况,应断开打印机电源,取出墨粉盒,打开盒盖上的槽口,在感光鼓的非感光部位做个记号后重新装入机内。开机运行一小段时间,再取出墨粉盒检查记号是否移动,即可判断感光鼓是否工作正常。如果墨粉不能正常供给或激光束被挡住,也会出现打印空白纸的现象。因此,应检查墨粉是否用完、墨盒是否正确装入机内、密封胶带是否已被取掉或激光照射通道上是否有遮挡物。需要注意的是,检查时一定要将电源关闭,因为激光束可能会损坏操作者的眼睛。

三、打印机卡纸或不能走纸

打印机最常见的故障是卡纸。出现这种故障时,操作面板上指示灯会发亮,并向主机发出一个报警信号。出现这种故障的原因有很多,例如纸张输出路径内有杂物、输纸辊等部件转动失灵、纸盒不进纸、传感器故障等,排除这种故障的方法十分简单,只需打开机盖,取下被卡的纸即可,但要注意,必须按进纸方向取纸,绝不可反方向转动任何旋钮。

如果经常卡纸,就要检查进纸通道,清除输出路径的杂物。检查出纸辊是否磨损或弹簧松脱,压力不够,即不能将纸送入机器。出纸辊磨损,一时无法更换时,可用缠绕橡皮筋的办法进行应急处理。缠绕橡皮筋后,增大了搓纸摩擦力,能使进纸恢复正常。此外,装纸盘安装不正常,纸张质量不好(过薄、过厚、受潮或卷曲),也会造成卡纸或不能取纸的故障,需根据实际情况有针对性地加以解决。

四、喷墨打印机打印头不出墨

造成喷墨打印机打印头不出墨的原因有好几种,解决的方式也各不相同。

1.打印间隔时间太长,造成打印头干涸

建议每星期开机打印一张全色文档。

2.墨盒封条未撕开

将黄色导气膜撕开重新安装墨盒。

3.喷头软性堵头

即各种原因导致的墨水在喷头黏性变大从而堵塞喷头。可用清洁墨盒加入专用的清洗液按打印机的清洗键清洗喷头。

4.打印头磨损或老化

这种情况下需更换或维修打印头。

五、喷墨打印机打印精度变差

喷墨打印机喷头也是有寿命的。一般一只新喷头从开始使用到寿命完结，如果不出什么故障较顺利的话，大约是20～40个墨盒的用量寿命。如果打印机已使用很久，打印精度变差了，可以用更换墨盒的方法来试试。但如果换了几个墨盒，其输出打印的结果都一样，那么这台打印机的喷头需要更换了。如果更换墨盒以后有变化，说明墨盒不是原装，质量不符合要求。

六、激光打印机打印出现平行于纸张长边的白线

这种情况大多是硒鼓内部的墨粉欠缺或硒鼓损坏所致。打开激光打印机的上盖，将硒鼓取出并左右晃动，再将硒鼓放入机内，如打印正常，则说明是硒鼓内的墨粉不足。可补充墨粉或更换硒鼓；若打印时还有上述故障现象，则大多是由于硒鼓疲劳或损坏，须维修或更换硒鼓。

实训六　打印机的操作

◎ 实训目的

熟练掌握打印机使用方法。

◎ 实训内容

自行确定主题搜集一份文档(标题下标明本人姓名)并进行排版,要求将已处理过的本人照片插入文档开头合适的地方。以小组为单位轮流使用打印机打印文档。

◎ 实训要求

1. 根据所选定的 Word 文档,进入打印界面,设置份数以及每页版数等内容。
2. 进入打印机属性界面,设置并记录主要属性。
3. 打印上述打印文档并上交。

◎ 实训组织

每 4 人一组轮流进行。

◎ 实训时间

2 课时。

模块七　复印机的使用

在现代商贸活动和工作学习中，人们常常需要一式多份的文件和材料。复印机的广泛应用，使我们能方便、高速、廉价地得到文件和资料的复制品，而且复制品的保存寿命长，是适合于长期保管的档案材料。

复印机有不同的品牌和型号，目前机正向着重量轻、高精度、多功能、功耗小的方向发展，而且价格越来越便宜，操作越来越简单。专业复印机具有效率高、速度快、耗材成本低的优点。本模块首先介绍复印机的基本知识，然后介绍目前使用最广泛的数字复印机的使用方法、注意事项以及维护知识。

◎ 学习目标

1. 了解各类复印机的功能和结构。
2. 熟练了解复印机的操作方法以及特殊设置。
3. 了解并掌握复印机保养和维护方法。

◎ 知识目标

1. 了解复印机的功能及分类。
2. 了解复印机的基本工作原理及结构。
3. 以数字式复印机为例掌握打印机的操作方法。
4. 了解并掌握复印机的维护和保养方法。

◎ 能力目标

1. 能够了解复印机的概念和功能。
2. 能够了解复印机的不同种类。
3. 能够正确安装各类数字式静电复印机，认识数字式静电复印机各部件的功能，能够使用数字式静电复印机复印各种规格的文档并根据需要设置份数、比例等内容。
4. 能够根据不同类型的复印机特点维护保养复印机。
5. 能够对上述各类复印机进行简单处理。

项目一　了解和认识复印机

任务一　了解复印机

秘书人员经常要处理大量的纸质文件，如对各种类型的公函、报告、指示以及证件、票据、传真副本等文件进行复制存档。因而复印机成为各类办公室中使用最广泛的一种办公自动化设备，是秘书人员工作的好帮手。

复印机的结构比较复杂。主要由光学系统、机械系统、电路系统三大部分组成。它是光学、机械、电子、化学和计算机相结合的高科技产品。

复印技术的发展很快，光导材料的性能不断提高，品种日益增多；复印机在控制性能方面不断改进，多数机器能自动和手动进纸，有些还能自动双面复印；复印机的应用范围日益扩大，各种新技术的不断采用，使它已逐渐超出单纯按原样复制文件和图纸的范围。在最新的产品中还出现数字式复印机、包含复印功能的数码复合机。它们不仅能复制出高清晰的图像，还具有非常丰富的编辑功能。

现在的复印机已经与现代通信技术、电子计算机和激光技术等结合起来，成为信息网络中的一个重要组成部分。在近距或远距的数据传输过程中可作为读取和记录信息的终端机，是现代办公自动化中不可缺少的环节。

一、复印机的分类

复印机通常可以按照以下几个标准进行分类。

1.按复印速度不同，可分为低速、中速和高速三种。其中，低速为 12 张/分钟；中速为 15～35 张/分钟；高速为 36 张/分钟以上。目前国内的绝大多数办公场合，使用中速复印机基本就能满足要求。

2.按光导材料分。目前复印机所采用的感光材料主要有三种：硒鼓，目前使用较为普遍，如日本理光复印机；硒合金，如美国的施乐复印机；硒化镉，如日本的佳能复印机。

3.按静电复印的方法和过程分。可以分为直接法静电复印机和间接法静电复印机。其中，直接法又称涂层纸法，间接法又称普通纸法。卡尔逊间接法复印是目前最常用的复印技术。

4.按照工作原理即成像处理方式来分。可分模拟复印机和数字复印机两种。模拟复印机由于其技术上的制约，无法跟上技术数码化、网络化的步伐，已经走过了其辉煌时期，开始进入衰退阶段。数字复印机是通过激光扫描、数字化图像处理技术成像的，既是一台复印设备，又可作为输入/输出设备与计算机以及其他办公自动化设备联机使用。数字复印机有以下独特之处：一次扫描、多次复印；复印质量好，复印件清晰整洁；易于实现电子分页；带有强大的图像编辑功能，能够实现自动缩放、单向缩放、双面复印、组合复印、图像旋转、黑白反转等多种编辑效果。随着数字化技术的普及，数字复印机必将成为复印设备的主导产品，并与其他办公自动化设备进行整合。例如多功能一体机（也有的厂家称为数码复合机）。

20 世纪 80 年代中期，日本理光公司、佳能公司、柯尼卡公司相继推出了数字复印机。理光公司首先推出了 Imagio3208 型数字复印机，佳能公司推出了 NP-9030、NP9330 型数字复印机。目前，理光、佳能、施乐等多家厂家都已经推出了各种不同型号的数字复印机，并且他们都把数字复印机作为目前和将来的主推产品。

二、复印机的工作过程和原理

静电复印机是集成静电成像技术、光学技术、电子技术和机械技术于一体的办公设备。它采用的成像方法很多，现代静电复印机普遍采用间接式静电复印法和 NP 静电复印法。

间接式静电复印法（卡尔逊静电复印法）的过程本质上是一种光电过程。NP 法是日本佳能公司发明的一种新的静电复印方法，有别于传统的卡尔逊静电复印法，比卡尔逊静电复印过程复杂。它是卡尔逊静电复印法的改进和发展。

我们以目前最常见的卡尔逊间接法静电复印为例，说明静电复印机的基本原理和工作过程。

1. 卡尔逊间接法静电复印过程

卡尔逊间接法静电复印包括充电、曝光、显影、转印、定影和清洁六个步骤，如图 7-1 所示。

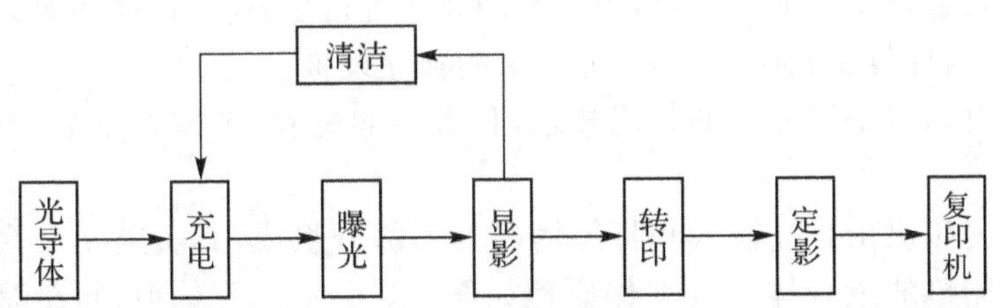

图 7-1　卡尔逊间接法静电复印过程

具体复印的过程是这样的：首先通过对感光鼓充电、曝光、显影后在其表面形成墨粉像，然后将墨粉像转移到纸上，再经定影，使墨粉像固着在纸上输出机外，形成复印件。感光鼓完成转印后再经消电清洁处理，以备进行下一循环的复印过程，如图 7-2 所示。

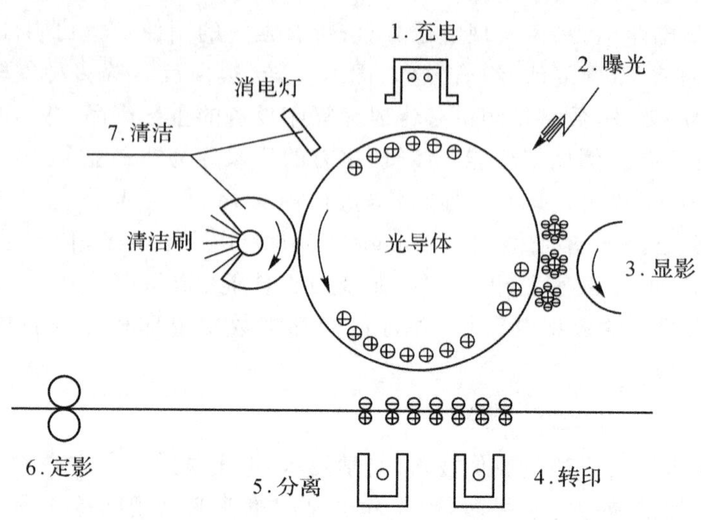

图 7-2 间接法复印过程

接下来我们再来了解一下模拟复印和数字复印技术。

2.模拟复印和数字复印的工作原理

传统的模拟复印机是通过曝光、扫描，将原始图像使用光学系统直接投射到感光鼓上成像。具体工作原理是：通过曝光、扫描将原稿的光学模拟图像通过光学系统直接投射到已被充电的感光鼓上产生静电潜像，再经过显影、转印、定影等步骤，完成复印过程。

模拟式复印机从原稿曝光至图像转印在纸上的几个过程中，图像信息都是以模拟量的形式进行复制的。所以，模拟复印无法进行信息存储、图像处理和编辑等功能，也不能与计算机网络连接，是办公室的独立设备。

数字式复印机采用先进的数码技术，具有功能完善、工作效率高、可靠性强等一系列优点。

数字式复印机由扫描输入和打印输出两大部分组成，其实就是一台扫描仪和一台激光打印机的组合体。其工作原理如图 7-3 所示。简单地说，就是首先通过 CCD(电荷耦合器件)传感器对通过曝光、扫描产生的原稿的光学模拟图像信号进行光电转换，然后将经过数字技术处理的图像信号输入到激光调制器，调制后的激光束对被充电的感光鼓进行扫描，在感光鼓上产生有点组成的静电潜像，再经过显影、转印、定影等步骤，完成复印过程。

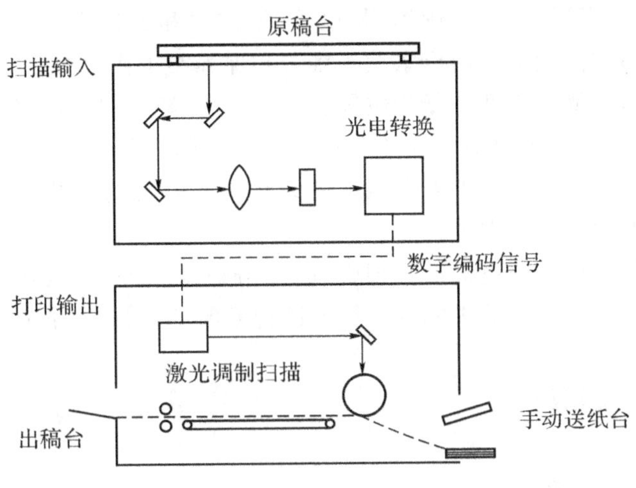

图 7-3　数字式复印机的工作原理

◎ 知识链接

便携式复印机

随着复印机技术的发展，为了满足用户的不同需要，便携式复印机应运而生。图 7-4 所示就是一台佳能 FC298 便携式复印机。

图 7-4　佳能 FC298 便携式复印机

便携式复印机就如同复印机里的"笔记本"。它外观小巧时尚，通常设计成流线型，合理紧凑，在占用很少办公空间的同时，给使用者带来更多方便。对于办公来说，它的可移动性优势非常突出，比传统台式复印机方便很多。佳能 FC 的外形仅如一台普通扫描仪大小，可节省放置空间且可以随意摆放。

便携式复印机可以实现随时随地的拷贝，例如在总经理办公室复印重要文件；在公司接待处复印会谈资料；或者在会议室复印现场讨论资料等。开会时有它帮忙，可以随时复印讨论资料给与会同事；放在总经理办公室，既不会占用过多空间，又可以避免秘密文件外泄等问题。

便携式复印机的外观颜色也有红、蓝、黑、银白等多种个性颜色的外观设计，可以很好地与办公环境融为一体。目前，主流的便携式复印机采用一体式的暗盒设计，暗盒内部包括了感光鼓、显影器、带电器、清洁器和墨粉等复印机所有消耗品，整体更换，方便省时，避免了用户繁琐的维护和保养等工作。

便携式复印机复印速度和复印质量也较高。大部分的便携式复印机支持零秒待机而无需预热，接通电源即可开始工作。首页复印时间为 22 秒左右，平均复印时间 4 张/分钟(A4)。尽管其速度表现还无法与几万元的高档复印机匹敌，但是已经能满足基本的复印要求了。

便携式复印机选材的包容性也很强，除了普通纸之外，还能在透明胶片、描图纸、标签、卡片甚至小型三维物体等材料上进行复印，因此应用十分广泛。

任务二　认识复印机

一、复印机的结构

各类普通桌面式复印机的基本结构大致相似。图 7-5 和图 7-6 所示分别是佳能 iR5065 数字复印机和富士施乐 DC706 复印机。

图 7-5　佳能 iR5065 数字复印机

一般来说，一台桌面式复印机包括以下主要部件和操作键：

1. 复印机基本结构：最上面是稿台盖板，还有玻璃稿台，用于放置复印的文件。新型的复印机在稿台盖板上还设计了自动进稿器，使用非常方便。稿台下面是前盖板，打开前盖板，可以看到显影器。显影器里面装的是黑色的墨粉。显影器左边是硒鼓。硒鼓下面是转印电晕丝组件。此外还有定影器组件和传送复印纸的传送皮带。一般复印机前盖板内都有墨盒安装图，供安装墨盒时参考。下面是纸盒，用来存放备用的复印纸。里面可放置不同规格的纸张，复印时可以实现自动送纸。复印机一侧还设计有手动输纸盘。出纸口和复印件托纸盘在复印机的另一侧面。

复印机上大多还贴有清除卡纸标示图，供清除卡纸时参考。

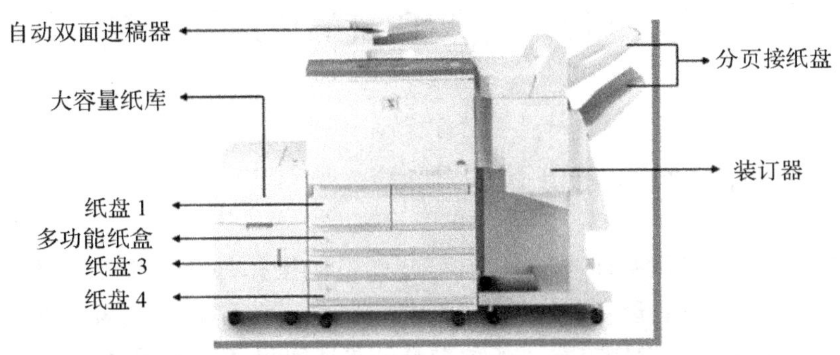

图 7-6　富士施乐 DC706 复印机

2. 面板上的控制键：面板上的控制键供用户操作复印机时使用。不同品牌和型号的复印机会略有差别，但基本功能键的项目相差不大。主要有：电源开关和指示灯；设置复印份数的数字键；清除/暂停键；节能键；复印启动键；复位键；放大缩小功能按键和指示灯及显示屏；手动浓度调节阀块；自动曝光键；手动曝光补正旋钮；连页复印键；分类/成组键；缺墨指示灯；缺纸指示灯；页数控制卡指示灯；卡纸指示灯；卡纸部位指示灯等。

二、复印机的复印过程

数字复印机与模拟复印机目前采用的都是静电复印方式。二者的主要区别是显影前的工作原理不同。具体内容前边已有介绍。

使用静电复印机进行复印一般要经过以下三个步骤：

1. 照明和聚焦成像。当一张要复印的图像放在复印机的稿台上时，在机内灯光照射下形成反射光，通过内反射镜和透镜组成的光学系统聚焦成像。

2. 静电显影。聚焦所成的像正好落在光导硒鼓上。光导硒鼓是一个圆鼓形结构的筒，表面覆有硒光导体薄膜。当由图像的反射光形成的光像落在光导体表面上时，因为原稿的图像有深有浅，反射光也有强有弱，使光导体电阻率相应发生变化。光导体表面的静电电荷也随光线强弱程度而消失或部分消失，在光导体膜层上形成一个相应的静电图像，也称静电潜像。

3. 转印和定影。一种与静电潜像上的电荷极性相反的显影墨粉末，在电场力的吸引下，加到光导体表面上去。潜像上吸附的墨粉量，随潜像上电荷的多少而增减。于是在硒鼓的表面显现出有深浅层次的墨粉图像。当复印纸与墨粉图像接触时，在电场力的作用下，吸附着墨粉的图像，好比用图章盖印一样，将墨粉转移到复印纸上，形成了墨粉图形。最后是在定影器中加热，墨粉中所含树脂融化，墨粉就被牢固地黏结在纸上，图像和文字就在纸上复印出来了。

项目二 复印机的使用

任务一 复印机的常规使用

虽然复印机的工作原理比较复杂，但复印机的操作却相对简单。使用前只要稍微了解复印机组成和设备的工作原理等知识，熟悉复印机上的各个按钮的用途及用法，就能很快掌握操作方法。各种型号的复印机操作基本顺序大致相同，在操作前最好能认真阅读随机附带的操作手册，掌握操作方法及注意事项。

在第一次操作复印机前，首先应熟悉该型号设备的结构、原理、性能和特点，掌握其操作要领和使用规范，以确保使用正常。

在做好复印机的安装调试和各项准备工作的基础上，即可进行开机复印。虽然不同品牌和型号的复印机操作不完全相同，但使用方法、注意事项和复印过程基本一致。目前推出的数字式复印机多采用液晶触摸屏操作，并内置多种语言，用户可根据液晶屏的提示完成各项复印功能。

下面介绍普通办公型复印机通用的常用操作步骤：

进行复印作业时，要先接通电源。接通电源打开开关后，定影器开始预热升温，同时预热指示灯亮，散热风扇开启。当定影温度升到规定值时，预热指示灯熄灭，复印机即进入待印状态。这时，指示灯会亮起，“复印启动”指示灯呈现红色，表示复印机正在预热，预热一般需要几分钟时间。所以，复印机并不是一开机便可以立即开始复印工作的，需要在一定的预热时间后，才可以开始执行复印命令。

这时候就可以准备复印的纸张了，复印用纸应选择符合复印机性能要求的静电复印专用纸。国家标准的复印纸分为 4 个规格：A3、B4、A4、B5。纸张的外包装上都会有规格标记。复印时可以根据复印文件的大小，准备相应规格的纸张。总之，可以根据需要选取合适的复印纸。一般通过按下纸盒选择键来完成，机器会自动地选择好已装入的某种纸型的复印纸，并在操作面板上显示。装复印纸前，要先把选择好的复印纸抖松，并去掉纸毛、纸屑。这是为了防止静电引起的卡纸、进纸不畅或重叠进纸。然后将纸整理整齐，再将纸盒拉出。放纸的时候要注意，不同规格的纸应放置在不同的纸盒中。复印纸一定要卡在纸盒内的两个弹簧金属卡子里，并要保证纸张的边缘整齐。放好纸以后，再检查复印机的启动指示灯，看是否变色。如果变成绿色，说明已经预热完毕，就可以准备复印了。

一、检查原稿

复印前，还要检查复印原稿。如果原稿上面有订书钉或曲别针等金属类的东西，都要去掉，以免划伤玻璃稿台，并且在复印件上留下痕迹。

二、放置原稿

检查原稿没问题后，打开稿台盖板，把原稿正面向下倒放在玻璃稿台上，原稿的左上角要对准玻璃稿台上的V形标志，如图7-7所示。

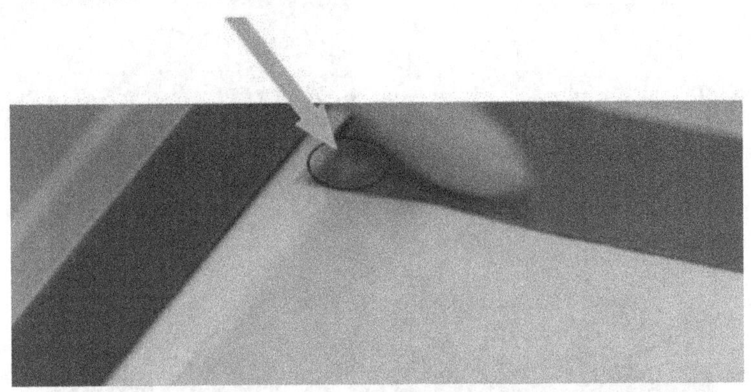

图7-7 原稿左上角对准玻璃稿台上的V形标志

为了防止原稿在玻璃稿台上错位，在压下盖板的时候，先将后半部分压下，再盖住前半部分，如图7-8和图7-9所示。如果不需要放大或缩小，也就是1∶1的比例，直接按下复印启动键就可以了。复印应从最后一页开始，这样就能直接得到按顺序排好的复印品。原稿的放置方向(纵/横)应与复印纸的方向一致。盖版要尽量盖严。如果复印机初次使用，或长期没有使用，复印文件前可以先复印一张试样。如果试样没问题，就可以大批量地复印了。例如我们要复印28份，就在数字键上输入28，如图7-10；再按下启动键，如图7-11；显示屏上出现28的字样，如图7-12。复印机开始复印，每印出一张，显示屏上的数字就减少1。随着复印份数的增加，显示屏上的数字也跟着递减。当显示屏的显示为零时，表示复印机已经复印好28份，完成了复印任务。

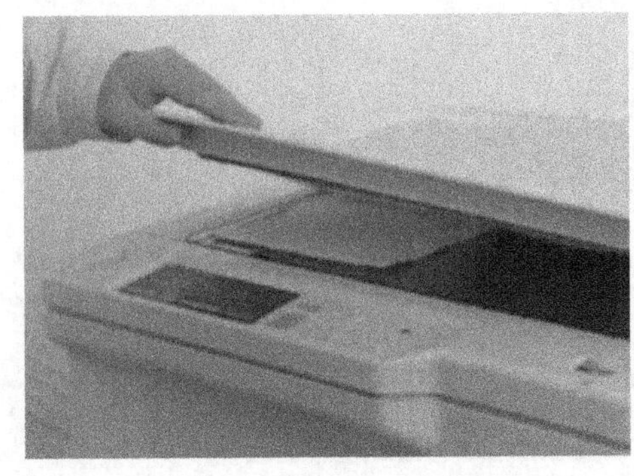

图7-8 先盖住盖板后半部分

图7-9 再盖住盖板前半部分

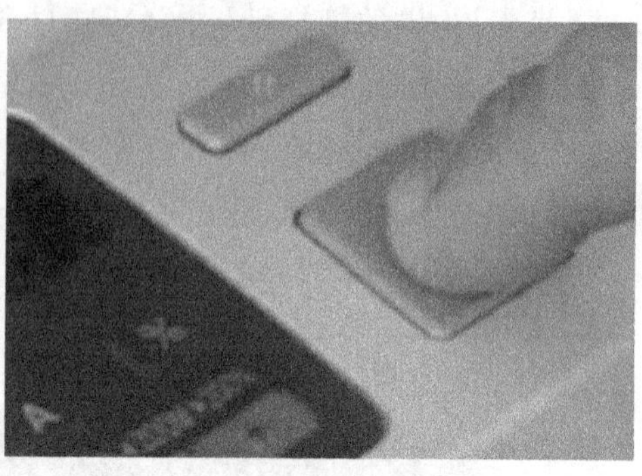

图 7-10　在数字复印键上选择份数

图 7-11　按下启动键

图 7-12　显示屏显示的复印份数

三、暂停复印

在复印过程中，如果需要随时停止复印，可按清除/暂停键，如图 7-13 所示。按下此键复印机就立刻停止了工作，显示屏上的数字恢复到初始的设置状态。如果要恢复复印，再按下复印/启动键，复印机就重新开始工作了。

图 7-13　暂停复印

四、取消复印

如果要取消复印，连续按两下清除/暂停键，显示屏上就显示“1”，取消了原有的设置。

五、复印机停机

在连续复印过程中，送纸盒内的纸张用完需补充时，机器将自动停机。待纸张补充好后，再按下“复印”键，复印机将继续完成尚未复印的份数。此外，复印过程中如发生卡纸故障，机器也将自动停机。这时，需要取出卡在机内的纸张，关好前门。按下“复位键”后，机器也将继续完成尚未完成的复印份数。

任务二　复印机的附加功能

一、用手动优先输纸盘复印

在复印过程中，如果急需插印不同的文件，就需要用手动优先输纸盘。依照手进纸盘的标记，把纸靠左边放，并顶到搓纸轮，如图 7-14 和图 7-15 所示。这时，不用再按复印启动键，复印机就会输入纸张，复印出需要的稿件来。

图 7-14　手动优先进纸盘的标记

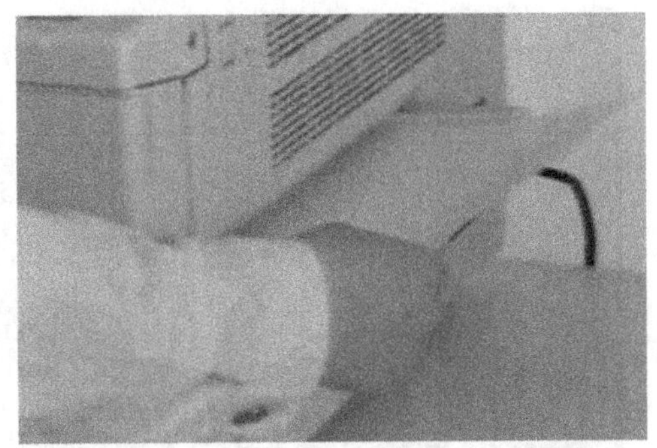

图 7-15　把纸放入手动优先进纸盘

二、透明胶片复印方法

如果要把文件复印在透明胶片上，必须使用专用的复印透明胶片。为了避免留下手印，拿胶片时，要戴上细纱手套，还必须用手动输纸盘输入胶片。注意要把胶片的复印面朝上，放进手动优先进纸盘，并且每次只能放一张，如图 7-16 所示。这样，复印机就自动进行作业，复印出清楚的文件来。

三、复印多页原稿

如果要复印一份多页原稿，要把顺序排好，并整理整齐。也是文字面朝下，倒放在稿台上。这样复印出来的复印件，就会按照页码顺序排放，也就方便装订了。

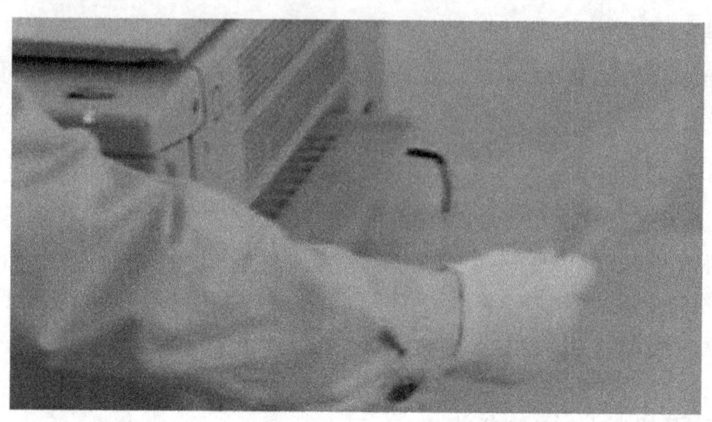

图 7-16　用手动输纸盘输入胶片

四、两页分开复印

只要恰当设置，我们还能把如图 7-17 的一张 A3 幅面的纸上的内容，两页分开，分别复印在两张 A4 幅面的纸上。操作时先按下"连页复印"键，如图 7-18 所示，再把原稿正面朝下，按下复印启动键就可以了。

图 7-17　一张待分页复印的 A3 纸

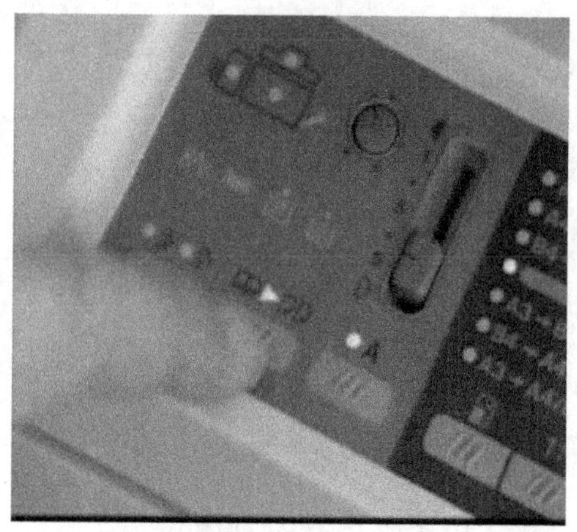

图 7-18　按下连页复印键

五、双面复印

为节约纸张，并减少复印件文本厚度，有时候我们需要采用双面复印，即把两页原稿复印到一页纸上。操作方法是这样的：首先把第一页原稿字面朝下，倒放在玻璃稿台上，开始复印第一面。第一面复印完成后，把第二张原稿同样字面朝下，倒放在玻璃稿台上，然后把刚刚复印出来纸页，有文字的一面朝下，空白的一面朝上，正放进手动送纸盘里，顶到搓纸轮，复印机会自动进纸进行复印。复印完成后，两页原稿上的内容，就合成在一页纸的正反面上了。

有时候，复印双面稿件会把反面的图案也透射到前面复印出来，造成复印件的失真。解决这个问题最简单的办法就是，在复印的时候，在原稿的上面再覆盖一张深色的纸张，这样就可以避免光线透射过去将背面的图案也复印出来。

六、多页文件双面复印

我们以两页纸为例来演示多页双面文件的复印过程。图 7-19 所示的是两页双面待复印的原稿。首先把原稿按顺序放好，复印时先将第 3 页字面朝下，倒放在玻璃稿台上。按下复印启动键，开始复印。第 3 页复印完成后，接着把第 1 页字面朝下，倒放在玻璃稿台上，开始复印。复印完成后，将第 1 页和第 3 页的字面向上不改变方向放回纸盒中，如图 7-20 所示；再将第 2 页面向下，倒放在玻璃稿台上，开始复印。复印完第 2 页后，再按同样的方法，复印第 4 页。这样复印好的顺序，两页纸上的顺序就都是正确的了。

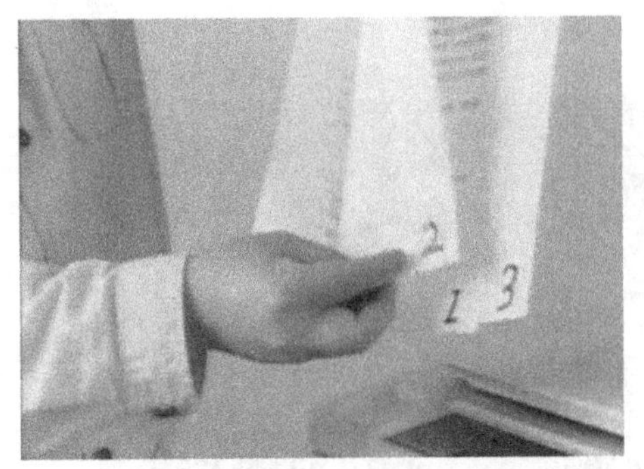
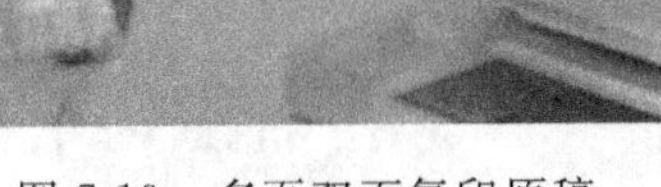

图 7-19　多页双面复印原稿

图 7-20　将复印了一面的复印件按顺序放回纸盒中

七、局部遮挡复印

在复印书籍等原稿的时候，常常会出现复印件的边上有黑影的情况。这是由于书籍边缘与玻璃台板之间漏光造成的。去除黑影的方法是：剪两张白纸条，先用透明胶将它们分别粘在玻璃稿台上。为了避免漏光，纸条的一端分别要紧贴玻璃台板上，另一端十字重叠，如图 7-21 所示。围出的中间范围，要比复印的书略小一些，但要注意不能挡住文字，让书籍的两个边对齐玻璃台的边缘，另外两边要压住白纸条。这样复印时，两边白纸就把书籍漏出来的光给遮挡住了，因而不会在复印件的边缘上曝光而出现黑影。

如果复印原稿上有了污渍，也可以用局部遮挡复印的方法进行处理。一种方法是用纸条来遮挡。将剪好的纸条盖住不需要复印的内容，然后用透明胶条粘住。注意，不要使用双面胶，以免留下黑影。另一种方法是使用涂改液把不想要的内容覆盖掉。

图 7-21 剪两张白纸粘在玻璃稿台上

图 7-22 白纸围出的范围比书的内容略小

八、调整复印浓度

在复印过程中，经常会碰到不同类型的纸张和字迹深浅不同的稿件，比如报纸、铅笔稿等。这时，可以利用浓度滑竿或浓度设定菜单（数字式复印机上）确定复印浓度。若原稿浓度浅淡，可将复印浓度调大；若原稿过浓，可将复印浓度调小。有的复印机设有自控曝光装置，若采用自控曝光模式，则复印时可根据原稿图像的浓淡自动改变曝光量的大小，使复印件图像浓度适宜。

为确保印出的复印件字迹同样清晰，可以调整控制面板上的按键。比如，复印报纸的时候，会出现底色很黑的现象，这时就需要往下拉手动浓度调节阀块来降低墨粉的浓度，再按一下自动曝光键，调整曝光量。这样印出的报纸就清晰了。铅笔稿由于字迹浅，印出来的效果不清楚。就需要往上推手动浓度调节阀块，增加墨粉的浓度。这样复印出来的字迹就清楚了。有时候，复印的原稿是清晰的，但印出来的复印件却是模糊的。遇到这种情况，通过手动曝光补正旋钮逆时针旋转或顺时针旋转调整显影偏压，可以调整复印清晰度。

九、调整复印倍率

若要将原稿放大或缩小复印，可通过调节控制面板上的按键来实现。控制面板上有等倍键，如图 7-23 所示。按下此键可以按原件的大小复印。另外，还有缩小键和放大键，如图 7-24 和图 7-25 所示。按下缩小键，可以缩小稿件；按下放大键，可以放大原稿。按下按键，指示灯会亮起。

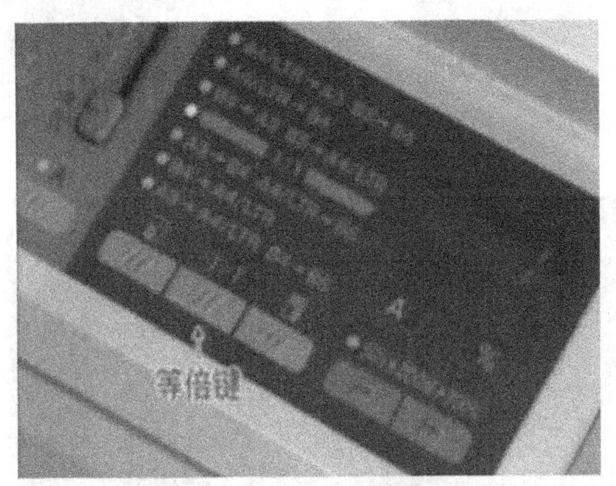

图 7-23　复印机上的等倍键

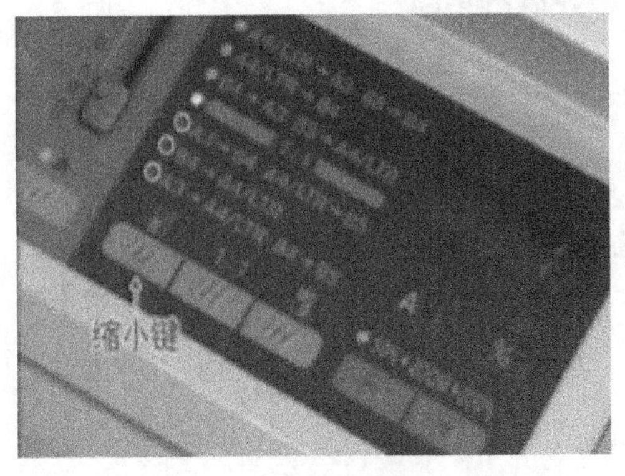

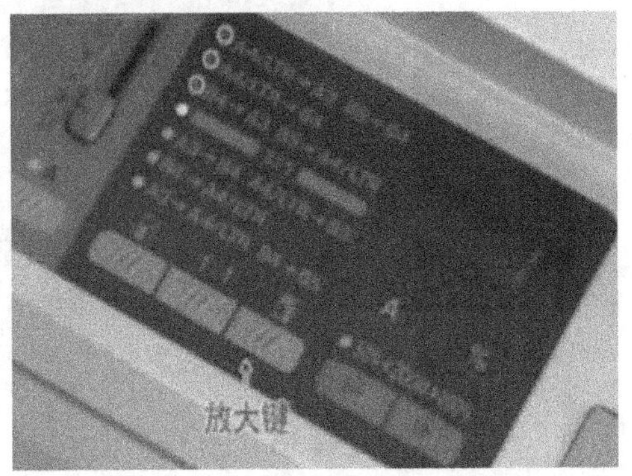

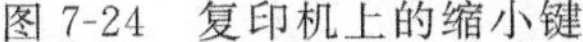

图 7-24　复印机上的缩小键　　图 7-25　复印机上的放大键

另外，复印机还有微缩和微放功能。微缩键如图 7-26 所示。按下此键，显示屏上显示的比例就从 100%开始以 1%的量递减，最小能缩小到原稿的 50%，如图 7-27 所示。微放键在微缩键旁边，如图 7-28 所示。按下此键，显示屏上显示的比例就从 100%开始以 1%的量递增，最大能递增到原稿的 200%。

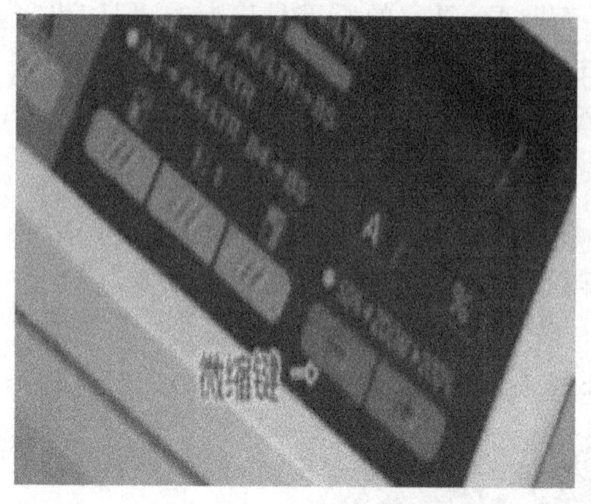

图 7-26　复印机上的微缩键

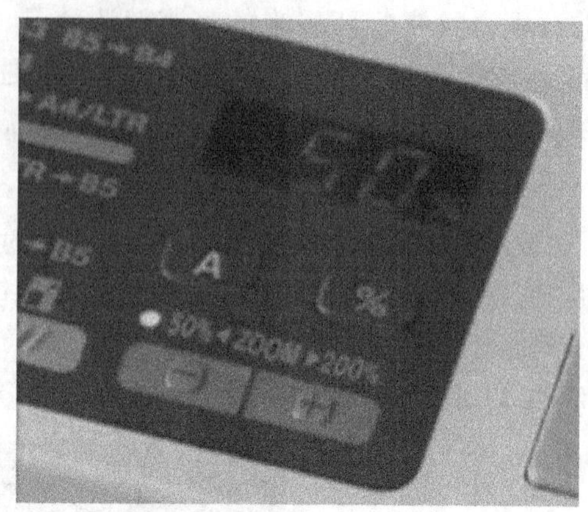

图 7-27　显示屏上以 1%的量递减

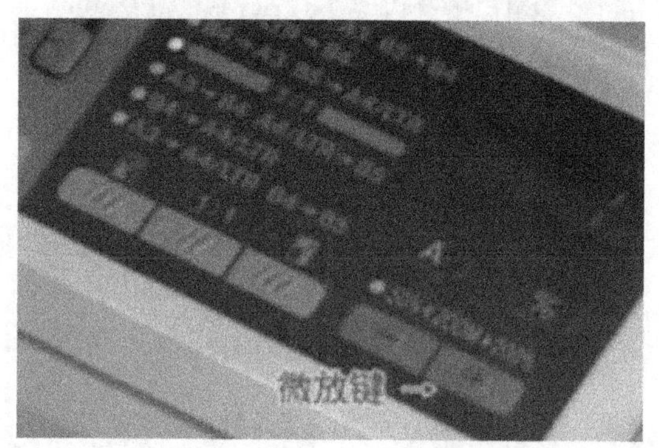

图 7-28　复印机上的微放键

项目三　复印机的维护和保养

任务一　复印机日常维护

虽然复印机复印的成本不高，但复印机本身的价格却不便宜。在使用复印机前必须了解所用复印机的基本原理和结构，掌握其使用方法和操作步骤，并学习对消耗材料的调整、更换和补充等技能，以确保复印机的正常使用。

一、复印机的维护

1. 复印机的安放要求

摆放复印机的环境要合适。复印机须安装在通风良好的室内，保证机器对环境的温度和湿度要求；避火源、避尘、避氨气、避阳光直射。复印机要平稳放置，保持水平状态。复印机与墙壁的间隔应不少于10厘米。室内温度应控制在复印机说明书规定的范围内。复印机周围应保持洁净，防止各种异物触及设备造成机件的损伤和污染。平时应保持稿台玻璃清洁、无划痕。

在复印机上不要放置太重的物品，避免上面板受到重压而变形，影响使用。最重要的是，要把复印机摆放到通风好的场合，因为复印机工作时会产生微量臭氧，长期接触对操作人员的健康有害。

2. 复印机的电源要求

一般复印机额定电压在200至240V间，电源插座电压过高或过低都会影响复印机的正常工作。为了保证输入电压的稳定，一般应安装稳压器，以防止电压起伏太大而损坏机件。复印机本体需接地处理。在复印中途不得关掉电源。无论是插拔电源，还是排除卡纸故障等，都应该先关闭复印机的电源开关再操作，否则会造成故障，缩短复印机使用寿命。为避免因频繁启动预热对复印机的光学元件带来损害，使用频率高的复印机，可在早上上班时打开电源，至下班时再关闭电源。

3. 合理预热

合理预热对延长复印机使用寿命很有帮助。使用前应先对复印机预热半小时左右，使复印机内保持干燥。但在长时间没有复印任务时，应关掉复印机电源，以节省能耗。

4. 随时注意耗材的剩余量

复印机碳粉量不够发出警告时应该及时补充墨粉。加粉不及时可能造成复印机故障。加粉前需轻轻震动粉盒，以防止墨粉硬结。应避免选择劣质墨粉，因为使用劣质墨粉会直接影响复印效果，而且会对复印机内部的硒鼓造成磨损。加粉时要防止墨粉散落污染设备。如果这些粉尘落在复印机的工作电路板上，很容易造成电路短路，从而损坏复印机。

5. 正确添加复印纸

添加复印纸的时候要正确放置复印纸张。要使用平整的、高质量的复印纸。纸盘内的纸不能超过复印机所允许放置的厚度。如果使用的纸张不标准或者厚度过厚，就容易出现一次进多纸、不进纸或卡纸的现象，严重的话会损坏机器内部的进纸装置。

此外，在复印机工作过程中一定要盖好上面的盖板，以减少强光对眼睛的刺激。

二、复印机的保养

复印机是光学、机械、电路等高科技集合的精密产品。定期进行清扫、整理、加油、调整是确保复印机正常运行的关键。必要的保养可以提高复印机的工作质量，延长使用寿命，节约维修费用。为了使复印机始终保持良好的工作状态，当设备经过一段时间的使用,或复印份数达到一定数量时,应及时进行清洁保养和维护。这样,才能保证复印件的品质,并延长设备的使用寿命。

1.经常性保养

为了保证复印机的正常运行,应对其主要部件进行经常性的清洁和保养。具体包括电极丝、感光鼓、屏蔽罩、镜头、反射镜、搓纸轮、输纸棍、稿台玻璃等易污染部位的污垢和灰尘。如果发现异常现象应及时维修,以免出现更大故障。

复印机中最容易损坏的是机械系统,其次是光学系统和电路系统。复印机的损坏除了正常的使用磨损外,还会受到灰尘等外部因素的影响,所以必须经常定期进行清扫、整理等保养工作。

对复印机进行清洁维护等保养操作前,应首先关闭电源,拔去电源插头。在保养操作时,要按照说明书的要求进行;拆卸驱动部分、齿轮、链条等机械部件前要熟悉装配图,拆卸的部件要按一定顺序放置。卸下或装配感光鼓时,要轻拿轻放。否则,划伤和指纹都会反映到复印件上。

镜头、反光镜上有灰尘或其他污物,可用吹气球吹去;如吹不掉,可用镜头纸或脱脂纱布蘸 3∶1 酒精乙醚混合液擦去。

此外,还要经常检查清洁刮板或清洁毛刷是否老化、变硬,必要时进行更换,以免损伤感光鼓。

2.定期检查和维护

复印机经过长期使用后,应对其机件进行全面检查和维护,主要是做好机件的全面清洁、润滑、调整以及更换易损件和失效的零部件等工作。

任务二　复印机常见故障的排除

一、卡纸

卡纸的时候,控制面板上的卡纸指示灯和卡纸部位指示灯都会闪烁。如果是手动送纸部位发生卡纸现象,要先打开手动送纸盘,用手轻轻地把卡住的纸拉出来。取出被卡的纸张后,有时控制面板上卡纸部位指示灯仍然会闪烁,只要把复印机的前盖板打开一下再合上就能清除卡纸显示了。

如果是出纸口部位发生卡纸故障,则应首先打开前盖板,再取下复印件托盘,拉开定影器组件,然后右手顺时针转动定影器杆上的绿色旋钮,同时,左手将卡住的复印纸拉出来。如果传输皮带发生了卡纸故障,只要将绿色手柄放下,就能很方便地将卡住的纸取出来了。

为了防止出现卡纸故障,应避免使用不宜复印的纸张,比如受潮、特别薄、有折痕的纸,搓纸轮搓不上去,不能使用;薄纸还容易透页;铜版纸太光滑,搓纸轮也搓不上去,还容易损坏定影器,不宜使用;不干胶纸因为中间有粘胶,通过定影器的时候，容易烫化，粘住定影鼓，并容易损伤定影辊；名片纸和羊皮纸因为太厚，容易划伤硒鼓和定影辊，也不宜使用。

定期用脱脂棉擦拭搓纸轮可以有效避免卡纸。使用时可选用离感光鼓近的纸盒，这样复印走纸过程就比较短，可减少卡纸的概率。在复印底色较深的文件时，复印件容易呈扇状卡在出纸口，使用复印机的消边功能，同样可以减少纸卡在出纸口的概率。

二、复印件上有白点

当复印深色文件的时候，复印件上有时会出现白点，这可能是硒鼓上面有击穿点，这时需要更换硒鼓。

三、复印件图文变形

在复印扫描时，文件移动了位置或者有外力碰撞了复印机就会造成这种现象。

四、复印碳粉脱落

有时复印件虽然清晰，但用手轻轻触摸复印件，上面的墨粉就会脱落。这可能是定影器发生了故障，应请专业人员进行修理。

实训七　复印机操作训练

◎ 实训目的

熟练掌握复印机的使用方法。

◎ 实训内容

1. 通过操作复印机，制取文件、书籍、报纸等介质的复印件。

2. 为复印机补充耗材（包括补充纸盒中的复印纸及添加墨粉）。

◎ 实训要求

1. 掌握复印机的常用操作步骤，包括开机，复印的缩放比例、浓度、份数等参数的设置，补充复印纸，添加墨粉及关机等。

2. 复印原件自带，至少应包括 A4 幅面文件（未装订、含 3 页以上内容）、照片、书籍、报纸、杂志各一份。

3. 根据各原件的不同情况，使用复印机的不同功能，为各原件分别制取两份以上复印件。

4. 保证纸盒中装有 30 张复印纸，若纸盒中的复印纸不足 30 张，则将其补足。

5. 给复印机添满墨粉（若实训操作的复印机采用的是替换整盒墨粉的形式，则给复印机替换另一盒墨粉以模拟墨粉的添加）。

◎ 实训组织

每四人为一组，协同操作一台复印机。

◎ 实训时间

2 课时。

模块八　传真机的使用

传真机是现代通信的主要工具之一。它集计算机技术、通信技术、精密机械以及光学技术于一体，能够快速速、准确地传输文件、图片、图表及数据等信息，适合保密通信，在办公自动化系统中占有重要地位。本模块首先介绍传真机的分类、基本工作原理和结构，然后重点讲解利用传真机收发传真的操作方法以及其他一些特殊功能，最后介绍传真机的日常维护要点以及常见故障排除方法。

◎ 学习目标

1. 了解传真机的功能和结构。
2. 熟练掌握传真机的操作方法以及特殊设置。
3. 了解并掌握传真机保养和维护方法。
4. 了解传真机的常见故障，掌握简单故障的排除方法。

◎ 知识目标

1. 了解传真机的功能及分类。
2. 了解传真机的基本工作原理及结构。
3. 掌握传真机的操作方法。
4. 了解并掌握传真机的维护和保养方法。
5. 掌握传真机常见简单故障的排除方法。

◎ 能力目标

1. 能够了解传真机的概念和功能，能够了解传真机的不同种类。
2. 认识传真机各部件的功能。
3. 能够正确安装传真机，能够使用传真机收发传真。
4. 能够正确维护和保养传真机。
5. 能够排除传真机的简单故障。

项目一　了解和认识传真机

任务一　了解传真机

传真机是一种结合光学影印技术与电话传输技术将一份文件传送到另一端的新型通信终端设备。其工作过程是，应用扫描和光电变换技术，把文件、图表、照片等静止图像转换成电信号，经传真线路传送到远处接收端，以记录形式进行复制。它不仅传输文稿的内容，也传送文稿的形式，能够直观、准确地传递文件的原始真迹。

一、传真机的分类

传真机的种类很多，分类方法也不尽统一，常见的有：

1.按传送色调分，可分为黑白传真机、彩色传真机、相片传真机。

2.按通信占用的频道分，可分为单路传真机、多路传真机、数据网传真机等。

3.按用途分，可分为文件传真机、相片传真机、气象传真机、报纸传真机和信函传真机等。

其中，文件传真机（也称图文传真机）是目前使用范围最广、用量最大的传真机，也是秘书人员工作中最为常用的传真机。它利用电话交换网络在任意两个电话用户之间进行文字、图像资料的传送，且传送的是黑白两种色调。主要适用于远距离复制手写、打字或印刷的文件、图表，以及复制色调范围在黑和白两种界限之间具有有限层次的半色调图像，广泛应用于办公、事务处理等领域。按照文件传真机利用电信网、信号加工处理技术和传送标准幅面原稿时间的不同，又可分为在公用电话网上使用的一类传真机、二类传真机、三类传真机以及在公用数据网上使用的四类传真机等。这些分类是以国际电报电话咨询委员会（CCITT）的建议为依据，按传送一页 ISO 标准的 A4 幅面样张所用时间来划分的。其中，三类机可在 1 分钟内发送 1 页 A4 文稿，属于高速机，功能较强，具有多种通信方式，目前应用最为广泛。四类机是利用数据网进行传真的，可超越一、二、三类机利用电话网进行传真的各种极限限制，得到理想的传真效果。

4.按传真文字和图像打印原理和方式，可分为热敏纸传真机（也称为卷筒纸传真机）、热转印式普通纸传真机、激光式普通纸传真机、喷墨普通纸传真机。市场上常见的是热敏纸传真机和喷墨/激光普通纸传真机。

二、传真机的基本工作原理

传真机整个基本工作过程如图 8-1 所示。

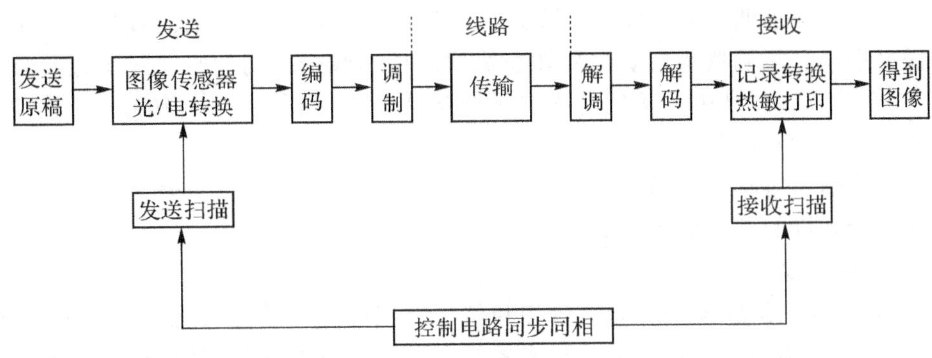

图 8-1　传真机的基本工作原理

如果要将一张图像(或文件、报纸、相片、图表)传送到对方,发送方传真机首先要对它进行分解,将发送图像分解成许多微小像素,并按照一定的顺序将这些像素转变为电信号(这些电信号和幅度与所发送的像素亮度成比例),再把电信号进行调制处理后,通过有线或无线通路传输到接收端。接收端传真机再将接收到的电信号进行解调,再转变为记录纸上相应亮度的微小像素,同时把这些微小像素按照与发送端相同的顺序合成图像。另外,为了保证接收图像与发送图像一致,必须使接收扫描与发送扫描速度一致;接收扫描与发送扫描单元的起始位置一致,即同步和同相。

以下是传真机的大致通信过程。

1. 发送文稿

(1)扫描原稿图像。因为图像是二维信息,若想传送它,先要将其转换为一维信息。扫描原稿图像就是发送端传真机的光学系统对发送的原稿进行从左到右、从上到下的逐行扫描,把发送图像分解成许多微小的像素,从而把二维的平面图像信息转换成一维的、随时间变化的光信号。传真机的发送扫描采用机械扫描和电子扫描相结合的方法。例如,行扫描采用电子扫描,帧扫描采用转换滚筒的机械方法。

(2)光电转换。就是把通过发送扫描分解的带有图像信息的光信号,按照灰度的不同转换成不同强度的电信号的过程。具体地说,就是把光照射到发送图像上,根据各像素反向光的强弱转变成相应的电信号(电信号的强弱与像素的亮度成正比)。传真机通常使用光敏二极管、电荷耦合器(CCD)或 MOS 图像传感器作为光电转换器件。

(3)信号处理与压缩编码。光电转换后得到的电信号是模拟信号。为了进行后续的数据压缩编码和传输,需要对模拟图像信号进行数字化处理,即模/数(A/D)转换。经数字化转换后获得的图像信号,数据量相当大,传送时间较长。为了提高传输速度、缩短图像信号的传送时间,在调制之前需要进行数据压缩编码,以消除图像信号的冗余度。

(4)调制与解调。为了使传真发送端的数字代码在公共电话网或数据网上传输,需要用调制解调器将数字信号转换成线路传输频带内的信号。这个过程称为调制。在接收端再把由发送端送来的被调制信号进行复原,称为解调。压缩编码处理后的信号经解调后还要进行解码处理。

(5)传输。传真信号的传输由电信网完成。三类传真机的信号由模拟信道传输,四类传真机的信号由数字信道传输。

2. 接收文稿

传真接收机接收文稿的通信过程和信号处理过程大致与发送通信过程相反。首先用信号解调器对线路上传送过来的被调制信号进行解调,从中恢复出发送方的编码压缩信号(也称代码信号);然后利用译码器对代码信号进行翻译,即可得到原图像数据的数字信号;再将这一信号转换成模拟信号,并按照时间顺序将一维信息还原为二维图像信息;最后由记录部件记录在专用的记录纸上。当接收机收到全部数据并完成记录工作后,即可获得与发送机原稿相同的传真副本。

3. 控制电路同步同相

同步同相控制使传真机收、发两端保持各种步调的一致,具体说就是扫描速度和扫描单元起始位置的一致,同时协调各路的工作,使最终得到的信息与原稿信息相同。

任务二　认识传真机

一、传真机的结构

传真机的种类很多,功能也越来越齐全。图8-2所示即为一台普通热敏式传真机的外观。

图 8-2　普通热敏式传真机外观

1. 电子电路部分

传真机的电子电路部分称为硬件设备。它包括电信转换、数据压缩电路、调制解调电路、传感器电路、液晶显示电路及操作控制电路等。

一般来说,绝大多数传真机的电子电路都集中在一块主 PC 板与一块副 PC 板上,并采用大规模集成电路(LSI)芯片组成。为了简化结构,缩小传真机体积,降低成本,厂家一般将大多数功能综合在一块 LSI 芯片上,称为传真机标准处理器(FSP)。

2. 机械结构

传真机的机械结构由上下两个部分组成:上部分为读取系统单元,下部分为记录系统单元。

读取系统单元有一个文件原稿托盘，上面托置文件原稿。自动送纸机构由分离器和分离板组成，它们将放置盘内的原稿文件逐张拉出。当原稿经过两个送纸辊间的玻璃靶时，被光源发出的光所照射，反射光强度随文字或图像的变化而发生变化，反射镜和透镜部分按序将反射光传到光电转换器，光电转换器再将入射光变成电信号，从而使原稿表面的信息被传感器读取，读取后原稿由回收机构排出。记录系统单元有一个记录纸接收机构。记录纸由纸卷放出，并由手动辊输送到记录台。感热记录头装在记录台上，以便将图像数据写在记录纸上。压纸辊传送记录纸，同时使记录纸紧贴热敏打印头。切纸器由活动刀片和固定刀片两部分组成，它可切割来自压纸辊的记录纸。排纸辊将切好的记录送往回收盘。

二、传真机的主要参数

传真机的主要参数包括以下几个方面。

1. 扫描行距

扫描行距是指相邻两行扫描线之间的距离，即扫描点在图像上扫描一行像素（而不是字符）后在扫描的垂直方向上所移动的距离。行距越小，图像被分解的像素数目越多，分辨率越高，图像越清晰，但所需发送的像素增加，会导致传输时间变长。

2. 扫描线密度

扫描线密度是指每毫米内扫描线的条数，它是扫描行距的倒数。一般而言，扫描线密度越大，记录的质量越好。

3. 扫描线长度

扫描点沿扫描方向扫描完一整行的最大长度称为扫描线长度。向传真机内放纸时要考虑扫描线长度与纸张的宽度相当。

4. 扫描点尺寸

扫描点尺寸即传真机所分解图像的最小像素（扫描点）的大小，扫描点越小，失真越小，所复制出的图像与原像越相近。

5. 扫描线频率

扫描线频率是指每分钟能传送的扫描线条数。

6. 图像传送时间

图像传送时间是指传送一张完整图像所需要的时间。

7. 合作系数

合作系数表示传真机之间的互通性。只有发、收双方合作系数相等，接收的图像才不会发生畸变。

项目二　传真机的使用

对于文秘人员来说，掌握传真机操作方法的关键是熟悉传真机面板的各种按键及其所具备的功能。各类传真机的具体操作方法虽有所区别，但主要操作基本相似。为节省篇幅，下面向大家介绍数字式传真机的操作使用方法。

任务一　数字式文件传真机的常规使用

一、传真机面板及功能

传真机的操作面板用于观察并操作控制传真机的工作状态。操作面板如图 8-3 所示。

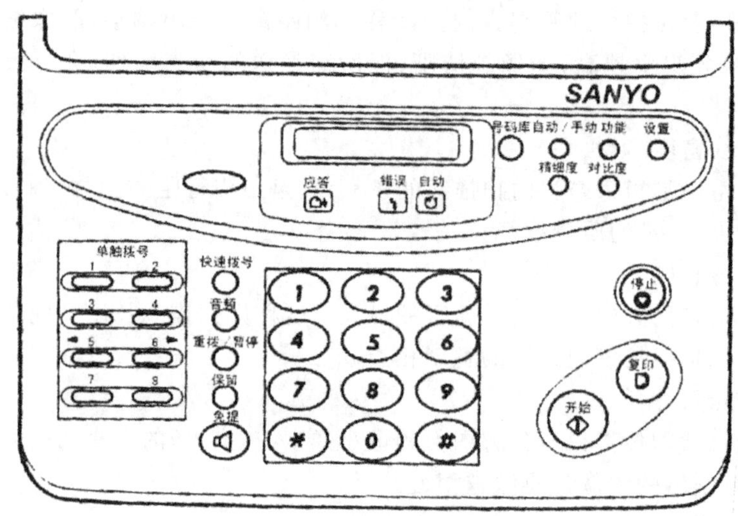

图 8-3　传真机的操作面板

传真机的品牌、型号不同，功能也会有所差别，但基本的传真功能是大致相同的。其中各部分功能如下：

1. 数字键(0～9)：用于拨号与功能设定。
2. 免提键：用于免提拨号。
3. 显示屏：显示操作情况、对方号码及机器状态信息。
4. 启动键：启动传真机发送功能。
5. 停止键：停止传真机正在执行的操作。
6. 复印键：选用传真机的复印功能。

二、传真机的连接

传真机作为一种方便的通信工具，是一台非常精密的仪器，所以在安装时要小心，否则很有可能无法正常工作。

传真机电话线及电源的连接可以用图 8-4 来表示。具体连接过程如下：

1. 将电话受话器软线插人如图 8-4 所示的“HANDSET 插座(即受话器插座)”。

2. 用机器附带的电话软线将电话线路与“LINE 插座(电话线插座)”连接。

3. 将传真机的电缆插人电源插座。

4. 其他外接电话或应答机器可用电话软线连接在传真机的“EXT. TEL 插座(即外接电话插座)”上。

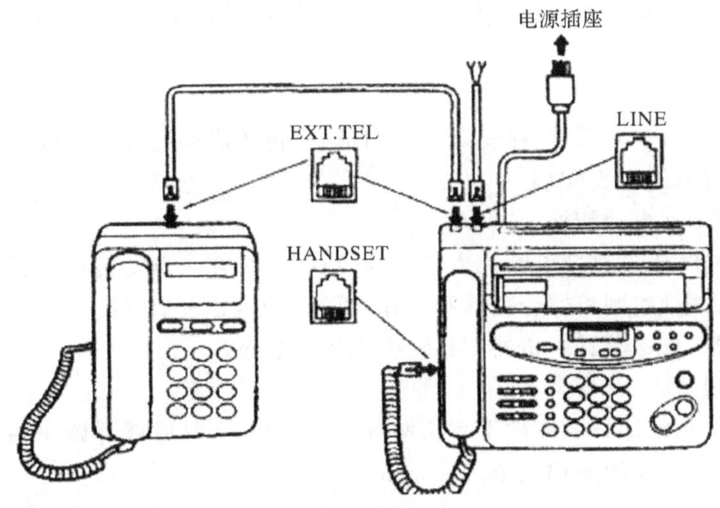

图 8-4　传真机电话线及电源的基本连接

三、发送传真

1. 放置原稿

按传真机所标示的文稿放置方向(注意纸张字迹应朝下)，将文稿放入传真机输入槽，按文件尺寸调整文件导板。

【小提示】

传真机对原稿是有要求的，具体情况如下：一是纸张厚度大于 0.15 毫米或小于 0.06 毫米不能使用；二是纸上若有曲别针、大头针等硬物时不能使用；三是大于技术规格规定的最大幅面的原稿不能使用。此外，原稿如有折叠、撕破，也不能使用。

传真前，若发现原稿上有曲别针等硬物，可先取下；如果纸张过薄、过厚、过大、过小，可将原稿复印后再传真复印件。

2.发送文件

文稿放好后，拨打对方号码，等待对方准备好的信号后，立即按下启动键，挂下话筒，文稿会自动进入传真机，并发送给对方，完成后显示屏会显示“成功发送”信息。

四、接收传真

要顺利接收传真，首先要确保传真机内有足够的记录纸。热敏式的传真机要打开记录纸盖，依正确方向放入热敏纸卷。激光普通纸传真机的传真纸是 A4 纸，供纸方式和激光打印机相似，只要在托纸盘内放入适量的 A4 纸即可。

传真机接收模式有以下几种。

1.自动接收

在电话铃响过若干声后，传真机即转入自动接收状态，接收完毕显示成功信息。

2.手动接收

电话铃响后，拿起话筒，接受对方呼叫信息，再按启动键确认接收，挂下话筒便可接收对方传来的传真文稿。

3.电话/传真自动切换

电话铃响时传真机会判断此为电话或传真，若对方是自动传送，机器则进入自动接收。若为电话，则机器会提醒我们在所设定的电话回铃声(10～30 秒)内拿起话筒通话。若不拿起话筒，机器则自动进入接收状态。

【小提示】

热敏式传真纸记录的文件不宜长期保存，一般一个月后就开始褪色，如需长期保存，可将传真件复印或扫描至其他介质。

◎ 知识链接

传真机的其他功能

传真机除了基本的传真功能之外，通常还有普通电话以及简单的复印功能。无论电源是否给传真机供电，传真机的自带电话皆可使用。

而目前应用越来越广泛的多功能一体机则更兼用扫描、打印等其他功能。

项目三　传真机的维护

传真机属于高精密的电子设备。为保证其良好的工作状态，平时要注意日常维护和保养，并学会解决和排除一些常见问题和故障。这样才能充分发挥机器的功能，确保传真文件的质量。

任务一　传真机的日常维护

传真机在日常使用过程中要注意做好以下日常维护工作。

一、认真选择安装场所

1.传真机应放置于水平平稳的工作台上，避免倾斜而影响正常工作。

2.传真机应接地良好，且采用标准化的电源插座，不宜与强噪声电器（如空调，电传打字机等）共用电源，否则易造成误码率高、传真质量差等现象。

3.传真机放置的位置应避免阳光直射与灰尘侵害，远离热源、强磁和强腐蚀气体，以保证机器良好的散热和热敏纸不变质。

二、采用正确的操作方式

1.除传送文稿外，不要在传真机上放置任何物品。

2.传真机在工作时不可打开机盖。如果实在需要，必须先按停止键以避免危险。

3.不要频繁开关传真机。因为每次开关机都会使松下传真机的电子元器件发生冷热变化，而频繁的冷热变化容易导致机内元器件提前老化，每次开机的冲击电流也会缩短传真机的使用寿命。

4.正确使用传真原件和传真纸。带有装订针、大头针等异物的图文资料以及墨迹或胶水未干的稿件不宜发送。因为上述硬物容易划伤扫描玻璃或其他装置，引起传真机故障；而稿件上的墨迹或胶水未干则易弄脏扫描玻璃，造成传真机发送质量下降。传真时应尽量使用标准纸，以保护传真机的感热记录头。此外，记录纸不能长期暴露在阳光或紫外线下，以免记录纸褪色，造成复印或接收文件不清晰。

5.不宜把传真机当做复印机来使用。传真机完成复印功能的主要部件是感热记录头。它是传真机最重要的部件之一，靠自身发热工作，因此应尽量减少其工作时间，以延长传真机的使用寿命。

三、定期维护保养

1.对传真机进行清洁保养前应首先关闭电源，拔下插头。

2.传真机的机壳是塑料的，在静电作用下更易吸附灰尘，所以应经常用软干布或中性清洁剂擦拭。

3.经常检查进纸辊轮、感热记录头、记录纸轨道等处是否有纸屑、灰尘等，若有，可用小刷子刷净，必要时可用带酒精的软布擦拭。

4.反光镜上的灰尘可用吹气毛刷清除。

5.定期（1～2年）更换荧光灯与分离橡皮（在自动分页机构中）。

6.经常检查微动开关与传感器接触是否良好，动作是否灵敏，如发现问题应及时调整或更换零件。

任务二　传真机常见故障的排除

传真机很多常见故障的解决方法都比较简单，所以在出现故障时，不要急于和维修部门联系维修，最好自己先检查和排除一下，以节省时间并减少麻烦。

以下是传真机常见的故障和简单排除方法。

一、卡纸

卡纸是传真机很容易出现的故障，具体可分为原件卡纸和接收件卡纸。如果是原件卡纸，需要检查原件纸张是否插好；文件自动馈送系统是否卡入纸片或其他杂物；原件纸是否过小或过大；如果是接收纸卡纸，则需要检查接收纸是否正确安装，是否有破损、折皱等情况。

二、传真或打印时，纸张为全白

如果为热感式传真机，则有可能是记录纸正反面安装错误，可将记录纸翻面放置再重新试试。热感式传真机所使用的传真纸，只有一面涂有化学药剂。因此，如果安装错了接收传真时不会印出任何文字或图片。

如果为喷墨式传真机，则有可能是喷嘴头堵住，可尝试清洁喷墨头或更换墨盒。

三、传真或打印时纸张出现黑线

当对方向我们发送的文件或自己打印的文件再现一条或数条黑线，如果是CCD传真机，可能是反射镜头脏了；如果是CIS传真机，可能是透光玻璃脏了。可根据传真机使用手册说明，尝试用棉球或软布蘸酒精擦拭。如果清洁完毕后仍无法解决问题，就需要将传真机送去维修。

四、传真或打印时纸张出现白线

这通常是由于热敏头断丝或沾有污物。如果是断丝，则应更换相同型号的热敏头。如果有污物可用棉球清除。

五、接通电源后报警声响个不停

出现报警声通常是主电路板检测到整机有异常情况。此时可对传真机以下各部分分别进行检查，并根据情况作出调整：纸仓里是否有记录纸，且记录纸是否放置到位；纸仓盖、前盖等是否打开或有没有正确合上；各个传感器是否完好；主控电路板是否有短路等。

实训八　传真机操作训练

◎ 实训目的

熟练掌握传真机的安装，并能使用传真机进行收发传真。

◎ 实训内容

1. 根据要求连接两台传真机。
2. 为传真机补充传真纸。
3. 分别练习传真机收发传真的方法。

◎ 实训要求

1. 把传真连接到相应的接口上，确保两台传真机连接。
2. 根据传真机所允许传真的介质进行传真，文件可以自带。发送文件时必须仔细检查文件上的装订针、大头针等硬物已经取下，并检查没有墨迹或胶水未干等不适合传真的情况。
3. 分别练习传真机自动接收传真和手动接收传真两种不同的方法。

◎ 实训组织

每4～6人一组轮流进行。

◎ 实训时间

2课时。

模块九　扫描仪的使用

扫描仪是计算机的常用输入设备，可以将检测到的光信号转换为电信号，并进而转换成数字信号输入计算机。使用扫描仪，可以把图片、书籍、报纸、信函等材料的信息输入计算机。配合OCR软件，可以识别扫描到计算机中的书籍、报纸中的文本，并可进一步将其转化为普通文档中的文字进行编辑，免去了重新打字的麻烦，这样就大大提高人们的工作效率。本模块首先简单介绍不同类型扫描仪的特点及工作原理，接着以目前办公中最常用的平板式扫描仪为例，讲解扫描仪的结构、具体使用方法，以及OCR软件的文字识别功能，最后简单介绍扫描仪的维护以及常见故障排除方法。

◎ 学习目标

1. 了解扫描仪的性能指标、常用术语和分类。
2. 了解扫描仪的结构、组成部件和工作原理。
3. 了解一款平板式扫描仪的安装和使用方法。
4. 掌握OCR文字识别软件的操作方法。
5. 了解扫描仪的日常维护和故障排除方法。

◎ 知识目标

1. 了解扫描仪的性能指标及分类。
2. 了解扫描仪的结构及工作原理。
3. 以平板式扫描仪为例掌握扫描仪的常规操作方法。
4. 掌握一款OCR文字识别软件的具体操作方法。
5. 了解并掌握扫描仪的维护和故障排除方法。

◎ 能力目标

1. 能够了解扫描仪的性能指标；能够了解扫描仪的不同种类。
2. 能够认识平板式扫描仪各部件及其功能。

3. 能够正确安装平板式扫描仪，能够使用平板式扫描仪扫描文件。

4. 能够使用 OCR 文字识别软件识别图片中的文字。

5. 能够根据扫描仪特点维护、保养扫描仪；能够排除扫描仪的常见故障。

项目一 了解和认识扫描仪

任务一 了解扫描仪

扫描仪作为光学、机械、电子、软件应用等技术紧密结合的高科技产品，自 20 世纪 80 年代诞生以来，得到迅猛的发展，是继键盘和鼠标之后广泛应用的输入设备。

扫描仪是一种影像捕获装置，可将实物影像转换为计算机能够显示、编辑、存储和输出的数字格式。利用扫描仪，可以将美术图形和照片扫描结合到文档中；也可以将印刷文字扫描输入到文字处理软件中，省去文字输入之苦；还可将传真文件扫描到数据库软件中以长期保存……总之，扫描仪的使用非常广泛，已经成为办公自动化的一个常用硬件设备。

为更好地掌握扫描仪的基本使用方法，下面我们先简单学习一下扫描仪的主要性能指标与常用术语。

一、扫描仪的性能指标

扫描仪的主要性能指标有扫描幅面、光学分辨率、最大分辨率、色彩分辨率等几项。

1. 扫描幅面

扫描幅面，是指扫描仪能够扫描图稿尺寸的大小范围。这个范围取决于扫描仪的内部结构设计以及扫描仪的外部物理尺寸。常见的扫描幅面有 A4、A3、A1、A0 幅面，其中以 A4 最为常见。大幅面的扫描一般在特殊场合如专业出版时才需要。通常来说，扫描幅面越大的扫描仪，可处理的扫描对象就越广泛。换句话说，扫描仪的适用范围就更广泛，因而价格也会越高。所以，普通办公使用扫描仪不需要刻意追求扫描幅度。

2. 光学分辨率

扫描仪的光学分辨率是衡量扫描仪性能最重要、最直接的指标。它决定了扫描图像清晰度的高低。光学分辨率的具体含义是指扫描仪在一定的区域内所能扫描出的像素点数，一般用每英寸长度上的点数 dpi(Dot Per Inch)来表示。要想让扫描仪获得较高的清晰度，就必须提高扫描仪的光学分辨率。即光学分辨率越高，扫描出的图像清晰度越高。常见的扫描仪分辨率有 600 dpi×1200dpi、600 dpi×1200dpi、1000 dpi×2000dpi 甚至更高。

3. 最大分辨率

最大分辨率是利用软件技术在硬件产生的像点之间插入另外像点而获得的较高的分辨率，其本身并不能增加图像的细节。因此，该指标不如光学分辨率来得重要。在选购扫描仪时，应以光学分辨率为准。

4. 色彩分辨率

色彩分辨率也叫色彩深度、色彩位或者色阶，是指扫描仪所能产生的颜色范围，通常用表示每个像素点上颜色的数据位数(bit)表示。扫描仪的色彩分辨率通过扫描仪内部的模数转换器的精度来实现。理论上讲，色彩分辨率越高，说明颜色的范围越宽、扫描的图像就越鲜活真实。当然，普通用户不必追求过高的色彩分辨率。因为要使其发挥作用，还受到计算机本身的处理能力和输出打印机的技术指标的限制。

二、扫描仪的常用术语

1. CCD 与 CIS

CCD，Charge Coupled Device 的缩写，全称为电荷耦合器件，是一种半导体芯片。使用 CCD 作为感光元件的扫描仪，需要经过由一系列透镜、反射镜等组成的光学系统将图像传送到 CCD 芯片上。CCD 的优点是扫描实物时深度好、密度范围大和扫描光谱范围大等。因而，使用 CCD 作为感光元件的扫描仪体积一般较大，分辨率也较高。

CIS，Contact Image Sensor 的缩写，全称为接触式传感器件，是一种光电转换器件。它采用一列内置的 LED 发光二极管照明，直接接触原稿表面，读取数据。采用 CIS 技术的扫描仪没有附加的光学部件，整个扫描仪可以做得非常轻薄，因而更容易应用于便携式的扫描仪中。由于材料差异，采用 CIS 技术的扫描仪分辨率一般没有使用 CCD 的高。

2. A/D 转换器

A/D 转换器是将模拟量转化为数字量的半导体，即模/数转换器。在扫描仪的工作过程中，一幅图像的整体幅宽信息，以一条线的形式被读取。特定颜色和强度的光照射到每个 CCD 元件上，在其上产生相应的电荷，这些模拟电荷系统地穿过这条线阵，到达一个 A/D 转换器，A/D 转换器又将这些信号转成数字信号。接着，CCD 被清理干净，接受下一行的电荷。

3. TWAIN

TWAIN，Technology Without An Interesting Name 的缩写。它是一项重要的接口标准，为软件开发商和硬件设备生产厂商之间提供了一个统一的规范，以有效地避免系统与设备之间不兼容的问题。只要是支持 TWAIN 的驱动程序，就可启动符合这种规格的扫描仪，比如，可以在 ACDSee 或者 Photoshop 中启动扫描仪。

4. 接口

扫描仪的接口是指扫描仪与电脑主机的连接方式。目前使用最广泛的是 USB 接口。USB 接口的最大特点是速度快，安装方便，可以带电拔插，但同时对主板质量会有较高要求。

5. 配套软件

要完全实现扫描仪的功能，还需要配套的软件，如扫描驱动程序、图像处理软件、OCR 软件等。这里，主要介绍以下 OCR 软件。

OCR，Optical Character Recognition 的缩写，全称是光学字符识别，是目前扫描仪市场比较重要的软件技术。OCR 识别系统可以使影像内的表格内资料及影像内的文字转变成计算机文字，识别出的文字可用文字处理软件编辑，因而能节省键盘输入的时间与人力消耗。

三、扫描仪的分类

从扫描的原理或者说扫描方式划分，扫描仪可以分为平板式扫描仪、滚筒式扫描仪、馈纸式扫描仪和手持式扫描仪等几类。

1. 平板式扫描仪

平板式扫描仪又称平台式扫描仪或者台式扫描仪，诞生于 1984 年。由于其扫描精度较高、扫描速度较快、使用也较为方便，是目前办公用扫描仪的主流产品。这类扫描仪光学分辨率一般在 300～8000dpi，色彩位数从 24 位到 48 位，扫描幅面一般为 A4 或者 A3。部分平板式扫描仪可安装透明胶片扫描适配器用于扫描透明胶片，少数产品可安装自动进纸装置，实现高速扫描。市场上的平板式扫描仪少则几百元，多则数千元，能够满足大部分用户的购买需要。

2. 滚筒式扫描仪

滚筒式扫描仪又称鼓式扫描仪，是一种比较高档的扫描仪，在专业大副扫描上有较多应用，是专业印刷排版领域中应用最为广泛的产品。它使用光电倍增管，能分辨出非常细微的层次变化，性能远远高于 CCD 类扫描仪。这些扫描仪一般光学分辨率在 1000～8000dpi，色彩位数 24 位到 48 位，尽管指标与平板式扫描仪相近，但实际上色彩还原效果上要强很多。由于该类扫描仪一次只能扫描一个点，所以扫描仪速度较慢。基于上述原因，滚筒式扫描仪的市场价格比较昂贵，高达数万元。

3. 馈纸式扫描仪

馈纸式扫描仪诞生于 20 世纪 90 年代初，又称为滚筒式（小滚筒式）扫描仪。由于不采用平板式的扫描平台，因此，它的体积和平板式扫描仪相比要小，而且耗电量较低，甚至有部分产品可依靠内置电池供电。部分馈纸式扫描仪可以直接依靠计算机内部电源供电，所以衍生出了笔记本式扫描仪。馈纸式扫描仪的缺点在于它多数采用CIS扫描技术，光学分辨率一般只有300dpi。相对于平板扫描仪来说，馈纸式扫描仪的精度较低，在色彩还原能力上也明显不足。

4. 手持式扫描仪

手持式扫描仪诞生于1987年，是曾经使用比较广泛的扫描仪。手持式扫描仪最大扫描宽度为105mm，用手推动以完成扫描工作，也有个别产品采用电动方式在纸面上移动，称为自动式扫描仪。手持式扫描仪绝大多数采用CIS技术，光学分辨率为200dpi，有黑白、灰度、彩色多种类型，彩色类的一般为18位彩色。这类扫描仪广泛使用的时候，平板式扫描仪价格还非常昂贵，手持式扫描仪凭借价格优势获得了广泛的应用。后来，随着扫描仪价格的整体下降，手持式扫描仪因扫描幅面而太窄、扫描效果差，逐渐退出市场。

此外，从扫描图像的幅面大小划分，扫描仪又可以分为小幅面扫描仪、中等幅面扫描仪和大幅面扫描仪。比如，手持式扫描仪一般为小幅面扫描仪。

任务二　认识扫描仪

扫描仪的种类有很多，生产厂家和具体型号各不相同，性能也有差异，外形结构也是多种多样。但由于其基本工作原理是一致的，因此扫描仪的部件组成以及操作方法是基本一致的。为节省篇幅，下面以在日常办公中普遍使用的平板式扫描仪为例，介绍扫描仪的结构和工作原理。

一、扫描仪的结构和组成部件

这里，我们以一款平板式CCD扫描仪EPSON PERFECTION V100 PHOTO为例，介绍扫描仪的结构和组成部件。

从外观上看，扫描仪比较简单，但从内部看，它不仅有复杂的电子线路控制，而且还包含精密的光学成像器件，以及设计精巧的机械传动装置。

扫描仪主要有文稿盖、文稿台、光学成像部分、光电转换部分、机械传动部分组成。

1. 文稿盖

图9-1中字母a所指部位即为扫描仪文稿盖，也叫上盖。在使用扫描仪扫描图片或者书籍的时候，一般应盖上并压紧文稿盖，以免灯光外漏，影响扫描效果。当然，如果说被扫描的对象比如说书籍较厚，最好不要将文稿盖压得太紧。扫描仪文稿盖内衬有反射文稿，起到压紧被扫描物体与扫描仪“校准(黑白)颜色”的作用。

2. 文稿台

图9-1中字母b所指部位即为扫描仪文稿台，也叫原稿台，即放置图片等原稿

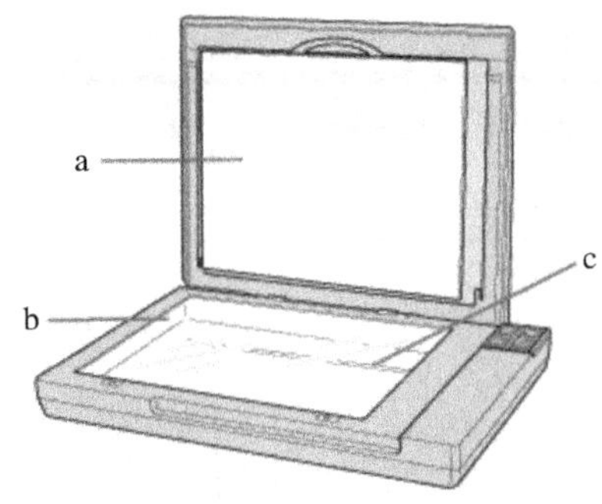

图 9-1　EPSON PERFECTION V100 PHOTO 平板式 CCD 扫描仪

的地方。在文稿台四周，是扫描仪的扫描标尺线，用来定位原稿放置，并确定原稿的尺寸大小。在扫描时，需将文稿面朝下放在文稿台扫描标尺线内。

3. 光学成像部分

图 9-1 字母 c 所指部位即为扫描仪光学成像部分。这是扫描仪的关键部分，也叫扫描头或者镜组。扫描仪的核心是完成光电转换的光电转换部件。本例中扫描仪使用的光电转换部件是电荷耦合器件（即 CCD），它可以将照射在其上的光信号转换为对应的电信号。打开扫描仪的文稿盖，可以看到里面有镜条和镜头组件及 CCD。除核心的 CCD 外，其他主要部分还有：光学成像部分的光源、反光镜和镜头。

扫描头的光源一般采用冷阴极辉光放电灯管。灯管两端没有灯丝，只有一根电极。扫描工作启动时，光源会发出光线。

扫描头还包括了几个反光镜，用于将原稿的信息反射到镜头上，由镜头将扫描信息传送到 CCD 感光器件，最后由 CCD 将照射到的光信号转换为电信号。

镜头是把扫描信息传送到 CCD 处理的最后一关。它的好坏决定着扫描仪的精度。扫描精度即扫描仪的光学分辨率主要由镜头的质量和 CCD 的数量决定。

4. 光电转换部分

光电转换部分俗称机器主板。它是一块安置有各种电子元件的印刷电路板，是扫描仪的控制系统，负责完成一切电路的伺服工作和 A/D 转换工作，当然也包括镜组传递给它的数字信号的处理。

5. 机械传动部分

机械传动部分包括步进电机、驱动皮带及导轨等，主要负责主板对步进电机发出指令带动皮带，使镜组按轨道移动完成扫描。

二、扫描仪的工作原理

下面我们以最具有代表性的以电荷耦合器（CCD）为光电转换元件的扫描仪工作过程为例，介绍扫描仪的工作原理。

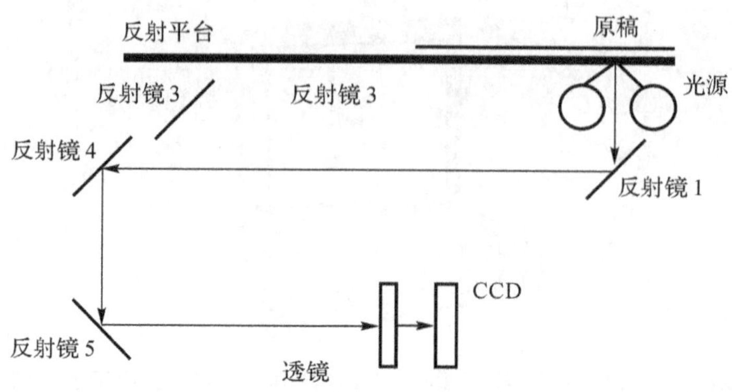

图 9-2　扫描仪工作原理示意简图

如图 9-2 所示，扫描仪开始扫描时，光源发出均匀光线，将光线照射到待扫描的图像原稿上，产生反射光（反射稿所产生的）或透射光（透射稿所产生的）。在稿件的不同地方，会形成强弱不等的反射光，反射光经一系列反光镜反射到 CCD 中。

CCD 图像传感器上并行排列着数千个 CCD 图像单元。这些图像单元规则地排成一线。当光线照射到 CCD 上时，每个 CCD 图像单元都接受照射其上的光线，并根据感应到的光线强弱，产生相应的电荷，电荷以并行的顺序进行传输形成不同大小的电流，将光信号转化为电信号。

电信号经 A/D 转换器处理，转换成数字信号，即产生一行图像数据。同时，在机械传动机构中控制电路的控制下，步进电机旋转从而带动驱动皮带，驱动扫描头和 CCD 扫描装置在传动导轨上与原稿做相对平行移动，将待扫图像原稿一条线一条线地扫入。扫描头完成对原稿的相对运动，将图稿全部扫描一遍，一幅完整的图像就输入计算机中去了。数字信息被送入计算机的相关处理程序。在此，数据以图像应用程序能识别的格式存在。最后通过软件处理后再显现到计算机屏幕上。

项目二　平板式扫描仪的使用

爱普生的扫描仪产品在办公领域的应用非常广泛。EPSON PERFECTION V100 PHOTO 扫描仪是爱普生一款比较经典的产品，它采用超薄 CCD 技术，可实现 3200×9600dpi 光学分辨率，主要针对中小企业、政府、个人日常办公使用，如图 9-1所示。下面我们以该款扫描仪为例，介绍扫描仪的基本使用方法。

任务一　平板式扫描仪的常规使用

一、扫描仪的安装

安装扫描仪，即将扫描仪与计算机连接在一起。扫描仪的安装分为两个步骤，一是软件的安装，二是硬件的安装。

1. 扫描仪相关配件

在开始扫描仪安装之前，我们应先检查相关的硬件和配件。打开包装箱，可以看到扫描仪及相关配件，如图 9-3 所示。其中包括扫描仪一台；交流电源适配器一只；胶片支架一个（方便用户对底片进行扫描）；USB 数据线一根；光盘一张，含驱动程序、相关软件以及扫描仪“用户指南”。

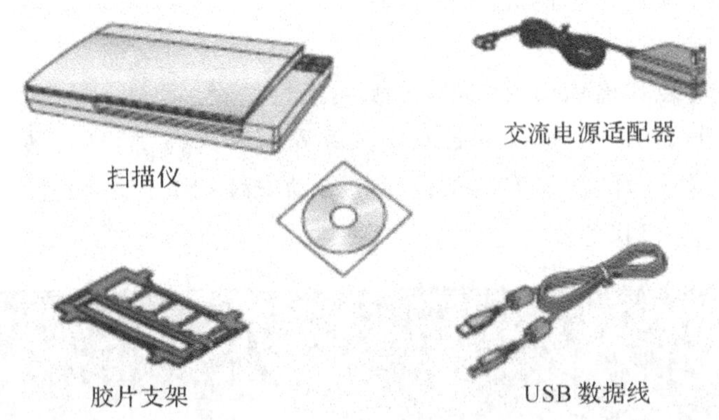

图 9-3　EPSON PERFECTION V100 PHOTO 随机主要物品

2. 安装软件

（1）在安装扫描仪软件时，要注意先不要连接 USB 线缆，否则，计算机可能不能正确识别 USB 端口。

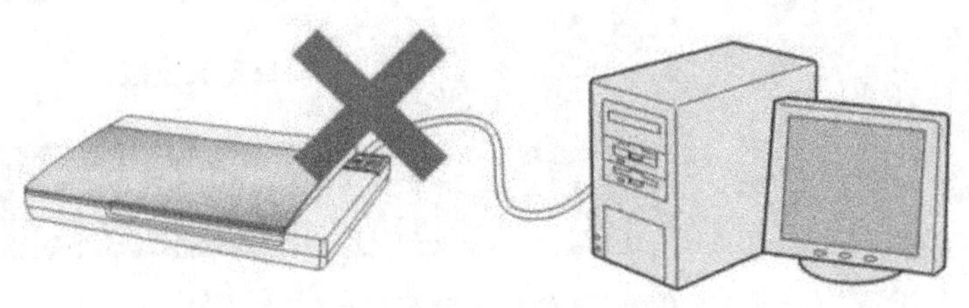

图 9-4　安装扫描仪软件时，先不要连接 USB 线

图 9-5 插入软件光盘

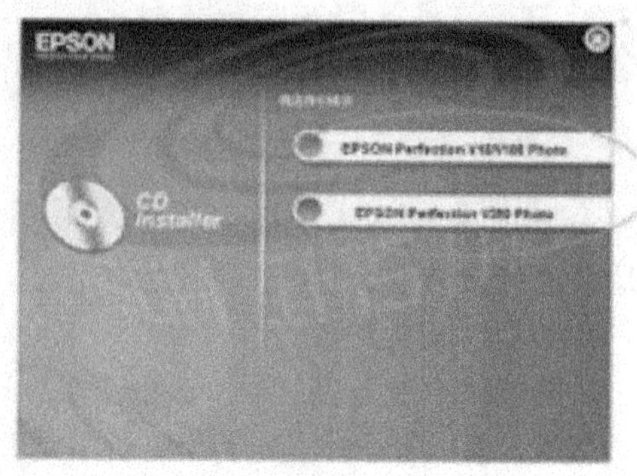

图 9-6　软件安装窗口—1

(2)将光盘放入计算机的光盘驱动中，如图 9-5 所示，系统将会弹出软件安装窗口，如图 9-6。

(3)在软件安装弹出窗口，按照屏幕说明进行选择。

(4)系统弹出如图 9-7 所示对话框。在该界面可选择“简易安装”按钮或者“自定义安装”按钮，如选择“简易安装”选项，将自动安装扫描仪驱动程序和多款软件，主要包括如下程序和软件：

图 9-7　软件安装窗口—2

①“EPSON Scan”：扫描驱动程序；

②“用户指南”：查看关于爱普生扫描仪的介绍；

③“EPSON Creativity Suite”：拍摄、管理、编辑和打印图像软件；

④“EPSON File Manager”：可以管理多个图像文件或直观地进行工作；

⑤“PhotoImpression”：一款图像增强软件。

⑥“丹青中英文文件辨识系统”：中英文辨识软件，辨识率高达90%以上，使用它能轻松且快速地将图形文件转换成可编辑的文本文件，在经过校对后即可保存成txt、doc等文件，并且可以在一般的文字处理软件中打开和编辑。

驱动和软件安装完成后，在桌面上即可发现“PerfV10V100用户指南”和“EPSON Scan”两个图标，双击“PerfV10V100用户指南”可查看关于爱普生扫描仪的介绍，双击“EPSON Scan”则启动扫描程序。

最后，按屏幕指示并选择默认选项，重新启动计算机，即可完成软件的安装。

3. 安装硬件

(1)用USB数据线连接扫描仪和计算机，此时应注意区分USB数据线两端的插头，插入计算机的为扁形，插入扫描仪的为方形。

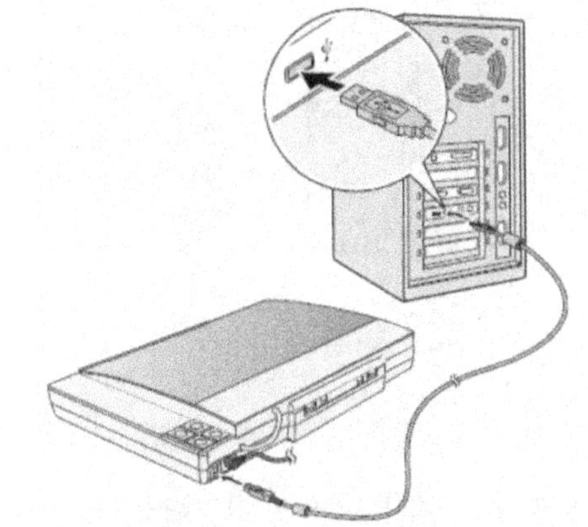

图9-8　连接计算机

图9-9　插入扫描仪的为方形

图9-10　插入计算机的为扁形

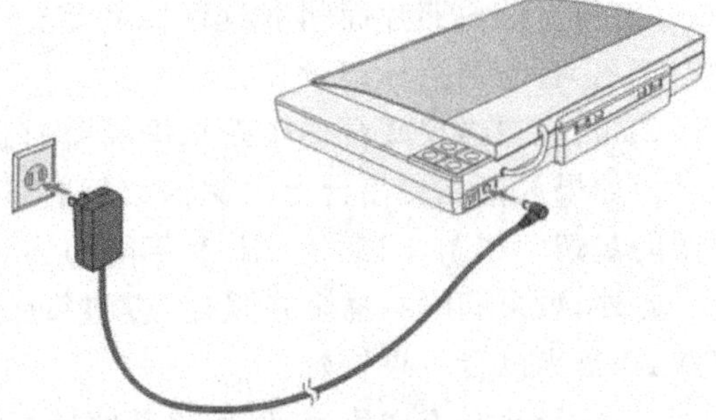

图9-11　插入交流电源适配器

(2)将交流电源适配器插头插入电源插座中，圆形一端插入扫描仪即可打开扫描仪电源，如图9-11所示。近两年推出的一些新型平板扫描仪无需专用的交流电源，直接将 USB 接口插入电脑即可使用。

至此，经过先安装驱动和软件，后连接数据线和交流电源适配器，我们已完成了扫描仪的安装过程。

二、使用扫描仪

使用 EPSON PERFECTION V100 PHOTO 扫描仪可以扫描文稿、照片或者胶片、幻灯片。下面，以扫描文稿或照片为例，介绍如何使用扫描仪。

1. 放置文稿或照片

(1)打开扫描仪文稿盖。

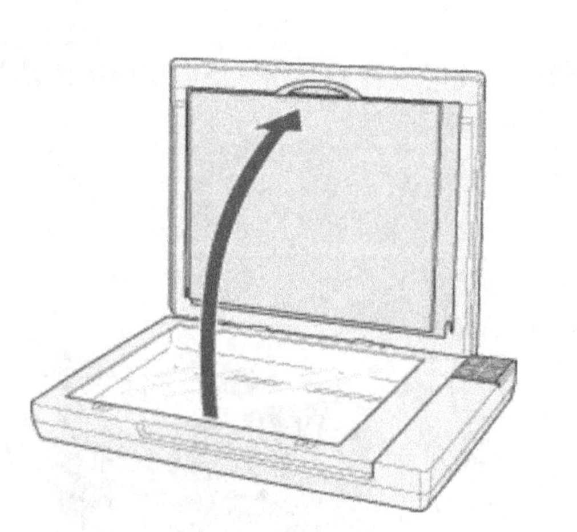

图 9-12　打开文稿盖

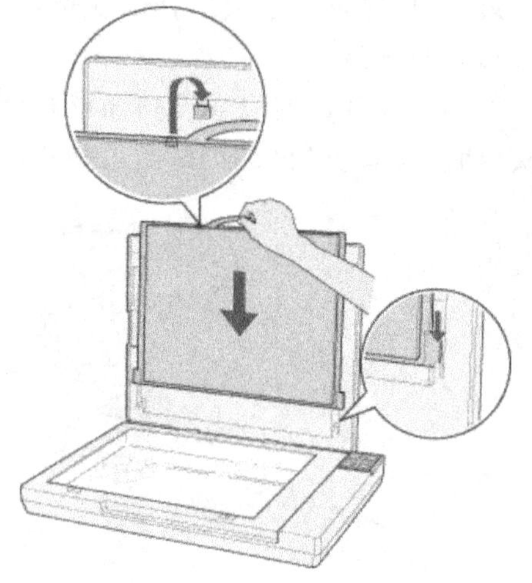

图 9-13　安装文稿垫

扫描文稿前，应确保文稿垫安装在文稿盖上。如果没有安装，请按图 9-13 所示，将文稿垫滑入到扫描仪文稿盖的凹槽中来安装文稿垫。插入时应确保白色面朝外。

(2)将文稿或照片面朝下放置在文稿台上。确保将文稿或照片放置在文稿台的右下角，且与箭头标记对齐。

(3)在距扫描仪文台玻璃面水平和垂直边缘上 3 毫米的区域是不能扫描到的区域。如果放置在文稿台上的文稿太靠右下角，可稍微向中间移动一点以避免不必要的裁切。如图 9-15 中，a、b 为不能扫描到的区域。

此外，如果同时扫描多张照片，应将每张照片与其相邻照片之间有个间隔，距离在 20 毫米以上效果较好。

(4)轻轻地合上文稿盖，以免移动原始文稿。

注意，不应在玻璃文稿台上放置重物，或者用太大力压玻璃文稿台，这可能会损坏扫描仪器件。

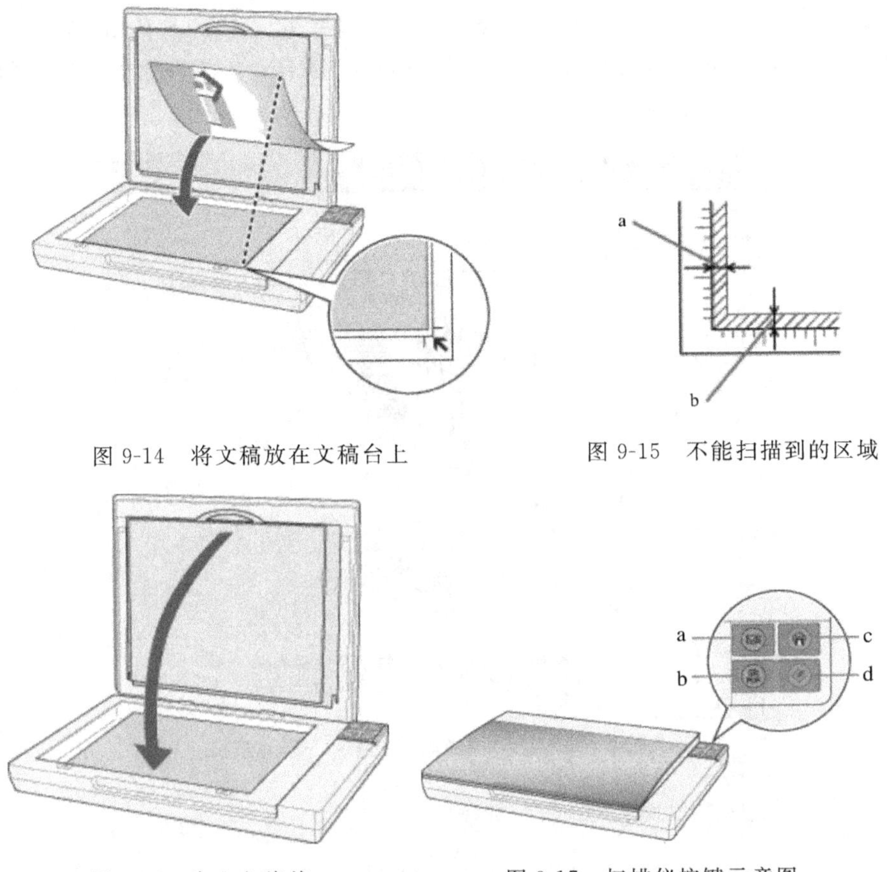

图 9-14　将文稿放在文稿台上

图 9-15　不能扫描到的区域

图 9-16　合上文稿盖

图 9-17　扫描仪按键示意图

2. 扫描文稿或照片

经过上述步骤之后，已完成了扫描文稿前的准备动作。下面开始介绍如何扫描文稿。

(1)启动扫描

EPSON PERFECTION V100 PHOTO 扫描仪提供了“使用扫描仪上的按键启动扫描”、“使用 Epson Scan 启动扫描”等启动扫描过程的方法。这里分别介绍通过这两种方法扫描文稿的步骤。

①使用扫描仪按键启动扫描

可以选择“使用扫描仪按键启动扫描”。如图 9-17 所示，扫描仪上有四个按键，分别表示扫描至邮件按键(a)、扫描至 PDF 按键(b)、复印按键(c)、启动按键(d)。

要启动基本扫描，按下扫描仪上的◇启动按键，计算机会自动启动已安装的扫描软件 Epson Scan。

②使用 Epson Scan 启动扫描

鼠标双击桌面盖上的 EPSON Scan 图标，也可进入 Epson Scan 程序。事实上，“使用 Epson Scan 启动扫描”与“使用扫描仪按键启动扫描”的效果是一样的。

(2)Epson Scan 设置

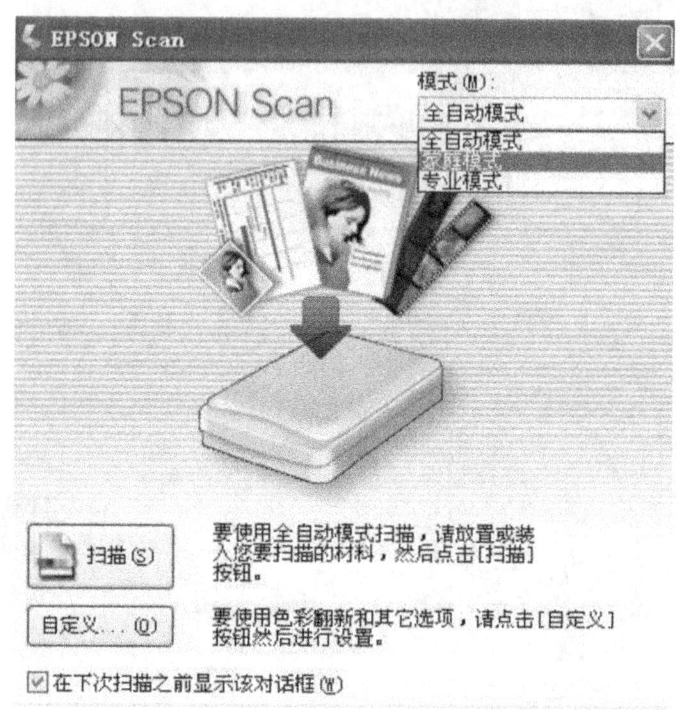

图 9-18　选择扫描模式

在正式扫描之前，应对 Epson Scan 进行设置，以达到较好的扫描效果。

①“模式”:Epson Scan 包含三种模式，分别是“全自动模式”、“家庭模式”和“专业模式”。“全自动模式”是 Epson Scan 的默认模式，当需要以 100%尺寸扫描文稿和照片，并且扫描之前不需预览时，全自动模式是较佳的。当需要自定义一些扫描设置，并可使用预览图像查看扫描效果时可选择“家庭模式”。在该模式下，可以定义扫描图像的尺寸，调整扫描区域，并调整一些图像设置，包括色彩翻新、去除灰尘或背光灯校正。当在扫描之前想预览图像并进行广泛详细的校正时，“专业模式”较佳。在该模式下，可以使用锐化、色彩校正等功能。总之可以使用全部列出的工具增强图像。

②“文稿类型”和“分辨率”:以“全自动模式”窗口为例，单击自定义按钮，将弹出“自定义”窗口。在这里，可以对自动模式下的文稿类型和分辨率分别进行设置。

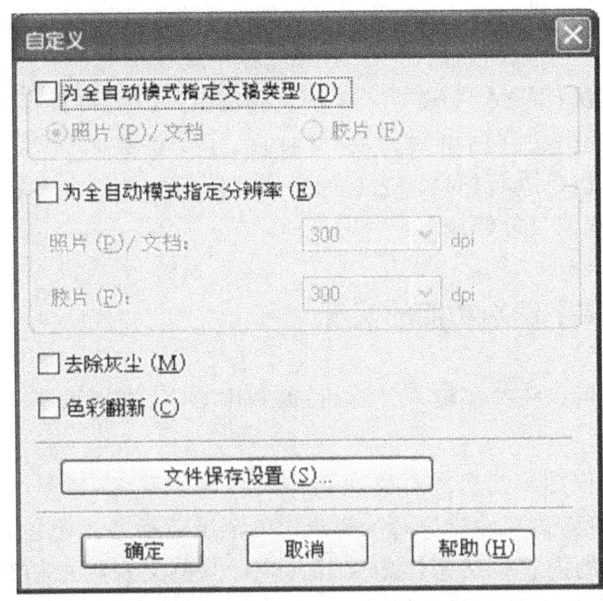

图 9-19　“自定义”窗口

③“文件保存设置”:以“全自动模式”窗口为例,单击自定义按钮,然后单击“文件保存设置按钮”即可。在这里,可以指定想要保存扫描图像文件所在的文件夹,指定一个前缀为字母数字字符串的文件名,设置图像格式以及其他选项。

此外,在该对话框中也可以选择是否启用“去除灰尘”和“色彩翻新”等功能。

(3)执行扫描

单击“确定”,回到主界面。鼠标单击“扫描”按钮,就开始执行扫描。过一会儿,可以在 Epson Scan 窗口中看到一张小的捕获图像。

根据启动 Epson Scan 的方式,扫描程序会把文件保存到指定的位置或在扫描程序中打开扫描图像。

以上以“全自动模式”为例介绍了相关设置。如果选择“家庭模式”或者“专业模式”,可以有更多的选择,比如在“家庭模式”中,可以选择“图像类型”、“目标”、“图像调整”,可以在扫描时缩小或放大图片的尺寸,还可以预览缩略图等。限于篇幅,这里不具体展开了。

◎ 知识链接

使用 ACDSee 软件扫描文件

除了使用扫描仪自带的软件进行扫描外,我们还可以用常用的图片编辑软件例如 ACDSee 进行扫描。这对于平时用惯 ACDSee 并且习惯用 ACDSee 来管理图片的用户来说非常方便。

使用 ACDSee 扫描文件之前，仍需安装好与扫描仪匹配的软件并将扫描仪正确连接至计算机。

扫描时，依次执行“文件”→“导入”→“从扫描仪”命令，再根据系统弹出的对话框提示依次设定输出文件的格式、目标文件夹、子文件夹名称等项目，点击“下一步”即可进入扫描窗口进行扫描。之后的操作和使用扫描仪自带软件扫描相同，可根据实际需要调整相关设置。

任务二　OCR 文字识别功能的实现

利用扫描仪，可以将文稿输入计算机；而利用 OCR 识别系统，则可以识别输入图片中的文字。

EPSON 扫描仪随机赠送的丹青中英文文件辨识系统，就是一款常用的 OCR 识别软件。丹青中英文文件辨识系统能辨识的范围包括各式彩色、黑白、表格及非表格文件；能辨识的内容包括繁体中文、简体中文、英文及阿拉伯数字。利用该软件可以快速地将大量文件资料转换成可编辑的文字档案，提高办公效率。

使用丹青中英文文件辨识系统。识别扫描图片中文档的步骤如下：

(1)从开始菜单启动“丹青中英文文件辨识系统”。

(2)在丹青中英文文件辨识系统界面，点击“文件”，选择“扫描仪设定”，从对话框中选择已连接的扫描仪型号。

(3)在工具栏中选择“扫描”按钮，如图 9-20。系统自动调用“EPSON Scan”扫描程序，可对扫描仪类型、扫描色彩、扫描质量要求、扫描分辨率、扫描区域、扫描比例大小等进行调整。在这个过程中，应注意如下事项：

①我们可以选择默认模式即“全自动模式”。这里推荐使用“专业模式”，将“文稿类型”设置为“反射”，“自动曝光类型”设置为“文稿”，“图像类型”设置为“黑白”。

②分辨率一般应设置在 200dpi～600dpi。字体越小，分辨率应越高。普通五号印刷体选择黑白模式下 300dpi 进行扫描比较合适。分辨率过小会使识别率降低，影响文字识别效果；但选得过大并不能有效提高识别率，反而会增加文件长度，浪费处理时间。

③在“预览”框中用鼠标框选扫描区域。在设置扫描区域时，不应将所有的内容选在一个区域内，这会影响扫描的效果。最好将字体、字号及字形都一样的划为一个区域，图形或表格分别划为不同的区域，区域分得越细，识别率会越高。

④适当调整“阀值”，使需要扫描的文字尽量清晰。

⑤待扫描的稿件应清晰。在其他条件相同的前提下，对一般印刷稿、打印稿等的识别率可以达到 95%以上；而对复印件和报纸等不太清晰的文本，大部分 OCR 软件的识别率都不是太高。所以，为确保扫描文本的质量，应尽量避免出现以下文

本或者字体；复印件的复印件、传真；字符间距或行距间距很小的文本；表格中的文本或带下划线的文本；草体或斜体字体和 8 磅以下的字体。

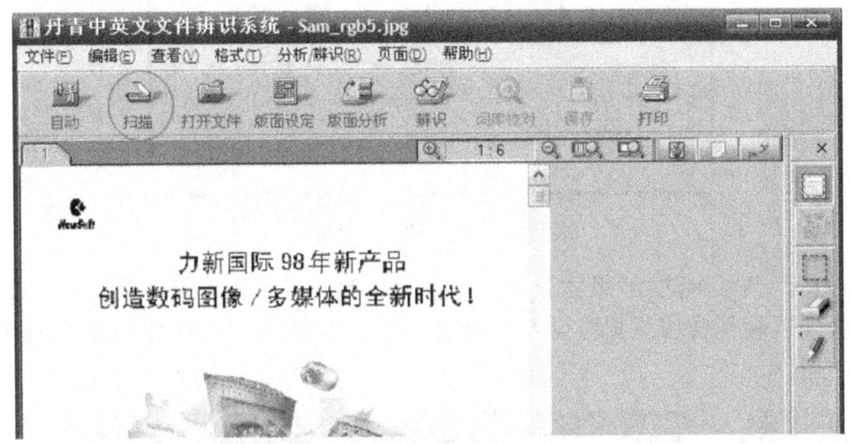

图 9-20　在工具栏中选择“扫描”

(4)设置完毕后，点击“扫描”。成像后，关闭 Epson Scan，图像自动导入“丹青中英文文件辨识系统”窗口。

(5)进入“丹青中英文文件辨识系统”界面。文字辨识前，选择“编辑”→“旋转”，先校正倾斜力度。当然，如果放置原稿的时候比较小心，无需调整位置，这一步可以省略。

(6)使用橡皮擦，将图片中的杂点去除，橡皮擦的位置如图 9-21 所示。

图 9-21　橡皮擦的位置

(7)在工具栏中选择“版面设定”，弹出版面设定对话框。因为识别的是普通文本，所以在该对话框中，“表格设定”中选择“非表格文件”，“内容设定”中选择文档中所使用的字符。

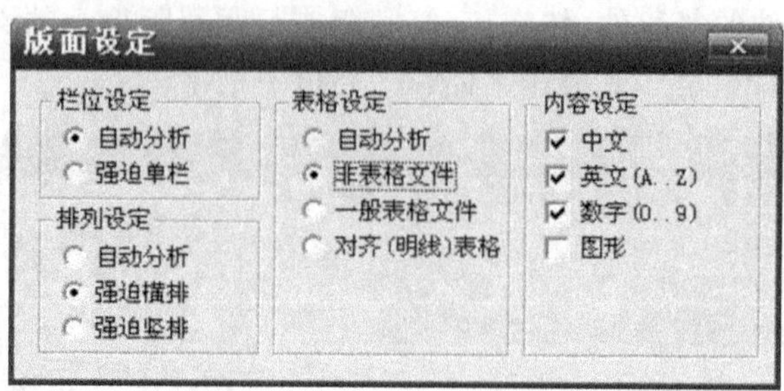

图 9-22 “版面设定”对话框

(8)在工具栏中选择“版面分析”,软件会自动完成版面分析。然后点击工具栏中的“辨识”,软件会按照相应设置来识别文字。“辨识”之后,在该界面右侧有 5 个按钮,如图 9-23 所示。它们分别是:

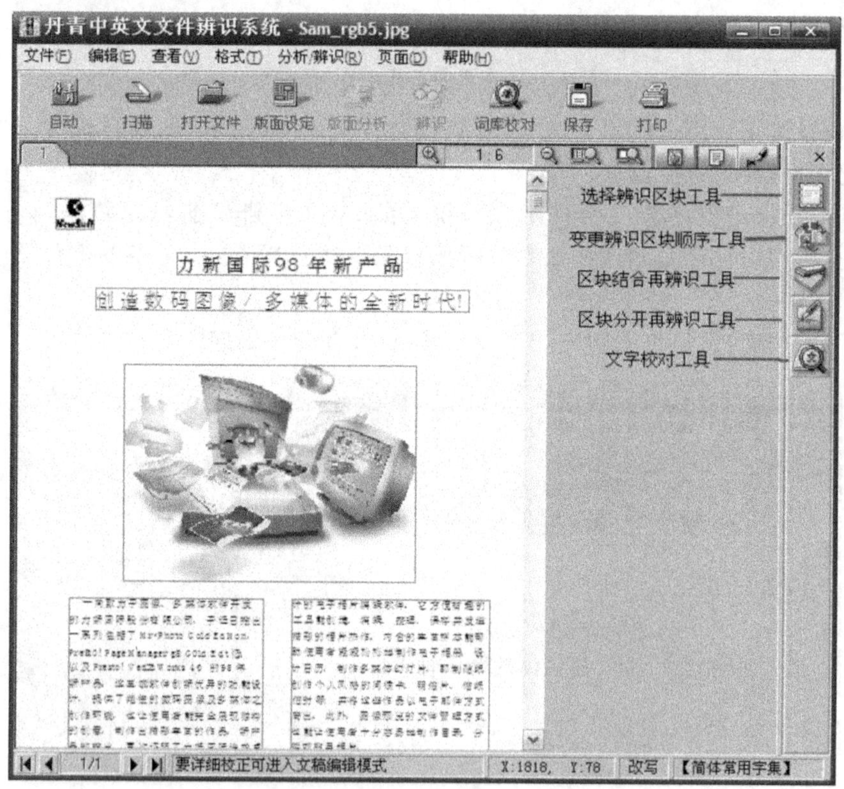

图 9-23 “版面分析”后自动框出的识别区域

①“选择辨识区块工具”:利用它可选取欲辨识的图片区域,操作时只需拖动鼠标即可。若要辨识数个辨识区域内的文字,可先分别设定各个欲辨识区域,之后再执行辨识,系统将会辨识所有设定的辨识区域。

②“变更辨识区块顺序工具”：每一个选取出来的区块都有一个辨识的序号，利用这个工具，可以改变这些区块辨识的先后顺序。

③“区块结合再辨识工具”：可合并被错误分割的区块，再次辨识。

④“区块分开再辨识工具”：可分割被错误合并的区块，再次辨识。

⑤“文字校对工具”：显示辨识时的疑问字。

(9)上述步骤之后，在工具栏中选择“词库校对”，软件会根据软件词库中常见的词语搭配关系，分析整篇文章，自动校对并修改文稿中没有被正确识别的常见词语。

(10)如果使用“词库校对”功能依然无法识别某些文字，可选择“查看”→“文稿编辑模式”菜单，或选择工具栏下方的按钮，手动校正文稿。

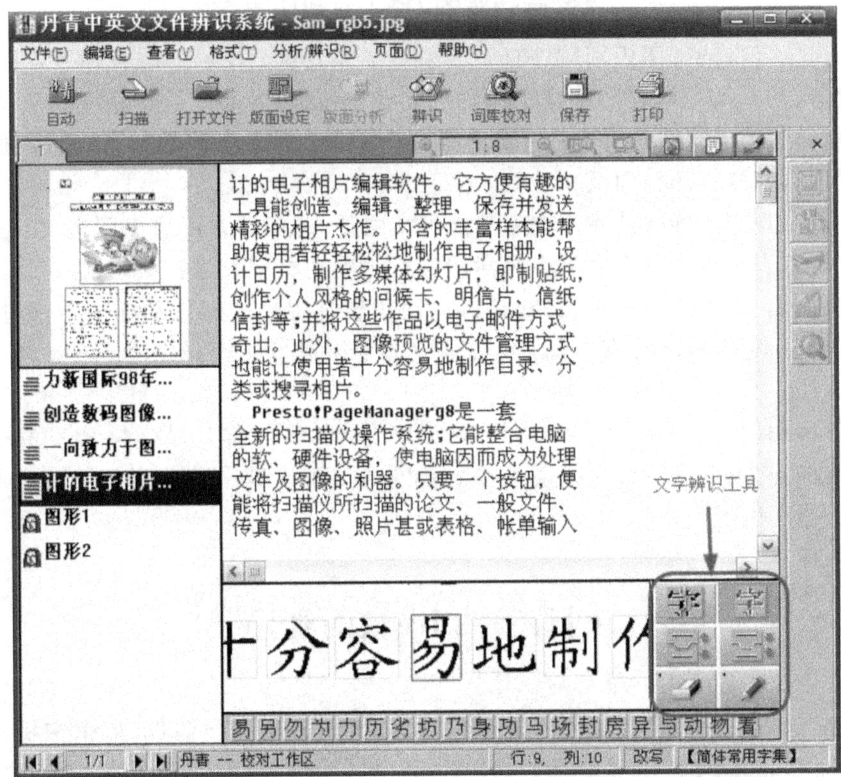

图 9-24　文稿编辑模式

在文稿编辑模式中，有 6 个按钮，从左到右、自上到下分别是：

①“分字工具”：可将相邻两个或数个辨识错的字元分开，并重新辨识。

②“合字工具”：可将相邻两个或数个辨识错的字元合并，并重新辨识。

③“分行工具”：可将因两行相连而辨识错的文字分开，并重新辨识。

④“合行工具”：可将被错误分割成两行的文字合并，并重新辨识。

⑤“橡皮擦”:清除文件上的杂点,以提高辨识效率。

⑥“绘笔工具”:填补图片漏白的部分。

(11)校对完毕后,在工具栏中选择“保存”,可将保存类型设置为“MS Word 文件格式”或者“TXT 文本格式”。保存好之后就可以直接通过 Word 等软件进行文字编辑了。

表格识别与文档识别的操作步骤基本相同,只是在“版面设定”这一步中略有不同。若是对表格识别,在“版面设定”窗口中,“表格设定”中选择“一般表格文件”,在“内容设定”项选择文档中所使用字符。

◎ 知识链接

其他阅读器的 OCR 识别功能

扫描仪自带的文字识别软件有时效果不尽如人意。市场上的各种专业图片文件阅读器(如 CAJ、福昕等)的文字识别功能普遍较强,界面也很友好。由于很多人在其他场合往往习惯于使用这些阅读器查看 PDF、CAJ 格式的文件,所以通常会比较熟悉这些软件的界面及功能键。

这些专业阅读器软件除了查阅功能强大之外,还能够方便地识别文字,正确率都比较高。识别出来的文字可以灵活地将所识别的文字发送到指定的 Word 文档的具体位置。除了文字识别之外,还可以使用软件提供的图像功能选定文件中的图片(或将指定区域的文字以图片形式保存)复制或发送至指定 Word 文档,非常方便。

所以,我们在扫描以文字为主要内容的文件时,不妨将其保存为 PDF 格式,然后用专业的阅读浏览器打开阅读并在需要的时候识别其中的文字并转换为 Word 文档,以便于编辑。

项目三　扫描仪的维护

扫描仪是一种精度要求较高的设备,里面有很多的光学器件,如果文稿台、镜头等处灰尘较多或者出现图像模糊等情况,应及时进行清理,并做好日常保养工作。

任务一　扫描仪的日常维护

为了延长扫描仪的使用寿命,在日常使用过程中要注意做好以下各项工作。

一、清洁扫描仪

要使扫描仪保持较好的运行状态，需要定期对其进行清洁。扫描仪外部的清洁工作，可以按下面步骤进行。

1.清洁前，先拔下扫描仪的交流电源适配器，关闭电源。

2.使用一块用中性清洁剂和水浸湿的布清洁扫描仪外壳。

3.如果文稿台的玻璃面脏了，可用柔软的干布将其擦干净。如果玻璃表面上粘有油或其他不易除去的物质，可用少量玻璃清洁剂和软布擦洗。注意要将残留的液体擦干净。

4.如果扫描仪配有文稿垫，应取下文稿垫，并按第3步的描述清洁透扫适配器部件窗口。

清洁完扫描仪外部之后，接下来打开扫描仪的平面玻璃（注意：对下面操作如果没有把握的话可请专业人士进行），对扫描仪内部的光学扫描配件进行清洁。由于扫描仪内部的光学仪器比较精密，在对扫描仪的发光管、反光镜等设备清洁时，动作要轻；在擦拭这些设备时，可以用脱脂棉球沾上蒸馏水，并将棉球上的湿水用劲挤压出来，再轻轻地在发光管和反光镜上来回擦拭。

如果发现扫描仪在工作过程中，内部的传动机构有噪音，很有可能是滑动杆缺油或是上面覆盖了灰尘。可在扫描仪传动机构上的滑动杆擦一些润滑油，提高传动机构中机械的润滑程度。

在清洁扫描仪的过程中，应注意不可随便改动扫描仪内部光学配件的位置。同时在擦拭时，要尽量避免对扫描仪的震动或者倾斜。

二、日常保养注意事项

除了及时清洁扫描仪之外，在日常使用过程中，还应注意对扫描仪的保养。

1.要注意保持扫描仪玻璃的干净。不要刮伤或损坏文稿台的玻璃面，也不要用硬的或具有磨损性的刷子清洁玻璃面。

2.不可用酒精、稀释剂或腐蚀性溶剂清洁扫描仪。这些化学试剂会损坏扫描仪部件和外壳。

3.注意避免将液体溅到扫描仪的机械部件或电子元件上。这样做会永久性地损坏机械部件和电路。

4.扫描仪要摆放在平整、震动较小的地方。这样，当步进电机工作时不会有额外的负荷，可以保证达到理想的垂直分辨率。应避免将扫描仪放置在过冷、过热或者过潮的地方。

5.不宜用超过扫描仪光学分辨率的精度进行扫描，因为这样做不但不会明显改善输出效果，还会大量消耗计算机的资源。

6.不要随意热插拔数据传输线，也不要经常插拔电源线与扫描仪的接头。工作过程中不要中途切断电源。

7.遇到扫描仪出现故障而自己不能解决时,不要擅自拆修。要将扫描仪送到厂家或者指定的维修站进行维修。在运送或者长时间不用扫描仪时,一定要锁上扫描仪背面的安全锁,以避免损坏相关配件。

任务二　扫描仪的故障排除

除了请专业维修人员排除扫描仪故障之外,有些简单的故障可以自己查看问题后解决。

一般情况下,扫描仪出现故障,可能的原因是扫描仪使用不当、扫描仪硬件出现故障或者扫描仪软件出现故障。常见的扫描仪故障有以下几种。

1.系统找不到扫描仪

这是扫描仪最常见的故障之一。第一个原因可能是扫描仪的电源没有开启,所以只需确保交流电源适配器的插头已经连接到扫描仪,且电源插座工作正常即可。如果电源没有问题,则一般是软件设置方面的问题。可在开机后,在Windows“设备管理器”中点击“刷新”按钮,看是否能找到扫描仪,并查看是否正确安装了相应的驱动程序。同时,检查“设备管理器”中扫描仪是否与其他设备冲突(IRQ或I/O地址),若有冲突就要进行更改。

2.Ready灯不亮

首先对扫描仪内部灯管进行检查,如果扫描仪内部灯管是亮的,则故障可能与扫描仪所处室温有关。气温较低时,最好在使用前先预热几分钟,这样可以避免开机后Ready灯不亮的现象。

3.扫描时提示内存不足

在扫描图像时,系统需要一定的虚拟内存。解决的办法是在“我的电脑”属性的高级设置中,提高虚拟内存值。

4.扫描出的图像有些模糊,但原图及分辨率设置没有问题

出现这个故障的原因可能是扫描仪的玻璃稿件台脏了,只要对其进行清洗即可。解决方法是,关闭扫描仪电源,清洗玻璃稿件台。清洗完毕后,重新启动电脑。

5.输出的图像色彩不够艳丽

此类故障有可能是显示器的亮度、对比度设置不当造成的。可以调节显示器的亮度、对比度和Gamma值。Gamma值越高,色彩的层次越丰富。此外还需要对扫描仪驱动程序对话框中的亮度/对比度选项进行适当调节。

6.扫描声音不正常

当扫描仪在扫描时,发出了不正常的声音时,如扫描震动声音加大,或扫描声音没有节奏时,可打开扫描仪平面玻璃板,看看机械传动机构部分是否有灰尘覆盖。如果有的话,那就将它清洁干净。此外,还应该检查扫描仪内部的机械传动部

分，是否遇到了什么障碍物。

7. 扫描时间太长

如果分辨率设置得太高，扫描作业将花费较长时间，并生成较大的文件。降低分辨率可以加快扫描速度。因而，要获得良好的扫描或复印效果，可根据需要设置适当的分辨率。

8. 扫描仪无法正确识别文字

如果只是无法识别文字，但扫描图片时工作正常而且效果很好，那么可能是原稿质量不高，或者在使用 OCR 识别软件进行识别之前，没有使用自动校正和版面分析命令对原稿进行处理。如果自动版面分析的结果不太理想，也可手动进行调节。

实训九　扫描仪操作训练

◎ 实训目的

熟练掌握扫描仪的使用方法。

◎ 实训内容

1. 扫描仪软件和硬件的安装。
2. 通过操作扫描仪，将报纸、书本等印刷品中的文本和图片扫描到计算机中。
3. 利用 OCR 识别系统，对扫描入计算机的图片中的文字进行识别。

◎ 实训要求

1. 安装软件，并将扫描仪与计算机连接在一起。安装完毕，打开扫描仪和计算机。
2. 选择输入计算机中的材料，可以是书籍、报纸、杂志等印刷品。
3. 练习扫描仪的常用操作步骤，包括文稿放置、启动扫描，注意扫描仪软件的设置与操作。根据各印刷品的不同情况，使用扫描仪的不同设置与功能。每组学生应扫描多张印刷品。
4. 利用 OCR 识别系统，采用适当的识别方式，对扫描的图片中文字进行识别。
5. 将文字储存到计算机文字处理软件中，并进行编辑和保存。
6. 退出软件，关闭计算机与扫描仪。

◎ 实训组织

分组实验，每四人为一组，协同操作一台扫描仪。若实训基地拥有多款扫描仪，可以轮组的方式使同学有机会操作不同种类的扫描仪。

◎ 实训时间

4 课时。

模块十　秘书人员常用其他硬件

随着信息技术的不断发展，秘书人员在日常办公过程中使用的硬件设备也越来越多。除了前边各模块介绍的常用硬件之外，越来越多的硬件设备为秘书人员的工作提供了更多方便。

本模块将用简洁语言介绍投影仪、数码相机、刻录机、移动硬盘、优盘以及录音笔等设备的基本概念、使用方法、注意事项等知识。

◎ 学习目标

1. 能够了解投影机、数码相机、刻录机、优盘、移动硬盘、录音笔等秘书人员其他常用硬件设备的概念、功能及种类；了解投影机的分类和结构。

2. 掌握上述各类硬件设备的基本操作方法及保养维护方法。

◎ 知识目标

1. 了解投影机、数码相机的功能、分类和基本结构和性能指标。
2. 掌握投影机、数码相机的操作以及保养维护基本知识。
3. 了解并掌握刻录机的基本功能和保养知识。
4. 了解刻录软件的使用方法。
5. 了解并掌握优盘、移动硬盘和录音笔的使用和保养知识。

◎ 能力目标

1. 能够认识固定式投影机各部件的功能，能够正确使用投影机。
2. 能够根据投影机的特点维护和保养投影机。
3. 能够了解数码相机的概念、分类、组成部件和性能指标。
4. 能够掌握数码相机的基本使用方法以及保养方法。
5. 能够了解刻录机的基本特点、功能。
6. 能够了解刻录软件的使用方法及刻录机的保养方法。
7. 能够掌握优盘、移动硬盘和录音笔的使用及保养方法。

项目一　认识和使用投影机

投影机也称投影仪，是现代办公设备的主要组成部分。它可以把多种图像信号发生媒体（如录像机、VCD、电脑、实物展台）输入的画面，利用专门的电路和光学放大系统投放到大面积的屏幕上。例如在开会、讲演的时候，使用投影仪播放会议或演讲内容，可以让观众通过大屏幕看到相关内容，从视觉上吸引观众的注意力，非常有效。

任务一　了解投影机

投影机有不同的种类。按照按工作原理划分，可分为 CRT（阴极射线三管式）、LCD（液晶式）和 DLP（光阀）类型。根据安装方式的不同，则分为固定式和便携式两大类。便携式投影机以其轻盈小巧的外形、可移动性强的特点，深受商务办公用户的青睐。

一、投影机的主要参数

投影机的主要技术参数有亮度、对比度、分辨率、行扫描频率、场扫描频率和带宽。

1. 亮度

亮度是指画面的明亮程度。由于光源的衰减，投影机的亮度是逐渐下降的。

2. 对比度

对比度是指画面上亮区对暗区的比例，反映了一个画面明暗变化的范围大小。

当投影机的对比度过低时，画面模糊，黑白不分明，物体与物体界限不清；但对比度过大，黑白对比虽然明显，却会导致画面不柔和，生硬感强的结果。恰当的对比度有助于我们观看画面的细微之处。

3. 分辨率

分辨率用来描述视频显示设备对图像细节的重现能力。它决定了重现图像的清晰度。高分辨率具有显示画面丰富细节的能力，而低分辨率则会使画面细节丢失。

4. 行扫描频率

行扫描频率是指光线每秒水平扫描行数。行扫描频率决定了投影机的分辨率。投影机具有根据信号源自动锁定并同步行扫描频率的功能。

5. 场扫描频率

场扫描频率为每秒再现完整画面个数的能力。

一般来说场扫描频率有 50Hz 与 100Hz 两种(隔行扫描与逐行扫描)。场扫描频率越大,画面越流畅;场扫描频率越小,画面闪烁越明显,容易使眼睛疲劳。

6. 带宽

带宽是指投影机能够处理的信号的频率范围,即设备运行时不至于明显损失或受到阻碍的频率范围。带宽越高,画面越精确。带宽过低,会导致画面图像模糊。

二、投影机的结构及成像原理

下面以日常工作中接触最多的液晶式投影机为例,介绍投影机的组成及成像原理。图 10-1 所示为 PLUS UP—800 液晶投影机的外形图。

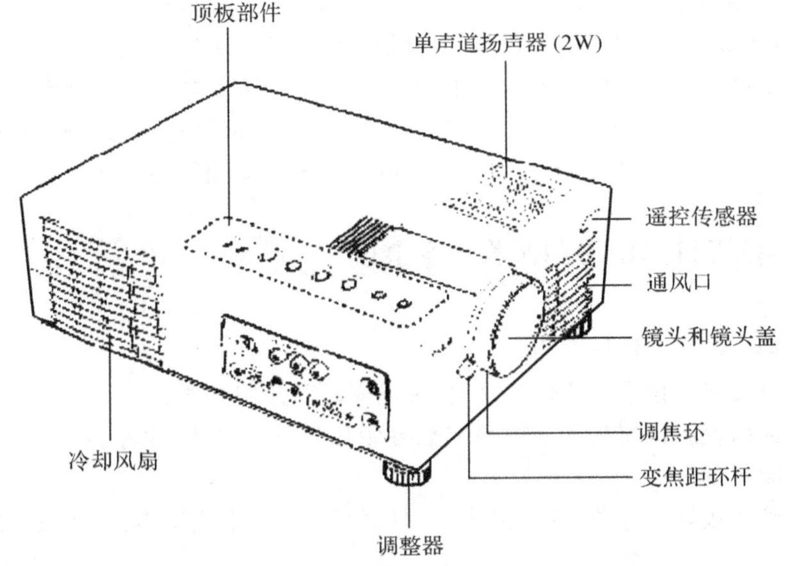

图 10-1　投影机外形图

液晶投影机由液晶板、光学通路、信号通道、照明光源几部分组成,如图 10-2 所示。

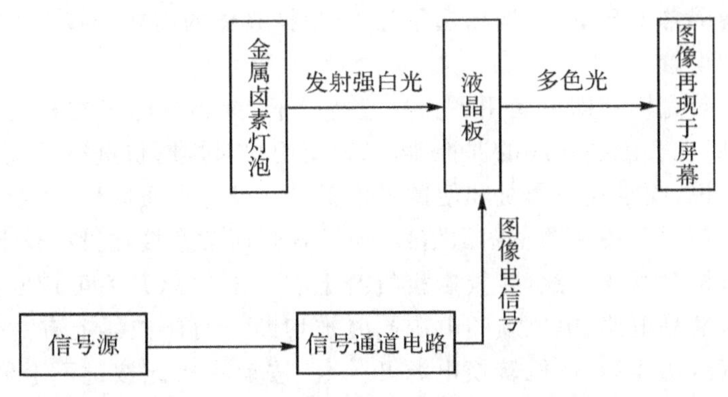

图 10-2　液晶投影机的组成及成像原理

投影机的侧面设置有多种输入/输出端子，用来与信号源相连。当图像电信号由计算机等信号源送至投影机后，信号在图像处理电路中进行处理后送至液晶驱动电路。

◎ 知识链接

液晶板的显示原理

"液晶"是液态晶体的简称。它是一种既像液体(能流动)又像晶体(有晶体光学性质)的物质。液晶分子的排列有一定的秩序，这种秩序对外界电磁场的变化很敏感。在电场的作用下，液晶分子的排列发生变化，从而影响它的透光性，这种现象称为"电光效应"。利用电光效应，通过控制液晶板上不同位置的电压，可达到控制液晶板不同点对不同色光的透光能力。液晶板在外来电信号的驱动下，透光性发生变化，板上出现与外来电信号对应的图案。当强光源发出的光通过液晶板被镜头会聚于屏幕上时，屏幕上就映出了与液晶板上图案相同的画面。

任务二　投影机的使用和保养注意事项

一、投影机的安装和使用

下面以固定式投影机为例，介绍投影机安装和使用方法：

1. 将数据投影机安放于距屏幕或墙壁距离最佳且平坦、水平的桌面上或牢固固定于房屋顶棚上。

2. 正确连接好信号源，取下镜头盖，打开投影机与信号源电源开关，屏幕上显现画面。

3. 轻轻向左或向右转动投影机，使图像处于屏幕水平中央位置。

4. 旋转调焦旋钮使画面清晰。

5. 需改变投影机设置时，可按动一下遥控器或投影机身上标有"MENU"(选单)的按钮，使屏幕上显示出"选项选单"。再根据具体的需要选择合适的选项如对比度等调整和设置。

投影机安装完毕后即可使用了。一般情况下，投影机除了在机身设置了功能控制键外，同时也会配备相应的遥控器，以方便用户对投影机进行遥控操作。

从操作来说，固定式投影机和便携式投影机并没有本质区别，只是固定式投影机一般使用遥控器开关并调整图像信号，便携式则通常直接在投影仪上进行操作。

开关投影机时需要注意，在投影机机身上有一电源总开关可切断投影机整机电源，即灯泡、液晶电路、电风扇的电源同时被切断。而遥控器上有一个"POWER ON/OFF"按键，功能为"待机转换电源开关"。按动一次此按键不会开关/闭合投影机整机电源，但可使电风扇、灯泡按先后顺序开关电源，即开机时先自动接通风扇电源，再接通灯泡电源；关机时先要断灯泡电源后切断风扇电源，以方便风扇为灯泡降温，防止烧坏灯泡。因此，每次关机前应先用遥控器关机，待风扇停转后再切断电源，以方便灯泡降温。

不同的投影机使用方法略有差别，具体请参见相关使用说明书及用户手册。

二、投影机的保养和使用注意事项

1. 投影机放置时应避免以下环境：

(1)多烟、多灰尘或空气潮湿处。

(2)直射阳光下。阳光被镜头会聚容易造成火灾。

(3)温度低于5℃或高于42℃的环境。

2. 清洁镜头

使用标准镜头清洁刷或蘸有镜头清洁液的镜头纸清洁镜头。镜头表面十分容易被划伤。不要用手指头触摸镜头。

3. 投影机灯泡发热量大，因此将投影仪放在地毯上会造成底部风扇通风不畅，容易引起故障。可在投影机下放一块硬质垫板，以帮助投影机通风。由于通风时投影机要排出热气，因此投影机应距离墙体50cm以上，以免堵塞进气口、排气口。

4. 注意防止异物和液体进入机内。它们会碰到机内危险的高压点或造成机内器件短路进而造成火灾或触电事故。

5. 投影机在开机使用时，不要突然切断主电源，并且不要用手触摸温度已升高的底板。

项目二　认识和使用数码相机

数码相机是数字时代的一个重要标志。它集光学技术、传感技术、微电子技术以及计算机技术和机械技术的优势于一体，采用光电转换器，将光信息转换成电信息，再加以特定处理并进行存储，是典型的光机电一体化产品，目前大有取代传统相机的趋势。

任务一　了解数码相机

一、数码相机概述

数码照相机(Digital Camera，简称数码相机)是利用电子传感器把光学影像转换成电子数据的照相机。

数码相机集成了影像信息的转换、存储和传输等部件，具有数字化存取模式与电脑交互处理和实时拍摄等特点。在功能上，数码相机既吸收了传统相机的长处，又结合了数码技术的优点，是现代高科学技术的产品。使用数码相机拍出的照片可以直接下载到计算机中进行处理，无需购买胶卷；拍摄时可以随时看到拍摄效果，不满意可立即重拍，从而比传统相机具有节约成本、使用方便等多项优势。此外，还减少了由于冲洗胶卷，暗室操作等工序可能带来的失误。

与传统相机相比，数码相机具有以下优点。

1. 拍照之后可以立即看到图片，从而提供了不满意作品立刻重拍的可能性，减少了遗憾的发生。

2. 使用数码相机可以拍摄更多的照片，不必考虑购买胶卷的开销。

3. 色彩还原和色彩范围不再依赖胶卷的质量。

4. 由于光电转换芯片能提供多种感光度选择，感光度也不再因胶卷而固定。

二、数码相机的分类

根据数码相机的用途，可以简单地将数码相机分为单反数码相机、卡片数码相机、长焦数码相机等不同类型。

单反数码相机指的是单镜头反光(SLR，Single Lens Reflex)数码相机。在这种系统中，反光镜和棱镜的独到设计使得摄影者可以从取景器中直接观察到通过镜头的影像。因此，可以准确地看到胶片即将"看见"的相同影像。

卡片数码相机在业界内没有明确的概念。小巧的外形、相对较轻的机身以及超薄时尚的设计是衡量此类数码相机的主要标准。和其他相机相比，卡片相机有优点也有缺点。优点是具有时尚的外观、大屏幕液晶屏、小巧纤薄的机身，因此方便携带，操作便捷；缺点是手动功能相对薄弱、超大的液晶显示屏耗电量较大、镜头性能较差。

长焦数码相机指的是具有较大光学变焦倍数的机型。光学变焦倍数越大，能拍摄的景物就越远。长焦数码相机主要特点其实和望远镜的原理差不多，通过镜头内部镜片的移动而改变焦距。当我们拍摄远处的景物或者是不希望打扰被拍摄者时，长焦的好处就发挥出来了。另外焦距越长则景深越浅，和光圈越大景深越浅的效果是一样的。浅景深的好处在于突出主体而虚化背景，这样能使照片拍出来更加专业。

三、数码相机的结构及工作原理

数码相机是由镜头、CCD、A/D(模数转换器)、MPU(微处理器)、内置存储器、LCD(液晶显示器)、PC卡(可移动存储器)和接口(包括计算机接口、电视机接口)等部件组成。数码相机中只有镜头的作用与普通相机相同，其余部分则完全不同。

数码相机和传统相机在光学原理上没有什么区别，都是将被摄物体发射或反射的光线通过镜头在相机内部形成倒立的、缩小(或放大、等大)的物像，但在具体成像中则因光敏介质的不同而有所区别。传统相机使用的是分布于胶片上基于碘化银的感光化学介质；而数码相机则是采用了CCD(Charge Coupled Device，电荷耦合器件)作为记录图像的光敏介质。光感应式的电荷耦合器件通过光照的不同引起的电荷分布的不同来记录被摄物体的视觉特征。

数码相机在工作时,外部景物通过镜头将光线汇聚到感光器件 CCD 上。CCD 由数千个独立的光敏组件组成,这些光敏组件通常排列成与取景器相对应的矩阵(如图 10-3 所示)。照射在 CCD 上的光线被转换成电荷,每个组件上的电荷量取决于其所受到的光照强度。CCD 能够得到对应于拍摄景物的电子图像,但还需要按照计算机的要求对获取的图像信息进行从模拟信号到数字信号的转换。这项工作由 A/D(模数转换器)器件来执行。接下来 MPU(微处理器)对数字信号进行压缩并转化为特定的图像格式,如 JPEG 格式。最后,图像文件被存储在内置存储器中(如图 10-4 所示)。至此,数码相机的主要工作就完成了,使用者可通过 LCD 查看拍摄的照片。数码相机还提供了连接到计算机和电视机的接口,便于后期的浏览和编辑。

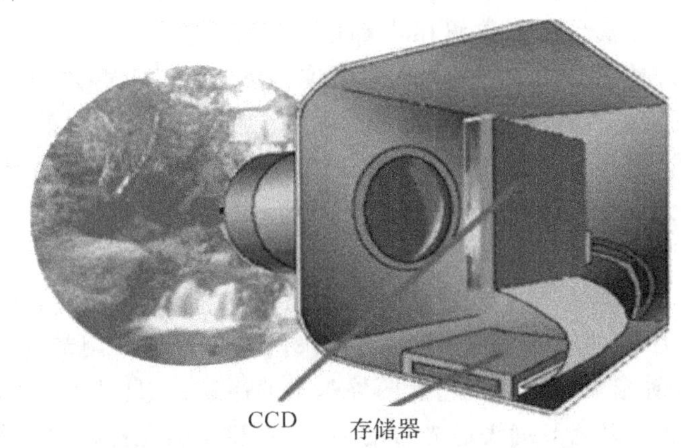

图 10-3　数码相机内部结构图

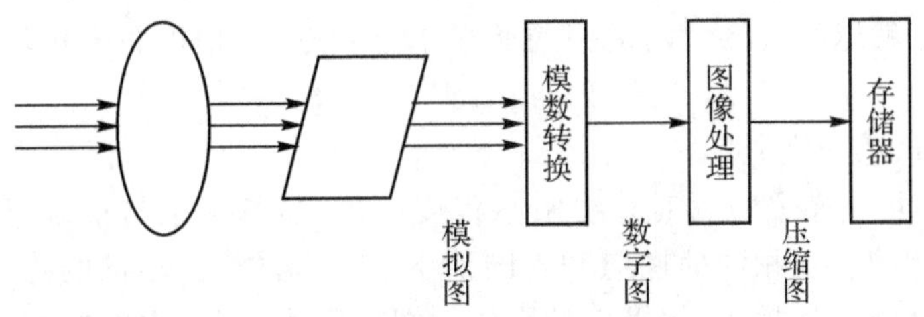

图 10-4　数码相机工作原理框图

四、数码相机的主要性能指标

数码相机的性能指标分为两部分:一部分指标是数码相机特有的,另一部分指标与传统相机的指标类似,如镜头形式、快门速度、光圈大小以及闪光灯工作模式等。以下是数码相机的主要性能指标。

1.分辨率/像素

分辨率是指单位图像线性尺寸中所包含的像素数目，通常以像素/英寸(dpi)为计量单位。数码相机分辨率的高低，取决于相机中CCD芯片上像素的多少。像素越多，分辨率越高。它是由相机里光电传感器上的光敏组件数目所决定的，一个光敏组件对应一个像素。因此像素数越多，意味着光敏组件越多，也就意味着拍摄出来的相片越细腻。目前市场上主流的数码相机一般都以百万为单位，从数百万到上千万，专业数码相机甚至能够达到3000万以上，足以满足在电脑上欣赏或者彩色放大打印等多方面需求。

2.变焦

为了能够拍摄出远方的景物或细节部分，数码相机都带有变焦功能。

数码相机的变焦分为光学变焦和数字变焦两种。光学变焦是指相机通过改变光学镜头中镜片组的相对位置来达到变换其焦距的一种方式。焦距越长，被射物体在CCD上的投影就越大。数码相机都用放大倍数来表示，如：3X、6X、12X等。数字变焦是利用相机自身的处理器，通过截取其感光组件上影像的一部分，然后进行放大以获得变焦的方式。这种方法是利用数学方法获得放大效果，实际并不改变照片的分辨率，因此不能通过数字变焦的方法提高照片的细节清晰度。因此，对数码相机来说光学变焦系统才实际有用。当然，在价格上有光学变焦的数码相机要比没有光学变焦的昂贵。

3.光圈

光圈是镜头中间的一组金属叶片，在镜头内安置成可以调节的一个圆形或接近圆形的限制入射光束的小孔。它有两种基本的用途：一是帮助获得正确投影；二是缩小或放大光圈，以调节镜头通光量的多少，来控制感光材料的曝光量。

光圈大小会对通光量、景深、清晰度、镜头眩光和反差等造成影响，其单位通常用小写的“f”表示。一般来说，“f”的数值越小，镜头的通光率也就越大，拍摄弱光环境的能力也就越强；反之，则镜头的通光率也就越小，拍摄弱光环境的能力也就越弱。

4.ISO值(感光度值)

ISO值是标明感光材料对光线敏感程度的单位，基本上与传统摄影胶片所标注的ISO值相同。在相同的快门和光圈值下，ISO值越大，相机的感光能力越强，反之则弱。但ISO值越大，拍摄出的影像的图像噪声(图像中的较均匀的白点)及颗粒感也越大，清晰度也越差。

一般来说，民用级数码相机的ISO值都在ISO 50至ISO 400之间，专业级数码相机的ISO值的变化范围则扩大至ISO 50至ISO 1600之间。与传统相机不同，数码相机的ISO值是可调的，因此数码相机在拍摄时就较传统相机更加灵活机动，可应对不同明暗程度的拍摄环境。例如，我们使用数码相机时，可用ISO100来拍摄第一张照片，却用ISO400来拍摄第二张照片。

5.图像存储格式

数码相机在存储其所拍摄的照片时可用多种不同的影像文件格式。不同的文件格式对数码影像的压缩率是不同的。最常见的图像储存格式有RAW、TIFF、JPEG等。

RAW是一种无损的文件格式。它是将没有经过饱和度、锐度、对比度处理或白平衡调节的原始文件。存储在存储卡上，并且没有经过压缩。优点是图像的质量不受损失，缺点是文件所占用的空间比较大，而且该格式不是非常通用。TIFF格式也是一种对图像无损的文件格式，优点是图像的质量不受损失，缺点是文件所占用的空间比RAW格式的文件还大。

JPEG格式是一种有损压缩文件格式，优点是图像文件所占用的空间较小，不过相对也会让原始图像信息有所损失，降低图像显示质量。许多相机都会提供特定的压缩比例供使用者自己选择。

因为图像分辨率越高、压缩越小就越占存储空间，所以使用数码相机拍照时必须兼顾对图像的品质要求与存储卡容量。为尽可能多地存储照片，数码相机所拍摄的照片数据基本上都以JPEG方式存储，并可选择压缩率，一般为1/4、1/8、1/16几种。

【小提示】

数码相机所能拍摄的照片数不仅取决于所用的存储体的容量，还取决于拍摄照片的分辨率及压缩率。由于不同的分辨率和压缩比例所产生的图像文件大小不同，因此，在同一容量存储器下，所能拍摄的照片数也不同。在高分辨率高画质的情况下，存储的张数就少；而低分辨率模式下存储的数量就多了。

任务二　数码相机的使用技巧和保养注意事项

一、数码相机的使用技巧

与普通照相机一样，要用数码相机拍出一张好的照片，并不是一件容易的事，往往需要满足良好的光照度、正确的曝光量、合适的分辨率、良好的取景和准确的调焦等条件。以下是数码相机使用的基本技巧。

1.拿稳相机

在拍照的基本知识中，最重要的就是要拿稳相机。虽然可以用三脚架来减低震动的可能性，但更多的时候是以拍摄者手持相机拍摄为主，而且在“决定性的瞬间”内，往往不允许摄影者再花时间去放置三脚架并固定照相机。因为电子组件存储信息需要一段额外的时间，通常称为“时滞”，所以数码照相机相比传统照相机对拍摄稳定性的要求更高。

2.选择恰当的拍摄距离

使用数码相机拍摄时,远距离的物体则因为分布在上面的像素点少会显得不清楚,所以在拍摄中应尽量接近所拍摄的物体。以拍摄人物为例,可打开 LCD 显示屏取景,然后让人物尽量的添满整个屏幕。直到可以清楚看到人物眼睛的眼白之后再进行拍摄。

3.设定数码相机的参数

数码相机在其设置菜单中,一般都提供多种设定参数,其中包括图像分辨率、聚焦方式、光圈、快门等。对于数码相机来说,最主要、最常用的是图像分辨率的设置。大多数数码相机都提供了多种分辨率选择。因此,每次拍摄之前,必须检查相机的设置菜单,以确认分辨率、快门等参数是否设置正确。否则,拍出的照片可能达不到预期效果。

4.注意景深与光圈、距离、焦距的关系

景深的“景”是指我们要拍摄的景物,“深”就是清晰度的纵深范围。景深越大,纵深景物的清晰范围也就越大。景深越小,纵深景物的清晰范围也就越小。景深和光圈、距离以及焦距的关系如下:

(1)光圈:在镜头焦距及距离不变的情况下,光圈越小,景深越大,反之亦然。

(2)距离:在镜头焦距及光圈不变的情况下,越接近拍摄的目标,景深越小;越远离拍摄的目标,景深越大。

(3)焦距:在距离及光圈不变的情况下,镜头焦距越短,景深越大。即短焦镜头的景深大,长焦镜头的景深小。

5.正确运用光照度和闪光灯

数码相机是由内置图像传感器(CCD 芯片)拾取图像的。由于 CCD 芯片的特点,数码相机是完全依赖光照条件的。因此,只有在合适的光照条件下才能拍出好的照片。在拍照之前,应尽可能创造出好的光照条件。如果光照太强,数码相机拍出的照片会受到难以消除的带状干扰。另一方面,由于 CCD 芯片有一定的感光阀值(敏感度),如果光线太暗,拍出的照片效果会很不理想,尤其会严重地影响数码照片的清晰度。

数码摄影与传统摄影一样,不同类型的照明灯光,会对照片产生不同效果的影响。例如光谱不连续的日光灯会对数码相片产生亮度和色彩方面的影响。对数码相机来说,自然光是最好的光源。利用日光拍摄时,要避免直射的太阳光线,完全或部分云遮的日光(散射光)是数码相机的理想光源。

大部分数码相机都设内置闪光灯,一般有四档:闪光、不闪光、防红眼闪光和自动闪光。自动闪光这一档是由相机对被拍对象光照度的检测,决定是否需要用闪光来补充光线。闪光灯不像其他光源那么容易控制,闪光灯射出的光线容易被周围附近的物体反射回来,在照片上形成不均匀的光斑。因此,使用闪光灯极有可能会破坏一幅完美的照片。在室内拍摄时,应尽量关闭闪光灯并提供足够的光照度。

6. 恰当使用白平衡调节功能

数码相机用 CCD 芯片作为传感器,没有光源类型之分。为了适应不同的光源环境,通常采用白平衡调节方法校正照片的色温。数码相机的白平衡调节分为手动和自动两种模式。手动调节具有更多的灵活性,能创造出意想不到的艺术效果,令数码照片的白平衡更加精确,但手动调节比较难掌握。自动调节可以保证拍摄的效果不会出现很大偏差,但难以创造出特别的艺术效果或精确的白平衡。光源的色温对数码照片的影响很大,用数码相机拍摄时,必须针对不同的摄影环境调节好白平衡。

7. 数码相片的保存及后期处理

用数码相机拍好的照片后保存到电脑硬盘上,除了浏览欣赏,我们还可以通过专用图像处理软件如 Photoshop、美图秀秀、光影魔术手等,根据需要对数码照片进行后期精细的处理。

【小提示】

使用数码相机摄影还应注意对焦的问题。对焦是指将镜头对准被拍摄对象后,调整镜头的焦距,使图像变得最清晰的过程。只有对焦正确图像才可能清晰,否则图像就是模糊的。

另外,在使用卡片式数码相机拍摄时,将相机带套在手腕上,握在虎口中绕两圈再拉紧,以拇指穿过带圈后再握紧相机,使相机和右手合二为一,不但可以减轻手的颤动,而且可以在不小心松手时将相机拉住,不至于掉到地上而损坏。

二、数码相机的保养和使用注意事项

数码相机是一种精密仪器。保养和使用过程中应注意以下几个方面的问题。

1. LCD 的保养

在 LCD 上,最常见的是手指指纹或是一些油垢灰尘。一般可用眼镜布拿来擦拭,注意不要使用强烈的玻璃清洁剂,因为部分数码相机的 LCD 表面有一层抗强光膜。这层膜一旦被破坏之后,无法修护,也不在保修范围之内。另外,也可以使用屏幕保护贴,只要剪裁成适当大小,贴在 LCD 屏幕上,就可以防止 LCD 屏幕被刮伤刮坏的几率。

2. 镜头的保养

相机使用后,镜头多多少少会沾上灰尘。而镜头上的灰尘,又会造成相片的显影品质,所以镜头的保养是非常重要的。一般要先用吹球将镜面上的灰尘除去,如果跳过这个步骤直接先在镜面上擦拭的话,等同于用沙子在镜片上磨,直接造成镜面毁损。吹去灰尘后,可使用镜头专用的拭镜布,由中心向外面轻轻擦去污渍;如要使用镜头专用清洁液,需先沾于拭镜布上再擦拭于镜头上,不能直接滴落在镜头上。

3.充电电池的保养

由于LCD是耗电大户,因此,现在的数码相机大部分都使用镍氢充电电池或锂电池。这些电池容量大,而且可以快速充电,使用更方便。镍氢和锂充电电池各有特点。镍氢充电电池有记忆效应,所以应尽量将电池电力用完后再进行充电。一块电池一般可充电300~500次左右。如果是一般数码相机专用的锂电池,经过几百次充电后,电池也会有老化的现象。建议购买之初就应选购一个备用电池,否则三五年后就不一定能找到当时相机机型的零组件了。

当相机可能长达一个月以上时间不使用的话,应把电池取出另外保管存放。

【小提示】

有些使用者会把数码相机放置在日光下的密闭汽车里,这是非常不妥的做法。高温不仅会使塑料壳变形,同时也会缩减数码相机的使用寿命。另外,下雨天使用数码相机,也要做好防护措施,因为一旦电路板渗入太多雨水引发短路就会损坏相机。

项目三　认识和使用刻录机

使用光盘存储信息具有容量大、保存时间长、可靠性高、便于携带等优点,因而光盘刻录机出现后迅速得到了广泛使用。目前,刻录机的使用已经非常普及,价格也越来越便宜。

任务一　了解刻录机

一、刻录机概述

刻录机,即CD-R,是英文CD Recordable的简称。使用刻录机可以刻录音像光盘、数据光盘、启动盘等,方便储存和携带。

刻录机记载资料的方式与一般CD光盘片是一样的,也是利用激光束的反射来读取资料。当刻录CD-R盘片的时候,刻录机会发出高功率的激光,聚焦在CD-R盘片某个特定部位上,使这个部位的有机染料层产生化学反应,因而这个部位就不能反射光驱所发出的激光,这相当于传统CD光盘上的“凹面”;没有被高功率激光照到的地方仍然可以反射激光,这相当于传统CD光盘上的“非凹面”。这样刻制的光盘与普通CD-ROM的读取原理基本相同。

现在市场上还有一种CD-RW的刻录机和盘片。这种CD-RW光盘可以反复擦写,因此能够反复使用。理论上说,好的CD-RW光盘可以反复擦写约1000次左右,对于小文件的备份十分适合。用户可以选择CD-RW光盘做备份用,而用

CD-R 光盘来刻录一些经常需要并且不会改变的东西，如系统盘。

二、刻录机的主要性能指标

1. 数据传输速度

数据传输速度又称读写速度，表示读取数据和刻写数据的快慢程度，单位是倍速，通常用 X 表示。1X 即 1 倍速，指每秒传输 150kB 的数据。刻录机也有倍速之分，CD-R 刻录机有刻录速度和读取速度两个速度指标。CD-RW 刻录机有刻录速度、擦写速度和读取速度 3 个速度，前两项指标是 CD-RW 刻录机的主要性能指标。

2. 缓存容量

为了刻录机稳定工作和数据的连续传输，在刻录过程中，数据会先存入缓冲区，再被调出来刻录，在刻录的同时又将后续要刻录的数据写入缓存中，以保证要写入数据良好的组织和连续传输。缓冲的容量越大，刻录的成功率也就越高。这个数据缓冲区即缓存，是指存放数据的能力，越大越好。

3. 兼容性

光盘刻录机的兼容性也非常重要。兼容性分为硬件兼容性和软件兼容性。硬件兼容性是指支持的空白光盘片的种类。好的刻录机对各类盘片都应该有良好的兼容性。软件兼容性是指刻录软件。光盘刻录机所支持的刻录软件越多，也就越方便用户的使用。

任务二　刻录机的使用

刻录机要借助专门的刻录软件才能将数据记录在光盘上，如 Easy-cd Pro、Nero 等。从 Windows XP 开始，Windows 系统中也自带光盘刻录功能。

目前大部分刻录机除支持整盘刻写(Disk at Once)方式外，还支持轨道刻(Track at Once)写方式。使用整盘刻录方式时，用户必须要将所有数据一次性写入 CD-R 盘，如果准备的数据较少，刻录一张盘就会造成浪费。而轨道刻写方式可以避免这种浪费。这种刻写方式允许一张 CD-R 盘在有多余空间的情况下进行多次刻录。

以下简单介绍刻录机的使用方法。

一、连接光盘刻录机与计算机

由于光盘刻录机的接口不同，光盘刻录机与计算机连接也分为内置和外置两类。较常用的有内置式 IDE 接口刻录机、外置式 EPP 接口以及 USB 接口刻录机。我们可以根据刻录机配备的操作说明进行连接。

刻录机的安装过程同其他操作系统支持的硬件一样。首先要关闭计算机电源，打开主机箱，将刻录机通过专用线缆与计算机连接并接通电源，然后重新启动计算机。系统将自动识别该设备。接下来再根据安装向导的提示安装驱动程序即可。

二、光盘刻录机驱动程序与刻录软件的安装

刻录机硬件安装完成后，就可以在电脑中安装刻录机驱动程序和刻录软件。驱动程序在随刻录机附送的光盘中。另外，厂商在购买产品时都会附赠一些刻录软件。不同的厂商所送的软件不同，且支持的刻录机也大多是“从一而终”的版本，只能在该机器上使用。一般来说，国内销售的产品附带软件多为简体中文版的程序。适合光盘刻录的软件品种较多，功能大同小异。我们可以在厂家附送的光盘中选择，也可以到网上下载。

用户需先安装刻录机驱动程序，再安装刻录软件。刻录软件的安装过程并不复杂，我们只要根据窗口提示一步一步操作即可顺利完成。具体过程这里就不作介绍了。我们也可以尝试使用 Windows 系统自带的刻录软件。有需要的读者可以进一步查阅相关资料尝试操作。

任务三　刻录机的保养和使用注意事项

刻录的品质与刻录机的稳定性、刻录光盘的质量和刻录操作都有关系。首先要保证刻录机的工作状态要稳定；其次是确保刻录光盘的质量。

以下是刻录机使用过程中应注意的事项。

1. 刻录过程中应注意的问题

在刻录过程中不要操作刻录机面板按键，特别是弹出仓门钮；也不要随意关闭刻录软件，中止或取消刻录，否则轻则盘片报废，重则会损坏机芯和激光头。

刻录过程中还应注意不要运行无关程序，包括屏幕保护程序、内存驻留程序（如某些杀毒程序和即时翻译程序）、其他后台运行的程序以及游戏等。这些程序都有可能在数据流从硬盘转移到刻录光盘的关键过程中与刻录软件争夺有限的系统资源，从而影响数据流的正常传输，引发缓存欠载等问题。

2. 注意防尘，保持刻录激光头清洁

灰尘对任何光盘驱动器来说都是致命的杀手，CD-RW 驱动器也不例外。刻录 CD-R/W 盘时，光盘刻录机的激光头通过向 CD-R/W 盘片发射较高功率的激光来实现信息的“写入”，因此激光头清洁与否对刻录成败有着举足轻重的作用。落在激光头上的灰尘有可能在激光束的强烈照射下而发生轻微的烧结现象。最好的办法是保持周围环境的清洁。平时要做好刻录机的防尘工作，可以定期清洁刻录机外壳，及时去除机体上的灰尘。

3. 注意通风散热

刻录机工作时发热量很大。较好的散热能够延缓刻录机各部件的老化，从而延长刻录机的使用寿命。散热不良还是导致刻坏盘的一个重要原因。所以，应避免长时间的刻录，并注意机箱的散热。

另外，应避免让刻录机和其他发热量大的设备，如硬盘、CDROM 距离太近。

4. 其他注意事项

注意不要使用质量太差的刻录盘片，以保护刻录机的刻录激光头。不要经常用刻录机看 VCD 影碟和读盘。这些功能最好另备一个读盘性能比较好的专用 CDROM 来完成。此外还要避免刻录机工作时出现震动和摇摆。

【小提示】

刻录机和光驱是有区别的。有些用户看到刻录机有读盘功能，就以为刻录机在读盘方面和光驱是一样的，甚至有人会误认为刻录机的功能多，那么它的读盘性能要比单纯的光驱强。其实不然。如果经常用刻录机看盘片、听 CD，会对刻录机造成损坏。

刻录机在读盘性能方面并不是很好，而且读盘只是刻录机的一个附带功能。在读盘性能方面，它是没法和专业的读盘光驱相提并论的。如果长期把刻录机当光驱使用的话，会使得激光头老化变快，整个刻录机的寿命也就会缩短。

项目四　认识和使用优盘、移动硬盘

移动式存储器因其良好的便携性和可靠性，自从一出现便很快得到普及。目前，移动存储设备已成为文秘人员工作的必备工具。优盘和移动硬盘是目前使用最广泛的移动存储设备。下面简单介绍优盘和移动硬盘的使用和保养知识。

任务一　认识和使用优盘

一、认识和使用优盘

优盘是 USB 盘的简称，也是 U 盘的谐音称呼。它是闪存的一种，因此也叫闪盘。优盘的主要特点是存储容量大、小巧便于携带、使用方便、价格低廉，因此在出现后很快取代了软盘。对于 Windows XP 以上的系统来说，操作系统自带的驱动程序库已经包含优盘驱动程序，系统会自动识别，不需要用户单独安装驱动程序。优盘的 USB 接口也是一个突出优点，可在计算机上即插即用。

随着技术的不断进步，优盘存储容量也不断提高。目前主要有 1G、2G、4G、8G 等不同规格，16G 以上容量的新品也已推出。

优盘外形小巧美观，通常包括帽盖、USB 接口、存储电路及 LED 指示灯四个部分。有的设计还非常个性化，深受年轻人的欢迎。图 10-5 所示就是各种不同的优盘。

图 10-5　各种不同的优盘

优盘有 USB 接口，使用起来非常简单。将优盘插入计算机的 USB 接口中，系统任务栏的右侧提示区内就会出现一个图标。此时打开“我的电脑”窗口，可以看到多出一个图标，叫“可移动磁盘”(如之前该优盘已重新命名，系统会显示优盘名)。如图 10-6 所示。此时在屏幕最右下角会出现一个小图标，表示新增加了 USB 设备的意思。接下来，和电脑硬盘中的文件操作方法相同，我们可以点击打开优盘，在其中打开、保存、删除文件；可以读取其中的文件，也可进行复制、剪切、粘贴等操作。应注意尽量不要用双击盘符的方式打开优盘。这样，如果优盘里有病毒，更容易传到电脑中。在优盘上删除文件时要特别仔细慎重，避免误删。因为删掉文件不经电脑的“回收站”中转，一旦删除，则无法恢复。

如计算机安装了 360 安全卫士等辅助软件，插上优盘后，电脑桌面即会显示出优盘图标，如图 10-7 所示。此时可直接点击图标打开优盘，使用起来更为方便。

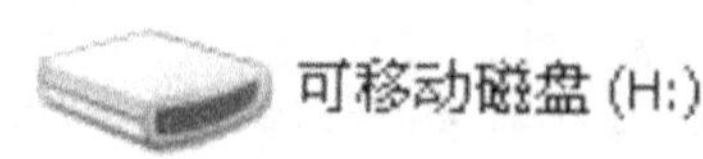

图 10-6　“我的电脑”窗口的可移动磁盘标记

图 10-7　桌面可移动磁盘标记

退出优盘一定不能直接拔下，否则可能会损坏优盘里的文件，严重时会直接损坏优盘。正确的操作是先关闭优盘中的所有文件，接着双击任务栏右端的图标，计算机会弹出“安全删除硬件”对话框，然后根据跳出的对话框内容的提示进行操作，直到跳出“安全地移除硬件”对话框，如图 10-8 所示，最后再拔下优盘。

图 10-8　安全退出优盘提示

拔下优盘还有另外一种方便的操作：直接左击图标，然后再点击停止 USB 接口，等看到"你现在可以安全地移除驱动器了"对话框后，左击确定就可以拔下了；也可以在关闭优盘中所有的文件之后，右键单击优盘盘符，选择"弹出"选项，然后根据提示进行随后的操作。

【小提示】

优盘使用之前，最好能先命好名字，以便于和别人的优盘相区别，如图 10-7 所示。命名一般以使用者的姓名为好，也可以自己所在科室或岗位命名，只要使用者自己觉得方便即可。

对于经常要到其他电脑上使用的优盘，命名尤其必要。万一发生把优盘遗忘在其他电脑上的情形，命名信息能够帮助迅速识别出优盘主人。

二、认识和使用移动硬盘

移动硬盘(Mobile Hard disk)是以硬盘为存储介质，与计算机之间交换大容量数据，强调便携性的存储产品。移动硬盘的容量要比优盘大很多，适合存储大量文件以及大型图库和软件等资料。目前 1.5 英寸移动硬盘大多提供 10GB、20GB、40GB、60GB、80GB 容量；2.5 英寸的还有 120GB、160GB、200GB、250GB、320GB、1024GB(1TB)的容量，3.5 英寸的移动硬盘盒还有 500GB、640GB、750GB、1TB 的大容量。除此之外还有桌面式的移动硬盘，容量更达到 2TB、4TB 的超大容量。随着技术的进一步发展，移动硬盘将容量越来越大，体积越来越小。图 10-9 所示的是各种不同类型的移动硬盘。

图 10-9　各种不同的移动硬盘

移动硬盘绝大多数是USB接口，可通过一条USB连接线连接到计算机，具有的即插即用特性。由于移动硬盘大多存在分区，因此在用户计算机上会表现为多个驱动器，对每个驱动器的操作和本地硬盘操作相同，但是访问速度会略慢一些。移动硬盘的退出方式和优盘一样，这里就不再重复了。

移动硬盘使用起来灵活方便。但大容量硬盘由于转速高，所以需要外接电源（USB供电不足），这在一定程度上限制了硬盘的便携性。

任务二　优盘、移动硬盘的保养和使用注意事项

注意对优盘和移动硬盘进行适当维护不但可以延长优盘的使用寿命，还可以减少一些不必要的损失。在日常使用时，我们应注意以下问题。

一、优盘使用注意事项

1.优盘不用时要退出

如果不及时退出，会对个人数据带来安全隐患。操作系统从休眠状态返回时容易修改优盘数据，网络病毒也容易通过优盘进行扩散。

2.及时拔除

优盘用完后，应及时退出并拔下，而不能一直插在电脑上，这是因为每次电脑启动时，操作系统都会检测到USB，有时冲击电流很大，容易导致优盘芯片及USB结构的损坏。此外，优盘不及时拔下还有可能导致关机失败。

3.优盘不宜进行碎片整理

因为优盘的保存数据信息方式的原理与硬盘不一样，它产生的文件碎片，不适宜经常整理，否则会影响它的使用寿命。

4.保存和删除文件的操作最好一次进行

由于对优盘进行操作时，每对存储芯片中的数据刷新一次，直接导致优盘物理介质的损耗，而优盘的刷新次数是有限的，所以所以用优盘保存文件时，最好先用winrar等压缩工具将多个文件进行压缩后，再保存到优盘中。同样，删除优盘中的信息时，也最好一次性进行。

5.优盘的热插拔不等于随意插拔

当优盘正在读取或保存数据时，一定不能拔出优盘，否则很容易损坏优盘或其中的数据。此外还要避免频繁插拔，否则会造成USB接口松动。在插入优盘时要细心，注意方位。

二、移动硬盘使用注意事项

1.移动硬盘的分区最好不要超过两个，以免在启动移动硬盘时增加系统检索和等待的时间。

2.移动硬盘不要插在电脑上长期工作。移动硬盘是用来临时交换或存储数据

的，不是本地硬盘。若有需要转存下载资料的，正确的方式是使用本地硬盘下载和整理资料等，然后复制到移动硬盘上，应尽量避免直接下到移动硬盘上。

3. 移动硬盘的 USB 连接线既是数据传输线，又是硬盘工作供电线，连线过长就会导致电阻增大和数据干扰，从而使移动硬盘不能正常工作。所以要注意：一是 USB 转接线越短越好，除了原来配置的连接线外，不宜连接延长线；二是与电脑连接应选择机箱背后的 USB 接口（直接固定在主板上的接口），而不宜使用机箱前面的接口（它们是由主板经过一段引线连接到前面板上的）。

4. 移动硬盘工作时硬盘和数据接口的供电是由计算机的 USB 接口提供的。但在使用大容量移动硬盘时，单纯依赖 USB 线对硬盘供电可能会因电力不足而导致工作不正常，这时候就要使用外接辅助电源（直流稳压电源）。如果长时间使用移动硬盘，即使 USB 接口足够带动硬盘，也建议也插上外接电源，因为 USB 接口的供电比较勉强。

5. 移动硬盘在读写数据时，切勿拔下。完成移动硬盘的删除操作后，移动硬盘的指示灯还会闪烁一段时间，这时要待指示灯熄灭后再拔出。否则可能会造成数据丢失甚至是出现硬盘故障。

6. 妥善保护移动硬盘，轻拿轻放，切忌摔打，注意温度，如果太热就暂时停止工作。另外还要注意干燥防水，先退出再拔下等。

项目五　认识和使用录音笔

数码录音笔是数字录音器的一种，造型如笔型，非常小巧，携带方便，如图 10-10 所示。秘书人员在接受上司的重要命令、参加会谈或者参加会议等需要作记录的场合，将录音笔作为辅助记录工具，方便实用，可靠性也很高。

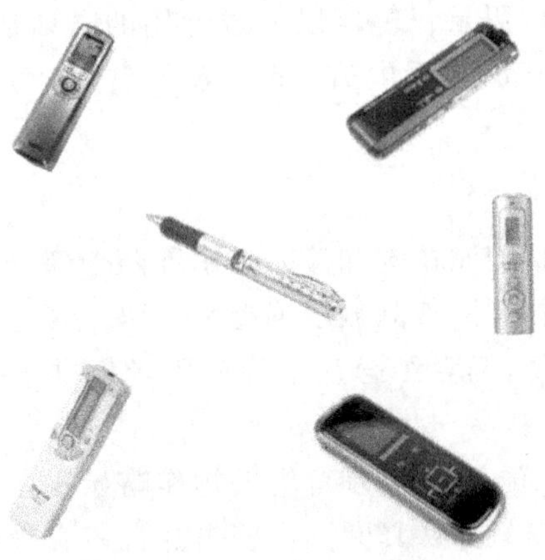

图 10-10　各种录音笔

任务一　认识和使用录音笔

一、认识录音笔

与传统录音机相比，数码录音笔是通过数字存储的方式来记录音频的。因此，录音效果要比传统的录音机好。录音笔通常标明有 SP，LP 等录音模式。SP 表示 ShotPlay 即短时间模式，这种方式压缩率不高，音质比较好，但录音时间短。而 LP 表示 LongPlay，即长时间模式，压缩率高，音质会有一定的降低。目前数码录音笔的录音时间在都在 6～10 小时，甚至更长，可以满足大多数人的使用需要。

一般来说，大部分数码录音笔都用 7 号 AAA 型电池，有的小型产品则采用了纽扣电池，还有的产品内置了充电电池。采用普通电池的好处是可以更换，而使用充电电池则比较便宜。应选择那些电池使用时间在 6 个小时以上的数码录音笔。相对来说，时间越长越好。

二、了解录音笔的功能

1. 声控设计、自动录音

虽说数码录音笔的录音时间较长，但也不是无限的。这一功能能够使数码录音笔自动感应声音，无声音时它处于待机状态，有声音时才启动录音，从而最大限度地避免浪费存储空间和电能。

2. MP3 播放

支持 MP3 播放也是不少录音笔支持的功能之一。只要将 MP3 文件存储到录音笔的内存中，再结合耳线或是机体内置的音源，用户就可以像 MP3 那样听到自己喜欢的音乐。

3. 电话录音

电话录音功能是指数码录音笔可以通过专用的电话适配器，将数码录音笔与电话连接起来，方便地记录通话内容，录音效果良好，声音纯净，几乎没有什么噪音。

三、录音笔的使用

数码录音笔机身包括控制按键和液晶显示屏两个部分。液晶显示屏的尺寸与数码录音笔本身的大小相关。液晶显示屏越大，可显示的信息也就越多；而控制按键则分布在机身各个部位，两者结合起来为使用者提供了一个人机界面。熟悉了之后，操作也会相对顺手。

相对优盘、移动硬盘而言，数码录音笔的操作略显复杂。不同类型的录音笔操作方法也不尽相同。但是只要认真阅读说明书并且留心操作，一般也能很快掌握。这里就不作详细介绍了。

任务二　录音笔的保养和使用注意事项

一、录音笔的常见故障排除方法

表 10-1　数码录音笔的常见故障与排除方法

序　号	故障名称	排除方法(可能引起故障的原因)
1	机器不工作,无法开始录音	1.电源插入的极性不对。 2.电池电力不足。 3.按钮被“HOLD”开关锁定。 4.记忆已满,需删除某些信息,或更换更大容量“Memory Stick”。
2	扬声器不发出声音	1.插入了耳机。 2.音量被调至最低。
3	听到噪音	1.录音期间,物件或手指意外刮擦到录音笔。 2.录音或播放期间,录音笔被放在交流电源、荧光灯或移动电话附近。 3.录音时所连接的话筒插头较脏,需要清洁插头。 4.录音笔的耳机较脏,需清洁耳机插头。

二、录音笔的保养注意事项

录音笔是数码产品,所以不但使用时要小心,平常保养也要注意。以下是录音笔的保养注意事项:

1.电量显示不足应及时更换电池。

2.换电池时,一定要先关机后再取出电池,否则可能造成信息丢失。

3.长时间不使用,应取出电池,以防锈蚀。

4.防止重压,跌落;防尘,防潮,防高温,勿靠近火源。

5.内存容量达到规定的容量时,可能是垃圾文件占据记忆体空间,遇到这种情况需要先保存需要的文件并格式化录音笔,再进行录音或其他功能的操作。

◎ 知识链接

碎纸机

碎纸机又称文件粉碎机,是现代办公室常用的辅助办公设备,主要用于销毁文件与资料,防止泄密。

碎纸机一般由切纸部件和箱体两大部分组成。切纸部件包括旋转电机和锋利的刀具,电动机带动刀具快速转动,可将纸张快速粉碎成条状或米粒状,甚至更小。箱体主要包括容纳纸屑的盛纸箱和机壳。一些碎纸机箱底部还装有滚轮,以方便移动。

碎纸机的主要参数有耗电量、纸张入口宽度、纸屑宽度、最多碎纸量、碎纸速度、体积、盛纸箱容量等。

碎纸机的操作比较简单。打开电源，按下“启动键”使机器运转，然后将去除异物并适合碎纸机粉碎的纸张放人机器内切碎。碎纸完毕后，按下“停止/反向”键，碎纸机即停止转动。最后，关闭电源即可。

使用碎纸机时，应注意不要将潮湿的纸张塞人碎纸机，以免刀具生锈或损坏。不要将比入纸口大的纸张直接放进碎纸机粉碎，也不宜斜放纸张进入纸口。碎纸前应先去除待粉碎纸张上的曲别针、订书钉等异物，然后再进行粉碎操作。一次使用碎纸机的时间不宜超过 30 分钟，以免电动机故障。

实训十　秘书人员其他常用硬件操作训练

◎ 实训目的

了解并掌握投影仪、数码相机、刻录机、优盘、移动硬盘以及录音笔的基本使用方法。

◎ 实训内容

1. 使用数码相机拍摄照片。
2. 使用刻录机刻录文件。
3. 使用录音笔录音。
4. 练习优盘、移动硬盘的使用。
5. 连接投影仪并播放指定素材。

实训要求和相关说明

1. 本模块的内容比较特殊，实训时可根据选用部分内容采用灵活的方式进行。如数码相机拍摄和前面图片处理软件部分的内容可以结合起来实训；又如投影仪的播放也可同其他需播放素材的相关内容进行结合。

2. 使用数码相机拍摄时应尝试不同的设置和效果。

3. 优盘、移动硬盘主要是命名和退出的练习。

◎ 实训组织

以小组为单位进行。

◎ 实训时间

机动，根据需要确定。

主要参考文献

1. 韩玉芬.办公自动化理论与实训教程.杭州:浙江大学出版社,2008

2. 郭春燕.办公自动化(修订版).北京:高等教育出版社,2007

3. 石新玲.办公室自动化技术基础.北京:清华大学出版社,2005

4.《实用办公软件》编委会.实用办公软件.北京:电子工业出版社,2006

5. 徐飚.文秘实习实训教程.北京:高等教育出版社,2005

6. 林章崇,李光.高级文秘办公自动化教程与上机实训.北京:中国铁道出版社,2004

7. 舒雄.Excel行政与人力资源管理高级应用.北京:中国青年出版社,2004

8. 王超.办公设备操作与管理.大连:大连理工出版社,2007

9. 高萍,郭永生.e时代办公系统日常维护急救手册.北京:北京科海电子出版社,2003

10. 赵永秀.优秀文员技能培训手册.深圳:海天出版社,2008

11. Faithe Wempen著,张波、张泰岭等译.巧学巧用PowerPoint 2003文稿演示技巧(中文版).北京:电子工业出版社,2005

12. EPSON PERFECTION V100 PHOTO扫描仪使用手册

图书在版编目（CIP）数据

秘书办公自动化实用教程 / 韩玉芬主编. —2 版. —杭州：浙江大学出版社，2009.8(2024.1 重印)
高职高专文秘专业工学结合规划教材
ISBN 978-7-308-06920-5

Ⅰ. 秘… Ⅱ. 韩… Ⅲ. 办公室—自动化—高等学校：技术学校—教材 Ⅳ. C931.4

中国版本图书馆 CIP 数据核字（2009）第 121816 号

秘书办公自动化实用教程（第二版）
韩玉芬 主编

责任编辑 葛 娟
封面设计 吴慧莉
出版发行 浙江大学出版社
（杭州市天目山路 148 号 邮政编码 310007）
（网址：http://www.zjupress.com）
排 版 杭州青翊图文设计有限公司
印 刷 广东虎彩云印刷有限公司绍兴分公司
开 本 710mm×1000mm 1/16
印 张 23.5
字 数 474 千
版 印 次 2012 年 9 月第 2 版 2024 年 1 月第 10 次印刷
书 号 ISBN 978-7-308-06920-5
定 价 59.00 元